Dorothee Sölle

Gesammelte Werke

Band 4: Die Wahrheit macht euch frei

Dorothee Sölle

Gesammelte Werke

Herausgegeben von
Ursula Baltz-Otto und Fulbert Steffensky

Band 4:
Die Wahrheit macht euch frei

Kreuz

Bibliografische Information der Deutschen Bibliothek
Die Deutsche Bibliothek verzeichnet diese Publikation in der Deutschen Nationalbibliografie; detaillierte bibliografische Daten sind im Internet über http://dnb.ddb.de abrufbar.

Kreuz Verlag, Stuttgart
in der Verlagsgruppe Dornier GmbH
Postfach 80 06 69, 70506 Stuttgart

www.kreuzverlag.de
www.verlagsgruppe-dornier.de

© 2006 Kreuz Verlag, Stuttgart
in der Verlagsgruppe Dornier GmbH

Alle Rechte vorbehalten
Umschlaggestaltung: Bergmoser + Höller Agentur, Aachen
Foto Sölle: © Brigitte Friedrich, Köln
Satz: de·te·pe, Aalen
Druck: Clausen & Bosse, Leck

ISBN 3-7831-2768-8
ISBN 978-3-7831-2768-3

Inhalt

Leiden   9

Einleitung: Die beiden Fragen   10

Zur Kritik des christlichen Masochismus   16
1 Eine Ehe   16
2 Die Dimension des Unglücks   19
3 Bedingungslose Unterwerfung   23
4 Der theologische Sadismus   27
5 Isaaks Opferung   33

Zur Kritik der nachchristlichen Apathie   37
1 »Wenigstens Tierschutz für Häftlinge«   37
2 Die Apathie der Gesellschaft   40
3 Der apathische Gott der Christen   45
4 Politische Apathie – am Beispiel Vietnam   49
5 Den Hass in Stärke verwandeln   52

Leiden und Sprache   63
1 Aus dem Leben eines Arbeiters   63
2 Das stumme Leiden   70
3 Phasen des Leidens   72
4 Der stumme und der redende Gott   76
5 Gethsemane   79

Die Wahrheit der Annahme   87
1 Das wiedergefundene Licht   87
2 Mystische Leidenstheologie   92
3 Ataraxie und Kreuzesminne   98
4 Das Affirmative im Christentum   102
5 Hiob ist stärker als Gott   107

Leiden und Lernen   117
1 Ein Volkslied aus Chile   117
2 Der bittere Christus   123
3 Ich und der Vater sind eins   129

4 Leiden und Atheismus   136
5 Das Kreuz   139

Die Religion der Sklaven   145
1 Simone Weil, toujours Antigone   145
2 Selig sind, die Leiden erfahren   151
3 Das Paradox   155
4 Es gibt kein fremdes Leid   162
5 Noch einmal: Iwan und Aljoscha   166

Gewalt
Ich soll mich nicht gewöhnen   171

Von unten, von oben und von innen   172
»Es kann nicht nur Störche, es muss auch Frösche geben«   177
Die Deutung der Gewalt aus der nationalen Geschichte   182
Eine Mystik der Gewalt   184
Ich bin nicht gewaltfrei   188
Ich soll mich nicht gewöhnen   193
Eine andere Spiritualität   197
Die Verhaftung Jesu: eine Gewaltunterbrechung   201

Den Himmel erden
Eine ökofeministische Annäherung an die Bibel   205

Den Himmel erden   206

Spuren Gottes – Psalm 104   210
1 Der Text Psalm 104   210
2 Psalmen essen   212
3 Elemente der Poesie im 104. Psalm   215
4 Ein Gegenpsalm   217
5 Erinnerung an das wirkliche Leben mitten im falschen   219
6 Eine ökofeministische Spiritualität   221

Ein Haus für alle Menschen: Die Zehn Gebote   226
1 Der Text der Zehn Gebote   226
2 Ein Haus für alle Menschen   227

 3 Gegenreden   229
 4 Götter, Götzen und Sachzwänge   230
 5 Kein Foto von Gott!   233
 6 Der siebte Tag ist heilig   236
 7 Der Vertrag der Generationen   238
 8 Ich soll mich nicht gewöhnen   240
 9 Biblische Thesen zur menschlichen Sexualität   241
10 Wie die Reichen die Armen bestehlen oder:
   Die Ordnung der Wölfe   243
11 Die Wahrheit wird euch frei machen   248
12 Meditation zu den Zehn Geboten   251

Ich glaube an die Heilige Geistin –
Der dritte Glaubensartikel ökumenisch gedeutet   254

 1 Zur Revision der Theologie   254
 2 Scientia und sapientia in einer geistlosen Gegenwart   260
 3 Die Mystik der Geistin   263

Träume mich Gott
Geistliche Texte mit lästigen politischen Fragen   269

Hör nicht auf, mich zu träumen, Gott   270
Lehre uns, eine Minderheit zu werden   285
Theologie der Befreiung für uns in Europa   301
Wie Fremde Heimat finden   313
Gott bleibt nahe – ich bleibe fremd   325
In der Welt habt ihr Angst, aber seid mutig   332
Warum der Dornbusch nicht verbrennt   340
Die Kirche und der Hunger nach Gerechtigkeit   343
Zum christlichen Antijudaismus   348

Anmerkungen   353

Quellenverzeichnis   359

Leiden

Einleitung: Die beiden Fragen

»Ich irre umher in meiner Klage. Ich bin in Unruhe ob des Lärmens
der Feinde, ob des Schreiens der Gottlosen. Mein Herz ängstigt sich
in meiner Brust, und die Schrecken des Todes befallen mich. Furcht
und Zittern kommt mich an, und Grauen bedeckt mich.«

Psalm 55,3–6

Selbsterfahrungen wie die hier genannten werden immer noch
gemacht, Fragen, die man weder beantworten noch abschaffen
kann, immer noch gestellt. Warum müssen wir leiden? Ist es
möglich, dem Schmerz einen Sinn zu geben? Kann man, soll
man aus Leiden lernen, wie es die antike und die jüdisch-christ-
liche Tradition anempfiehlt? Ist Leiden einer der in unserer
Kultur verleugneten Werte? Ist die Absicherung vor dem Leiden jeden Preis wert? Soll man sich und anderen wünschen,
ein schmerzfreies Leben zu führen? Das harmonisch in einen
schmerzfreien Tod ausklingt? Ist es möglich, die vielfältigen
Formen des Schmerzes in einen lebenslangen Lernprozess zu
integrieren? Und wie unterscheidet sich ein Leiden, das blind
und taub macht, das uns verstümmelt zurücklässt, von einem
Leiden, das für uns produktiv wird?

Ich gehe von der Voraussetzung aus, dass die Aufhebung der
Zustände, in denen Menschen durch Mangel und Herrschaft
zum Leiden gezwungen werden, das einzig human denkbare
Ziel ist. Der »kategorische Imperativ, alle Verhältnisse umzu-
werfen, in denen der Mensch ein erniedrigtes, ein geknechtetes,
ein verlassenes, ein verächtliches Wesen ist«[1], ist als Forderung
kein Gegenstand der Diskussion mehr, dank Karl Marx. Das
Gespräch mit der traditionellen christlichen Leidenstheologie,
das hier unter dem Titel »Kritik des christlichen Masochismus«
geführt wird, ist ein Nachhutgefecht, notwendig allerdings
einmal wegen der noch andauernden gesellschaftlichen Wirkungen christlicher Perversionen der Liebe, sodann auch zur
Selbstbefreiung einer kritischen Theologie, die häufig auch
dort, wo sie ihren Sadomasochismus nicht mehr artikuliert, im
Banne seiner Denkschemata verharrt. Auch das Schweigen

über das Leiden kann der Menschen verachtenden Tradition des theologischen Sadismus entstammen.

Die gegenwärtige Frage scheint mir nicht die nach der Notwendigkeit und Möglichkeit der Abschaffung des Elends, sondern die nach den Subjekten dieses Prozesses. *Wer* arbeitet an der Aufhebung gesellschaftlicher Zustände, die notwendig Leiden produzieren? Sicher nicht die Leidfreien. Sicher nicht die Leidensunfähigen, die zugleich wahrnehmungsunfähig für das Leid anderer geworden sind. Sicher auch nicht die, die durch andauernde Leidenssituationen so zerstört sind, dass sie ihnen nur noch in hilflosen und aggressiven Fluchtbewegungen begegnen können.

An der Aufhebung der Zustände, in denen Menschen sinnlosen, objektiv überflüssigen Leiden – wie Hunger, Unterdrückung, Folter – ausgesetzt sind, werden nur die Leidenden selber arbeiten. Werden wir zu ihnen gehören – oder werden wir auf der anderen Seite der Barriere stehen bleiben? Dieses Buch ist ein Versuch, an dieser Frage zu arbeiten.

Ich verstehe die genannte Barriere nicht als eine natürliche, objektiv gegebene Tatsache. Nicht deswegen, weil ich weiß bin, mehr als genug zu essen habe und zur Mittelklasse eines Industrielandes gehöre, bin ich schon auf der Seite derer, die nichts zu leiden haben und die darum keinen Grund zu kämpfen sehen. Der Platz, an dem ich lebe, ist kein Schicksal, die Klasse, in die ich geboren bin, kein unabänderliches Fatum. »Die große Schuld des Menschen sind nicht die Sünden, die er begeht – die Versuchung ist mächtig und seine Kraft gering! –, die große Schuld des Menschen ist, dass er in jedem Augenblick die Umkehr tun kann und nicht tut.«[2] Dass die Umkehr möglich ist, das heißt, dass es möglich ist, mit den Leidenden zu leiden und ihre Kämpfe hier zu kämpfen.

Ich schreibe dieses Buch in den Monaten, da der Vietnamkrieg zu Ende geht. Ich schreibe es in der Bitterkeit dessen, der sich zwischen neuen amerikanischen Bombardements und Demonstrationen fragt: Warum hilft unser Schrei nicht? Was nützt unser Protest? Haben wir zu leise geschrien? Warum ha-

ben wir keine Verbündeten gefunden – im Ministerpräsiden-
ten, wie die Schweden, in den Gewerkschaften, wie die Austra-
lier, in einigen Kirchen, wie die Amerikaner? Warum konnten
wir so wenig Menschen erreichen? Warum konnte ich meine
Verzweiflung über den Massenmord meinen Geschwistern
nicht erklären, warum nicht der Frau, die meine Manuskripte
tippt – und die den Bombenkrieg in Köln miterlebt hat? Warum konnten wir den Christen, die sonntags in die Kirchen gehen, nicht zeigen, wo das Kreuz heute steht? Und warum haben
die Arbeiter in diesem Teil Deutschlands, die doch wissen, was
Ausbeutung bedeutet, am wenigsten für das Schicksal der Reisbauern, die die Ausbeutung satt hatten, übrig gehabt? Haben
wir zu leise geschrien?

Eine der Ursachen unserer Ohnmacht wird in diesem Buch
unter dem Namen »Apathie« behandelt. Das Ideal des leidfreien Lebens, die Illusion der Schmerzlosigkeit zerstört Menschen bis in ihre Wahrnehmungsorgane hinein. Wem es ernst
ist mit der Frage nach dem Subjekt der Veränderung, der kann
die Frage nach der Subjektivität der Veränderer nicht als zweitrangig für bessere Zeiten offen lassen. Die Frage an das Leiden
kann nicht nur die neuzeitliche – nach seinen Ursachen und ihrer Abschaffung – sein, sondern muss sich mit der traditionellen – nach seinem Sinn und seiner Funktion – vermitteln.

Marx hat in der dritten These gegen Feuerbach eingewandt,
dass die materialistische Lehre von der Veränderung der Umstände und der Erziehung eins vergisst: »Dass die Umstände
von den Menschen verändert und der Erzieher selbst erzogen werden muss.« Er insistiert auf dem »Zusammenfallen des
Änderns der Umstände und der menschlichen Tätigkeit oder
Selbstveränderung« und fasst dieses Zusammenfallen »als revolutionäre Praxis«[3]. Ich konkretisiere diesen Gedanken auf die
Frage nach dem Leiden hin. Je abhängiger sich Menschen von
der erwarteten Abschaffung des Leidens machen, um so geringer ist ihre Kraft, sich tatsächlich dem Leiden entgegenzustel-
len. Wer mit dem privaten Leiden nur so umgeht, wie er es in
dieser Gesellschaft gelernt hat – also illusionistisch, entwichti-

gend, verdrängend, apathisch –, der wird dieses Verhaltensmuster auch auf die gesellschaftlichen Leiden übertragen. Die
moderne, gesellschaftskritische, nach außen bezogene Frage
nach dem Leiden (Frage 1) kann nur dort sinnvoll gestellt werden, wo die traditionelle, auf das Individuum bezogene, nach
innen gestellte Frage (Frage 2) nicht verdrängt wird.

Frage 1 lautet: »Aus welchen Ursachen entsteht Leiden, und
wie sind seine Bedingungen aufhebbar?«, sie ist auf Frage 2
»Welchen Sinn hat Leiden, und unter welchen Bedingungen
kann es uns menschlicher machen?« zurückbezogen.

Wer die Aufhebung bestimmter Formen des Leidens, die
heute noch die Mehrzahl der Menschen betreffen, übersieht,
der wird sich mit Hilfe einer Ideologie des Ertragens an der ge-
winnbringenden Aufrechterhaltung der Zustände beteiligen; er
wird seine innere »Interpretation« des Leidens konkret sadistisch veräußerlichen. Wer jeden Sinn des Leidens negiert und
das Individuum (mit seinen »privaten Wehwehchen« wie Ehescheidung oder Krebstod) auf das sozioökonomische Geflecht
verrechnet, der wird zerbrechen und zynisch werden müssen.

Das Problem der beiden unterschiedenen Fragen ist zugleich
eines der Methoden. Im Sinne von Frage 1 verbietet sich nämlich die Diskussion »des« Leidens als eines allgemeinen Prob-
lems. Welchen Sinn könnte es haben, die verschiedenen Arten
von Schmerz ohne Blick auf die konkreten gesellschaftlichen
Ursachen zu untersuchen? Ist nicht schon der Ansatz, der Miss-
ernte und Krieg, Dürre und Pest, Umweltschädigung und systematische Entlaubung unter eine Fragehinsicht zwingt, falsch,
weil er eben die Ursachen zur Nebensache erklärt und die
Frage, privatistisch verengt, zum universalen Problem auf-
bauscht? Wird damit nicht »das Leiden« zu einem metaphysischen Problem erst gemacht, weil man es enthistorisiert hat?
Das Argument ist unwiderlegbar (und ich versuche deswegen,
von konkreten gegenwärtigen Leidenssituationen jeweils auszugehen und verschiedenartige Zeugnisse des Leidens einzu-
beziehen), gleichwohl scheint es mir in seiner das Allgemeine
exkludierenden Form falsch. In seiner Konsequenz leugnet es,

dass überhaupt aus vergangenen geschichtlichen Erfahrungen gelernt werden könne. Es technifiziert die einzelnen unwiederholbaren Situationen – unter dem seinerseits ahistorischen Gesichtspunkt der »Abschaffbarkeit« von Leiden, es veranschlagt die verschiedenen Formen der Auseinandersetzung mit Leiden (worunter Sinngebung und »aus Leiden lernen« zu rechnen ist) zu gering und verkennt, dass mögliche Haltungen dem Leiden gegenüber, die früher erprobt wurden, neu aktualisiert werden können, sofern eben ihr historischer Kontext im Bewusstsein bleibt. Warum sollten wir nicht aus anderem Verhalten zu anderem, doch analogen Leiden lernen können?

Damit hängt zusammen ein weiterer methodischer Einwand, der die Sprache der Untersuchung betrifft. Wenn das Leiden erkennbar ist nur unter dem Aspekt der Frage l, dann verbietet sich zunächst jede außerwissenschaftliche Sprache. Dann muss die ökonomische, sozialpsychologische und psychologische Analyse alle früheren Sprachmöglichkeiten, zum Beispiel des philosophischen, theologischen und symbolischen Sprechens, ablösen. Die theologische Sprache fügt dann der Erkenntnis nichts hinzu, die Wahrheit des Gesagten muss sich außertheologisch erweisen.

Dieser Einwand macht mir sehr zu schaffen. Es ist notwendig, das christliche Verständnis des Leidens so zu artikulieren, dass keine Voraussetzungen christlicher Vorentscheidung oder Sozialisation gemacht werden. Ein Buch wie dieses hat nur Sinn, wenn es denen, die Leid tragen, zu sagen in der Lage ist, dass sie »selig« sind und getröstet werden. Dieses ihr Glück ist unabhängig davon, ob sie sich als Christen verstehen. Wenn aus den Worten der Bergpredigt etwas zu lernen ist, so muss dies für alle möglich sein.

Aber nötigt diese Einsicht von der Voraussetzungslosigkeit wirklich zum Aufgeben jeder theologischen Sprache, also einer Sprache, die das Bestehende und alles, was sich aus ihm ableitet, übersteigt? Drängt diese Überlegung einen nicht eher dazu, neue theologische Sprache zu suchen? Die Begrenzung unseres Redens auf wissenschaftliche Sprache führt zu einem immer größeren Verstummen; »was sich nicht klar sagen lässt« (Wittgenstein), bleibt unbearbeitet. Dagegen scheint es mir Aufgabe der Theologie – formal bestimmt –, die Grenzen unserer Sprache zu erweitern. Dem Meer des sprachlosen Todes Land abgewinnen, das wäre Theologie, die diesen Namen verdiente. »Ihr müsst alles sagen, Brüder und Schwestern, bevor wir fallen. Was haltet ihr zurück in den Kerkern eures Hirns, wen habt ihr an die Wand gekettet? Habt ihr euch auf eine höhere Ebene gestellt, um dem Dreck und den Stürmen des Lebens zu entgehen? Habt ihr je einen Menschen getreten, wenn er unten lag, nur damit ihr euch selbst stark fühlt? Morgen kann es schon zu spät sein. Welche Anmaßung ist es, zu glauben, ein schwaches Lied an Gott könnte ihn dazu bringen, euren Namen zu rufen! Ihr müsst alles sagen …«[4]

Dieses Buch ist aus dem Dialog mit der christlichen Tradition entstanden, mehr noch: Es ist der Versuch eines heutigen Christen, Erfahrungen mit dem Glauben zu reflektieren. Dabei werden, wie in aller ernsthaften gegenwärtigen Theologie, mehrere Sprachen benutzt. Das methodische Verbot, noch theologisch-symbolisch zu reden, erscheint mir wie eine Aufforderung zur Eindimensionalität, der ich nicht nachkommen kann, weil Fragen wie die nach dem Leiden, auch dem früher erlittenen, heute schon abschaffbaren, ohne Fremdsprache heute nicht beantwortet werden können.

Ich sehe meine Aufgabe als Theologe methodisch in drei Schritten:

zu übersetzen, was immer in gegenwärtige wissenschaftliche Sprache übersetzt werden kann,
zu eliminieren, was dem Glauben an Liebe widerspricht,
zu benennen und blöde zu wiederholen, was ich weder übersetzen noch als überflüssig preisgeben kann.

»Blöde« einmal im älteren Sinn des Wortes, weil unsere schwachen Augen nicht in der Lage sind, das, wovon wir sprechen, zu sehen; sodann im gegenwärtigen Sinn, weil das Wiederholen von unverstandenen, nicht-gedachten Sätzen ein Zeichen der Blödigkeit ist.

So wiederhole ich denn, was geschrieben steht: »Siehe da, die Hütte Gottes bei den Menschen; und er wird bei ihnen wohnen, und sie werden sein Volk sein, und Gott selbst wird bei ihnen sein. Und er wird alle Tränen abwischen von ihren Augen, und der Tod wird nicht mehr sein, und kein Leid noch Geschrei, noch Schmerz wird mehr sein; denn das Erste ist vergangen« (Offenbarung 21,3–4).

Zur Kritik des christlichen Masochismus

»Und in der Tat, Herr: wir sehen an den Strafen, die schon über uns gekommen sind, dass du mit gutem Recht über uns erzürnt bist. Denn da du genau und gerecht bist, peinigst du die Deinen nicht ohne Grund. Da wir also von deinen Ruten geschlagen sind, erkennen wir, dass wir dich gegen uns aufgebracht haben. Auch jetzt sehen wir noch deine Hand erhoben, um uns zu strafen. Denn die Schwerter, die du gebrauchst, um deine Vergeltung zu üben, sind gezückt, und die Drohungen, die du gegen Sünder und Übeltäter aussprichst, stehen alle bereit.

Wohlan, selbst wenn du uns noch viel strenger bestraftest, als du es bis jetzt getan hast, und wenn wir für eine Plage hundert ertragen müssten, selbst wenn die Verfluchungen, mit denen du einst die Sünden deines Volkes Israel geahndet hast, über uns kämen, bekennen wir doch, dass es mit vollem Recht geschähe, und wir leugnen nicht ab, dass wir es wohl verdient haben.«

Calvin

1 Eine Ehe

Eine mir bekannte Frau lebt in einem kleinen bayrischen Dorf mit ihrem Mann und mit ihren drei Kindern. Der Mann ist ein schwächlicher Typ von kleiner Gestalt und geringen geistigen Gaben. Er trinkt seit vielen Jahren, kommt dann mutig krakeelend nach Hause und rächt sich an seiner Frau für alles, was das Leben ihm vorenthalten hat. Er quält sie systematisch. Er beschimpft sie als Hure, schreit bei offenem Fenster herum, so dass die Nachbarn es hören, macht die Kinder wach, oft schlägt er die Frau. Sie hat keinerlei eigenes Leben, sie darf nichts selbstständig unternehmen, nicht über Zeit oder Geld verfügen. Er versucht auch, ihr den Rückhalt in der eigenen Familie zu nehmen, indem er sie bei ihren Geschwistern verleumdet oder – dies aber nur, wenn er getrunken hat – indem er ihre Mutter und die besuchenden Brüder direkt beschimpft und sie aus dem Haus wirft.

Die Frau erträgt diese Hölle. Sie geht am Wasser entlang und wünscht sich, darin zu liegen; sie spricht auch von Selbstmord, wird ihn aber – schon wegen der Kinder – kaum vollziehen. Zu einer Scheidung ist sie nicht zu bewegen. Sie leidet.

Diese Ehe gehört zu den vielen, die nur durch den Tod gelöst werden können. Die Frau lebt in einer dörflichen katholischen Gesellschaft, in der eine Ehescheidung noch sehr selten ist. Es ist nicht allein das kirchliche Gebot, das die Menschen daran hindert, sondern eher noch das sehr statische Weltbild, das solche Veränderungen nicht vorsieht, und schon gar nicht, wenn sie, wie in diesem Fall, von der Frau ausgehen müssten.

Hinzu kommt die wirtschaftliche Unsicherheit, oder genauer gesagt die Angst vor ihr, denn, objektiv betrachtet, würde diese außerordentlich tüchtige Frau sich auch mit ihren Kindern durchschlagen können. Aber sie lebt in einer unaufgeklärten Gesellschaft. Ihr Ruf, in der Welt des kleinen Dorfes ungeheuer wichtig, würde leiden. Sie müsste fortziehen und wäre so aller Wurzeln beraubt. Auch die Familie tut nichts, sie zu einer Scheidung zu bewegen. Man drückt seine Wut auf den Mann aus, aber die Anschauung, dass das, was ist, immer der Wille Gottes ist, ist hier noch tief verwurzelt. So leidet die Frau weiter, und es besteht keine Hoffnung auf eine Änderung des Zustandes.

Es handelt sich um eine Form der Entfremdung von sich selbst, die sich soziologisch charakterisieren lässt als »Macht-« und »Bedeutungslosigkeit«[1]. Machtlosigkeit bedeutet »die Erwartung oder Wahrscheinlichkeit, dass das eigene Verhalten auf das gewünschte Ergebnis keinen Einfluss hat«. Die Frau in unserem Fall hat es aufgegeben, ihren Mann zu einer Änderung des Verhaltens zu bestimmen. Die Nutzlosigkeit von Bitten oder Drohungen ist zu oft erfahren worden, die Einflusslosigkeit trotz gelegentlicher Versprechungen und neuer Anläufe immer wieder erlebt. Das Bewusstsein der Ohnmacht ist eine fundamentale Bestimmung des Leidens; jeder Versuch, Leiden zu humanisieren, muss an diesem Phänomen erfahrener Machtlosigkeit ansetzen und Kräfte aktivieren, die das Bewusstsein eigener Machtlosigkeit überwinden. Aber eben diese Kräfte sind im Fall der Frau wie verschüttet.

Damit hängt als weitere Dimension die »Bedeutungslosigkeit« zusammen, »das heißt der Verlust eines Minimums an Klarheit über die eigene Orientierung bei dem Entscheidungsprozess«[1]. Auch die Nicht-Entscheidung, das Weiterlaufenlassen eines begonnenen Prozesses ist ja eine gefällte Entscheidung. Aber im Rahmen der Entfremdung von sich selbst ist eben diese eigene Orientierung bedeutungslos geworden.

Je naturhafter das Leiden gefasst wird, desto geringer ist das Selbstwertgefühl. Sehen Menschen zum Beispiel ihre Tätigkeit als in sich sinnlos an, verstehen sie sie als ein naturgegebenes Übel, so macht diese Zerstörung einer Lebensbeziehung, zum Beispiel der zur Arbeit, die Menschen nicht nur an diesem einen Punkt beziehungslos und verhältnislos – was so viel wie »tot« bedeutet[2]. Die erfahrene Bedeutungslosigkeit spielt dann auch in die meisten anderen Beziehungen hinein.

In der Sprache der Rollentheorie bezeichnet »Entfremdung« eine soziale Zuständlichkeit, der eine »Verringerung der Rollendistanz« zugrunde liegt. Eine Distanz, eine gewisse Freiheit der sozialen Rolle »Ehefrau« gegenüber, könnte in unserem Fall nur aufkommen unter anderen Sozialisationsbedingungen, die auch andere mögliche Rollen für die Frau offen hielten. Das Aufgehen in einer Rolle, von der es keine Distanzierung gibt, prädisponiert zum Leiden. »Entfremdung von sich selbst bedeutet eine Verringerung der Rollendistanz und dadurch eine Unterdrückung der notwendigen Ich-Leistungen beim Rollenspiel durch einen übergroßen Druck der Verhaltensnormen,

18

der in der Engmaschigkeit und Überprägnanz der Rollener-
wartungen zum Ausdruck kommt.«[3] Demnach wären – gegen
das gesellschaftliche Leiden und das Leiden an der Gesellschaft
– Rollendistanz und Rollenvielfalt anzuraten. Der leidende
Mensch ist der, der »nicht mehr Herr, sondern Knecht seines
Rollenhaushalts« ist.

Es scheint allerdings fraglich, ob die Rollentheorie zum Begreifen solcher gesellschaftlich vermittelten Leiden, die als per-
sönliches Schicksal erfahren werden, überhaupt genug hergibt.
Es käme doch darauf an, sich nicht nur – innerlich – von Rollen
zu distanzieren, sondern sie – äußerlich – aufzuheben. Die
Rolle der sich opfernden Frau, die Rolle des Lohnabhängigen,
der »malochen« muss, sind nicht mit größerer Distanz zu bewältigen. Nicht die Engmaschigkeit und Überprägnanz der
Rollenerwartung ist das Problem der Frau im erzählten Fall; die
Liberalisierung sexueller Möglichkeiten außerhalb der Ehe
zum Beispiel würde ihr Problem nicht lösen, solange der Rol-
lenzwang selber – in einer zerstörten Ehe leben zu müssen oder
gezwungen zu sein, einer sinnlosen Tätigkeit nachzugehen –
nicht angetastet wird.

In gewissem Sinne führt daher der Versuch, das Problem des
gesellschaftlichen Leidens »in der Sprache der Rollentheorie«
zu analysieren, zu ähnlichen Ergebnissen wie die meisten
christlichen Deutungen des Leidens, nämlich zur Rechtfertigung des Masochismus.

2 Die Dimensionen des Unglücks

Das Leiden, das diese Frau durchmacht, nähert sich dem an,
was Simone Weil als »das Unglück« vom bloßen Schmerz und
vom Leiden unterschieden hat.[4] Sie analysiert das Leiden in
seinen drei wesentlichen Dimensionen: das physische, das psychische und das soziale Leiden. Das »Unglück« hat Anteil an
allen drei Dimensionen.

Schmerzen, die uns nur in einer dieser Dimensionen treffen,
sind nicht nur leichter zu überwinden, sondern werden vor al-

lem leichter vergessen; sie hinterlassen nicht die Spuren in der Seele, die für »das Unglück« charakteristisch sind: den Stempel der Sklaverei, die »Entwurzelung des Lebens, etwas, das in mehr oder minder abgeschwächter Form dem Tode gleichkommt, etwas, das der Seele unabweisbar gegenwärtig ist durch den Zugriff oder die unmittelbare Drohung des körperlichen Schmerzes«. Alles wirkliche Leiden ist in den genannten drei Dimensionen aufzufinden. Ein nur körperlicher Schmerz hinterlässt keine Spuren; ist er behoben, zum Beispiel der Zahn gezogen, so sind die Schmerzen wie nicht gewesen. Aber auch der rein psychische Schmerz erreicht die Dimension des Unglückes noch nicht; der Geist, zu dessen Natur es gehört, das Unglück zu fliehen, »ebenso unverzüglich, ebenso unwiderstehlich, wie ein Tier den Tod flieht«, hat dann noch immer genug Ausweichmöglichkeiten. Ein vom physischen Schmerz verschontes Leiden ist immer noch »künstlich, imaginär«; ein rein seelischer Schmerz, »der nicht mit allen Fasern um solch einen nicht zu bewältigenden Kern geballt ist, ist bloße Romantik, bloße Literatur«.

Das wirkliche Unglück dagegen manifestiert sich zugleich physisch, zum Beispiel im Fall der Frau in anhaltendem Kopfschmerz. »Selbst im Falle der Abwesenheit oder des Todes eines geliebten Wesens ist der unaufhebbare Teil des Kummers etwas wie ein körperlicher Schmerz, eine Beklemmung des Atems, eine schraubende Klammer um das Herz oder ein ungestilltes Bedürfnis, ein Hunger, oder auch die beinahe biologische Störung, die das plötzliche Freiwerden einer bisher durch eine Bindung ausgerichteten und nun ferner nicht mehr gelenkten Energie verursacht.«

Der dritte wesentliche Faktor des Leidens ist der soziale. »Nur dort gibt es wahrhaftes Unglück, wo auch in irgend einer Form ein sozialer Abstieg oder die Furcht vor einem solchen Abstieg vorliegt.« Der Abstieg kündigt sich an in der Isolierung, die das Unglück begleitet. Die Frau lebt einmal in der Angst vor sozialer Ächtung, ist aber de facto schon jetzt kein vollverantwortliches Glied der dörflichen Gemeinschaft. Ihr haftet auch jene soziale Auswirkung des Leidens an, die Simone Weil beobachtet: »Das Unglück ist lächerlich.«

Die Abwesenheit von Solidarität mit den Unglücklichen ist demnach die natürlichste Sache von der Welt. »Die Hühner stürzen sich mit Schnabelhieben auf ein verwundetes Huhn. Dies ist ein ebenso mechanisches Phänomen wie die Schwerkraft.« Es ist uns natürlich, die Unglücklichen mehr oder weniger zu verachten, »obgleich fast niemand sich dessen bewusst ist«.

Auch diese Beobachtung lässt sich am Fall der Frau verifizieren. Das Leiden, das sie leidet, ist ja aufhebbares Leiden, das wie ein Fossil aus vergangenen Zeiten in unsere Welt hereinragt. Es entstammt nicht-aufgeklärten gesellschaftlichen Zuständen. Aber eben dieser Gedanke – dass es ja nicht so sein müsse, dass man es doch ändern könne – ist ein Abwehrmechanismus, mit dem wir uns von der gegenwärtigen Wirklichkeit dispensieren. In einem gewissen Sinn hat alles Unglück anachronistischen Charakter: die tuberkulosekranken Indianer Argentiniens ebenso wie die dem Mond ähnlich gemachte Landschaft Vietnams. Es ist nicht unsere Zeit, diese Zeit des Unglücks, es kann nicht wahr sein. »Alle Verachtung, allen Abscheu, allen Hass, die unsere Vernunft mit dem Verbrechen verbindet, verbindet unser Empfindungsvermögen mit dem Unglück.« Daran ändert die kostenlose Solidarisierung mit den Unglücklichen noch gar nichts; im genauen Wissen darüber, wie Leiden aufzuheben wäre, erscheint unsere Abwehr. Erst die eigene körperliche Erfahrung und die eigene erlebte soziale Hilflosigkeit und Bedrohung zwingen uns, »die Anwesenheit des Unglücks anzuerkennen«. Die Erfahrung des anachronistischen, des objektiv nicht mehr notwendigen Leidens verändert dann auch unser Zeitverständnis, nimmt uns die sich fortschrittlich fühlende Überlegenheit und macht uns synchron mit den anachronistisch Leidenden. Alle Hilfe für Leidende braucht diese Synchronisation, dieses Gleichzeitigwerden; andernfalls bleibt sie überlegene Caritas, die sich von oben herabneigt.

Die Erkenntnis der drei Dimensionen des Leidens – physisches, psychisches und soziales Leiden – ist konstitutiv für das weitere Eindringen in die Problematik. Die Einheit der drei Dimensionen kann an vielen Texten und Zeugnissen aufgewiesen werden, exemplarisch vielleicht an jenen Psalmen, die zur Gattung der so genannten individuellen Klagepsalmen gerechnet werden (beispielsweise Psalm 16; 22; 73; 88; 116). Die Elemente ihrer Klage sind wiederkehrend: die Krankheit und der physische Schmerz, in dem Menschen sich erdrückt oder ausgedörrt finden; die leiblichen und psychischen Auflösungserscheinungen, die oft mit Bildern wie »ausschütten, ausgießen« wiedergegeben werden; das Verlassensein von Freunden, Nachbarn und Vertrauten; das Im-Schmerz-Gefangensein, so dass man keine Zeit und keinen Ort mehr hat, Heil im Volk und mit dem Volk zu erfahren; das In-der-Sphäre-des-Todes-Sein, ihm ausgeliefert. Das Leiden, wie es in der Klage erscheint, bedroht alle Dimensionen des Lebens: das Zeithaben für die Erwartung der Verheißung, die freie Bewegung und Entfaltungsmöglichkeit, die lebendige Gemeinschaft mit anderen, Nahrung und Gesundheit und den Lebensraum als den Anteil am Land der Verheißung.[5] Zu diesem Leiden gehört die soziale Dimension – Isolierung, Verlassenheit, Ausgestoßenwerden – ebenso wie die physische.

Es ist die Struktur dieses Zusammenhangs, die uns berechtigt, den konkreten naturwissenschaftlich erhebbaren Befund »Schmerz« zu übersteigen und von »Leiden« zu sprechen; in diesem Wort ist einmal die Dauer und Tiefe eines Schmerzes ausgedrückt, sodann die Mehrdimensionalität als Verwurzelung des Leidens im physischen und sozialen Leib des Menschen.

Die Passion Jesu ist in diesem Sinne eine Leidensgeschichte: Sie wird verfälscht, wo man ihr eine ihrer Dimensionen nimmt, wie es in verschiedenen Epochen der Kirchen- und Kunstgeschichte geschehen ist. Sie ist die Geschichte eines Menschen, dem sein Ziel zerschlagen wird; aber diese Verzweiflung an der eigenen Sache bliebe unvollständig – und unter dem Rang anderer menschlicher Leiden – ohne die physische und soziale Erfahrung, die sie wiedergibt. Ohne Schweiß, Blut und Tränen, ohne die Bedrohung durch und die Erfahrung der Folter blieben sie rein spirituell. Und es gehört zu dieser Erfahrung des Leidens der Zerfall der Bezugsgruppe: Jesus ist von seinen Freunden verleugnet, verraten und verlassen worden.

3 Bedingungslose Unterwerfung

In der christlichen Literatur zu dieser Frage sind die drei Dimensionen des Leidens, vor allem die soziale, mehr oder weniger unterschlagen. Religiöse Traktate zum Thema des Leidens[6] gehen von einigen gemeinsamen Grundgedanken aus.

»*Leid kommt aus Gottes Hand. Zwischen Sünde und Krankheit besteht ein Zusammenhang, der viel zu wenig erkannt wird. Die tiefste, eigentlichste Wurzel der Krankheit ist die Sünde. Der Kranke verkennt diese wesentliche Krankheitsursache und führt sein Leiden auf ›äußere Umstände, auf natürliche Ursachen‹ zurück. Volle Gesundheit besteht erst im kommenden Reich. Krankheit ist eine großartige Gelegenheit, innerlich zu wachsen und zu reifen. Spüren Sie nicht gerade während Ihrer Krankheit, wie Gott mit Ihnen an der Arbeit ist? Die Leidensgnade ist wertvoller als die körperliche Heilung. Leid ist Erziehungsmittel der göttlichen heilsamen Liebe ...*«

Zusammenfassend lassen sich aus dem in der Untersuchung präsentierten Material zwei Tendenzen ablesen. Die eine ist die Rechtfertigung der göttlichen Macht durch menschliche Ohnmacht. Das Leid wird als menschliche Schwäche zur Demonstration göttlicher Stärke verwertet. Krankheit und Leiden werden für den religiösen Zweck verwendet, Gott wird in das Leben der Menschen »an irgendeiner allerletzten heimlichen Stelle« hineingeschmuggelt.[7]

Dem entspricht auf der Seite des Menschen die propagierte »Leidenswilligkeit«, die als generelle christliche Attitüde gefordert wird. Dem Menschen wird das einfachste Recht verweigert, nämlich sich zu wehren und zu sagen wie das Heideröslein bei Goethe: »Und ich will's nicht leiden.« Warum Gott das Leid schickt, wird nicht mehr gefragt – genug, dass er es ist, der das Leid verursacht. Damit werden alle anderen, vor allem die gesellschaftlichen Ursachen des Leidens zurückgedrängt und die konkreten Ursachen »irrationalisiert«.

Diese Irrationalisierung rational erkennbarer Gründe und Ursachen für Leiden findet sich nicht nur in der – theologisch wenig reflektierten und sprachlich hilflosen – Traktatliteratur. Nach dem »Kleinen Theologischen Wörterbuch« ist es dem Menschen im Leiden

»aufgetragen, die auf ihn eindrängende Situation ganz und restlos anzunehmen und integrierend verwandelnd aufzufangen und zu einem Moment seines eigenen Selbstvollzugs (leidend tätig und tätig leidend) zu transformieren (was das Gegenteil ist von passivem Widerfahrenlassen), so dass er sich in ihr für Gott entscheidet … In diesem Sinne erweist sich dann das Leiden als ›gottgewollt‹.«[8]

Der Akzent liegt hier zwar weniger auf dem typisch protestantischen Ohnmacht-Allmacht-Schema, weil die Arbeit des Menschen am Leiden so stark betont ist. Nicht Gottes Arbeit am Menschen, sondern die zu leistende Trauerarbeit wird mit Wörtern wie »annehmen, integrieren, verwandeln, auffangen, transformieren« benannt: Wörter, die von der Stärke des Menschen handeln. Gleichwohl taucht der Gedanke, das Leiden zu bekämpfen und seine Ursachen zu beseitigen, im Horizont dieses Denkens nicht auf. Der Beichtvater, der diese (progressive) Theologie gelernt hat, wird der Frau in unserem Fall zum hier Empfohlenen raten, zum Annehmen, zum Transformieren, er wird ihre Fähigkeit, »radikal auszuleiden und personal zu verwandeln«, zu stärken versuchen.

Oft aber geht diese rein personalistische Betrachtung an der Realität vorbei, weil sie die Mitbeteiligten übersieht; wie immer wir den Satz Christi, dem Übel nicht zu widerstehen (Matth. 5,39), auffassen, er ist nicht auf das Böse, das andere zerstört, bezogen; Jesus hat die, die andere leiden machen und die »Kleinen« verführen, äußerst scharf kritisiert; ihnen soll ein Mühlstein um den Hals gelegt werden (Matth. 18,6). Es ist nicht genug, das eigene Leiden »zu einem Moment des Selbstvollzugs zu transformieren«. Die geschilderte Ehe ist, für mindestens einen Partner, eine Hölle und für die Kinder, die in ihr aufwachsen, eine systematische Anleitung zur Lebensverachtung. Es gibt keinen Grund, eine solche Ehe, als von Gott gewollt, aufrechtzuerhalten – schon wegen der Angst, die in den Kindern entstanden ist und immer wieder reproduziert wird, bis sie ins Gegenteil, in Hass und Verachtung gegen den Vater umschlägt. Es gibt keine Rechtfertigung für solches vermeidbare Leiden, das Schuldlose trifft. Fast alle christlichen Deutungen aber verleugnen die Unterscheidung von Leiden, die wir beenden können, und solchen, die wir nicht beenden können. Sie leugnen auch – unter dem Aspekt der allgemeinen Sündhaftigkeit – die Unterscheidung zwischen den Menschen, die tätig in eine Schuldgeschichte, wie die Ehe, verstrickt sind, und denen, die schuldlos in sie hineingestoßen werden.

Insofern laufen die hier skizzierten christlichen Deutungen des Leidens auf eine Empfehlung des Masochismus hinaus. Das Leiden ist dazu da, dass unser Stolz gebrochen, unsere Ohnmacht erwiesen, unsere Abhängigkeit ausgenutzt wird; das Leid hat den Sinn, uns zu einem Gott zurückzuführen, der nun erst groß wird, da er uns klein gemacht hat. Da wird Leid als unabwendbar verstanden wie im Fall der Frau in der zerstörten Ehe und zu einem Schicksal verdinglicht, das zugleich die Veränderung durch das Leiden unmöglich macht. Da wird Leiden als eine Prüfung aufgefasst, die Gott uns geschickt und die wir zu bestehen haben; da wird es als eine Strafe, die auf frühere Vergehen folgt, in einem gänzlich unangemessenen Verhältnis, oder als eine Läuterung, aus der wir gereinigt hervorgehen sollen, angesehen. Die Sucht der Theologen zu deuten und zu reden, wo Schweigen angemessen wäre, ist schwer erträglich. Arno Schmidt schildert diese Sucht mit unverkennbarem Ekel:

»Und eins der Kinder war fast völlig zerrissen von zwei Rie-
sensplittern, Hals und Schultern, alles. Die Mutter hielt noch im-
mer den Kopf und sah wie verwundert in die fette karminene La-
che … Der Pfarrer tröstete die weinende Frau; er meinte: ›Der
Herr hat's gegeben; der Herr hat's genommen‹ – und, hol's der
Teufel, der Feigling und Byzantiner setzte hinzu: ›Der Name des
Herrn sei gelobt!‹ … Haben diese Leute denn nie daran gedacht,
dass Gott der Schuldige sein könnte?«

Gott ist der »Leviathan, der seine Bosheit … genießen will«[9] –
Theologen dienen ihm als »Byzantiner«. Es gibt eine Unzahl religiöser Versuche, das Leiden zu deuten. Die Problematik liegt
dabei weniger in der existentiellen Sinndeutung, die Menschen
ihren Schmerzen geben, als in der nachträglichen theologischen Systematisierung, die ohne Respekt ist vor dem Leiden,
das noch keine Benennung und Einordnung erfahren hat. So
wird zum Beispiel im Alten Testament zwischen dem »Straf-,
Erziehungs-, Prüfungs- und dienendem Leiden« unterschieden.[10] Der sprachliche Befund, dass Jahwe selber es ist, der verletzt, verwundet, gefährdet, krank gemacht hat, wird zu dem
Satz systematisiert, dass aller Schmerz von Gott kommt. Im
Spätjudentum wird dem Leiden eine sühnende Kraft zuge-
schrieben, mit deren Hilfe Menschen Vergebung für ihre Sünden erlangen können. Man unterscheidet zwischen kultischen
Sühnemitteln wie Opfer, Tempelbesuch, Blut – und nichtkulti-
schen wie Umkehr, Leiden und Tod. Die Sühnkraft der Leiden,
worunter hauptsächlich Krankheit, Armut und Kinderlosigkeit
genannt werden, wird höher als die der Opfer bewertet, weil sie
nicht den Besitz und die Habe des Menschen betreffen, sondern unmittelbar ihn selber. Die Leiden verleihen dem Frommen die gewisse Hoffnung, dass seine Schuld dadurch gesühnt
ist und er in der zukünftigen Welt nur Lohn für seine guten Taten empfängt. Die Gottlosen dagegen, die für ihre wenigen
guten Taten hier schon belohnt werden, haben dann im Jenseits
nur noch Strafe zu erwarten. Damit ist das alte Vergeltungs-
dogma – auf Vergehen folgt Leiden – umgekehrt: aus Leiden

folgt Sühne. Die Struktur eines berechenbaren Ausgleichs bleibt allerdings erhalten, ja sie wird verschärft.[11]

Aber diese wie andere Einteilungen und Deutungen zerbrechen an den konkreten Erfahrungen. Der Schmerz trifft auch die Frommen – wie kann er dann Strafe sein? Der erzieherische Effekt des Leidens ist minimal, die Abwehrhaltung gegen den wirklichen oder vermeintlichen Urheber wird gerade im Alten Testament als Zorn, üble Laune geschildert; Flüche, Verwünschungen und Rachegebete sind eher Früchte des Leidens als Besserungen und Einsichten. Das Leiden bringt Menschen in das Gefühl der Hilflosigkeit und der Angst, ja großer Schmerz lahmt jede Widerstandskraft und führt nicht selten zur Verzweiflung. Es ist gerade das Alte Testament, das solche Ansätze theologischer Theoriebildung, die vom Gedanken des Leiden schickenden Gottes ausgeht, immer wieder korrigiert. »Denn nicht aus dem Staub geht Unheil auf, nicht sprosst aus der Erde das Leid. Vielmehr der Mensch erzeugt das Leid, wie Adler aufwärts fliegen« (Hiob 5,6 f.).

Aber solche nüchterne Erkenntnis ficht die theologischen Deutungsversuche wenig an. Nach Freud besteht die Technik, mit deren Hilfe die Religion Leidensschutz anbietet, darin, »den Wert des Lebens herabzudrücken und das Bild der realen Welt wahnhaft zu entstellen, was die Einschüchterung der Intelligenz zur Voraussetzung hat ... Wenn der Gläubige sich endlich genötigt findet, von Gottes ›unerforschlichem Ratschluss‹ zu reden, so gesteht er damit ein, dass ihm als letzte Trostmöglichkeit und Lustquelle im Leiden nur die bedingungslose Unterwerfung übrig geblieben ist.«[12] Die Unterwerfung als Lustquelle – das ist der christliche Masochismus.

4 Der theologische Sadismus

Es ist nicht schwer, den christlichen Masochismus zu kritisieren. Die geringe Achtung der menschlichen Stärke, die Verehrung dessen, der nicht gut oder sinnvoll, sondern nur übermächtig ist, die ausschließliche Betrachtung des Leidens unter der Frage des Ertragens; die daraus folgende Desensibilisierung für das Leiden anderer – das alles sind Züge, die unsere Kritik herausfordern. Gleichwohl ist dieser Masochismus der Frommen noch nicht das Schlimmste, weil er als eine existentielle Haltung gerade in Zeiten, da die Möglichkeiten, Leiden zu verringern, noch wenig entwickelt waren, eine Art Hilfe für Menschen darstellt. Die libidinösen Züge dieser Haltung sind zwar pervertiert, aber nicht zerstört. Dies wird anders, sobald in einer Art Überkonsequenz des masochistischen Ansatzes die Theologen das Pendant eines sadistischen Gottes entwerfen. Die libidinösen und flexiblen Züge der leidenden Frommen werden nun sadistisch fixiert von den Theologien, die Gottes Zorn zu ihrem wesentlichen Motiv machen. Der Leiden machende und Leid verursachende Gott wird zum verklärten Thema einer Theologie, die, zur eigenen Hingabe unfähig, den Blick richtet auf den das Unmögliche fordernden und den quälenden Gott. Es ist kaum zu bezweifeln, dass die Reformation die sadistischen Akzentuierungen in der Theologie verstärkt hat. Die existentielle Erfahrung, wie sie in der Mystik ausgebildet worden war, dass Gott bei den Leidenden ist, wird durch eine theologische Systematik ersetzt, die auf das Jüngste Gericht bezogen ist. Es gibt nun keinen Grund mehr, »die Gottlosen um ihres gegenwärtigen Glücks willen zu beneiden, da dieses doch bald ein schreckliches Ende nehmen wird«[13]. Der Blickpunkt ist nicht der leidende Mensch, es wird vielmehr vom Standort Gottes aus gesehen und – vor allem – geurteilt.

Auf die Frage, warum es den Gottlosen so gut gehe, kann Calvin die drastische Antwort geben: »Weil der Herr sie als Schweine mästet für den Schlachttag.«[14] Die Auferstehung zur Herrlichkeit hat für die Gottlosen den Sinn, sie zu verstören.[15] Dieser Hass gegen die zu bestrafenden Gottlosen wurzelt in einem tiefen Selbsthass. Die gottesdienstlichen Gebete Calvins sind voll von Selbstdemütigungen, Erniedrigungen und Beleidigungen der Menschen. Wir sind »arme Sünder, empfangen und geboren in Schuld und Verderbnis, geneigt, Böses zu tun, unbrauchbar zu allem Guten«, wir übertreten »deine heiligen Ge-

bote durch unser Gebrechen ohne Ende und Aufhören«. Wir sollen Gott bitten, *»uns die vielen Sünden und Verfehlungen nicht anzurechnen, die so über alle Maßen unwürdig sind, dass sie seinen Zorn über uns hervorgerufen haben«*[16]. Selbst die innigste Annäherung des Menschen an Gott, die das Gebet bedeutet, wird hier begrenzt, gedemütigt, zur Ordnung gerufen und als nichtig erklärt: Wir *»bekennen, wie es die Wahrheit ist, dass wir nicht würdig sind, die Augen zum Himmel zu erheben und vor dein Angesicht zu treten, und dass wir uns nicht so viel einbilden dürfen, als müssten unsere Gebete von dir erhört werden, wenn du darauf siehst, was in uns ist«*[16]. Eine katholische Liturgie zum gleichen Thema der Unwürdigkeit lautet: »Herr, ich bin nicht würdig, dass Du eingehst unter mein Dach; aber sprich nur ein Wort, so wird meine Seele gesund.« Eben dieses »Aber« der Stärkung, der Befreiung fehlt in den Calvinschen Texten.

Ähnlich wird die Fürbitte für andere aller wirklichen Leidenschaft und des Mitleidens beraubt und in die Unterwerfung hinein kanalisiert.

»Und obwohl wir nicht würdig sind, den Mund zu öffnen für uns selbst, und um dich in unserer Not zu bitten, nichtsdestoweniger, da es dir gefallen hat, uns die gegenseitige Fürbitte anzuempfehlen, so bitten wir dich für unsere armen Brüder und Glieder, die du heimsuchst mit deinen Ruten und Züchtigungen … Tröste sie alle, wie sie es nach deiner Erkenntnis nötig haben. Lass sie von deinen Züchtigungen zu ihrer Besserung Gewinn haben …«[17]

In den großen Zusammenhang der heiligen Majestät Gottes einerseits und der abgrundtiefen Verderbnis des Menschen andererseits gehört nun das Calvinsche Verständnis des Leidens, wie es »die Heilige Schrift uns zeigt, dass Seuchen, Kriege und andere Nöte Heimsuchungen Gottes sind, durch die er unsere Sünden bestraft«[18]. Jedes Leiden wird auf die Züchtigung Gottes zurückgeführt, *»die Völker, die du jetzt gezüchtigt hast, die Menschen, die von deinen Ruten geschlagen sind durch Krankheit, Gefängnis oder Armut«*[18], müssen gesündigt haben.

Die Logik dieses sadistischen Leidensverständnisses ist

schwer widerlegbar. Sie besteht in drei Sätzen, die in allen sadistischen Theologien wiederkehren:

1. Gott ist der allmächtige Lenker der Welt, der alles Leid verhängt.
2. Gott handelt nicht grundlos, sondern gerecht.
3. Alles Leiden ist Strafe für die Sünde.

Aus der Gerechtigkeit des Allmächtigen folgt, dass er nur »mit Grund« quält, sogar dann, wenn seine Plagen in gar keinem Verhältnis mehr zum getanen Unrecht stehen (vgl. Zitat S. 18). Die beiden Voraussetzungen von Gottes Allmacht und Gerechtigkeit führen zu dem Schluss, dass alles Leiden Strafe für die Sünde sein muss. Von diesem System unterscheidet sich der christliche Masochismus zum Beispiel der Traktatliteratur darin, dass er Gott nicht nur als Gerechtigkeit, sondern auch als Liebe denkt. Die Voraussetzungen von Gottes Allmacht (Satz 1) und Gottes Liebe und Gerechtigkeit (Satz 2) führen ihn dann zu dem Schluss, dass alles Leiden Strafe, Prüfung oder Erziehung sei, ein Versuch Gottes, sich uns anzunähern und die Seelen für sich zu gewinnen.

Beide Formen der Leidenstheologie können kritisiert werden wegen ihres ersten Satzes, der die Allmacht eines himmlischen Leidverhängers statuiert. Vielleicht ist es ja leichter möglich, die Allmacht mit einer absolut und perfektionistisch verstandenen Gerechtigkeit, die per definitionem unerfüllbar sein muss, zusammenzudenken – mit der Liebe jedenfalls, die aber in der Traktatliteratur nur mildernd, nicht fundamental gedacht ist, lässt sich Allmacht nicht zusammenbringen. Das bleibende Recht des modernen Einwands gegen diesen Gott ist das Leiden, das Leiden der Unschuldigen, wobei man hinzufügen muss, dass, gemessen am Ausmaß menschlicher Leiden, alle »unschuldig« sind. Es gibt Schmerzen, die jede Form von Schuld unendlich übersteigen; es war für alle »zu viel«.

Jeder Versuch, Gott als einen »das Elend rechtfertigenden Gott« zu denken, Gott mit dem Elend zu versöhnen, ist mit Ulrich Hedinger radikal zu kritisieren.[19] Der christliche Theismus hat den »Gott der Transzendenz« und den »Gott der Pädagogik« angebetet, sein »Gott ist vom Elend getrennt und sanktioniert es«[19]. Die Mystiker haben versucht, diese Trennung Gottes vom Leiden wegzudenken und den leidenden Gott zu proklamieren. Das war im Rahmen einer Welt, die vom Mangel beherrscht, durch Gewalt unterdrückt, dem natürlichen Leiden fast vollständig ausgeliefert war, das Beste, was möglich war. Aber »Leiden als Leiden, gegen das Klage erhoben, Unrecht als Unrecht, gegen das gekämpft wird, gibt es eigentlich nicht«[20]. Darum lässt sich diese Position nicht einfach wiederholen.

Weit härter trifft allerdings die Kritik an einem Gott der Transzendenz und der Pädagogik die theologisch-sadistische Position nicht nur in ihrer Calvinschen Zuspitzung. Ihr Gott tritt zum leidenden Menschen ausschließlich in einen pädagogischen Bezug, »wobei mehr die Therapie oder mehr die Züchtigung, mehr die Läuterung oder mehr die Strafe hervortreten kann«. Die geschichtlich wirksame Tendenz dieses christlichen Theismus ist gekennzeichnet durch »Härte gegenüber menschlichem Elend« und damit »Verachtung des Menschen«. »Es gibt nur die Sünde, nur das Unrecht vor Gott.« Brutalität und Heil verschwistern sich, Leiden wird zum Erlernen des Gehorsams, und die »Allianz zwischen repressivem Theismus und repressiver Gesellschaft« ist perfekt.

Es ist ein Gott, dessen Allmacht und Einzigkeit vorausgesetzt wird, damit er »von der Verantwortung für Leid und Not entlastet wird; eine entsprechende Belastung trifft dann einzelne Menschen oder die gesamte Menschheit«[20].

Jeder Versuch, das Leiden als unmittelbar oder mittelbar von Gott verursacht anzusehen, steht in der Gefahr, sadistisch über Gott zu denken. Es scheint mir darum auch problematisch zu fragen, »woran der mit dem gefangenen, verfolgten und ermordeten Israel leidende Gott litt«, oder ob Christus »nur an menschlichem Unrecht und menschlicher Bosheit« gelitten habe[21]. Jürgen Moltmann hat den Versuch wiederholt zu zeigen, dass Jesus »an Gott« leidet, dass Gott – jedenfalls in einer Person – leiden macht und kreuzigt. Moltmann hat einerseits den »gekreuzigten Gott«, den »leidenden, armen, schutzlosen Christus« herausgearbeitet und in der Kritik am antiken Ideal des apathischen Gottes den »Gott der Armen, der Bauern und der Sklaven« als den, der »in uns« leidet, »wo die Liebe leidet«, bestimmt. Aber diese Intention, dieses Pathos des Leidens wird abgeschwächt und beschwichtigt durch das theologische System, in das es vermittelt wird. Gott wird nicht nur und nicht zentral als der liebende und leidende Christus verstanden, sondern er soll zugleich auch die Position des herrschenden allmächtigen Vaters behalten. Moltmann versucht, eine »theologia crucis« zu entwickeln vom Verursacher, vom Leidmacher aus, entsprechend ein Verständnis des Leidens als innertrinitarischen Prozess, bei dem zwar »einer aus der Trinität« gelitten hat, der andere aber eben dies verursachte. Ein Beispiel dieserart Theologie ist lehrreich.

Am Kreuz »ist das geschehen, was Abraham an Isaak nicht zu tun brauchte (vgl. Röm 8,32): Christus wurde vom Vater in voller Absicht dem Schicksal des Todes überlassen; Gott hat ihn hinaus gestoßen unter die Mächte des Verderbens, ob diese nun Mensch oder Tod heißen. Um den Gedanken in höchster Schärfe zum Ausdruck zu bringen, könnte man mit den Worten der altkirchlichen Dogmatik sagen: die erste Person der Trinität verstößt und vernichtet die zweite … Hier kommt theologia crucis zur Sprache, wie sie radikaler nicht sein kann.«[22]

Der Autor ist fasziniert von der Brutalität seines Gottes. Die Abrahamsgeschichte hat diese Höhe der Brutalität noch nicht erreicht; erst der Vater Jesu Christi handelt bewusst, »in voller Absicht« vernichtend. Dass »Mensch und Tod« dabei großzügig auf einen Nenner gebracht werden, ist nur konsequente Mythifizierung. Gottes Tätigkeiten werden mit Wörtern wie »überlassen, hinausstoßen, verstoßen, vernichten« benannt.

Solche Aussagen, für die man Dutzende anderer Beispiele finden könnte, gelten in der Theologie immer noch als normal. Man muss sie zusammenhalten mit der Rede Himmlers vor den SS-Führern.

»*Von euch werden die meisten wissen, was es heißt, wenn 100 Leichen beisammen liegen, wenn 500 da liegen oder wenn 1000 da liegen. Dies durchgehalten zu haben und dabei – abgesehen von Ausnahmen menschlicher Schwächen – anständig geblieben zu sein, das hat uns hart gemacht. Dies ist ein niemals geschriebenes und niemals zu schreibendes Ruhmesblatt unserer Geschichte …*«[23]

Nicht, als ob der theologische Sadismus Verhaltensanleitungen enthielte. Wohl aber übt er Menschen ein in Denkschemata, die sadistisches Verhalten für normal halten und in denen angebetet, verehrt und geliebt ein Wesen wird, dessen »Radikalität«, »volle Absicht« und »höchste Schärfe« eben das Vernichten ist. Die äußerste Konsequenz des theologischen Sadismus ist die Anbetung des Henkers.

5 Isaaks Opferung

Was das bedeutet, kann man sich klarmachen an den möglichen Auslegungen der Geschichte von Isaaks Opferung durch Abraham (1 Mose 22).[24] Die erste mögliche Deutung geht von Gott aus. Gott ist der schlechthin Überlegene, der Absolute. Er erscheint, ohne Gestalt anzunehmen, im Anruf. Anruf und Befehl sind seine Äußerungsformen. Die Frage, ob es auch Gott sei, der solches befiehlt, und nicht der Teufel, taucht nicht auf. Gott ist der Herr, der niemandem Rechenschaft schuldig ist. Er hat den einzigen Sohn gegeben und hat das Recht, ihn wieder zu fordern. Die Absurdität der Forderung verweist im Rahmen dieser Deutung gerade auf ihre Göttlichkeit.

Überträgt man diese Deutung auf die Geschichte Jesu – eine Übertragung, die die Bibel nicht vollzieht, die aber schon früh durch die allegorische Auslegung des Alten Testaments vollzogen wurde –, so legt sich auch hier das Gewicht der Aussage auf den Vater, der den geliebten einzigen Sohn opfert. Die Notwendigkeit, die ihn dazu bringt, wird ebenso wenig bzw. ebenso hilflos reflektiert wie die Notwendigkeit jenes ersten Befehls an Abraham. Da das Opfer hier aber blutig vollzogen und nicht in letzter Minute durch eben den Gott, der es verlangte, verhindert wird, tritt die Vernichtungstendenz dieses Gottes nun unmittelbar hervor.

Diese Deutung der Geschichte enthält ein sadistisches Verständnis von Gott; eine Leidenstheologie, aus ihr entwickelt, wird die Anbetung des Henkers verlangen. Eine zweite Deutungsmöglichkeit bleibt zwar im selben Schema von Befehl und Gehorsam, von Herr und Knecht, betont aber weniger die Absurdität Gottes als die Größe Abrahams. Er erscheint nun als das Urbild aller religiösen Existenz, der Vater des Glaubens, der absolut Gehorsame. Um sich klarzumachen, was das bedeutet, sei an eine aus der Nazizeit überlieferte Geschichte eines Physikers erinnert, dessen Sohn im Widerstand arbeitete und verhaftet wurde. Die Nazis boten dem Vater die Freilassung des Sohnes an, wenn er zugleich eine Ergebenheitsadresse an das Regime veröffentlichte. Der Vater verhielt sich wie Abraham.[25]

Sören Kierkegaard hat in der Abrahamsgeschichte die »teleologische Suspension des Ethischen«[26] entdeckt. Es gibt Lagen, in denen die ethische Orientierung versagt und in denen Menschen eine religiös begründete Suspension des Ethischen vollziehen, die – anders als das Ethische – nicht zum allgemeinen Maßstab des Handelns gemacht werden kann. Edith Stein ist mit anderen Juden in die Gaskammer gegangen, obwohl sie die Möglichkeit der Rettung hatte und ihr Tod niemandem nützte. Ähnlich kann man das Handeln der Geschwister Scholl beurteilen, das in seiner reinen Blindheit mit ethischen – was immer auch heißt: zukunfts-bezogenen – Maßstäben nicht gerecht beurteilt wird. Die Selbstverbrennungen buddhistischer Mönche in Vietnam, soweit sie uns zugänglich sind, oder die Jan Palachs in Prag 1968 können ebenso verstanden werden; sie vollziehen das Opfer Abrahams, aber am eigenen Leibe. Gerade diese Beispiele machen aber deutlich, dass es unmöglich ist, Abraham in einem rein absurden Sinn zu verstehen. Die Begründung im absurden Willen Gottes reicht nicht aus. Es gibt zwar Situationen, in denen die Wahrheit des Willens Gottes nicht verständlich und verbindlich gemacht werden kann; aber auch in

ihnen darf unsere Beziehung zu Gott nicht als eine autoritär ge-
fesselte angesehen werden. Gott ist nicht der, der solche Opfer
will oder befiehlt – selbst dann, wenn wir zugestehen, dass in
bestimmten Situationen solche Opfer die Wahrheit Gottes jenseits des Ethischen rein darstellen. Eine solche Deutung der Geschichte enthält ein masochistisches Verständnis des Menschen, richtiger vielleicht ein Verständnis seiner Hingabe, die
bis zur Selbstpreisgabe gehen kann. Eine Leidenstheorie, aus
ihr entwickelt, wird in allem Leiden das bewusst vollzogene
Opfer suchen.

Aber es gibt noch eine dritte Möglichkeit, die Geschichte zu
verstehen, nämlich vom Erzähler aus. Der Erzähler versucht ja,
die archaische Gottesvorstellung, in der Gott Menschenopfer
gefallen, zu überwinden. Gott ist nicht der, der Absurdes befiehlt, auch wenn es so scheint. Der Mensch wird nicht zur Suspension des Ethischen gezwungen. Die Geschichte erinnert an
Vergangenes – aber um es aufzuheben. Das Verhältnis von Gott
zu Mensch ist als Absurdität des Befehls und als Unterwerfung
des totalen Gehorsams falsch gedacht. In diesem Zusammenhang ist der erste Satz des Erzählers von besonderer Bedeutung:
»Nach diesen Begebenheiten wollte Gott den Abraham prü-
fen.« Damit wird ein Einverständnis hergestellt zwischen dem
Erzähler und dem Hörer der Geschichte. Wir wissen mehr, als
Abraham wissen konnte.

In der antiken Mythologie gibt es eine parallele Geschichte
von der Opferung eines Kindes durch den Vater. Agamemnon
opfert in Aulis seine Tochter Iphigenie, um Artemis gnädig zu
stimmen, dass sie der griechischen Flotte, die gegen Troja aus-
laufen will, Wind schickt. Es ist für Agamemnon ein tragischer
Konflikt: Was immer er tut, er wird schuldig. Um den Bundes-
genossen die Treue zu halten, muss er das geliebte Kind
schlachten. Aber indem er sich für die Staats- und gegen die
Familienräson entscheidet, zieht er sich den unversöhnlichen
Hass seiner Frau Klytaimnestra zu; er wird nach seiner Heim-
kehr aus Troja die Tötung Iphigenies mit dem Leben bezahlen
müssen.

Abrahams Geschichte ist nicht tragisch. »Nun weiß ich, dass du Gott fürchtest«, sagt ihm der Engel. Es gab nicht die Entscheidung zwischen zwei Werten oder, antik gesprochen, zwischen zwei Göttern, sondern nur die zwischen Gottesfurcht und Ungehorsam. Die Prüfung bestand in der Frage, ob Abraham Gott über alle Dinge fürchte und liebe. Indem sie bestanden ist, verliert auch ihr Material, das Kindesopfer, sein Interesse. Die Geschichte ist mit dem weiteren Leben Abrahams nicht verknüpft, sie hat keine Folgen. Auf die Absurdität des Befehls braucht jetzt, anders als in der sadistischen Deutung, nicht mehr reflektiert zu werden. Aber auch der Masochismus des Gehorsams wandelt sich zu einem dienenden Moment, das dem erneuerten und bekräftigten Segen unterstellt wird. Tieropfer lösen Menschenopfer ab, so wie später Weihrauch und Widder durch »mein Gebet und Lieder« (P. Gerhardt) abgelöst werden. Eine heitere Variante des Prozesses der Aufklärung, der in der Geschichte angelegt ist, findet sich auf einem Gemälde aus dem Jahre 1710, das in der Jesuiten-Apotheke zu Trier hängt. Isaak ist auf den Altar gebunden, Abraham kniet wenige Schritte vor ihm, die Flinte in der Hand und zielt. Ein Engelchen aber pinkelt im hohen Bogen auf die Zündung: »Abraham, du druckst umsunst / Ein Engel dir aufs Zündloch brunst.«

Unter diesem Aspekt der aufklärenden Tendenz der Geschichte ist nun der theologische Versuch, das Modell christologisch zu restaurieren, zu beurteilen. Der humane Fortschritt, den die Geschichte aus Genesis 22 darstellt, wird in der »radikalen Kreuzestheologie« negiert, die Tendenz der Geschichte umgekehrt. Die Abrahamsgeschichte wird einer solchen Theologie zur Vorstufe, die die »volle Härte« noch nicht erreicht hat. Erst auf Golgatha erfüllt sich Morija, erst jetzt schlägt Gott richtig zu. Die vergleichsweise schwächliche Ausdrucksweise des Paulus, dass Gott seinen Sohn nicht verschonte, sondern dahingab, wird jetzt systematisch auf den Begriff gebracht: den des Vernichtens.

Wer will so einen Gott? Wer profitiert von ihm? Wie müssen Menschen beschaffen sein, deren höchstes Wesen seine Ehre darin sieht, Vergeltung zu üben im Verhältnis eins zu hundert? Warum soll in solcher Theologie Jesus »an Gott« leiden? Sind denn die Leute in Auschwitz an Gott gestorben- und nicht am Zyklon Beta, das die IG-Farben preiswert herstellte? War Er auf der Seite der Henker – oder nicht doch auf der Seite der Sterbenden? Das menschliche Leiden, konkret wahrgenommen, zerstört alle Unschuld, alle Neutralität, alles »ich war es nicht, ich konnte nichts dafür, ich habe es nicht gewusst«. Es gibt angesichts des Leidens keinen dritten Ort jenseits der Opfer und der Henker. Darum ist jede Deutung des Leidens, die von den Opfern wegschaut und sich identifiziert mit einer Gerechtigkeit, die hinter dem Leiden stehen soll, schon ein Schritt auf den theologischen Sadismus zu, der Gott als den Quäler begreifen will.

Zur Kritik der nachchristlichen Apathie

> »Das eigentliche Exil Israels in Ägypten war,
> dass sie es ertragen gelernt hatten.«
> *Rabbi Chanoch*

1 »Wenigstens Tierschutz für Häftlinge«

Dom Helder Câmara, Erzbischof von Olinda und Recife im Nordosten Brasiliens, ließ am 11. Mai 1972 den folgenden Hirtenbrief von den Kanzeln seines Erzbistums verlesen:

»In unserer Stadt geschehen immer häufiger Entführungen, Verhaftungen und Verschleppungen, vor allem von Studenten und Arbeitern. Hier liegt das erste Motiv für unsere Anzeige und unsere Intervention als Oberhirten: Nicht einmal das Gesetz der Nationalen Sicherheit noch die Dekrete aus der Zeit des Institutionellen Aktes Nr. 5 werden respektiert. Nur selten geschieht es, dass sich die Verantwortlichen für die Verhaftungen rechtmäßig ausweisen, und in keinem Fall liegt ein Haftbefehl vor, der ordentlich datiert

und unter Angabe von Gründen und Bezeichnung der zuständigen Behörde unterschrieben worden wäre. Entweder geschehen die Verhaftungen in den Wohnungen oder, wie in den Fällen der Arbeiter und Arbeiterinnen, direkt am Arbeitsplatz, wobei man den Eindruck hinterlässt, bei den Verhafteten handle es sich um gefährliche Terroristen und Agitatoren. Die Handlungsweise an sich zeichnet sich bereits durch unnötige und extreme Gewaltanwendung aus, und bei den Verhaftungen in Privatwohnungen wissen wir von Fällen gewaltsamer Wohnungsöffnung.

Man mag sich die Panik vorstellen, in der die Familien verbleiben, ohne den geringsten Hinweis auf den Ort zu erhalten, an den ihre geliebten Familienangehörigen verschleppt werden. Warum diese Missachtung von Vorschriften, die doch von der Regierung selbst ausgingen? Warum macht man zum Beispiel keine Mitteilung an die zuständige Militärbehörde unter Berücksichtigung des vorgeschriebenen Zeitraumes? Warum benachrichtigt man nicht zumindest die betroffenen Familien oder andere Verantwortliche, um zum Beispiel zu gestatten, dass Wäsche zugeschickt werden darf, wenn man schon die Verfolgten in dem Zustand entführt, in dem sie sich gerade befinden, und ihnen nicht das Recht zugesteht, irgend etwas mit sich zu führen?

Als Hirten, die ihre Verantwortung vor Gott, vor sich selbst und vor denen auf sich nehmen, die auf uns vertrauen, behaupten wir, dass in der Regel unglaubliche physische und moralische Folterungen angewandt werden.

Aufs neue registrieren wir den Grund für das Misstrauen und die Maßnahmen gegenüber der Kirche, der auf die Tatsache zurückzuführen ist, dass wir nicht weiterhin im Namen der so genannten gesellschaftlichen Ordnung mit Strukturen der Unterdrückung paktieren können, die Kinder Gottes in eine unmenschliche Situation bringen.

Wie lange noch wird der Anti-Kommunismus als Vorwand für die Aufrechterhaltung von Ungerechtigkeiten herhalten müssen, die zum Himmel schreien? Wie lange noch wird es unter dem Vorwand der Terroristenbekämpfung im Namen von Polizei- und Militärbehörden angewandten Terrorismus geben?

Abgesehen davon, dass sie die elementarsten Menschenrechte verletzt, möchte einen diese Handlungsweise bitten lassen – so wie es damals zu Zeiten von Valgas der bewundernswerte Rechtsanwalt Heráclito Sobral Pinto tat –, den Opfern möchten wenigstens die Gesetze des Tierschutzes zukommen.

Wir schreiben diesen Brief mit Absicht am Tag des ersten Mai. Es geht nicht nur darum, dass der Großteil der Verfolgten sich aus Arbeitern rekrutiert und dass sich die Kirche in zunehmendem Maße um die arbeitenden Menschen sorgt, sondern wir wollen vielmehr auch unsere Besorgnis als Hirten zum Ausdruck bringen, wenn wir darauf hinweisen, dass das in unserem Land angewandte Entwicklungsmodell teuer von den Kleinen, den Demütigen und den Stimmlosen bezahlt wird. Sobald diese den legitimen Protest anwenden, werden sie wie Kommunisten und Subversive behandelt, was wieder in Propaganda gegen Subversion und Kommunismus ausartet.«[1]

Die politische Lage, in die dieser Text wirken soll, ist gekennzeichnet einmal durch die wachsende Verschlechterung der sozialen Situation der Masse der Brasilianer; auf ihrem Rücken werden alle wirtschaftlichen und strukturellen Maßnahmen, die zur »Entwicklung der Unterentwicklung« führen, ausgetragen. Das ausländische Kapital und eine winzige Oberschicht profitieren von den Reformen, die versucht werden. Zum zweiten nehmen die willkürlichen Verhaftungen und die Folterungen von politischen Häftlingen ständig zu. Verschlechterung der Lage und Verschärfung der Unterdrückung gehen Hand in Hand. Im Frühjahr 1972 ist es Helder Câmara gelungen, die Bischöfe der Südregion in einer scharfen öffentlichen Anklage gegen das Regime in Brasilia zu einigen, einer Resolution, die sich im Wesentlichen mit diesem Hirtenbrief deckt. Dass Câmara im März 1973 nicht, wie allgemein erwartet, zum Kardinal ernannt wurde, darf als Folge seines Verhaltens verstanden werden.[2] Das Leiden der »Kleinen, Demütigen und Stimmlosen« wird hier nicht masochistisch als Prüfung oder sadistisch als Strafe gedeutet. Es wird auch nicht mit der Geduld, die Tugend so vieler Kirchenführer ist, verschwiegen oder mit Hilfe der allerallgemeinsten Formulierungen in eine wohltönende Liturgie verwandelt. Das Leiden wird ausgesprochen, es wird zur Anklage. Die Sprache dieses Textes enthält Wörter wie »Anzeige, Intervention, behaupten, registrieren, legitimer Protest«. Der Zustand der Deutung, der Interpretation des Leidens ist überwunden. Die Ursachen des Leidens werden benannt: die »so genannte« gesellschaftliche Ordnung, die Strukturen der Unterdrückung, der Antikommunismus als Vorwand des Terrorismus.

Der Gott der Transzendenz und der Gott der Pädagogik, die beide das Elend rechtfertigen, haben hier nichts mehr zu suchen. Gott ist auf der Seite der Unterdrückten, der Arbeiter, der »Kleinen«.

Aber wer außer ihm? Ich spreche nicht von der Reaktion, die eine solche Resolution in Lateinamerika hat, wohl aber von den Antworten, die solche und ähnliche Texte aus der Dritten Welt bei uns finden. Sie sind minimal. Die Abstumpfung gegen das Leiden anderer steht in unmittelbarer Beziehung zu der Erfahrung, dass es keine Veränderung gibt, wie sie die Menschen der »ersten« Welt machen.

Das Sichabfinden mit Ausbeutung, Unterdrückung und Ungerechtigkeit weist hin auf den gesamtgesellschaftlichen Zustand der Apathie, der leidensunfähigen Teilnahmslosigkeit.

2 Die Apathie der Gesellschaft

A-pathie ist wörtlich das Nicht-Leiden, die Leidenslosigkeit, die Unfähigkeit eines Wesens zu leiden. Laut Lexikon orientiert sich der Begriff an bestimmten Krankheitssymptomen und wird mit »Teilnahmslosigkeit« wiedergegeben. Apathie kann sich, medizinisch gesehen, »als Folge starker psychischer oder physischer Erschöpfung einstellen« (Brockhaus). Im hier gemeinten weiteren Sinn des Wortes ist Apathie eine Form der Leidensunfähigkeit. Sie wird verstanden als ein gesellschaftlicher Zustand, in dem die Vermeidung von Leiden die Menschen als Ziel so beherrscht, dass die Vermeidung von Beziehung und Berührung überhaupt zum Ziel wird. Indem die Leiderfahrungen, die »pathai« des Lebens zurückgedrängt werden, schwinden auch das Pathos des Lebens und die Stärke und Intensität seiner Freuden. Ohne Frage ist dieses Leitbild vom Mittelklassebewusstsein geprägt. Aber dieses Bewusstsein reicht weit in das industrielle Proletariat hinein.

Die Sprache älterer Arbeiter kann physisches und soziales Leiden noch eindeutig benennen; für die jüngere Generation wird es schwieriger, das Leiden zu formulieren, weil die Apathie mit der Angleichung an bürgerliche Zielvorstellungen gewachsen ist. Das bedeutet nicht, dass apathische Menschen in den Industrienationen nicht litten – oder gar glücklich wären. Was ihnen fehlt, sind das Bemerken des eigenen Leidens und die Sensibilität für das Leiden anderer. Sie erfahren Leid, aber sie »sind's zufrieden«, es berührt sie nicht. Sie haben keine Sprache und keine Gesten, sich mit dem Leiden auseinanderzusetzen. Es ändert nichts. Sie lernen nichts daraus.

Die Stücke von Franz Xaver Kroetz behandeln Konflikte und Leidenssituationen in der Unterschicht, meist des ländlichen Proletariats. Diese Konflikte können noch so extrem sein, das Leiden noch so himmelschreiend – die Betroffenen stehen ihm wie distanziert, sprach- und hilflos zugleich gegenüber. Es gibt keinerlei Verständnis über das, was geschieht, keine Kommunikation, keinerlei Veränderung. Kroetz' literarische Technik – der langen stummen Szenen, des minimalen Dialogs, des Verzichts auf jede deutende Aussage – macht klar, dass auch für die nächste Generation keine Hoffnung besteht. Die Zerstörten haben kein Bewusstsein erlangt, das sie weitergeben könnten.

»Das ausgeprägteste Verhalten meiner Figuren liegt im Schweigen; denn ihre Sprache funktioniert nicht. Sie haben keinen guten Willen. Ihre Probleme liegen so weit zurück und sind so weit fortgeschritten, dass sie nicht mehr in der Lage sind, sie wörtlich auszudrücken.«[3] Sie bleiben in der Apathie.

Selbst Äußerungen des physischen Schmerzes werden zurückgedrängt. Physischer Schmerz ist ja ein Zeichen der Lebendigkeit und der Weigerung, Verluste oder Funktionsunfähigkeit einfach hinzunehmen. Sich Schmerzlosigkeit zu wünschen bedeutet, sich den Tod zu wünschen. In diesem Sinn kann man die Apathie der Gesellschaft als einen Teil ihrer nekrophilen Orientierung im Sinne Erich Fromms verstehen. Nekrophilie ist die Liebe zum Toten, Erstarrten, Regungslosen, »der Wunsch, das Organische durch ›Ordnung‹ ins Anorganische zu verwandeln«[4]. Das Anorganische ist a-pathisch. Die Verwandlung eines Menschen in eine Nummer in einer Fabrik oder in einer Verwaltungsbürokratie stellt eine apathische Struktur her, innerhalb derer jede Form von Leiden vermieden ist.

Es ist zu fragen, was aus einer Gesellschaft wird, in der bestimmte Formen von Leiden kostenlos vermieden werden, wie es dem Ideal der Mittelklassen entspricht, in der die als unerträglich erkannte Ehe rasch und glatt gelöst wird, in der nach der Ehescheidung keine Narben bleiben, in der die Beziehungen der Generationen möglichst rasch, konfliktfrei und spurenlos abgelöst werden, in der die Trauerzeiten vernünftig kurz sind, in der die Behinderten und Kranken schnell aus dem Haus und die Toten schnell aus dem Gedächtnis kommen. Wenn sich die Auswechslung von Partnern nach dem Modell Verkauf des alten und Ankauf eines neuen Autos vollzieht, dann bleiben die Erfahrungen, die in der missglückten Beziehung gemacht wurden, unproduktiv. Aus Leiden wird nichts gelernt und ist nichts zu lernen.

Solche Blindheit ist möglich in einer Gesellschaft, in der ein banaler Optimismus herrscht, in der es selbstverständlich ist, dass man nicht leidet. Dass das Leiden der Arbeiter nicht öffentlich ist, dass die Probleme der Arbeitswelt kulturell nicht den Platz einnehmen, den sie statistisch haben müssten, gehört zu dieser selbstverständlichen gesellschaftlichen Apathie. Da entwickelt sich eine Wahrnehmungsunfähigkeit für das Leiden, sowohl für das eigene durch die Abstumpfung wie erst recht für das der anderen. Die Apathie der Dritten Welt gegenüber ist nicht nur auf die Manipulationen der Massenmedien, die an die bestehende Angst vor dem Kommunismus und das latente

Einverständnis mit der Ausbeutung dieser »faulen« Länder anknüpfen können, zurückzuführen; sie ist ein Teil der bürgerlichen Apathie überhaupt, die auch die eigenen Schmerzen nicht wahrnimmt.

Wie Farbenblinde stehen die Menschen dem Leiden gegenüber – wahrnehmungsunfähig und ohne alle Sensibilität. Die Folge dieses leidenslosen Wohlbefindens ist eine Erstarrung des Lebens. Nichts ist mehr bedroht, nichts wächst mehr mit den eigentümlichen Schmerzen, die jedes Wachstum bedeutet, nichts verändert sich. Die schmerzfreie Erfüllung vieler Bedürfnisse garantiert den ruhigen, erreichten Stillstand. Langeweile breitet sich aus, wenn erfüllte Hoffnung nicht mehr zu neuer, größerer Hoffnung treibt. Der schwedische Sozialismus, ein Gesellschaftssystem pragmatischer Art, ohne größere vorwärtstreibende Utopie, stellt einen Zustand der eingeplanten Leidenslosigkeit dar, der jedoch die höchsten Selbstmordquoten der Welt produziert.

Im Gleichmaß des leidlosen Zustands flacht sich die Lebenskurve vollständig ab, so dass auch Freude und Glück nicht mehr intensiv gelebt werden können. Aber wichtiger als diese Folge der Apathie ist die Desensibilisierung, die ein leidensloser Zustand bedeutet, die Unfähigkeit, die Wirklichkeit wahrzunehmen. Ein leidensloser Zustand – das ist nichts anderes als die Blindheit, die das Leiden nicht wahrnimmt, das ist die nicht mehr bemerkte Abstumpfung gegen das Leiden, da werden der Mensch und seine Umstände aufs Neue zur Natur gemacht, die auch auf der technisierten Stufe nichts anderes bedeutet als die blinde Anbetung dessen, was ist, ohne Eingriffe, ohne Maßnahme, ohne Arbeit.

Da werden zwischen dem erfahrenen Subjekt und der Wirklichkeit Mauern aufgerichtet, man erfährt vom Leiden anderer nur indirekt, man sieht verhungernde Kinder auf dem Bildschirm, und diese Art der Beziehung zum Leiden anderer ist charakteristisch für unsere ganze Wahrnehmung. Auch das Leiden und Sterben der Freunde und Verwandten wird selten sinnlich und unmittelbar erfahren, wir hören das Röcheln und

Stöhnen nicht mehr, Wärme und Kälte des kranken Körpers berühren wir nicht mehr. Der Mensch, der solche Art von Leidfreiheit sucht, begibt sich in Quarantäne, an einen keimfreien Ort, wo Schmutz und Bakterien ihn nicht berühren, wo er mit sich allein ist, selbst dann, wenn dieses »mit sich« die kleine Familie einschließt. Leidfrei bleiben wollen, der Rückfall in Apathie kann eine Art Berührungsangst sein, man will nicht angerührt, angesteckt, befleckt, hineingezogen werden, man hält sich soweit wie eben möglich heraus, kümmert sich um seine Angelegenheiten, privatisiert sich bis zum Stumpfsinn.

Ohne Frage gibt es handfeste soziologische Ursachen für wachsende Apathie. Da ist zunächst die Aufhebung des Mangels an den unmittelbar lebenswichtigen Gütern zu nennen. Hunger und Kälte als elementare Formen des Mangels sind in den Industrienationen vergangen, die Bedürfnisse sind abgesättigt. Dieser private Wohlstand verschleiert die strukturelle öffentliche Armut und hilft so, das Leiden der Menschen zu verdecken. Die Apathie wächst am Bewusstsein der Sättigung.

Andere Ursachen für schon vermiedenes oder vermeidbar gewordenes Leiden sind wachsende Aufklärung und Bildung. Auch die größere Mobilität und stärkere Ablösung von den primären Beziehungen ändert das Verhältnis zum Leiden. Wir können annehmen, dass die Schmerzen und Probleme, die eine Ehescheidung aufwirft, in Zukunft geringer sein werden und dass, ähnlich wie bei den physischen Schmerzen, auch die seelischen und sozialen Schmerzen zurückgedrängt werden, nicht allein durch Tabletten oder andere Mittel, die betäuben und vergessen machen, sondern auch deswegen, weil die objektiven Anlässe, seelischen Schmerz zu empfinden, verringert sind. Wie physische Leiden erspart werden, so auch soziale. Der Verlust eines Partners trifft jemanden anders in einer Gesellschaft, die ständig neue Möglichkeiten der Kontakte bereithält. Die größere Mobilität im Örtlichen und im Sozialen spielt eine wichtige Rolle. Menschen gewöhnen sich durch mehrere Umzüge und durch Berufswechsel an das Abschiednehmen. Immer weniger Bindungen können als lebenslang angesehen werden, die Auflösung von Bindungen ruft daher nicht den gleichen Schmerz hervor wie in früheren Zeiten. Die Kontaktmöglichkeiten haben sich vergrößert, der Wechsel der Bezugspersonen ist leichter geworden. Wir sind weniger empfindlich gegen den Verlust eines Freundes oder Partners, und der Wechsel bringt eine gewisse Abstumpfung gegen den Schmerz, den solche Verluste bedeuten, mit sich. Mit der geringeren Schmerzfähigkeit aber verlieren menschliche Beziehungen die ihnen in früheren Kulturen eigentümliche Tiefe. Eine neue Tiefe könnte erst dort entstehen, wo auch die sekundären und vermittelten Beziehungen, zum Beispiel zu den Vorgängen in der Dritten Welt, kultiviert würden und neue Sensibilität hervorriefen.

3 Der apathische Gott der Christen

Die Kritik einer nachchristlichen Apathie wäre unvollständig, wenn sie nicht die lange Vorbereitung durch christlich eingeübte und theologisch begründete Apathie einbezöge. Der gängige Vorwurf gegen das Christentum richtet sich zwar meist auf seinen Masochismus, seine Verklärung des unaufhebbaren Leidens. Aber es könnte sein, dass der Vorwurf der Apathie, also eines »schmerzfremden Christentums«, für die Gegenwart viel zutreffender wäre. »Die große Schwäche, Reizbarkeit, Empfindlichkeit eines gewissen heutigen Christentums kommt gerade davon her: Wer des Schmerzes nicht mächtig ist, ist ohnmächtig. Und wer des Schmerzes nicht teilhaftig ist, begibt sich der stärksten Waffe, die der Mensch in dieser Welt besitzt ... Unsere Zeit ist eine Zeit neuer Schmerzen, differenzierter, verborgener, unbekannter Schmerzen. Riesengroß blühen sie in den Feldern der neu entdeckten Wirklichkeit. Dennoch sehen wir sie nicht, wagen wir nicht, sie zu sehen, verdrängen wir sie aus unserem Bewusstsein.«[5] Diese Verdrängung der Schmerzen hat eine lange Tradition seit der frühchristlichen Auseinandersetzung um die Frage: »Kann Gott leiden?«[6] Die Darstellung des leidenden Christus, wie sie die Evangelien überliefern, widersprach radikal der aus der Antike überkommenen Vorstellung von Gott. Gott wurde gedacht als geistig, nicht fleischlich; als unsichtbar, nicht sichtbar; als ursprungslos, nicht geboren; als unvergänglich, nicht sterblich; als unendlich, nicht endlich; und vor allem als leidlos und nicht leidend.

Diese Apathie Gottes ist im antiken Denken verwurzelt.

Das Leiden, die páthai, gehört in den Bereich des Irdischen, im engeren Sinn als Leiden und Schmerzen, im weiteren als die Affekte, Triebe und Leidenschaften. Gott ist unangerührt von all diesem, weder die Triebe noch die aus ihnen folgenden Zwänge können ihn betreffen. Er erfüllt das Ideal dessen, der im physischen Sinne unerreichbar für äußere Einwirkungen und im psychischen Sinn unempfindlich – wie tote Dinge – ist. Ethisch verstanden bedeutet seine Apathie die Freiheit des Geistes von inneren Bedürfnissen und äußeren Beeinträchtigungen. Es gehört – nach Aristoteles – zu den Vollkommenheiten Gottes, dass er keine Freunde braucht.[7] Dieser apathische Gott wurde zum Gott der Christen, obwohl er dem biblischen Gott, seinen Leidenschaften und seinen Leiden widersprach. Aber es gelang, das Axiom von der Leidensunfähigkeit Gottes mehr und mehr durchzusetzen. Den stärksten Widerstand bei diesem Anpassungsprozess leisteten die Evangelien: In ihnen war bezeugt, dass Christus Hunger und Durst, Müdigkeit und Schläge, Schmerzen, Gottverlassenheit und Tod erlitt, dass er Liebe und Zorn fühlte. Demgegenüber versuchte man in der Patristik, eine möglichst weitgehende Leidensunfähigkeit Christi zu erhalten (Klemens von Alexandrien zum Beispiel streitet bei Christus sogar eine wahre Verdauung und Ausscheidung der Speisen ab!). Man versuchte, wenigstens in der Seele Christi Apathie anzunehmen und Unbeweglichkeit in ihr zu finden, so wie man seine Angst und seine selbst einbekannte Unwissenheit nicht ernst nahm. »Man neigte zu einer Apathie der Menschheit Christi, weil man damit die Apathie des göttlichen Logos selbst zu schützen hoffte; denn: ein Gott, der das Subjekt eines Erleidens wäre, könnte nicht wahrhaft Gott sein.«[8] Die Folgerungen aus diesen Schwierigkeiten sind sehr verschieden. »Die einen nahmen das Erleiden auf Kosten der Gottheit, die

andern die Gottheit auf Kosten des Erleidens ernst. Für die ...
linke Linie der Heterodoxie hat Christus offenkundig erlitten
und gelitten ... aber gerade deswegen konnte er nicht wahrhaft
Gott sein wie der Vater! (Ebitionismus, Adoptianismus, Aria-
nismus.) Die Angst vor der Verletzung des Apathieprinzips war
stärker als die Angst vor der Verstümmelung des evangelischen
Christusbildes.«[9]

Die theologische Frage, ob Gott leiden könne, ist auch heute
nicht entschieden. Meist wird sie so gelöst, dass »einer aus der
Trinität« gelitten hat, die beiden anderen Personen aber nur in
ihm. Aber wichtiger als solche dogmatischen Formallösungen
sind die Tendenzen für das Verständnis des Leidens, die dabei
zutage treten. Wo Gott als Macht, als Herr, als König und Richter gedacht ist, da taucht der Gedanke an Christi Leiden nur
im Sinn antiker Leidenslehre auf, als ein vorübergehendes
Übel, das einem größeren Gut dient. Christus hat in diesem
Denkschema nur für kurze Zeit die Gestalt des leidenden Menschen angenommen, der »Schmerz Gottes« ist solcher Theologie kein Thema. Der apathische Gott hat hier – wie in der altkirchlichen Christologie – über den leidenden gesiegt. Das
bedeutet ethisch, dass die stoische Leidensauffassung über eine
christliche triumphiert. Wenn als Gott ein leidfreies Wesen verehrt wird, dann ist es tunlich, sich in Geduld, Ertragen, Unerschütterlichkeit und Distanz vom Leiden zu üben. Je mehr
der Mensch sich zurücknimmt, je kleiner er sich macht, desto
größer seine Chancen, leidfrei zu bleiben! Der japanische
Theologe Kazoh Kitamori hat diesem herrschenden apathischen Gott entschieden widersprochen und den Versuch gemacht, Gott als Schmerz zu denken[10]. Gott als den, der an der
Sünde leidet und der doch nicht im Zorn bleiben kann, sondern Zorn und Liebe im Schmerz vermittelt, weil er den Gegenstand seines Zorns liebt, was immer »Leiden« bedeutet. Kitamori kritisiert die in der Theologie herrschende Blindheit für
den Schmerz und entwirft ein Bild der Nachfolge, in dem Menschen »mit ihrem eigenen Schmerz dem Schmerz Gottes dienen«. Was kann eine solche theologische Aussage bedeuten? Sie

hat ja nur Sinn, wenn sie eine Interpretation der konkreten Leiden in unserer Gesellschaft einschließt. Wo sind Menschen, die mit ihrem Schmerz dem Schmerz, und das bedeutet ja der schmerzlichen Liebe Gottes, »dienen«? Ich höre in diesen Sätzen eine Abweisung aller Apathie und aller aus Apathie folgenden Geduld und Ergebenheit.

Menschen in unserer Gesellschaft nehmen den Schmerz als Fatum, das sie und andere getroffen hat. Die Bedeutung alles christlichen Verständnisses des Leidens ist aber gerade die Abweisung jeder Vorstellung von einem Fatum, dem Menschen in Ohnmacht ausgeliefert sind. »Wenn wir den Schmerz als Übel ansehen, das uns von außerhalb unwiderstehlich trifft, unterliegen wir dem Schmerz und fürchten uns vor ihm. Solange wir darum dem Schmerz entfliehen wollen, können wir ihn keinesfalls lösen.«[11] Dieses Entfliehen vor dem Schmerz in die Apathie hinein ist vielleicht in keiner Zeit so allgemein geworden wie in der hochindustrialisierten Gesellschaft. Das Leiden wird zu einem Schicksal verdinglicht, dem man nur privat entfliehen kann. Fatum und Apathie gehören zusammen als das Schicksal und die ihm Unterworfenen. »Nur wenn wir den Schmerz als etwas in uns Wesentliches mit Liebe suchen und wünschen lernen, können wir uns durch den Schmerz vielmehr stark machen.«[11] Die Verwandlung des Schmerzes, in der Menschen aus der Passivität und der Flucht in die Annahme kommen, könnte für die Leidenden eine solche im Schmerz gefundene »Stärke« bedeuten. Aber ein solcher theologischer Gedanke kann nur dann zur Wahrheit werden, wenn er politische Gestalt annimmt.[12]

Wie können wir uns »stark« machen? Kann man im Ernst mit Kitamori sagen, dass wir den Schmerz »suchen und wünschen lernen« sollen? Jeden Schmerz? Das hätte nur dann Sinn, wenn es jener Schmerz wäre, der wie bei Gott, so auch bei uns entsteht aus Zorn über diese Wirklichkeit und aus bedingungsloser Liebe zu ihr. Gut ist nur der Schmerz, der den Prozess seiner Aufhebung vorantreibt. Kitamori sagt in Auslegung des Gleichnisses vom Weltgericht, in dem die Menschen danach beurteilt werden, was sie dem geringsten ihrer Brüder angetan haben (Matth. 25,31 ff.): »Folgendes können wir aus diesem Abschnitt lernen: Gott lässt sich von uns nicht als Gott lieben, sondern er verbirgt sich hinter der Weltwirklichkeit … Denn er will darin geliebt werden, dass wir die Weltwirklichkeit lieben, Gott ist sozusagen immanent in der Weltwirklichkeit … Gottes Schmerz ist also immanent im Schmerz der Weltwirklichkeit. Deshalb ist der Dienst am Schmerz Gottes als solcher überhaupt nicht möglich, sondern nur als Dienst am Schmerz der Weltwirklichkeit.«[13] Der angenommene eigene Schmerz wird dann in Beziehung gesetzt zu den Schmerzen der Menschen, unter denen wir leben. Wir hören auf, eine Erlösung von außerhalb zu erhoffen. Das wäre immer noch die Flucht vor der Wirklichkeit und ihren Schmerzen. Mit »dem eigenen Schmerz dem Schmerz Gottes dienen« ist ein Akt, in dem das Leiden aus seiner Privatheit herausgeführt wird und Menschen sich solidarisieren. Die Flucht vor dem Leiden ist der natürliche Reflex jedes Menschen; aber auch wenn sie gelingt, ist sie zugleich die Verewigung des allgemeinen Leidens. Sich durch den Schmerz »stark machen« ist demgegenüber zu verstehen als die Stärke derer, die solidarisch geworden sind.

Ich habe dieses »Sich-durch-den-Schmerz-stark-Machen« zum ersten Mal in Asien gesehen, bei dem Volk, das in der ganzen Welt zum Symbol des Gequältwerdens und des Widerstands geworden ist, dem Volk von Vietnam.

4 Politische Apathie – am Beispiel Vietnam

Die schlimmste Form der Apathie ist nicht der private Wunsch, möglichst schmerzfrei durchzukommen, sondern die politische Apathie. Diese hängt zusammen mit einer erstaunlichen Vergesslichkeit; es ist, als hätten die früheren Menschen nicht gelebt und als seien ihre Erfahrungen umsonst gewesen. So haben die Kölner den Bombenkrieg »vergessen«, jedenfalls als er Hanoi und Haiphong betraf.

Johannes Bobrowski hat ein Gedicht mit dem Titel »Ho-

lunderblüte« geschrieben. Der Holunder mit seinen aus Blü-
tensternchen zusammengesetzten Tellern ist ein Symbol der
Fruchtbarkeit und des Glücks. Das Gedicht handelt allerdings
von der Verfolgung der Juden im zaristischen Russland, es erinnert an die Kindheitserlebnisse Isaak Babels. Erst dann, als von
den jungen Leuten einer neuen Generation die Rede ist, taucht
das Motiv des Holunders wieder auf.

> »Leute, ihr redet: Vergessen –
> Es kommen die jungen Menschen,
> ihr Lachen wie Büsche Holunders.
> Leute, es möcht der Holunder
> sterben
> an eurer Vergesslichkeit.«[14]

Die Apathie fragt dem, was gewesen ist, nicht nach, weil sie
»natürlich« reagiert. Aber selbst das Natur-Glück kann eingehen in einer apathischen Welt.

Die Apathie der Geschichte der Nazizeit gegenüber war nur
ein Vorspiel des allgemeinen Ausmaßes an Leidensunfähigkeit,
das am Beispiel Vietnam deutlich geworden ist. Für meine Generation, die politisch gesprochen ihre Jugend mit der Entdeckung und der Analyse der Naziverbrechen zubrachte, bedeutete die langsame Erkenntnis dessen, was in Vietnam
geschah, einen Schock. Nach Auschwitz begreifen, dass Auschwitz noch nicht zu Ende ist, das wurde der Inhalt des Wortes
Vietnam für uns. Und zwar einmal in dem unmittelbaren Sinn:
Genocid, Biocid, Aerocid – die höchste technische Perfektion,
angewandt, um ein paar Millionen Reisbauern zu vernichten;
die »antipersonal bombs«, die Gebäude nicht beschädigen
können, sondern eigens für Menschen gemacht sind; die Pla-
stikbombe, deren Splitter im Röntgenbild nicht erscheinen, damit man die Menschen nicht operieren und heilen kann.

Aber noch in einem anderen Sinn führt Vietnam die Geschichte von Auschwitz weiter: dass die Menschen es – wie damals – mit sehenden Augen nicht sahen und mit hörenden Ohren nicht hörten.

Ich erinnere mich noch an den Tag, an dem ich zum ersten

Mal davon erfuhr, dass die amerikanischen Soldaten mit Tonbandgeräten bei den Folterungen gefangener »Vietcong«, die von Südvietnamesen durchgeführt wurden, teilnahmen. Sie brauchten die Informationen, um ihren Krieg führen zu können. Es war im Jahr 1963. Bekannte, denen ich davon erzählte, glaubten mir nicht. Ich ging den Details nach und wusste nach kurzer Zeit einiges über die Wirkungen auch geringer Napalmspritzer auf der Haut; über die Art, wie man Flüchtlinge »produziert«, wenn man sie zu strategischen und psychologischen Zwecken braucht; über die Vergünstigungen, die eine amerikanische Einheit bei hohem »body count« (Zählung der Getöteten, Zivilisten eingeschlossen) erhielt. Ich fragte einen alten Freund, der in Hué als Mediziner tätig war, was eigentlich ein Vietcong sei, und höre noch seine Antwort: »Ein toter Vietnamese – das ist ein Viet-cong.«

Später sah ich im amerikanischen Fernsehen die wöchentliche Totenliste, eingeteilt in drei Spalten: für Amerikaner, Südvietnamesen und ihre Verbündeten und V.C.-Tote. Es gab keine Spalte für die Alten, die Frauen und Kinder, die doch das Hauptkontingent der Toten stellten. Auf jeden gefallenen Soldaten kamen in diesem Krieg zehn Zivilisten.

An dieser Liste, Ende September 1972, war noch etwas anderes bemerkenswert: die erste Spalte blieb leer. »Man muss die Hautfarbe der Toten ändern«, hatte ein amerikanischer General gesagt. Die »Vietnamisierung« war gelungen, bald darauf wurde Nixon wiedergewählt und konnte weiterbombardieren. In Vietnam sah ich ihn auf Plakaten dargestellt, ein riesiges grünes Ungeheuer, das einen Schatten wirft, der aus zahllosen Totenschädeln besteht. Es gab nicht sehr viele Tage in den letzten zehn Jahren, in denen ich nicht an Vietnam, an seine Menschen, an den Kampf gedacht hätte. Das Photo von dem kleinen südvietnamesischen Jungen hinter Stacheldraht liegt unter der Glasplatte auf meinem Schreibtisch. Napalm, Tigerkäfig, My Lai, »Operation Phoenix« – die Wörter, die allmählich den Platz von Auschwitz und Bergen-Belsen einnahmen. Manchmal drohte das Wort eine reine Symbolfunktion zu gewinnen,

»das unvermeidliche Vietnam« in der Sprache der Rechten. Aber sie wissen nicht, was sie reden. Es war ja tatsächlich nicht zu vermeiden, dass wir davon sprachen. Es bedeutete für uns die entscheidende politische Schule.

Je klarer mein Bild von der Sache wurde, desto unabweisbarer machte ich die Erfahrung der Apathie. Vietnam war kein Thema! Die Aufdeckung der amerikanischen Verbrechen rief eine solche Antireaktion hervor (»Aber der Vietcong …!« Nur gab es da nichts Konkretes zu erzählen!), dass wir manchmal die schwächeren Beispiele wählten in der Hoffnung, so wenigstens Glauben zu finden. Am schlimmsten war die Reaktion in den Kirchen, dort, wo wir Verbündete suchten. Als ich einmal Geld für ein Kinderkrankenhaus in Nordvietnam sammelte, bekam ich zu hören: »Für die Kommunisten? Das fehlte noch!« Ich rief nach: »Manche sind erst drei Jahre alt und haben keine Beine mehr!« Eine Dame zischte mich an: »Wir geben unsere Opfer *in* der Kirche, nicht auf der Straße.«

Apathie und Antikommunismus gingen bei diesen Erfahrungen fast bruchlos ineinander über, oft hatten wir den Eindruck, dass nur die Sozialisten noch leidensfähig seien. Jedenfalls scheint es eine der objektiven Funktionen der antikommunistischen Ideologie zu sein, Abwehrmechanismen gegen die Berührung mit Leiden herzustellen. So werden die Schmerzen der Ausgebeuteten in der Dritten Welt verkleinert, entwichtigt, abgeschwächt – oder in säkularisierten theologischen Kategorien als Strafe (für Faulheit und Dummheit) oder Prüfung (erst mal sich bewähren!) eingeordnet.

5 Den Hass in Stärke verwandeln

Im November 1972 folgte ich einer Einladung nach Hanoi. Zerstörte Wohnblocks, Krankenhäuser unter der Erde, Trümmerfelder, zerbombte Kathedralen, ärmliche Lehmhütten am Rande der Stadt, verwundete, verstümmelte Menschen, Kinder mit dem weißen Stirnband der Trauer, die in einer Nacht zu Waisen geworden waren – aber all diese Formen des Leidens waren anders, weil sie in einem anderen sozialen Kontext standen und anders bewertet wurden.

Die Bilder dieses anderen Lebens sind noch lebendig in mir.

Vor einem Zeitungsverkäufer, der fast nicht zu erkennen ist zwischen Strohhüten und Fahrrädern, die ihn umdrängen, hockt auf der Straße ein vielleicht neun Jahre alter Junge und liest konzentriert und langsam die Zeitung. Das Brüderchen, einundhalb Jahre alt, das er tagsüber mit sich herumträgt wie viele größere Kinder, wartet geduldig. Ein anderer erster Eindruck: ein kleiner Junge, barfuß, neben dem Flicken ist die Hose wieder zerrissen, dem Hemdchen fehlen die Knöpfe, unter dem Arm ein paar Schulsachen und in der Hand das sorgfältig getragene Kostbarste: das Tintenfass. Das ist der Reichtum, den die Armen sich leisten.

Unter der Kinderschar, die uns neugierig, strahlend, aber nicht zudringlich und selbstverständlich ohne Bettelei folgt, findet sich fast immer einer mit Brille. Kinder eines unentwickelten Agrarlandes (80 Prozent der Bevölkerung sind Reisbauern), schlecht gekleidet, aber ausreichend ernährt. Sie kommen in den Genuss eines Gesundheitswesens, das Augenkrankheiten bei Kindern erkennt und korrigiert, das in den wenigen Jahren seines Bestehens und unter den Bedingungen des Krieges, der Blockade und der Bombenangriffe die wichtigsten »sozialen Krankheiten«, wie hier Tuberkulose, Lepra, Trachom, Poliomelitis genannt werden, besiegt oder sehr eingedämmt hat.

Die Armut ist überall sichtbar, die Textilien sind spärlich, Lehmhütten am Rande des Roten Flusses erinnern an die Favellas in Brasilien, Papier ist grau, fleckig und rar. Transistorradios sind unerschwinglich – trotzdem fehlt dieser Armut das Charakteristikum des Armseins in den meisten anderen Ländern: sie demütigt nicht. Sie bedroht nicht die Würde des Menschen, wie ein Lieblingsausdruck der Vietnamesen lautet.

Das hat zwei Gründe: einmal den, dass die elementaren Grundbedürfnisse befriedigt sind. Es gibt genug Reis für alle, dazu die proteinhaltige Fischsoße, es gibt eine kostenlose Gesundheitsversorgung und Prophylaxe.

Der andere Grund, warum die Armut hier die Würde nicht antastet und vergleichsweise durchaus erträglich scheint, ist die Gleichheit, mit der sie alle betrifft. Minister mit zerbeulten Hosen, höhere Funktionäre im Sonntagsanzug, dem man fünfzehn Jahre geben kann – keine Seltenheit. Die Gehaltsunterschiede sind beispielhaft niedrig. Darüber unterhielten wir uns mit dem stellvertretenden Minister für das Gesundheitswesen. Er fängt seine Antwort auf unsere Frage mit einem Zitat an. »Ho Chi Minh lehrte uns, sich wie Vater und Mutter zu den Patienten zu verhalten. Daher spielt Geld für uns nicht die Hauptrolle.« Das Anfangsgehalt einer Schwester liegt zwischen 40 und 50 Dong, das eines Hilfsarztes bei 50, das eines Doktors bei 60 Dong. Das Endgehalt eines Hilfsarztes ist 80 Dong, das eines Pflegers 70, ein Arzt kann bis zu 160 Dong kommen, ein weltberühmter Leberspezialist verdient, wie der Gesundheitsminister mit leichter Ironie vermerkt, »Sonderklasse« 190 Dong. Nominal entspricht ein Dong einer Mark, praktisch lässt es sich schwer vergleichen, weil die Grundbedürfnisse – wie Miete, Licht, Reis – fast nichts kosten. Bekannt ist, dass Ho Chi Minh 250 Dong bekam und Pham van Dong 240. Man kann überall offen darüber sprechen.

Mich macht nachdenklich, dass der hochgebildete, in seinen Informationen sehr überlegte Minister zitiert, bevor er zur Sache kommt. Dieses Verhaltensmuster finden wir überall wieder. Ähnlich wie früher Bibelworte erscheinen in den alltäglichen Zusammenhängen Losungen, Worte des Onkels Ho, moralische Begründungen. »Und so erfüllen wir das Wort aus dem Testament unseres Präsidenten Ho.« Worte sollen erfüllt, Vermächtnisse übernommen, Sätze rezitiert werden; die Ausdrücke »menschliche Würde« und »Ermutigung« habe ich noch nie so oft gehört wie hier. Das Leiden ist jederzeit gegenwärtig, aber es ist selber zu einer moralischen Kategorie geworden. »Je mehr Bomben, desto besser unsere Moral, desto gewisser der Sieg.« Der Bürgermeister der Stadt Hai Phong erzählt von den 100 Waisenkindern, die es seit dem Wiederbeginn des strategischen Bombardements in der Stadt im April 1972 gibt. Ein Waisenhaus könnten wir allerdings nicht besichtigen – mit einer Spur Ironie gegen unsere Vorstellungen gesagt –, die Kinder sind alle in Familien untergebracht. »Ho hat uns gelehrt, die Kinder zu lieben.« Aus diesem Zitat wird die Schulfrage entwickelt: Wie Analphabeten zu Lesern werden, das war die wichtigste Sorge nach der Revolution. Der Stadtrat hatte beschlossen, alle guten, noch erhaltenen Gebäude zu Schulen zu machen. Die 300 000 schulpflichtigen Kinder bilden auch heute die Hauptsorge der Stadtväter. Bildung, Moral, Unterweisung, Ermutigung – die Vietnamesen wissen, was moralische Unterstützung bedeutet. Der Text eines Liedes über die Stimme des Onkels Ho lautet: »Das vietnamesische Volk beherzigt die Worte Ho Chi Minhs. Er ist für uns eine Ermutigung. Er spornt uns an, alle Schwierigkeiten zu überwinden und das schöne Vaterland zu befreien.« Es fällt nicht schwer, das ins Biblische zu übersetzen: das Volk Gottes, das Wort, der Geist, der tröstet und erquickt, die Erfüllung des Wortes. Man ist geneigt, eine solche Kultur als imitativ und postfigurativ abzuwerten. Was können solche Muster in unvergleichlichen, technologisch bestimmten Situationen noch bedeuten? Brauchen wir nicht präfigurative Erziehungsmodelle, und müssen wir nicht lernen, ohne Väter auszukommen, auch ohne den Güte und Ernst ausstrahlenden Präsidenten Ho vor dem himmelblauen Hintergrund? Aber was hier im befreiten Vietnam zu spüren ist, hat mit dem zu Recht kritisierten Traditionalismus westlicher Prägung nichts zu tun. Denn nicht genaue und starre Verhaltensmuster und Regeln sind vorgegeben, vielmehr hat Ho (wie Jesus) nur die Tendenzen des Verhaltens angegeben, die »Erfüllung« der Worte aber der schöpferischen Anwendung aller überlassen. Aus diesem Grunde ist das Verhältnis zum Leiden ein anderes, die Lernbereitschaft und die Erfindungsgabe werden angesprochen.

Alle genauen Kodifikationen sind nach kurzer Zeit wertlos oder schädlich. Dennoch muss immer wieder formuliert, müssen Losungen ausgesprochen werden, auch wenn sie so simpel klingen wie das immer wieder zitierte Wort Ho Chi Minhs: »Nichts ist so kostbar wie Freiheit und Unabhängigkeit.«

Solche zitierbaren Sätze sind so nötig wie Reis. Ho ist heute ein produktiver Mythos – wie es der revolutionäre Jesus für die Priester der Dritten Welt ist. Vielleicht ist es die totale Zerstörung des Vertrauens zu den Vätern, die in unserer Welt Menschen zum Zynismus führt – und eine Komponente des Gefühls der Leichtigkeit und des Glücks, das ich in Vietnam erfuhr, war die vollständige Abwesenheit von Zynismus.

Als Europäer fühlt man sich wie ein Barbar, wenn man hier die Hochschätzung der Kunst, des gesprochenen Wortes, die Einbeziehung der Kunst in das Leben ansieht. In einer metallverarbeitenden Fabrik in Haiphong haben wir Arbeiterinnen und Arbeiter musizieren hören. Einer spielt die Bambusflöte, ein anderer die Gitarre, die Mädchen singen und bewegen sich dabei im Rhythmus der uralten und der neuen Musik. Sie drücken ihre Freude, ihren Schmerz aus, und während von draußen das Geräusch der Blechhämmer durchs offene Fenster dringt, singt der zwanzigjährige Schlosser Binh Minh (»Morgenrot«) mit einer unerhört schönen Stimme »Vietnam auf dem Marsch«. Wir sind sprachlos. Jemand kommt auf den Gedanken, er solle seine Stimme ausbilden, aber für ihn ist das Singen nicht verwertbar oder verkäuflich. Er schüttelt den Kopf, und ein Kollege zitiert Ho Chi Minhs Wort: »Wir wollen mit unseren Liedern die Detonation der Bomben übertönen.« Der Chefarzt des Krankenhauses erzählt von der Singgruppe, die jedes Krankenhaus hat. »Mit ihren Liedern heilen sie die Patienten, das gehört zur Therapie.«

Therapeutisch interessant ist auch die Behandlung der Prostituierten gewesen, die nach dem Abzug der Franzosen zurückblieben. Man hat sie in Heimen systematisch verwöhnt, ihnen Wünsche erfüllt, sie spielen lassen. Erst nach einer längeren Periode der Regression begannen Propaganda und Unterricht. Eine Analyse ihrer Situation lehrte sie verstehen, dass es nicht ihre Schuld, sondern die des Kolonialismus war, der sie wie andere Menschen zu käuflichen Objekten machte: »Man muss die Menschenwürde zurückgewinnen.« Erst wenn das gelungen ist, beginnen die Frauen zu arbeiten.

Durch die allgemeine politische Bewusstseinsbildung sind

dann auch die anderen Frauen in der Gesellschaft so weit, diese Frauen zu respektieren. Nur in einer veränderten Umgebung kann die personale Veränderung beständig sein – und nur da, wo mit solchem Ernst auf die Wiederherstellung der Würde des letzten Freudenmädchens hingearbeitet wird, lässt sich von Sozialismus sprechen. Nach amerikanischen Forschungen ist die Familienstruktur in Südvietnam weithin total und, wie sie sagen, irreparabel zerstört. Schon die Zahl der vom Staat erfassten Prostituierten beträgt 22 000, aber das dürfte nur ein geringer Prozentsatz sein. Ganze Lyzeumsklassen prostituieren sich, die Preise nach Klassen gestaffelt. Wird ihr Leiden einen Sinn haben? Werden sie eine Chance bekommen, die menschliche Würde zurückzugewinnen?

Im Museum in Hanoi steht ein eigenartiger trommelähnlicher Sarg, für einen Hockenden gemacht. Auf dem Deckel sind kleine fingerlange Metallfiguren, Paare beim Liebesakt. Er erscheint mir wie ein Symbol der gegenwärtigen Situation; wie winzig und ohnmächtig sind die Leute, die das Leben weitergeben, wie mächtig der Präsident der Vereinigten Toten, und doch ist der Sieg auch über diesen Tod, der die Chirurgen in Höhlen und die Kinder unter Schutzwälle treibt, nicht ausgeschlossen. »On n'arrête pas le soleil«, wie Pham van Dong es später im Gespräch ausdrückt. »Den Hass in Stärke verwandeln«, steht auf einer zerstörten Schule. Plakate finden sich vor allem auf Trümmerwänden, an zerstörten Schulen, neben den Krankenhäusern und an belebten Plätzen. Es lassen sich zwei Stile unterscheiden: ein pathetisch-heroischer, der bestenfalls an Fernand Leger, oft nur an den sehr gleichförmigen, massiven sozialistischen Realismus erinnert – und ein witziger, der offenbar bildnerisch an die nationalen Traditionen der vietnamesischen Volkskunst anknüpft. Was für die Bauern früher das »Hochzeitsfest der Mäuse« bedeutete, bei dem die Katze mit Huhn und Fisch, Gesang und Saitenspiel besänftigt und listig befriedigt wurde, das wiederholt sich heute in den Darstellungen Nixons, der als Elefant zwischen Laos, Kambodscha und Vietnam im Dschungel steckt. »Er ist hängen geblieben.« Oder Nixon, eine schwarze, blutige

Hand hervorstreckend: »Die USA wollen den Völkern friedlich die Hand geben.« Oder Thieu, der Nixons Stiefel leckt und dabei sagt: »In den vergangenen achtzehn Jahren habe ich immer für die Unabhängigkeit der Republik Südvietnam gekämpft.« Bilder dieser Art, »gemalt von einigen Einwohnern«, findet man bis in die kleinen Dörfer. Nach Ho Chi Minhs Worten soll jeder Bewohner des Landes malen und zeichnen können, eine Fremdsprache lernen und Musik machen.

Der Sozialismus, der hier praktiziert wird, ist vom osteuropäischen außerordentlich unterschieden. Das Erlebnis der egalité befriedigt einen uralten Wunsch. Die Gleichheit bezieht sich nicht nur auf die Gehälter, sondern vor allem auf die Abwesenheit von Privilegien. Ein Minister, der ins Ausland fliegt, steht bei Pass- und Zollkontrollen wie jeder andere an, er trägt Plastiksandalen wie alle. Noch sind die alten Revolutionäre in den führenden Positionen kluge, unbürokratische, kritische Leute. Fast alle haben Jahre im Widerstand gekämpft und in den Gefängnissen der Franzosen zugebracht. Es ist eine Generation, die man am Gesicht erkennt, das von Entbehrungen und klarem Denken gezeichnet ist.

Die Vietnamesen haben ein anderes und ungebrochenes Verhältnis zur Tradition. Die Geschichte des Volkes wird unter einem wiederkehrenden Muster beschrieben und immer wieder erzählt. Aggressoren überfallen das friedliche Volk, der Widerstand erwacht, Frauen und Mädchen führen ihn an oder tragen ihn, der Kampf um Freiheit und Unabhängigkeit ist ein Volkskrieg. Er ging gegen die Feinde aus dem Norden – wie man die Chinesen der Feudalzeit umschreibt –, er ging gegen Mongolen, Japaner, Franzosen und US-Imperialisten. Die Kontinuität der Geschichte eines kleinen tapferen Volkes ist gewahrt. Ein anderes Verhältnis zum Leiden kann nur im Rahmen eines Geschichtsverständnisses, das allen gegenwärtig und bewusst ist, entwickelt werden.

Das nationale Bewusstsein kann es sich gar nicht leisten, die eigene Geschichte, die früher geltenden Werte, die Kultur des Volkes unter negativem Aspekt zu sehen. Geschichte betreiben, das hat hier nicht den Sinn zu entlarven, sondern zu ermutigen. Im Museum zeigt man uns den berühmten Buddha mit tausend ausgestreckten Armen, in jeder geöffneten Hand ein Auge. Dieser Gott, der Erleuchtete, der alles sieht und alle schützt, sei auch für Nichtbuddhisten sehr wichtig, sagt man uns, zum Beispiel für gefolterte Kommunisten. Diese Verbindung mit der Tradition bewahrt im gegenwärtigen Leiden die früheren Leiden, im gegenwärtigen Kampf die früheren Kämpfe auf, das nationale Erbe wird nicht nur nach der Revolution als ein Kulturgut wieder heraufgeholt, sondern die Geschichte des Volkes selber steht unter dem einen Gesichtspunkt: Abwehr der Unterdrückung, Unabhängigkeit von fremden Eindringlingen. Das Leiden hat die Menschen zur Veränderung geführt. Das Volk versteht sich als ganzes durch die Kolonisation erniedrigt und beleidigt; daher wird der Klassenkampf weniger im Volk selber als im Abwehrkampf gegen die Kolonisatoren ausgetragen. Pham van Dong erzählt uns bei einem Spaziergang durch den Park seines Amtssitzes, dass Vietnamesen diesen Park zur Franzosenzeit nicht betreten durften. Ein protestantischer Pfarrer berichtet mir, dass schon die pastorale Ermahnung, Alkohol und Opium zu meiden, einen Geistlichen vor französische Gerichte brachte.

Unterschieden von anderen sozialistischen Staaten ist auch der Versuch der Dezentralisierung, der hier teils überlegt gemacht, teils aus Notwendigkeit erzwungen ist. Die Selbstständigkeit der einzelnen Provinzen wird betont. Die Gemeinden organisieren und bezahlen ihre pädagogischen und medizinischen Mitarbeiter selber. Man versucht, so viele Entscheidungen wie möglich auf die untere Ebene zu bringen. Die gesundheitliche Versorgung ist durch die Evakuierung der Kliniken und die Verlagerung der zentral organisierten Einrichtungen verbessert worden. Verwundete müssen schnell versorgt werden, die Verantwortlichkeit und das Niveau der unteren Ebene werden größer. Auch die wissenschaftliche Forschung hat durch die Kriegsumstände gewonnen. Die Vietnamesen haben eine erstaunliche Fähigkeit der situationsangepassten Entwicklung. Impfstoffe, die ohne Kühlung haltbar sind, also auch in abgelegenen Gegenden gebraucht werden können, Injektionen dort, wo keine Blutkonserven zur Verfügung stehen – oder auch das zur Berühmtheit gelangte Doppelklosett für die Landbevölkerung, durch das Wurmkrankheiten beseitigt und Düngemittel natürlich gewonnen werden. Von Propaganda hören und sehen wir wenig, viel dagegen von Belehrung, Vermächtnis und Losung; Versuch, durch einfache und klare Gedanken Praxis in Bewegung zu bringen.

Die Stunden, die wir im schönen Wohnhaus des letzten vietnamesischen Kaisers zubringen, bringen vielleicht dieses Verhältnis von übernommener Tradition und ihrer Aktualisierung in gegenwärtigen Kämpfen und Leiden am deutlichsten hervor. Wir sind zu Gast beim vietnamesischen Schriftstellerverband; ein Komponist, eine Bildhauerin und einige Schriftsteller empfangen uns zu einem herzlichen und sehr witzigen Gespräch. »Das ist Bao Dais Haus«, sagt man uns. »Aber er liebte das Haus nicht mehr, und es liebte ihn nicht mehr.« Wir sprechen über Literatur, wir lesen uns gegenseitig Gedichte vor, obwohl wir wissen, dass Übersetzen nach einem vietnamesischen Sprichwort so viel bedeutet wie: dem Vogel die Flügel beschneiden. Te Hanh, der Übersetzer Brechts und Heines, liest:

> »Ein Stein nicht rund, nicht eckig,
> ein Stein wie alle Steine.
> Das Grab von Brecht.
> Die Blumen bieten ehrerbietig
> ihren Duft an.
>
> Ein Stein, einfach, nachdenklich
> wie deine Dichtung, die du
> in meine Seele geschrieben.
> Ein Stein wie das Antlitz des Lebens,
> wo sich ein unsterblicher Name eingetragen hat:
> Bertolt Brecht.«

Wir sprechen über den Verfremdungseffekt, wie er in den Theatergruppen, die durch die Dörfer Nordvietnams ziehen, gebraucht wird. Ein trauriges Liebespaar betrachtet klagend den Mond – und ein Spaßvogel läuft immer dazwischen und bringt das Publikum durch seine Witze zum Lachen. Jemand erzählt von dem Lyriker To Hu, der zwei Dichter liebt: Nasim Hikmet und Bertolt Brecht. Über Hikmet sagte er: »Sein Herz brannte bis zuletzt, daraus entsteht der Gedanke; bei Brecht brennen die Gedanken, und daraus entsteht ein Herz.« Der Komponist vieler Widerstandslieder, Nghuen Xuan Khoat, singt uns ein Lied vom alten Betrunkenen, der durch das Dorf torkelt, und klopft den Rhythmus mit dem Bleistift dazu. Er lässt die Kinder in der Bundesrepublik grüßen und bittet sie, fleißig zu lernen und Gedichte zu schreiben. Schließlich hält der begabte Lyriker Che Lan Vien, ein Intellektueller, der den Koran auswendig kann und der sich entschuldigt, dass seine Gedichte immer fast so lang wie die Hölderlins sind, eine kleine Rede, die darin gipfelt: »Es nützt uns nichts, schöne Gedichte zu haben, wenn Vietnam nicht mehr existiert. Haben wir uns um die schöne Kultur gekümmert oder um die Unabhängigkeit? Was werden unsere Nachkommen von uns sagen?« Die Aufrufe und Resolutionen, die wir mitgebracht haben, die zwischen Teetassen und Mandarinen auf dem Tisch liegen, er nennt sie »große Gedichte«! Sie gehören für ihn zur Menschenwürde. Wenn wir die Unabhängigkeit haben, werden wir alles haben – und es kommt mir vor wie: »Trachtet am ersten nach dem Reiche Gottes, so wird euch alles andere zufallen.« Vien liest aus einem seiner langen Gedichte.

»Es ist nicht einfach,
eine vietnamesische Mutter zu sein.
In der Welt lehrt man Kinder,
wie Blumen gepflückt werden,
und hier lehren die Mütter die Kinder,
wie man in den Bunker geht.
In der Welt lehrt man die Kinder
den Gesang der Vögel
von Geräuschen zu unterscheiden,
und hier lehren die Mütter
die Detonationen der Düsenjäger B 7, A 7 oder F 4
zu unterscheiden.
Liebe Maria, seit 1969 Jahren
trägst du dein Kind im Arm.
Weißt Du, dass vietnamesische Mütter
Tag für Tag älter und unglücklicher werden? …«

Zu mir gewandt sagt Vien: »Sie werden die Gedichte, die Gott besingen, nicht so lieben wie Gott selbst. Denn nicht die Gedichte haben Gott geschaffen, sondern Gott die Gedichte …« Dann erzählt er die Geschichte der 400 Transistorradios, die die Amerikaner am Ende der Johnson-Ära abgeworfen und den Fischern geschenkt haben. Ein Brief des amerikanischen Präsidenten lag bei, eine freundliche Aufforderung, zu kapitulieren. Die Fischer haben die Radios, mit denen man nur die Stimme Amerikas empfangen konnte, weggeworfen und zerstört. Und so erfüllten sie das Wort Ho Chi Minhs: »Nichts ist so kostbar wie Freiheit und Unabhängigkeit.«

Man dankt uns öfter für die Ermutigung, die wir bedeuten. Aber in Wirklichkeit sind wir ermutigt worden. Wir haben ein Stück von dem Sozialismus gesehen, von dem wir immer träumten. Wir haben die »Hauptstadt der menschlichen Würde«, wie Madeleine Riffaud Hanoi nannte, gesehen. Wir haben das Unglück gesehen, aber nicht in seiner schrecklichsten Gestalt, weil die dritte der Dimensionen des Unglücks, die soziale Erniedrigung, hier fehlte. Ein ganzes Volk ist in seinen kaum vorstellbaren Leiden konzentriert, nicht isoliert und auseinander gerissen, die gemeinsame Geschichte wird als ein Prozess der Befreiung verstanden. Das Leiden führt nicht zu Apathie und Unterwerfung, es wird produktiv. Hass und Schmerz werden verwandelt.

Leiden und Sprache

»Selbstmord vollzieht sich in vielen Fällen unglaublich ordentlich. Der Selbstmord, dessen Vorbereitungen ohne Übergang aus den täglichen und deshalb als normal erachteten Tätigkeiten heraus passieren, geschieht mit der gleichen Ordnungsliebe, gleich säuberlich, bieder und stumm-trostlos wie das Leben, das ihn verursacht hat.

Das kann viel aussagen über das Leben einiger unter uns, über ihre nicht erfüllten Erwartungen, ihre aussichtslosen Hoffnungen, ihre kleinen Träume; das kann ihre Unfähigkeit dokumentieren, sich aus der Sklaverei der Produktion zu befreien, das kann zeigen, dass ihr Leben und Dahinleben dem von Arbeitstieren gleicht.

Wie Tiere projizieren diese Menschen ihre Notsituationen in ihrer Haltung, im Stummsein, die ein starkes Maß an Ordnung, an Dulden, an ›sich ungefragt einverstanden erklären‹, an Ausnutzung und Verbietung bis zur Schwäche und zum Zusammenbruch enthält.«

Franz Xaver Kroetz, Wunschkonzert

1 Aus dem Leben eines Arbeiters

Der folgende Bericht ist von einem 55 Jahre alten Gießer geschrieben. Er schildert den Arbeitsvorgang an der Schleudergussmaschine und die Arbeitsbedingungen in einem Düsseldorfer Metallwerk.

»Ja, die Luft! Sie ist nicht ganz sauber. Staub, Qualm, Ruß, böse Zungen behaupten sogar, die gesundheitsschädlichen Zink- und Bleidämpfe schwirren durch die Luft. Öfter, als uns lieb ist – besonders wenn der Alte irgendwo billig einen dreckigen Schrott bekommen hat und der geschmolzen wird – ist die Luft so dick, dass wir den Raum verlassen müssen. Die so verlorene Zeit muss man dann schnell nachholen, denn glaubt mir, Akkord ist wirklich kein Spaß.

Wenn ich die Gesichter der Kollegen anschaue – früher war mir das noch komisch –, kann ich mir auch meins vorstellen: Dreck, Dreck und noch eine Schicht Dreck drüber.

Stellenweise hinterlässt ein Schweißrinnsal eine hellere Spur hinter sich, die bald wieder mit Ruß bedeckt wird, neue Schweißtropfen kullern, je weiter die Schicht fortschreitet, immer öfter, nicht nur am Gesicht entlang, nein, der ganze Körper wird feucht, glitschig, grünlich von Kupferoxyden nur, sagt man uns, die Haut juckt davon manchmal mehr, als es erträglich ist, man spürt die Schweißtränen, wie sie vorne auf der Brust, hinten im Rücken ruckweise runterrutschen, an den Arschbacken entlang, an den Beinen bis in die Schuhe. Wer keine Schweißfüße hat, bekommt sie bei uns zumindest indirekt. Nicht nur die Socken, auch die Wäsche wird, nachdem sie im Spind – hoffentlich – trocken geworden ist, steif vom Salz aus den Poren, grünlich-weiße Streifen und Flecken überall. Man kann die Wäsche nicht so oft wechseln, wie man will, denn nach zweimaligem Waschen ist sowieso alles zerfressen, zerfallen. Und Geld zum Herausschmeißen aus dem Fenster hat keiner von uns.

Glaubt mir, Leute! Nicht immer kann man es vermeiden, dass Metall spritzt. Kleine Metalltropfen schwirren wie Motten ums Licht aus der Kump. Meine Hände, obwohl sie behandschuht sind, tragen immer die Spuren der Arbeit: kleine rote Pickelchen, Bläschen, auch pfenniggroße Verbrennungen 3. Grades. Die beachtet man nicht mehr. Wer würde wegen solcher Kleinigkeiten gleich zum Sani oder gar zum Arzt laufen! Man könnte deswegen, vielleicht, seinen Posten verlieren.

Das möchte keiner von uns, glaubt mir!

Eigentlich müssten wir Gamaschen tragen, um Verbrennungen an den Füßen zu vermeiden. Die sind so steif und lästig, durch sie kommt dann noch weniger Luft in die Hosenbeine, mit einem Wort: man verzichtet lieber auf sie. Nur, bitte, glaubt mir, Leute, an den Füßen sind die Verbrennungen wirklich etwas unangenehmer als woanders. Im Metall, welches wir verarbeiten, es ist meistens Rotguss, sind etliche Promille Phosphor enthalten.

Ich weiß es nicht genau, beinahe könnte ich es verdammt glauben, dass Phosphor ein Hautgift ist. Denn die kleinen Verbrennungen wollen und wollen nicht heilen. Sie fressen sich immer tiefer in die Haut, werden sogar breiter, besonders an den beweglichen Teilen, Gelenken, Beugen. Nach einigen Tagen fangen sie immer mehr zu schmerzen an, bis sie endlich, nach etwa sechs Wochen, verschwinden, zuerst einen dunklen, dann einen immer helleren Fleck auf der Haut hinterlassend.

64

Wenn wir nach der Arbeit so nackt in unserem Badestall stehen, erkenne ich jeden Kollegen an seinen Flecken, die Gesichter brauche ich dabei gar nicht anzuschauen. Wegen solcher Kleinigkeiten, wegen nässender, offener Wunden krankfeiern? Ein Heftpflaster tut's auch, glaubt mir, Leute!

Ich will nicht klagen, nicht wegen meiner verkrüppelten Hände. Man gewöhnt sich auch daran. Die Ärzte der Berufsgenossenschaft haben schon recht, wenn sie das bei der Bemessung der nie zu erhoffenden Rente behaupten. Nur ich habe da eine blöde Geschichte mit den Beinen, weiß der Teufel, woher das kommt. Von der Arbeit, meine ich, ich bin erst gerade 55, kaum. Schon einige Jahre – der Mist will und will nicht vergehen – habe ich so'n komisches Gefühl in den Beinen. Thrombose oder was Ähnliches, sagen die Ärzte. Ob das stimmt? Wer weiß. Ich bin da skeptisch.

Jedenfalls sind meine Beine irgendwie geschwollen, fühlen sich hart an, sind rot, die Haut schält sich langsam, und zwei Wunden – Verbrennungen sind es keinesfalls, dafür stehe ich gerade – fast sind sie wie 5-Markstücke groß, eitern und eitern. Da bin ich eisern. Ihretwegen kann ich zwar nicht immer, wie die anderen, nach der Arbeit duschen. Aber ich pflege sie, wie ich kann. Nur zum Arzt traue ich mich nicht mehr. Beim ersten Mal hat er mich gleich krankgeschrieben. Ich möchte nicht, dass sich das noch mal wiederholt. Möglicherweise könnte er mich noch überreden, die Invalidenrente zu beantragen. Und für mich gibt es keinen Ersatz. Bis ein Neuer angelernt wird, vergeht zu viel Zeit. Vom Produktionsausfall gar nicht zu sprechen.

Nee, das kann ich meiner Firma nicht antun. Außerdem brauche ich Geld, glaubt mir, Leute!

Ja, die Wunden. Die Beine schmerzen und schmerzen, manchmal möchte ich am liebsten schreien. Nur schäme ich mich vor den Kollegen. Die einen raten mir zwar, bevor ich Blutvergiftung bekomme, dennoch den Arzt aufzusuchen, aber die anderen lachen über mich, weil ich vor Schmerzen von einem Bein auf das andere hüpfe, in meinen Sandalen. Denn Unfallverhütungsschuhe kann ich – eben wegen der Schmerzen, wenn die Füße anschwellen – schon lange nicht mehr tragen. Glaubt mir!

Wenn nur die Luft etwas sauberer – vor 15 Jahren versprach man uns eine perfekte Entlüftungsanlage – wenn nur die Hitze etwas erträglicher wäre – man versprach uns, den Bau zu vergrößern und die Maschinen auseinander zu ziehen, das geschieht aber nicht, im Gegenteil, immer neue werden hineingepfercht – wenn die Beine besser halten würden, könnte man die Arbeit noch ertragen.

Dennoch behaupte ich, ist die Hitze im Sommer mehr als unerträglich, man könnte manchmal aus der Haut fahren, laut schreiend die Bude verlassen, verrückt werden. Die Luft verpestet, die Kehle trocken, Zigarette schmeckt nicht, ein kaum beschreibbarer, süßlicher Geschmack im Halse, verlangt geradezu nach kühler Flüssigkeit. Die Erfahrung zeigte uns, dass das Bier das beste Mittel dagegen ist. Sogar der Chef hat nichts dagegen, dass wir einen trinken, er meint, er kenne keinen richtigen Gießer, der nicht zwei Flaschen trinkt – während der Schicht. Durch Bier, wenn man etwas benebelt ist, stumpft man ab, der Akkord wird erträglicher, vorübergehend holt der Alkohol das Letzte aus dem schon übermüdeten Körper heraus.

In der letzten Zeit beschäftigen mich öfter trübe Gedanken. Meine Kräfte schwinden, und bald möchte ich die Klamotten in die Ecke schmeißen. Nur auf meine Bitte, mir eine leichtere Arbeit zuzuweisen, sagte mir mein Meister, ich könne ja gut die Bude kehren. So tief sinken wollte ich wiederum nicht. Außerdem würde das 3 Mark die Stunde weniger bedeuten. Und ich brauche ja Geld. Es bleibt mir nichts anderes übrig, als die Zähne zusammenzubeißen. Indianer kennt keinen Schmerz. Glaubt mir! Immer öfter habe ich so ein Gefühl, als ob man mich bald wie einen alten Lappen, mit dem man sich noch einmal die Schuhe putzt, wegschmeißen wird. Ich befürchte sogar, dass mich bald niemand kennen würde, weder mein Meister noch meine Kinder. Leute, woran soll ich glauben?

Ich spüre eine unsichtbare Macht hinter mir. Angst? Und ich möchte so gerne noch meine zehn Jahre herunterrasseln und dann meine Rente genießen.«[1]

Dies ist ein Dokument heute erfahrener Leiden. Es ist ein ganz normaler Fall, weder die objektiven Bedingungen der Arbeit noch der psycho-physische Zustand dieses Arbeiters sind in irgendeinem Sinne außergewöhnlich oder extrem, was deutlich wird, wenn man sie mit anderen Beschreibungen der Arbeitswelt vergleicht oder den Statistiken über Invalidität nachgeht.

Der physische Schmerz nimmt in solchen Beschreibungen einen großen Raum ein. Kleine Verletzungen wie Hautabschürfungen, Brandblasen, Verbrennungen fallen dabei deswegen ins Gewicht, weil sie die Arbeitsleistung bzw. die Akkordstückzahl mindern. Schlimmer ist die wachsende Erschöpfung im Lauf eines Tages, die durch die einseitige, aber sehr intensive Beanspruchung weniger körperlicher Funktionen entsteht. Eine junge Schweißerin schreibt: »Der Feierabend kommt immer näher, das merkt man an den Augen und an den Armen. Die Augen schmerzen, und die Arme kann man gar nicht mehr bewegen.«[2] Erst nach Jahren solcher Formen der Arbeit treten die Erscheinungen des körperlichen Verschleißes auf, die in sehr vielen Fällen nicht behandelt werden, weil die Angst, krankgeschrieben zu werden und dann seinen Posten zu verlieren, groß ist.

Das psychische Leiden entsteht bei den jungen Arbeitern zunächst an der Monotonie der Arbeit. Die Hoffnungen, nebenbei etwas lernen zu können oder sich fortzubilden, schwinden. Eine Anpassung an die Sinnlosigkeit der Arbeit findet mehr und mehr statt, nur die Jüngeren, meist Berufsschüler, formulieren ihren Widerstand gegen diese Art Arbeit noch. Eine siebzehnjährige Akkordarbeiterin schreibt: »Ob jeder Mensch das aushält? … 5 Tage in der Woche werden wir von der Fabrik 9 Stunden tagtäglich verschluckt … Um glauben zu können, dass junge und ältere Menschen gerne in die Fabrik gehen, um den ganzen Tag dasselbe zu tun, fehlt es mir an Glaube.«[2] Die Abstumpfung, zum Beispiel gegen Lärm und Schmutz, schlechte Luft und geringe Bewegungsmöglichkeiten, wird in fast allen Berichten erwähnt. Die Arbeit enthält, durch immer ausgeklügeltere Zeitkalkulation, nicht nur für die Akkordarbeiter, immer weniger Möglichkeit, sie so oder anders zu tun. Von einem »affektiven Gehalt im Rollenspiel« noch zu sprechen, wäre schon Hohn. Die »repressiven Rollennormen« verdrängen und unterdrücken auch die Reste möglicher Ich-Leistungen.[3] Dass Arbeiter sich als Teil der Maschine empfinden, ist keine Redensart, sondern präziser Ausdruck der nicht-gefragten Ich-Leistung. Die psychische Beklemmung des älteren Arbeiters (»trübe Gedanken, eine unsichtbare Macht hinter mir, Angst«) entspricht der totalen Hoffnungslosigkeit der jüngeren.

Das dritte Kennzeichen des Unglücks, wie es hier geschildert wird, ist die Angst vor sozialem Abstieg (»so tief sinken«) und vor Isolierung. Diese Angst drückt sich bei den jungen Arbeitern aus als Angst, miteinander zu sprechen. Ein Teil des Leidensdruckes besteht darin, »dass die Leute nicht miteinander reden«. Dass die Kollegen über den Behinderten lachen oder einem Neuen nichts erklären, dass Gespräche in den Pausen in vielen Fällen nicht mehr stattfinden, Beziehungen nicht geknüpft werden, ist ein oft beobachtetes Faktum. Das Gefühl, »als ob man mich bald wie einen alten Lappen, mit dem man sich noch einmal die Schuhe putzt, wegschmeißen wird«, drückt diese soziale Dimension des Leidens adäquat aus. Dieser Text ist ein Dokument nicht nur des Leidens, sondern auch der Abhängigkeit. Sogar um den Produktionsausfall, der dem Unternehmer entsteht, wenn der verbrauchte Arbeiter ersetzt werden muss, macht der Ausgebeutete sich Gedanken! Sogar die Überstunden summiert er unter »Pflichtbewusstsein«, hinter dem allerdings, wie hinter jedem Satz dieses Textes, die Angst um den Arbeitsplatz steht.

Noch wehrt sich die Sprache gegen die externe wie die internalisierte Ausbeutung. Das Pathos des wiederholten »Glaubt mir, Leute!« geht gegen die benannte Realität an. Wenn sich diese Bitte am Ende in die Frage »Leute, woran soll ich glauben?« umkehrt, so ist es wie der Schrei eines von der Fabrik »Verschluckten« nach Verständnis, Anteilnahme, Solidarität – und darin, dem Sprechenden kaum bewusst, ein Schrei nach Veränderung. All diese Fakten sind bekannt, beschrieben und analysiert. »Es ist manchmal einfach nicht zum Aushalten«, schreibt eine Siebzehnjährige. »Doch ich muss eben durchhalten. Man kann es eben nicht ändern.«[4] Diese Hoffnungslosigkeit ist äußerst charakteristisch. Die siebzehnjährige Akkordarbeiterin denkt nicht daran, dass sie ihr Leben in der Fabrik zubringen wird. Die Aussicht, durch eine günstige Heirat herauszukommen, die Illusion, bald, nächstes Jahr nicht mehr arbeiten zu müssen, der Tagtraum vom großen Los in der oder jener Form – all dies hindert sie mehr noch als den jungen Arbeiter, sich mit ihrer Klassenlage wirklich zu identifizieren.[5] Die spezifisch weibliche Erziehung hat sie auf die Rolle, ein Leben am Fließband zu verbringen, am wenigsten vorbereitet, wohl aber die gesellschaftliche Ohnmacht bereits internalisiert. Der Kapitalismus bietet als Aufhebung solcher gesellschaftlicher Leiden der Arbeiter bekanntlich nur den individuellen Aufstieg an. Damit fördert er zugleich die Teilnahmslosigkeit an Veränderungen, die allen zugute kämen. Das spezifische Angebot an die Frau ist nicht der berufliche Aufstieg, sondern der sexuell vermittelte; beide Angebote sind fast gleich illusionistisch. Alle Interessen und Bedürfnisse werden in einem extremen Sinn privatisiert, aber auch alle Schwierigkeiten und Leiden. »Ich« muss durchhalten, und »man« kann es eben nicht ändern – ein »wir« existiert nicht. Es ist ein gesellschaftlicher Zustand, in dem das Leiden keinerlei Lernen mehr einschließt, in dem keine neuen verändernden Erfahrungen gemacht werden. Die Aussage vieler Arbeiter, dass sie »zufrieden« sind, stimmt mit dieser Unmöglichkeit, Veränderung überhaupt noch zu denken, überein. Gerade die, die »empfindlich und genau beobachten, aber niemals eine Veränderung erfahren haben oder bei Versuchen dazu gescheitert sind, können sich Veränderung nicht mehr vorstellen. Diese Erfahrung wird entweder fast aggressiv verteidigt, oder sie geht über in ein Sich-Abfinden.«[6]

2 Das stumme Leiden

Es gibt Formen des Leidens, die zum Verstummen zwingen, in denen kein Gespräch mehr möglich ist, in denen der Mensch aufhört, als menschliches Subjekt zu reagieren. Extreme äußere Bedingungen wie in Hungerlagern oder zerstörerische Psychosen sind solche Beispiele sinnlosen Leidens. Es ist sinnlos, weil die von ihm Betroffenen gar keine Möglichkeit mehr haben, sich so oder anders zu verhalten, Erfahrungen zu machen oder Maßnahmen zu ergreifen. In den deutschen Konzentrationslagern wurden die nur noch Dahindämmernden, die sich ihr Essen wegnehmen ließen, im Lagerjargon »Muselmänner« genannt, wohl wegen der Ergebenheit in ihr Fatum. Sie sind ein Beispiel solchen extremen Leidens, das zur Selbstaufgabe und Apathie im klinischen Sinn des Wortes führt.

Es gibt Schmerzen, die die Menschen blind und taub machen. Das Fühlen für andere stirbt, das Leiden isoliert den Menschen, es bezieht ihn nur noch auf sich selber. Die Anziehungskraft des Todes wächst in solchen Situationen – außer, dass es enden möge, kann man dann nichts mehr wünschen. Wie schon bei körperlichem Schmerz, etwa Zahnweh, alle anderen Organe unwichtig werden können, fühllos sind, man nur noch Zahn ist, so erst recht bei anhaltendem lebensbedrohendem Leiden, wie zum Beispiel in Hungerlagern. Alles übrige tritt als unwesentlich zurück, der Mensch konzentriert sich im Leiden wie in der Lust, nichts zählt mehr außer dem einen. Das extreme Leiden privatisiert den Menschen total, es zerstört seine Fähigkeit zur Kommunikation. Über diese Nacht des Schmerzes – im Wahnsinn, in der unheilbaren Krankheit – lässt sich nichts sagen. Menschen, die in ihr vegetieren, können von anderen nicht erreicht werden, auch wenn man den Versuch, sie zu erreichen, nicht aufgeben kann. Eine Theologie solchen Leidens zu entwickeln, wäre der blanke Zynismus, weil Theologie ein Minimum gemeinsamer Erfahrung voraussetzt; verzichtet sie darauf, so kann sie nur noch Gerede, schlimmstenfalls Unterwerfungsformeln für andere produzieren. Wir können versuchen, diese

Grenze der Sprache einige Schritte zu verrücken, indem wir auf das achten, was in den Berichten extremen Leidens, an Sinngebung, an Menschlichkeit erscheint, aber wir können sie so wenig aufheben wie die Grenze des Todes. Die Achtung vor denen, die in extremis leiden, gebietet das Schweigen.

Die theologische Reflexion setzt daher nicht im extremen Leiden, sondern Stufen früher an. Ein übergroßes Leiden schließt die Veränderung und das Lernen aus. Ein übergroßer Schmerz produziert nur blinde und kurzfristige Aktionen. Aber wann ist uns ein Schmerz übergroß? Jeder, der von einem Unglück betroffen wird, denkt ja zunächst, dass es nicht zu ertragen ist, und man wundert sich später, wie viel ein Mensch aushalten kann, viel mehr jedenfalls, als wir im Augenblick des Entsetzens vermuten. Die archaische Phase des Schmerzes, die wir immer wieder durchmachen (Phase 1), lässt uns dumpf und stumm zurück. Der übergroße Leidensdruck versetzt in total empfundene Ohnmacht, die Autonomie des Denkens, Redens und Handelns ist uns genommen. Wir sind vollständig situationsbeherrscht, und die kaum formulierte Klage gleicht eher dem Schrei eines Tieres.

Es gibt in der teilaufgeklärten Gesellschaft viele Erscheinungsformen solchen Leidens, das keine Sprache findet. Zwischen dumpfem Brüten und jäher Explosion gibt es keine andere Form der Expression. Solches archaisches Leiden wirkt, weil Institutionen und Rituale den Einzelnen nicht mehr absichern und ihm eine überpersönliche Sprache leihen, weil ein Lernprozess aus dem Stummsein heraus nicht vollzogen wird, neurotisierend, häufig auch kriminalisierend. Die Teilziele der Aufhebung des Leidens können nicht differenziert werden, daher bleibt das Verhalten rein reaktiv, selbst die Wünsche sind verstümmelt. Es gibt Leiden, die kein Mensch auf die Dauer aushalten kann: Entweder er verdrängt, stumpft äußerlich ab und bleibt so stumm wie zuvor – oder er wird krank – oder er beginnt am Leiden zu arbeiten.

Eine Voraussetzung für solche Arbeit ist das Bewusstsein, in einer veränderbaren Welt zu leben. Wer in einem statischen

Weltbild lebt, in einer postfigurativen, das heißt auf Nachahmung und Wiederholung bedachten Kultur lebt, wie die Frau in der unglücklichen Ehe, der kann Lernen und Veränderung nicht als das Entscheidende, das es im Leben zu lernen gilt, begreifen. Seine Haltung zum Leiden kann über das Hinnehmen und die Geduld nicht hinauskommen. Erst wo die Veränderung selber als wesentlicher menschlicher Wert begriffen und sozial anerkannt ist, da kann auch die passivistische Einstellung zum Leiden sich ändern.

3 Phasen des Leidens

Der erste Schritt der Überwindung ist dann, eine Sprache zu finden, die aus dem unbegriffenen und stumm machenden Leiden herausführt, eine Sprache der Klage, des Schreies, der Schmerzen, die wenigstens sagt, was ist (Phase 2).

»Glaubt mir, Leute!« Die Darstellung dieses Arbeiters ist ein Versuch, Kommunikation wiederherzustellen und die Situation, wenigstens in Ansätzen, zu analysieren, anders zum Beispiel als die Menschen bei Kroetz, die in der stummmachenden Phase 1 verharren. Es ist ein Versuch, die Erfahrung einzuordnen. Die in der Arbeit total verdrängte Affektivität bricht hervor in der Darstellung der Schmerzen und der Ängste. Die Mischung von Rationalität und Affekten in solcher Sprache ist charakteristisch; eine rein rationale Sprache, etwa eine populär gehaltene wissenschaftliche Analyse der Situation, könnte nicht dasselbe leisten. Sie könnte die Leute Richtiges lehren, aber das Stadium des stummen Schmerzes (Phase 1) braucht nicht nur rationale Erkenntnis, bzw. es kann sie gar nicht verwerten. Zuvor müssen Menschen lernen, sich selber zu formulieren.

Geht man davon aus, dass die Phase des dumpfen Schmerzes auch in unserer Gesellschaft das Normale ist, so können die Phase der Expression nicht übersprungen und das Leiden nicht unmittelbar durch Handeln gelöst werden. Dabei würden zugleich die Bedürfnisse der Leidenden selber übersprungen; die Hilfe, etwa erreichte Mitbestimmung, gar Selbstbestimmung, würde ihnen nur übergestülpt, sie hätten sie nicht selber gefunden und erkämpft. Ihre Hilflosigkeit neuem Leiden gegenüber, anders bedingtem, gleichwohl aber nicht aufgehobener Entfremdung, bliebe bestehen. Die Erfahrungen in sozialistischen Ländern, die die Kulturrevolution nicht gleichzeitig mit der Revolution des Produktionsapparates betrieben haben, bestätigt dies. Ein Text wie »Glaubt mir, Leute!« ist ein gegenwärtiger Psalm. Noch können die Ziele nicht organisiert werden, noch erscheinen sie – wie im Gebet – als utopische Wünsche. Geschildert wird eine Passion, aber nicht mehr im Stadium der Unterworfenheit. Der Ausdruck »psalmische Sprache« bezeichnet hier weniger eine literarische Gattung als bestimmte Sprachelemente wie Klage, Bitte, Ausdruck der Hoffnung; charakteristisch ist auch die Betonung der eigenen Gerechtigkeit, der eigenen Unschuld. Das wiederholte »Glaubt mir, Leute!« nimmt genau den Platz ein, den in den alten Psalmen das »Höre mich, o Gott, höre mein Flehen« einnahm. Es ist eine Möglichkeit der Äußerung, die früher einmal die Liturgie bedeutet hat.

Sinn der Liturgie war es, Menschen in ihren Ängsten und Schmerzen und in ihrem Glück zu formulieren. In diesem Sinn könnte man von Gottesdienst in den Kirchen dann wieder reden, wenn es möglich wäre, dass ein Arbeiter, ein Lehrling, ein Kranker sich dort in seinem Schmerz formulierte. Dabei könnte sich herausstellen, dass die Begrenzung der Sprache der Unterschichten auf den »restringierten Code« (Bernstein) die Fähigkeit zur Expression nicht mindert, im Gegenteil; die Fähigkeit zur Expression hängt nicht vom elaborierten Code ab, so viel lässt sich schon heute an der Arbeiterliteratur ablesen.

Die Sprache der Phase 2 drängt allerdings über sich hinaus, auf Veränderung hin. Daher bildet sie nicht nur ab, was ist, sondern sie produziert neue Konflikte. Ein Selbstausdruck, der die Kommunikation zwischen den Klassen wiederherstellt, ist ja nicht als bloßer Selbstausdruck gemeint. Die Inhalte des Leidens können nun diskutiert, Befreiung kann organisiert werden (Phase 3). Dieser Prozess selber ist schmerzhaft, er verstärkt zunächst das Leiden und hebt alle seine Verschleierungen auf. Es kann nicht mehr durch Demutsgesten abgeschwächt oder durch anthropologischen Pessimismus als das Immerwaltende, Allgemeine dargestellt werden, es wird apperzipiertes, wahrgenommenes Leiden, und nur unter diesen Bedingungen kann die neue Frage aufkommen, die heißt: Wie organisiere ich Überwindung von Leiden? Der Leidensausdruck solidarisiert in dieser Phase die Menschen, statt sie zu privatisieren. Das aktive ersetzt das bloß reaktive Verhalten, die Überwindung der Ohnmacht – und sei es vorerst nur in der Erfahrung, dass die gesellschaftlich produzierten Leiden bekämpft werden können – führt zur Veränderung auch der Strukturen.

PHASE 1	PHASE 2	PHASE 3
stumm	klagend	verändernd
dumpf explosiv		
sprachlos	bewusst, sprechen können	organisierend
Stöhnen	psalmische Sprache	rationale Sprache
tierische Klage	Rationalität und Affekt vermittelt	
Isolation	*Expression* *Kommunikation*	*Solidarität*
Leidensdruck privatisiert	Leidensdruck sensibilisiert	Leidensdruck solidarisiert
Autonomie des Denkens, Redens, Handelns verloren	Autonomie der Erfahrung (kann eingeordnet werden)	Autonomie des verändernden Handelns
Ziele nicht organisierbar	Ziele utopisch (im Gebet)	Ziele organisierbar
reaktives Verhalten		aktives Verhalten
situationsbeherrscht	an der Situation leiden und sie analysieren	die Situation mitbestimmen
Unterwerfenheit	Passion	
Ohnmacht	*Annahme* und *Überwindung* in vorgegebenen Strukturen	*Annahme und Überwindung* der *Ohnmacht* in veränderten Strukturen

In diesem Phasenablauf wird darauf verzichtet, aus dem dumpfen, stummen Leiden Kapital zu schlagen mit Hilfe der Rede vom allmächtigen Gott. Eine Religion, die Menschen zu stabilisieren vorgibt, sie aber nicht einmal sprechen lehrt und sie daher neurotisiert, ist radikal zu kritisieren. Aber eine leidensunfähige positivistische Sprachlosigkeit, in der nicht einmal das Bedürfnis verstanden wird, aus der Stummheit in die Klage, in die Expression zu kommen, bessert nichts.

Ich halte das Stadium der Klage, der Artikulation, das Stadium der Psalmen für unaufgebbar, um in das dritte Stadium zu kommen, in dem Befreiung und Hilfe für den Unglücklichen organisierbar wird. Der Weg führt aus der Isolation des Leidens über die Kommunikation in der Klage zur Solidarität der Veränderung. Die Grenze zwischen Kommunikation und solidarischem Handeln ist offen, und die Schritte zwischen den beiden Phasen (2 und 3) können in beiden Richtungen geschehen. Noch erfährt das verändernde Handeln immer wieder seine Todesgrenzen, aber solche Frustrationen müssen nicht notwendig zurückführen in das dumpfe apathische Leiden, das verstummt. Sie können auch im Rahmen der Kommunikation in der Klage aufgefangen und verarbeitet werden. Die Ausweglosigkeit bestimmter Formen des Leidens – sei sie in den jetzt versteinerten Verhältnissen begründet, sei sie unabänderlich – wird ausgehalten, wo der Schmerz sich noch artikuliert. Seine Sprache übersteigt die Erfüllungen, die im Handeln der Phase 3 erreichbar sind, aber dieses Transzendieren ist gerade um des Erreichbaren willen notwendig; auch für die Toten muss geschrien und gebetet werden.

So etwas ist nur denkbar innerhalb einer Gruppe von Menschen, die ihr Leben – und das heißt auch ihr Leiden – miteinander teilen. Der eine kann dann der Mund des anderen werden, er kann seinen Mund auftun »für die Stummen« (Sprüche 38,8). Es ist der Sinn solcher Liturgien, Menschen nicht der Apathie zu überlassen.

4 Der stumme und der redende Gott

Eine der Bedingungen dafür, dass Menschen im Leiden nicht unverwandelt bleiben, dass sie nicht blind und taub werden für die Schmerzen anderer, dass sie vom bloßen passiven Erdulden zum produktiven humanisierenden Leiden kommen, ist die Sprache. Aber weichen wir dem Nachdenken über das Leiden nicht aus, wenn wir es in die Sozialität, in die Sprache zurückzubinden versuchen? Eine der wesentlichen Erfahrungen des Leidens ist doch gerade seine Asozialität, die Auflösung von Bindungen, die als gültig und tragfähig galten. Unter einem Leidensdruck zu stehen bedeutet immer, mehr und mehr zu vereinsamen. Die griechische Tragödie schildert diesen Prozess, in dem die Beziehungen sich nacheinander auflösen und der Einzelne reduziert wird auf sich selber.

Aber dieser Prozess bedeutet in der Tragödie keinen Sprachverlust. Der Alleingelassene wendet sich zu den Göttern oder an die Mächte der Natur, oder er spricht mit sich selber. Der Monolog ist nicht nur eine dramaturgisch notwendige Sprachform, sondern er entsteht aus dem Verständnis des Leidens, das die Tradition entwickelt hat und das die Fähigkeit des Lernens und der Veränderung als das entscheidende Moment des Leidens begreift.

Thomas Müntzer hat einen seiner Aufrufe mit den Worten unterzeichnet:

>»Thomas Müntzer wil keinen stummen,
>sunder einen redenden Got anbeten.«[7]

Er meint damit das »lebendige Wort Gottes aus Gottes Munde selber« und nicht nur die »unerfahrene Bibel«, die nur einen »gedichteten«, einen fiktiven Glauben bedeutet. Aber die Überwindung des »stummen Gottes« ist nicht auf den Streit um das Schriftprinzip der Reformation begrenzt, der stumme Gott herrscht auch heute, wenn die Apathie Menschen dazu bringt, es nicht für wert zu halten, ihren Schmerz und ihr Leben zu formulieren. Das sei langweilig, nicht interessant, sagten die Arbeiterinnen, als man sie zum Schreiben über die Arbeit aufforderte.[8] Der stumme Gott setzt den tauben, den taubstumm gemachten Menschen voraus.

Das Leiden muss Sprache finden und benannt werden, und zwar nicht nur stellvertretend für viele, sondern in persona von den Leidenden selber. Es ist notwendig, dass Menschen zum Sprechen kommen, um nicht vom Unglück zerstört oder von der Apathie verschluckt zu werden. Es ist nicht wichtig, wo und in welchen Formen das geschieht, aber dass Menschen sich formulieren können, oder besser: sich ausdrücken lernen, was die nicht sprachlichen Möglichkeiten der Expression einschließt, davon hängt in der Tat ihr Leben ab. Ohne die Fähigkeit, mit anderen zu kommunizieren, kann es keine Veränderung geben, das Verstummen, die totale Verhältnislosigkeit ist der Tod.

Eine der traditionellen Möglichkeiten der Selbstformulierung ist heute wie verschüttet: das Gebet. Die Fähigkeit, in einen Dialog mit sich selber einzutreten, erscheint immer mehr Menschen als sinnlos und überflüssig. Dies wäre nicht weiter problematisch, wenn es andere, neue Möglichkeiten, sich zu formulieren, sich auseinanderzusetzen und – was aber das Reden voraussetzt – zu schweigen, gäbe. Wenn also der Verlust des Gebets keine Verarmung bedeutete, wenn Selbstgespräch, Dialog und Diskussion alles das enthielte, was einst als Gebet gesagt, gestammelt, geschrien, geflucht und gewünscht wurde. Aber ist dies der Fall? Sind nicht umgekehrt der Reichtum der Expressivität und die Kraft des Wünschens geringer geworden? Hat nicht wachsende Apathie uns stummer gemacht? Haben nicht zum Beispiel in den Massenuniversitäten, aber auch in den Großraumbüros die Isolierung zugenommen und die Angst voreinander, so dass die Kommunikation geringer ist? Und hat nicht die disziplinierende Kälte technischer Abläufe auch unsere Wünsche diszipliniert, so dass auch das Selbstgespräch verstummt?

Zwar findet der Dialog des Menschen mit sich selber weiter statt. Das Gespräch zwischen dem Ich und dem Ich-Ideal ist nicht zu ersetzen oder abzulösen, es vollzieht sich weiter auch bei denen, die nicht beten in dem Sinn, dass sie sich an ein himmlisches Wesen bittend wenden. Die Frage, welche Weltanschauung einer hat, ob er theistisch oder nicht-theistisch denkt, ist unwesentlich; entscheidend ist, wer der Partner im Dialog des Menschen ist, Christus oder Mammon oder die eigene Vitalität. »Je nachdem, wer mitzureden hat, wer also im christlichen Sinn der ›Gott‹ des Betenden ist, wird das Ergebnis (die im Gebet erfolgende Veränderung des Betenden und seiner Welt) ein anderes sein.«⁹ Wenn Menschen ihr Leben als schicksalhaft gegeben erfahren, so haben sie mit dem stummen Gott zu tun, und ihr Gebet kann nur auf das Sich-Abfinden hinauslaufen. Der stumme Gott bringt vor allem die Wünsche der Menschen zum Schweigen. Nach Jean Paul ist Beten »Wünschen, nur feuriger«. Es verlangt eine äußerste Anspannung der Seele, eine Konzentration nicht nur des Willens und der bewussten Rationalität, sondern aller unserer seelischen Kräfte. Simone Weil hat diese vielleicht wichtigste Tugend, die durch Übung erlernbar ist, die »Aufmerksamkeit« genannt, die »den Abstand zwischen dem, was man ist, und dem, was man liebt, unablässig vor Augen hat«, die Aufmerksamkeit, aus der das schöpferische Vermögen entspringt und die auf ihrer höchsten Stufe das Gleiche ist wie das Gebet. »Die von jeder Beimischung ganz und gar gereinigte Aufmerksamkeit ist Gebet.«¹⁰

Der Glaube tut hier, wie so oft, nichts zu einer vollständig und in ihrer Tiefe erfassten Realität hinzu, er bietet diesem in der rückhaltlosen Aufmerksamkeit vollzogenen Gespräch nur Hilfen an: Sprachformen und Überlieferungen des Gebets, und er überführt dieses Gespräch des Menschen mit sich selber in den Stand der Bewusstheit, er bietet ihm in den überkommenen Sprachformen und der Tradition Hilfe an, vor allem aber unterscheidet er durch den Partner Christus die wahren von den falschen Bedürfnissen und gibt so dem zunächst natürlichen Gebet eine Tendenz, die umfassender ist als die privaten Wünsche, weil sie »das kommende Reich Gottes« meint.

Der Verlust des Gebets gehört, so verstanden, nicht in die Befreiungsgeschichte der Menschen, die sich aus unbegriffenen

Zwängen lösen. Er ist nicht ein Fortschritt in aufgeklärtem Bewusstsein, sondern nur ein Produkt jener Arbeitsteilung, die Menschen in ein Bündel von Funktionen verwandelt. Die schöpferischen Fähigkeiten und die Möglichkeiten einer zweckfreien Expression, die im Gebet potentiell allen offen standen, werden nun wenigen Spezialisten zugewiesen. In der Industriegesellschaft ist darum Beten »in sich ein subversiver Akt – ein Akt der ›unverschämten‹ Selbstbehauptung gegenüber dieser Welt«[11], ein Akt, in dem Menschen ihre Wünsche zu formulieren wagen und insofern anders mit ihrem Leiden umgehen, als die Gesellschaft es ihnen anempfiehlt.

Beten ist ein ganzheitlicher Akt, in dem Menschen den stummen Gott einer apathisch erlittenen Wirklichkeit transzendieren und zum redenden Gott einer pathetisch in Schmerz und Glück erfahrenen Wirklichkeit hingehen. Mit diesem redenden Gott hat Christus in Gethsemane gesprochen.

5 Gethsemane

Der Name dieses Ölbaumgartens ist ein Symbol geworden für das, was Menschen an Schmerzen durchleiden, ein Symbol der Angst und der Agonie. Man sagt, jeder habe sein Gethsemane.

Die Erfahrung, die Jesus in Gethsemane gemacht hat, ist unterschiedlich wiedergegeben worden. Lukas versucht, diese Erfahrung mit Hilfe eines Engels darzustellen, der den Betenden stärkt. Aber das würde es uns zu leicht machen: Das Mirakulöse hat immer die Gefahr in sich, Jesus von uns zu trennen, ihm Privilegien zuzuweisen, ihm einen Sonderstatus, den er nicht hatte, anzudichten. Jesus bittet darum, verschont zu bleiben, das ist der Inhalt seines Gebets. Aber auf diese Bitte erhält er keine Antwort. Gott schweigt, wie so oft in der Geschichte der Menschen, Jesus bleibt allein mit seinem wiederholten Schrei, seiner Todesangst, seiner wahnsinnigen Hoffnung, seinem bedrohten Leben.

»Meine Seele ist betrübt bis an den Tod; bleibt hier und wachet mit mir« (Mt 26,38). Nicht einmal seine Freunde, mit denen er Wandern und Heilen, Aufgenommen- und Verfolgtwerden, Gespräch und Leben geteilt hat, bleiben bei ihm. Sie schlafen ihm weg wie Kinder, denen es zu lang geworden ist. Lukas, der ein Interesse daran hat, sie etwas besser wegkommen zu lassen, sagt, sie seien »vor Betrübnis« eingeschlafen. Aber es ist nur wie ein Glied in der Kette der Erfahrung, die Jesus macht: verraten, verleugnet, im Stich gelassen zu werden – und, das Harmloseste: seine Freunde schlafen zu sehen, wenn man sie braucht.

Es sind dies die menschengemäßen Haltungen dem Unglück gegenüber; deutsche Juden haben in der Nazizeit Ähnliches von ihren Freunden und Bekannten erfahren. Nadescha Mandelstam schildert das Verhalten unter den stalinistischen Säuberungen in den gleichen Kategorien: Es gab Spitzel, die sich in den Besitz etwa der Wohnung des Opfers setzen wollten; es gab gute Freunde, die den Telefonhörer auflegten, wenn der Gezeichnete anrief; es gab Kollegen, die ihre Frauen zum Nachfragen schickten, weil sie selber leider »verreist« waren; und es gab Nachbarn, die gut schliefen, wenn das Opfer verhaftet wurde.

Mit Jesus wachen, nicht einschlafen während seiner Todesangst, die bis zum Ende der Welt dauert und alle Geängsteten meint, ist eine alte christliche Forderung, die allem natürlichen Verhalten zum Unglück widerspricht.

Es gibt zwei mögliche Missverständnisse der Geschichte von Gethsemane, das der Apathie und das der Exklusivität. Korrekturversuche im Sinn eines Apathie-Ideals setzten schon früh ein: Man hat versucht, aus Jesus ein heroisches Wesen zu machen. Es war anstößig, dass er weinte und zitterte, dass er die Agonie erlitt. Schon Lukas hat diese Leidenszüge gemildert und Jesu Eingeständnis der Angst vor den Jüngern weggelassen. Spätere Handschriften tilgen – nach einem Bericht des Bischofs Epiphanius (um 375) – das Weinen Jesu hier und beim Untergang Jerusalems (Lk 22, 43.44 und 19,41), »aus Furcht, es geschehe sonst der Würde Jesu Abbruch«. Im modernen Verständnis liegt die Würde Jesu aber gerade in seiner Todesangst. Ein Mensch ohne Angst ist ein verstümmeltes Wesen, das sich selbst zu sehr verachtet, als dass es Angst um sich haben könnte. Die Angst ist ein Zeichen der Einwurzelung ins Leben; vor einem Menschen ohne Angst muss man sich fürchten, er ist zu allem fähig.

Das Interesse der Apathie ist das Interesse des Siegers. Aber geht Jesus als ein Sieger aus Gethsemane fort? Hat er den Kampf bestanden? Ist er getröstet worden? Rainer Maria Rilke hat in dem Gedicht »Der Ölbaumgarten« das Missverständnis vom Sieger, der himmlischen Trost erhält, abgewehrt.[12]

> »Später erzählte man: ein Engel kam –.
> Warum ein Engel? Ach es kam die Nacht
> und blätterte gleichgültig in den Bäumen.
> Die Jünger rührten sich in ihren Träumen.
> Warum ein Engel? Ach es kam die Nacht.
>
> Die Nacht, die kam, war keine ungemeine;
> so gehen hunderte vorbei.
> Da schlafen Hunde, und da liegen Steine.
> Ach eine traurige, ach irgendeine,
> die wartet, bis es wieder Morgen sei.«

Die Apathie, einst das Ideal eines Gottes, ist in diesem Gedicht ausgewandert zur Natur. Die Nacht, so oft ein Raum des Schutzes, der Verhüllung, bietet hier keinen Trost, sie blättert gleichgültig in den Bäumen, wie es in einer manieristischen Metapher heißt – sinnlose Bewegungen derer, die doch unbewegt sind. Apathisch ist die Natur, der Schmerz bleibt für die Leidenden übrig. Jesus hat in Gethsemane zwei vergebliche Versuche gemacht: er flehte seinen Vater um Schonung an, er bat die Menschen um Trost. In der Agonie dieser Nacht wird die Kreuzigung von Golgatha bereits durchlebt, nicht das abgeschwächte Leiden, wie die Kirchenväter es verstanden, wenn sie den Schrei Jesu am Kreuz »Mein Gott, warum hast du mich verlassen?« umzudeuten versuchten. Augustinus wollte diesen Schrei nicht wahrhaben; so könne nicht Jesus, so müsse Adam, der erste Mensch, in ihm geschrien haben. In Rilkes Gedicht sagt Jesus: »Ich finde dich nicht mehr. Ich bin allein.« Gerade das verbindet ihn mit allen Menschen und ihren gleichgültigen Nächsten.

Das zweite überkommene Missverständnis ist das dogmatische von der Einzigartigkeit des Leidens und des Sterbens Jesu. Man betont dann wohl, dass Jesus mehr und anders als andere Märtyrer gelitten habe, weil er sich ausgestoßen und verflucht sah und Gott ihm im Leiden unfassbar wurde.[13] Die Besonderheit Jesu, seine Unvergleichbarkeit, soll hier, da sie als leidensüberlegene Apathie nicht zu retten ist, wenigstens im »pathein«, im Leiden erhalten bleiben. Eine solche Art der Fragestellung, die in einer Welt des nicht messbaren Leidens Jesu Leiden absondern und aufwiegen will, um es als einzigartig verstehen zu können, ist eher makaber; es liegt nicht im Interesse Jesu, »am meisten« gelitten zu haben.

Umgekehrt liegt die Wahrheit des Symbols gerade in seiner Wiederholbarkeit. So, wie hier geschrieben, kann es allen ergehen. Wo immer das Sterben sich wissend vollzieht, wo der Schmerz gelebt wird, da vernichtet er auch die frühere Gottesgewissheit.

Es gibt Zeugnisse von Menschen, die die Wiederholbarkeit des Symbols, und das bedeutet seine Aneignung, erweisen. Sie haben Gethsemane erfahren, die Angst vor dem Sterben, aber auch die Überwindung aller Ängste dort, wo der Becher des Leidens ausgetrunken wird bis zur bitteren Neige.

Eines der bewegendsten Zeugnisse ist das des jungen dänischen Matrosen Kim Malthe-Bruun, der einer Widerstandsgruppe angehörte und am 6. April 1945, 21 Jahre alt, von der Gestapo erschossen wurde. Während der vier Monate seiner Haft hat er sich immer wieder der Gestalt Jesu zugewendet und zu erfassen versucht, was es mit seiner Lehre und seinem Leben auf sich hat. In einem Brief vom 22. Januar 1945 schreibt er, »dass die Lehre Jesu nicht eine Lehre sein darf, die man befolgt, weil man es nun mal so gelernt hat … In diesem Augenblick empfange ich als etwas vom Tiefsten, was ich von Jesus gelernt habe, dass man einzig und allein nach der Überzeugung seiner Seele leben soll.«[14]

Der folgende Brief, datiert vom 3. März 1945, berichtet von einer überstandenen Folterung; nach der Tortur ist Kim bewusstlos geworden. Am nächsten Tag schreibt er:

»Ich habe seitdem über das Merkwürdige nachgedacht, was eigentlich mit mir geschehen ist. Gleich hernach fühlte ich eine unbeschreibliche Erleichterung, einen jubelnden Siegesrausch, eine so unsinnige Freude, dass ich wie gelähmt war. Es war, als ob die Seele sich vom Körper ganz frei gemacht hätte … Als die Seele wieder zum Körper zurückkam, war es, als hätte sich der Jubel der ganzen Welt hier versammelt, aber es ging damit, wie mit soviel anderen Genussgiften, als der Rausch vorüber war, kam die Reaktion. Ich wurde gewahr, dass meine Hände zitterten … Und doch war ich ruhig und von weit größerer Seelenstärke als je zuvor. Dennoch, ohne dass mir bange ist, ohne dass ich zurückweiche, klopft mein Herz jedes Mal rascher, wenn einer vor meiner Tür stehen bleibt … Es ging mir gleich nachher auf, wie ich nun ein neues Verständnis für die Gestalt Jesu habe. Die Wartezeit, das ist die Prüfung. Ich versichere, ein paar Nägel durch die Hände geschlagen zu erleiden, am Kreuz zu sterben, ist nicht mehr als etwas rein Mechanisches, das die Seele in einen Sinnenrausch versetzt, der mit nichts anderem verglichen werden kann. Aber die Wartezeit im Garten, sie tropft von rotem Blut. – Noch eine merkwürdige Sache. Ich empfand überhaupt keinen Hass …«

Etwa drei Wochen später schreibt er:

»… Ich habe seitdem oft an Jesus gedacht. Ich kann die grenzenlose Liebe gut verstehen, die er zu allen Menschen gefühlt hat und besonders zu all denen, die mit dabei waren, seine Hände mit Nägeln zu durchbohren. Er stand hoch über jeder Leidenschaft von dem Augenblick an, da er Gethsemane verließ …«[15]

Eine der präzisesten Beschreibungen des Schmerzes in unserem Jahrhundert stammt aus dem Tagebuch des italienischen Dichters Cesare Pavese, einem Buch, das voll ist von Erfahrungen des Leidens. Pavese hat auf der Höhe seines Erfolges den Entschluss gefasst, nicht mehr zu schreiben, und sich kurz danach mit zweiundvierzig Jahren das Leben genommen.

»Der Schmerz ist in der Tat kein Vorzug, kein Zeichen von Adel, keine Erinnerung an Gott. Der Schmerz ist eine viehische und wilde Sache, banal und ganz umsonst, natürlich wie die Luft. Man kann ihn nicht betasten, er entflieht jedem Zugriff und jedem Kampf; er lebt in der Zeit, er ist dasselbe wie die Zeit; wenn er zusammenfahren lässt, so dass man schreit, so nur, um den, der leidet, weit unverteidigter zu lassen in den Augenblicken, die folgen werden, in den langen Augenblicken, in denen man die vergangene Qual noch einmal durchkostet und auf die folgende wartet. Dieses Zusammenfahren ist nicht der eigentliche Schmerz, es bezeichnet Augenblicke von Lebenskraft und ist eine Erfindung der Nerven, um die Dauer des wahren Schmerzes empfinden zu lassen, die höchst verdrießliche, erbitternde, unendliche Dauer des Zeit-Schmerzes. Wer leidet, ist immer im Zustand des Wartens – Warten auf das Zusammenfahren und Warten auf das nächste Zusammenfahren. Es kommt der Moment, da man die Krise des Schreiens dem Warten auf den Schrei vorzieht. Es kommt der Moment, da man laut schreit, ohne dass es notwendig wäre, nur um den Strom der Zeit zu unterbrechen, nur um zu empfinden, dass etwas geschieht, dass die ewige Dauer des viehischen Schmerzes einen Augenblick unterbrochen ist – sei es auch nur, um noch durchdringender zu werden. Manchmal kommt einem der Verdacht, dass der Tod – die Hölle – auch noch bestehen wird im Fließen eines Schmerzes ohne Zusammenfahren, ohne Stimme, ohne Augenblicke, alles Zeit und alles Ewigkeit, unaufhörlich wie das Fließen des Blutes in einem Körper, der nicht mehr sterben wird.*

Die Kraft der Gleichgültigkeit! – sie ist es, die den Seinen erlaubt hat, zu dauern, unverändert Millionen Jahre hindurch.«[16]

Pavese stellt den Schmerz dar, indem er die Zeit des Schmerzes zeigt. Diese Zeit ist gegliedert in Warten und Zusammenfahren, in das Warten auf den Schrei und die Krise des Schreis selber. Im Bereich biologischen Schmerzes ist es der Wechsel von Wehenpause und Wehe, und die Beobachtung, dass man laut schreit, ohne dass es notwendig wäre, weil die »Krise«, der

»Schrei« oder das »Zusammenfahren«, also der Höhepunkt des Schmerzes, weniger schlimm ist als das Warten, trifft auch hier exakt zu. Aber Pavese versucht nicht, biologisch begründeten Schmerz, von dem man sich wenigstens zeitweilig distanzieren kann, darzustellen, sondern den existentiellen Schmerz, der alles Denken und Fühlen sich gegen uns zunutze macht, das Leiden, an dem man stirbt.

Die Gethsemanegeschichte erzählt den Schmerz Jesu, die Dauer wird durch das dreimalige Hin und Her zwischen den schlafenden Jüngern und dem Ort des Gebetes dargestellt. Man kann das wiederholte Beten als den »Schrei«, den extremen Höhepunkt auffassen und das Zurückkehren zu den Jüngern als das immer unerträglicher werdende Warten auf den Schrei.

Auch Kim spricht von einer doppelten Erfahrung, die er in der Folter gemacht hat: die »Wartezeit« Gethsemane und das Sterben am Kreuz, das leicht ist und die Seele in eine Art Euphorie versetzt. Nicht das Opfer ist schwer, es ist »etwas rein Mechanisches« – so wie Pavese vom »Zusammenfahren« sagt, dass es nicht der eigentliche Schmerz sei, sondern Augenblicke von Lebenskraft bezeichne. Schwer ist die »von Blut tropfende« Wartezeit. Wir wissen aus den Berichten solcher, die die Folter überlebten, dass die Qual des Wartens auf die Krise alle Zweifel im Gefolterten wachruft. Die eigene Identität wird zerbrochen, der Schmerz nimmt dem Bewusstsein das, um dessentwillen man litt, und lässt Menschen als leere Hülsen zurück. Warum soll man nicht die Namen der Freunde preisgeben? Sind sie nicht längst gefangen? Haben sie nicht ihrerseits längst gestanden und bekannt? Vielleicht hat Kim im Warten auf den Schrei dieselbe Erfahrung gemacht. Aber das Entscheidende für ihn ist es, den Todeskampf bestanden zu haben. Er ist nun stärker, hassloser, der grenzenlosen Liebe näher als je zuvor.

Es ist unmöglich, Jesu Leiden von dem anderer Menschen zu unterscheiden, als habe nur Jesus auf die Hilfe Gottes gewartet. Der Schrei des Leidens enthält die ganze Verzweiflung, deren ein Mensch fähig ist, und in diesem Sinne ist jeder Schrei Gott zugeschrien.

Jedes äußerste Leiden erfährt die Verlassenheit von Gott. In der Tiefe des Leidens verstehen sich Menschen als aufgegeben und von allem verlassen. Was dem Leben Sinn gab, ist leer und nichtig geworden: es hat sich als ein Irrtum herausgestellt, als eine Illusion, die enttäuscht worden ist, als eine Schuld, die nie wieder gutzumachen ist, als nichtig. Die Wege, die zu dieser Erfahrung des Nichts führen, sind verschieden, aber die Erfahrung der Vernichtung, die im andauernden Leiden geschieht, ist dieselbe.

Jedes Leiden, das als Bedrohung des eigenen Lebens erfahren wird, berührt die Gottesbeziehung, wenn wir diesen Ausdruck im strengen theologischen Sinn nehmen, das heißt nicht als eine Eigenschaft, wie Musikalität, die manchen Menschen zukommt, sondern als etwas, das jedem zu eigen ist als das, »worauf er sich verlässet« (Luther). Dieses (nicht explizite) Gottesverhältnis wird im extremen Leiden angetastet. Der Grund, auf den das Leben gebaut war, das Urvertrauen in die je und je anders vermittelte Verlässlichkeit der Welt wird zerstört.

Die Erfahrung, die Jesus in Gethsemane gemacht hat, geht über diese Zerstörung hinaus. Es ist die der Einwilligung. Der Becher des Leidens wird zum Becher der Stärkung. Wer ihn geleert hat, der hat alle Angst überwunden. Der, der schließlich vom Gebet zu den Schlafenden zurückkommt, ist ein anderer als der, der fortging. Er ist klar und wach, er zittert nicht mehr. »Es ist genug. Die Stunde ist gekommen. Steht auf. Lasst uns gehen.« Ein Engel stieg zu Jesus so wenig herab wie zu anderen Menschen – oder soviel. Beides ist wahr, es sind nur verschiedene Ausdrucksweisen, die Markus und Lukas gebrauchen. Man kann sagen, dass in jedem Gebet ein Engel auf uns wartet, weil jedes Gebet den Betenden verändert, ihn stärkt, indem es ihn sammelt und zu der äußersten Aufmerksamkeit bringt, die im Leiden uns abgezwungen wird und die wir im Lieben selber geben.

Die Wahrheit der Annahme

»Ich hörte von alten Emigranten aus Spanien, dass ein Schiff mit Flüchtlingen von der Pest heimgesucht wurde. Der Kapitän warf sie auf einem unbebauten Ort ans Land. Viele starben vor Hunger, einige wenige rafften sich auf und gingen, bis sie etwa einen bewohnten Ort fänden. Einer der Juden hatte seine Frau und zwei kleine Söhne mit sich. Die Frau, des Marschierens ungewohnt, wurde schwach und starb. Der Mann trug die Kinder weiter, bis er ohnmächtig niedersank. Als er aufwachte, fand er beide Söhne tot. In seinem Schmerz stand er auf und sprach: ›Herr der Welten! Viel tust Du, damit ich meinen Glauben aufgebe. Wisse aber, dass ich sogar den Himmelsbewohnern zum Trotz ein Jude bin und ein Jude sein werde. Da wird nichts nützen, was Du auch über mich gebracht hast und noch über mich bringen magst.‹ Dann raffte er ein wenig Staub und Gräser auf, bedeckte damit die toten Kinder und ging seines Weges, um eine bewohnte Stätte zu suchen.«

Aus der Chronik des Salomon ibn verga »schewet jehudah«, 1550

1 Das wiedergefundene Licht

Es ist notwendig, sich die in der christlichen Tradition gedachte Haltung der »Annahme« des Leidens vor Augen zu führen – und dies nicht nur in einem historischen Sinn, also um die Zeiten, die keine anderen Möglichkeiten sahen, das Leiden zu verringern, besser zu verstehen, sondern auch, um für die Gegenwart zu lernen und unsere Bereitschaft und Fähigkeit des Annehmens mit der Überlieferung zu konfrontieren.

Die Stärke dieser Position ist ihr Verhältnis zur Realität, auch zur miserablen. Jede Annahme des Leidens ist Annahme dessen, was ist. Die Verweigerung jeder Form des Leidens kann eine Derealisierung zur Folge haben, in der der Kontakt mit der Realität immer dünner, immer bruchstückhafter wird. Es ist unmöglich, sich dem Leiden vollständig zu verweigern, es sei denn, man verweigere sich dem Leben überhaupt, man ginge keine Verhältnisse mehr ein, man machte aus sich einen Unverwundbaren. Schmerzen, Verluste, Amputationen sind auch im glattesten Lebenslauf, den man sich denken, nicht wünschen mag, gegeben – die Ablösung von den Eltern, das Verwelken der

Jugendfreundschaften, das Absterben bestimmter Gestalten des Lebens, mit denen wir uns identifiziert haben, das Altern, das Wegsterben der Angehörigen und Freunde, schließlich der Tod. Je stärker wir die Realität bejahen, je mehr wir in sie eingetaucht sind, desto tiefer werden wir von diesen uns umgebenden und in uns eindringenden Prozessen des Sterbens berührt.

Ein bedeutendes Beispiel dieser Bejahung ist die Lebensgeschichte, die Jacques Lusseyran unter dem Titel »Das wiedergefundene Licht« veröffentlicht hat. An zwei Stellen erscheint hier die äußerste Bedrohung durch das Unglück in seinen Dimensionen der physischen, psychischen und sozialen Zerstörung. Die erste Bedrohung durch Unglück geschieht, als der siebenjährige Jacques bei einem Schulunfall erblindet. Die elementare Bedrohung, die damit für sein psychisches und soziales Leben gegeben ist, wird durch seine Eltern, die ihn wie einen Normalen behandeln, aufgefangen; er selber nimmt sich als Blinder an und lebt mit einer überwältigenden Intensität seine Kindheit und seine Jugend.

»Jeden Tag danke ich dem Himmel dafür, dass er mich schon als Kind, im Alter von noch nicht ganz acht Jahren, blind werden ließ ... Ein kleiner Mann von acht Jahren hat noch keine Gewohnheiten, weder geistige noch körperliche, sein Körper ist noch unbegrenzt biegsam, bereit, eben jene – und keine andere – Bewegung zu machen als die, welche ihm die Situation nahegelegt, er ist bereit, das Leben anzunehmen, so wie es ist, zu ihm ja zu sagen ... Die großen Leute vergessen stets, dass Kinder sich niemals gegen die Gegebenheiten auflehnen, es sei denn, die Erwachsenen selbst waren so töricht, es ihnen beizubringen. Für einen Achtjährigen ›ist‹ das, was ist, und es ist immer das Beste. Er kennt keine Bitterkeit und keinen Groll. Er kann zwar das Gefühl haben, ungerecht behandelt worden zu sein, doch er hat es nur dann, wenn ihm die Ungerechtigkeit von Seiten der Menschen zuteil wird. Die Ereignisse sind für ihn Zeichen Gottes. Ich weiß ..., dass ich seit dem Tag, an dem ich blind wurde, niemals unglücklich gewesen bin.«[1]

Wie immer man diese umfassende, radikale Bejahung ansieht und aus welchen physischen, psychischen und sozialen Ursachen man sie ableitet – das angenommene, rückhaltlos bejahte Leiden zeigt sich hier in seiner verwandelnden Kraft. Alle Schicksalhaftigkeit ist dem Leiden genommen, das Fremde, Böse, Unbegreifliche des Faktums, das »gerade mich« getroffen hat, ist in der Kraft der Annahme unwichtig geworden. Der kleine Jacques findet in sich »das Licht« wieder, er lernt »sehen«, er nimmt Menschen mit ihren Gerüchen und ihren Geräuschen wahr, und nur in Situationen der Unsicherheit und der Angst verlässt ihn das, was er das »Licht in mir« nennt.

»Wenn ich, anstatt mich von Vertrauen tragen zu lassen und mich durch die Dinge hindurch zu stürzen, zögerte, prüfte, wenn ich an die Wand dachte, an die halb geöffnete Türe, den Schlüssel im Schloss, wenn ich mir sagte, dass alle Dinge feindlich waren und mich stoßen oder kratzen wollten, dann stieß oder verletzte ich mich bestimmt … Was der Verlust meiner Augen nicht hatte bewirken können, bewirkte die Angst: Sie machte mich blind. «[2]

Was das Blindsein bedeuten kann unter anderen Bedingungen, wenn die Annahme nicht geleistet wird, das schildert Lusseyran an einem parallelen Fall:

»Als ich fünfzehn Jahre alt war, verbrachte ich lange Nachmittage in Gesellschaft eines blinden Jungen meines Alters, der – das muss ich hinzufügen – unter ganz ähnlichen Umständen erblindet war wie ich. Selbst heute habe ich wenige Erinnerungen, die mir so peinlich sind wie jene. Dieser Junge erfüllte mich mit Schrecken: er war das lebende Bild all dessen, was aus mir geworden wäre, wäre ich nicht so glücklich gewesen – glücklicher als er. Er war wirklich blind. Seit seinem Unfall hatte er nichts mehr gesehen. Seine Fähigkeiten waren normal, er hätte sehen können wie ich. Aber man hatte ihn daran gehindert. Um ihn zu schützen, hieß es, hatte man ihn von allem isoliert. All seine Anstrengungen, auszudrücken, was er empfand, hatte man verspottet. In seinem Kum-

mer und seinem Rachegefühl hatte er sich in eine brutale Einsam-
keit geflüchtet. Selbst sein Körper lag entkräftet in der Tiefe des
Sessels. Und ich sah mit Bestürzung, dass er mich nicht mochte.«²

Die zweite Situation extremen Leidens, die Lusseyran erlebt
hat, ist das deutsche Konzentrationslager Buchenwald, in das
Jacques, der als neunzehnjähriger Gymnasiast eine Widerstandsgruppe leitet, verschleppt wird.

Er übersteht Hunger, Kälte und eine aussichtslos erschei-
nende Periode der Krankheit und übernimmt dann wie in der
»Defense de France«-Gruppe Aufgaben für die anderen Häftlinge. »Man musste dem Übel zu Leibe gehen … Man musste in
dieser Atmosphäre des Wahnsinns, die im Lager herrschte, ein
wenig Vernunft aufrechterhalten.«³ Das sind sehr charakteristi-
sche Sätze. Jacques übernimmt die Information über die militärische Lage für seinen Block. Er sammelt, interpretiert und
übersetzt die Nachrichten. Aber noch mehr:

»Ich konnte ihnen (den Mithäftlingen) zu zeigen versuchen, wie
man am Leben bleibt. Ich barg in mir eine solche Fülle an Licht
und Freude, dass davon auf sie überfloss. Seither (nach seiner
Krankheit) stahl man mir weder mein Brot noch meine Suppe,
kein einziges Mal mehr. Man weckte mich oft bei Nacht und
führte mich – manchmal recht weit – in einen anderen Block, da-
mit ich einen anderen tröste. Fast alle vergaßen, dass ich Student
war: Ich wurde ›der blinde Franzose‹. Für viele war ich sogar ›der
Mann, der nicht gestorben war‹. Hunderte von Menschen ver-
trauten sich mir an. Diese Menschen wollten unbedingt mit mir
sprechen. Sie sprachen mit mir französisch, russisch, deutsch, pol-
nisch. Ich tat mein Bestes, um sie alle zu verstehen. So habe ich ge-
lebt, so habe ich überlebt. Mehr vermag ich nicht zu sagen.«³

Das Buch ist ein Beispiel dafür, wie naturhaftes und durch Gewalt gegebenes Leiden überwunden werden kann unter extrem
günstigen psychosozialen Bedingungen. Die Unterscheidung
zwischen dem Leiden, das zufällig-natürlich einen Menschen

trifft und das nicht aufhebbar ist, und jenem ganz anderen Leiden, das von Menschen für Menschen gemacht wird und dem sich der Einzelne wie Jacques Lusseyran durchaus hätte entziehen können – diese Unterscheidung spielt keine Rolle. Die Kraft dieses Subjekts ist so ungebrochen, die Annahme des ganzen Lebens so stark, dass auf das Vermeiden oder Umgehen des Leidens kein Gedanke verschwendet wird. Die Theodizeefrage ist hier überholt von einer unbegrenzten Liebe zur Wirklichkeit.

Das Urvertrauen des Kindes ist ungebrochen, der Glaube, dass »denen, die Gott lieben, alle Dinge zum Besten dienen« (Röm 8,28), erweist sich als wahr. Das Ich geht über das bloße Ertragen dessen, was ist, weit hinaus – es lebt die Liebe zur Wirklichkeit, es bejaht die Totalität, die gegenwärtig erfahren wird, auch in ihren schmerzhaften Bruchstücken.

Das überkommene Symbol dieser bejahten und geliebten Totalität ist »Gott«. Lusseyran benutzt dieses Symbol, ohne es eigens zu thematisieren, mit einer gewissen Selbstverständlichkeit. Aber nicht wie in der christlichen Traktatliteratur fungiert dieser Gott als einer, der im Leiden »oft hart mit uns umgehen muss« oder »der Sie jetzt Erfahrungen machen lässt, um die wir Sie nachher beneiden«. Alle Aktivität liegt hier vielmehr bei dem die Realität annehmenden und verwandelnden Menschen. Nirgends taucht die Frage auf, warum Gott dieses oder jenes verursacht habe – dieser Alles-macher-Gott spielt gar keine Rolle. Gott ist das Symbol für unsere unendliche Fähigkeit zu lieben. Thema ist hier das, wovon die Theologie kaum mehr zu sprechen wagt, weil sie fixiert ist auf das, was Gott uns gibt, bringt, verspricht oder versagt. Thema ist hier die Liebe *zu* Gott, zu einem allerdings, der nicht als fertiges Wesen über uns ist, sondern der, wie alles, was wir lieben, erst wird. Eine wirkliche Annahme der Realität kann nicht mit dem Hinweis auf den oft vergessenen Gott, der sich nun in Leid und Tod wieder meldete, erschlichen werden. Die Voraussetzung der Annahme ist eine tiefere Liebe zur Wirklichkeit, eine Liebe, die darauf verzichtet, der Wirklichkeit Bedingungen zu stellen. Erst wenn wir aufhören, einem Menschen Bedingungen zu stellen für den Fall, dass wir uns auf ihn einlassen, erst dann lieben wir ihn. Die christliche Tradition hat – mit Recht, wie mir scheint – die Liebe der Eltern zu ihren Kindern als ein Beispiel der bedingungslosen Liebe angegeben: Die Kinder kann man sich nicht aussuchen oder vorprogrammieren oder bei Nichtgefallen umtauschen. Gleiches gilt vom Verhältnis zur Realität, und das bedeutet: von der Liebe zu Gott. Sie kann nicht von der Erfüllung bestimmter Bedingungen abhängig gemacht werden. Das »do ut des«-Prinzip (»ich gebe, damit du gibst«) hat hier nichts zu suchen, der »Geist der Kaufmannschaft«, wie Meister Eckart es nennt, ist hier ausgeschlossen. Für die Liebe zu Gott, und nichts anderes ist die totale Bejahung der Wirklichkeit, gilt vielleicht eher der Satz des leichten Mädchens Philine aus Goethes Wilhelm Meister: »Dass ich dich liebe, was geht's dich an!«

Die Bejahung des Leidens hat, wo sie nicht erpresst ist, einen mystischen Kern, der sich in Philines Satz ironisch und tiefsinnig zugleich formuliert. Es ist kein Zufall, dass in allem christlichen Nachdenken über das Leiden mystische Elemente auftauchen; man kann das Buch von Lusseyran als einen Kommentar zu den großen mystischen Erfahrungen – des Entwerdens, der Armut, des Lichts in der Seele – lesen. Das Empörende an der banalen Theologie der Traktate ist gerade ihre Ignoranz dieses mystischen Kerns. Sie ersetzen Mystik durch Masochismus. Und sie verlangen nicht zu viel, sondern zu wenig von den Menschen – nur die Anerkennung eines höchsten Machthabers – und nicht die Liebe, die diesen Machthaber und seine Allüren längst überstiegen hat, die »sogar den Himmelsbewohnern zum Trotz« das Ja des Glaubens auch gegen alle Erfahrung sagt.

2 Mystische Leidenstheologie

Das entscheidende Moment in der Mystik des Leidens ist nicht, wie eine oberflächliche Kritik meint, seine Irrationalität, die das Leiden auf wunderbare Weise in ein ersehntes Gut verwandelt. Entscheidend ist vielmehr die Entmächtigung des Leidmachers durch eine Ich-Stärke, die im Leiden nicht zerstört wird. Das »aufgedeckte Angesicht« ist ein Bild Eckarts für den zwischen Gott und Mensch ununterscheidbar werdenden »grunt«. Dass die Liebe zu Gott stärker sein kann als jede Form des Unglücks, das ist der mystische Kern, der in seiner radikalen Absetzung des Herren-Gottes aller pfäffischen Theologie verdächtig sein musste.

Die Angst aller »ordentlichen« vor aller »mystischen« Theologie hat hier ihren Grund. Triumphiert nicht in der Mystik die nur menschliche Liebe über einen mehr oder weniger impotenten Gott? Aber wer die Frage so stellt, der ist selbst noch im Schema von Machthabern und Ohnmächtigen, die einen »Religion« genannten Handel miteinander abschließen, befangen. Eben diesem Handel und diesem Schema samt seinen politischen Konsequenzen wird ein Ende gemacht, die »ganze Jenseiterei«[4] wird um des Menschen willen und in ihm aufgehoben. Es ist nicht mehr der Herrengott, sondern ein anderer, der nun »einzig als unser tiefstes Subjekt selber, als der innerste Zustand (nicht: Gegenstand) unseres eigenen Elends, unserer eigenen Wanderschaft, unserer eigenen unterdrückten Herrlichkeit« gilt.[4] Pfäffische Theologie beantwortet die Frage nach dem Leiden mit Unterwerfung. »Der Herr hat's gegeben, der Herr hat's genommen, der Name des Herrn sei gelobt.« Mystische Theologie beantwortet das Leiden mit einer Liebe, angesichts derer der »Herr« sich schämen müsste, weil sie stärker ist als er. Aber »der Herr« ist nicht mehr der Gegenstand dieser Theologie. »Hier umbe bitte ich got, daz er mich quit mache gotes.«[5]

Es ist paradox, aber wahr, dass die unbedingte Liebe zur Wirklichkeit das leidenschaftliche Wünschen ihrer Veränderung nicht im mindesten entmächtigt. Gott bedingungslos zu lieben bedeutet nicht, unsere konkreten Wünsche zu verleugnen und alles zu nehmen, wie es eben ist. Mystisch gesprochen kann sich die bedingungslose Liebe die irrsinnigsten Wünsche erlauben – sie kann sie beten, und sie kann an ihnen arbeiten –, eben weil sie die Existenz Gottes nicht abhängig macht von der Erfüllung der Wünsche.

Die mystische Liebe, wie sie in Philines Satz aufscheint oder wie der alte Jude sie formuliert, transzendiert jeden Gott, der weniger ist als Liebe. Der konkrete Ausdruck solcher Liebe ist nicht so selten, wie es scheinen mag. Die Erfahrung lehrt, dass Schmerzen und Leiden in bestimmten Situationen leicht ertragen oder kaum wahrgenommen werden. Entbehrungen, die sonst unerträglich erscheinen, werden spielend hingenommen, Gefahren nicht bemerkt, Ängste vergessen. Es ist die Konzentration auf eine größere Sache – sei es das Überleben oder das, was für ein menschliches Leben als notwendig angesehen wird, zum Beispiel die Freiheit eines Volkes –, die die Einwilligung in das Leiden leicht und wie selbstverständlich macht. Der physische Schmerz des Gebärens, der immer wieder zur Metapher solchen Leidens gebraucht wurde, kann nicht verglichen werden mit dem sinnloser Nierensteine. Die Mystiker haben versucht, alles begegnende Leiden zu einem Geburtsleiden zu machen und alle Sinnlosigkeit aufzuheben.

Dass dieser mystische Kern der Annahme des Leidens Gefahren birgt, ist deutlich. Die Ich-Stärke des Überlebens kann Menschen in eine Art Rausch versetzen, der sich als Sucht nach Leiden, die die Gelegenheit zur Vereinigung mit Gott bieten, äußert. Aber der extreme und krankhafte Masochismus hat sich eher in asketischen als in mystischen Richtungen geäußert. Die Frage der Mystiker blieb die, wie Menschen dazu kommen können, Leid als Freude zu nehmen. Es ist also nicht die Frage der Theodizee, ob Gott die Leidenden bestrafen will, ob er sie vergessen hat, ob er sie dennoch oder gerade wegen des Leidens liebt. Schon die Fragestellung ist nicht mehr die des Kindes: Hast du mich auch lieb?, sondern die Erwachsener: Wie können Menschen ihre Liebe zu Gott realisieren? »Denen, die Gott lieben, muss auch ihr Betrüben lauter zucker sein«, heißt es noch bei Johann Franck, ähnlich wie bei Tauler, wo der Mensch dazu fähig wird, »in leide liep, in sur suesse« zu nehmen. Die Frage ist, ob die »minnende kraft«, die voluntas, Menschen zu einer solchen verwandelnden Art von Leiden führen kann.

Die mystische Theologie ist unter dem ungeheuren Leidensdruck des ausgehenden Mittelalters entstanden und spiegelt die Hilflosigkeit der Menschen in ihren Nöten und ihr Aufbegehren gegen sie wider. Die überkommenen Institutionen konnten den Menschen nichts sagen. »Gang selber zuo got« ist eine Mahnung des 14. Jahrhunderts mit deutlicher Spitze gegen kirchliche Bevormundung und Sakramentalismus. Empfohlen wird nun »unseres herren marter, dessen nutzen also fry ist, da es einem weder papst noch pfaff verbieten kann«[6].

Die ketzerischen Laienbewegungen waren der Nährboden solcher Theologie. Schon die Benutzung der deutschen Sprache war ein subversiver Akt, die päpstliche Bannbulle gegen Eckart hebt hervor, »er habe vor dem gemeinen Volk vorgetragen, was geeignet sei, den wahren Glauben zu verdunkeln«, und seine Lehre müsse ausgerottet werden, »damit sie nicht ferner die Herzen der Einfältigen vergifte«. Die politischen Konsequenzen haben dann die Schüler Eckarts und Taulers gezogen, die revolutionären Täufer, die Hussiten, Thomas Müntzer im Bauernkrieg. »Ein Subjekt, das sich in Personalunion mit dem höchsten Herrn dachte, ihn so zugleich im Jenseits absetzte, gab, wenn es damit Ernst machte, einen äußerst schlechten Leibeigenen ab.«[7]

Die überkommenen theologischen Theorien reichten nicht mehr aus, wird doch in ihnen das Leiden in augustinisch-platonischer Art eingeordnet, so dass es selbst hinter dem daraus entspringenden Gut zurücktritt. Es wird zweckmäßig eingebaut, wobei die Zwecke selbst relativ verschieden sein können. Im Sinne Eckarts wäre das immer noch »Geist der Kaufmannschaft«. Wer nicht das Gute, sondern Gutes will, wer nicht Gott, sondern die Gabe Gottes will, wer immer um eines Warum willen handelt, der ist ein Kaufmann Gott gegenüber, er will durch sein Verhalten etwas von ihm erhandeln. Das Wirkliche ist ihm nur noch Mittel zu vorgestellten Zwecken – und verliert so gerade den Charakter des Wirklichen. Und Gott, der gern und umsonst gibt, wird verfehlt in solcher Berechnung. Die ganze Ethik Eckarts ist eine Lehre vom Handeln »sunder warumbe«. Die neuen Leidenslehren speisen sich nicht mehr aus den theologischen Summen, wie der des Thomas, sondern aus zwei anderen Quellen, einmal den Consolatorien, die das Ideengut der Stoa aufnehmen, sodann aus den mystischen Strömungen, die Antwort geben, »warum es got seinen freunden so recht übel in der Zeit zurichtet«.

In der Mystik wird das Leiden Gegenstand sehnsüchtiger Liebe. »Ich spriche, daz nach got nie wart kein dinc, daz edeler si denne liden. und got ist allzeit bi dem menschen, der im Leiden ist.«[8] Gemessen an der Leidenschaft dieser Annahme ist alle andere Leidenstheorie eine »dürftige, kalte, trotzige Fechterstellung«[9]. Von Seuse wird berichtet, dass er, als ihm nach längerer Zeit wieder Leiden geschah, sprach: »Gelobt sei Gott! Gott hat an mich gedacht und meiner nicht vergessen.«[10]

Tauler erzählt von einem Priester, der zu Gott strebte ohne Leidensnachfolge und ohne durch die Menschheit Christi hindurchzugehen, und der daran zerbrochen sei. Bei Tauler und bei Eckart lassen sich drei Stufen des mystischen Weges unterscheiden: vom »liden« über das »entwerden« zum »gotliden«. Die erste Stufe des natürlichen Leidens ist hervorgerufen durch das Haften an der Endlichkeit, das Besitzen der Endlichkeiten »mit eigenschaft«, wie Tauler und Eckart sagen. Das mittelhochdeutsche Wort »eigenschaft« schillert zwischen unseren Wörtern »Eigentum, Eigenheit, Eigenschaft, Eigenbesitz«. »Mit eigenschaft besitzen« bezeichnet das ich-bezogene Besitzen der Dinge, worunter man auch die eigenen Werke, ja sogar Gott rechnen kann. Der Mensch besitzt die Dinge für sich und ist darum von den Dingen besessen. Christus ist Vorbild für das Besitzen ohne »eigenschaft«: »Nu nim sine … gebenediete armuote: himelrich und ertrich waz sin, und enbesaz es nie mit eigenschaft (Tauler).«[11] Aus diesem »mit eigenschaft besitzen« erwächst alles, was das Ich verletzen kann: Schmerz, Sorge, Trostlosigkeit, Angst und Verzweiflung. Die Kreaturbesessenheit bedeutet Leiden, aber nur ein passives, das dem Menschen aufgezwungen wird.

Die Loslösung von den mit eigenschaft besessenen Dingen, das »Herausgehen«, das »Entwerden« ist ein schmerzhafter

Prozess, er bringt den Menschen in Unfrieden, Angst und Finsternis. Doch hat dieses Leiden »nie die Passivität eines quietistischen Übersichergehen-lassens«[12]. Leiden ist eine Art Veränderung, die der Mensch erfährt, sie ist ein Modus des Werdens. Das Werden heißt, nach scholastischer Lehre, »insofern es aus einem Tätigen hervorgeht: tun; insofern es von einem Empfangenden aufgenommen wird: leiden«. Tauler nimmt diesen Gedanken auf. Gottes Sein besteht im Sein-Geben, die Kreatur ist nichts anderes als Sein-Nehmen. »Wenn zwei eins werden sollen, so muss sich das eine leidend, das andere wirkend verhalten.«[12] Dieses Verhältnis zwischen Gott und Mensch als Wirken und Leiden ist aber durch die Erbsünde zerstört; der Mensch, der »mit eigenschaft besitzt«, kann nicht mehr »leiden«. Seine Vernunft ist von den Bildern der Endlichkeit besetzt, der »grunt« seiner Seele ist nicht »ledig«, daher muss er erst »entwerden« und dem Nichts ähnlich werden. Je mehr der Mensch entwird, »sich lidende hält«, um so mehr ist er für Gottes Wirken empfänglich; Leiden und Lassen werden Wirken und Haben entgegengestellt.[12]

Es ist wichtig, sich klarzumachen, dass die Entgegensetzung nicht die von Aktivität und Passivität ist. Zum Leiden und Lassen gehört mehr »minne«, mehr Willen, als zum natürlichen Leisten und Besitzen, aus dem das nur weltliche Leiden der ersten Stufe folgt. Zu lernen ist das Lassen, aus dem die Gelassenheit folgt, die Abgeschiedenheit der Seele, das Armsein.

Erst diese Formen des Freiwerdens von der Verhaftung an alles, »was die vriheit benimet« (Eckart), führen zum Stadium des »gotlidens«. Gotliden ist theologisch verstanden das Erfahren Gottes, die cognitio Dei experimentalis. Indem der Mensch herausgeht aus der Verhaftung an die Dinge, entspricht er dem Wirken Gottes wieder. Der Geist kann »in sich selber ein reines Erleiden« sein, Gott aufnehmen und mit ihm eins werden.

Diese mystische Linie der Leidensbejahung als Einswerden mit Gott hat in den Leidenstheologien nur in Kompromissen fortgewirkt. Die beiden Richtungen der stoisch und mystisch geprägten Leidenstheologie wachsen zusammen; die Zwölfmeisterlehre, die Stücke klösterlicher Mystik des 14. und 15. Jahrhunderts enthält, verbindet beide Tendenzen und bestimmt dann die kirchliche Auffassung bis zur Reformation. Der Mensch soll das Leiden als eine Gabe ansehen, »die ein getrewer frewnt dem andern gibet«. Kreuzesminne und stoische Ataraxie, die Tugend der Unerschütterlichkeit, werden miteinander vermischt, zu beider Schaden.

3 Ataraxie und Kreuzesminne

Ein Kompromiss zwischen der stoischen und der christlich-mystischen Auffassung des Leidens ist in der Sache unmöglich. Man muss die bildnerischen Darstellungen römischer Porträt-kunst mit denen aus dem Herbst des Mittelalters vergleichen, um den Unterschied zwischen stoisch sich begrenzender Ataraxie und der »suezze« des mystischen Leidens zu sehen, man muss die nüchterne Sprache der mittelalterlichen Consolatorien mit ihrer Einteilung der verschiedenartigen Nutzen und Gewinne, die die Seele aus dem Leiden ziehen kann, mit der erotisch getönten Sprache mystischer Texte zusammenhalten, um die Unvereinbarkeit dieser beiden Typen zu erkennen, Leiden einzuordnen und zu bewältigen. Selbstverständlich sind innerhalb der abendländischen Geschichte immer wieder Versuche unternommen worden, stoische und christliche Deutung zusammenzubringen, am bedeutendsten vielleicht in der barocken Tragödie. Aber der Ausgangs- und der Zielpunkt bleiben dennoch unvereinbar: Der Stoiker negiert das Leiden und verwehrt ihm in der Geste der Ataraxie den Eintritt in seine Seele. Die Consolatorien des Mittelalters sind stoisch und aske-tisch orientiert. Ihr Ideal ist der »senex sapiens«, nicht der gotminner der Mystik. Ihre Anweisungen zur Leidensüberwin-dung stellen nüchtern-sachlich und unerbittlich einerseits die Möglichkeiten der Vermeidung von Leiden, andererseits den Nutzen des unvermeidbaren Leidens dar. Die mittelalterliche Stoa weiß, dass das wahre Glück des Menschen ausschließlich inwendig ist, unabhängig von äußeren Umständen und der nun oft sarkastisch-pessimistisch gesehenen Fortuna, der antiken Göttin des Glücks. Aus der Fortuna und dem Sich-ihr-Anvertrauen folgt Leiden; nur die Selbsterziehung zur Ataraxie kann demgegenüber Halt gewähren. Was die Menschen Übel nennen, ist nur scheinbar und rührt den Weisen nicht.

Diese geistige Linie setzt sich in der Renaissance fort und bildet einen »geschlossenen Typ von Leidenstheorie«, die notwendig den antiken Begriff des Fatums betont.[13] Der Wechsel des Lebensrhythmus enthält Leiden als etwas Natürliches. Die übernatürliche, das heißt die verändernde Bedeutung des Leidens tritt zurück.

Während in der mystischen Sprache die »Gelassenheit« den Zustand dessen benennt, der sich und alle Dinge gelassen hat und für Gott frei geworden ist, verschiebt sich später die Bedeutung des Wortes zur stoischen Leidensauffassung hin: Die Quelle für Gelassenheit ist nun die Indifferenz, nicht mehr Gott; die Abwesenheit von Leidenschaften bringt Menschen zu einer weltüberlegenen Kälte, die mit einer Färbung von Resignation einhergeht.

Die äußere und verzerrte Form dieser Haltung ist die leidensunfähig gewordene Apathie. Der Versuch, dem Leiden den Eintritt in die Seele zu verwehren, ist ja nur möglich, wenn es ein begrenztes, zum Beispiel physisches Leiden ist und die Dreidimensionalität, von der Simone Weil spricht, nicht erreicht hat. Die Nacht der Gottverlassenheit wird hier nicht erfahren; es ist unmöglich, vom Gott Logos verlassen zu werden.

Ein bedeutender Repräsentant dieser Haltung in unserem Jahrhundert ist der späte Brecht. Die Ratschläge, die er für das Verhalten dem Leiden gegenüber, das durch politische Gewalt verursacht wird, gibt, laufen alle auf ein Sich-klein-, Sich-unberührbar-, Sich-unempfindlich-Machen hinaus. Nur wer die Distanz bewahrt, wird überleben. Der alte stoische Rat, im Verborgenen zu leben, klingt hier nach. Die Ataraxie verbindet sich zugleich mit Gleichmut und List. Sie spart sich auf für den Tag, der nach den finsteren Zeiten der Gewalt kommt.[14] Auch Freud nähert sich in seinem Verständnis des nicht abwendbaren Leidens der stoischen Linie. Man kann seine Religionskritik auffassen als eine Kritik der falschen und übertriebenen Erwartungen und Wünsche der Menschen. »Unser Gott λογος wird von diesen Wünschen verwirklichen, was die Natur außer uns gestattet … eine Entschädigung für uns, die wir schwer am Leben leiden, verspricht er nicht.«[15] Logos und Ananke bezeichnen gegenüber der »Illusion«, die die Religion darstellt, den wahren Gott. Die Anerkennung dieses Gottes bringt das Ertragen des als kulturell notwendig verstandenen Leidens mit sich.

Sozial und politisch gesprochen ist die Ataraxie ein Oberklassenideal, so wie der apathische Gott nicht der Gott der kleinen Leute und ihrer Schmerzen ist. Die vorhandene Welt und der vorhandene Mensch sind in der stoischen Weltfrömmigkeit als gut, die Welt gar als »die vollkommene Stadt des Zeus« angesehen, so dass jedes Aufbegehren undenkbar, ja töricht erscheinen muss.

Anders das christliche Verständnis des Leidens, wie es in der Kreuzesmystik sich ausprägt. Die Haltung dem Leiden gegenüber ist nicht die der Verhütung, des Vermeidens. Für die Religion der Sklaven und der Armen sind das Vermeiden und das »im Verborgenen Leben« keine reale Möglichkeit. Der mystische Weg weist in die entgegengesetzte Richtung: Die Seele öffnet sich dem Leiden, sie gibt sich ihm hin, sie hält nichts zurück. Sie macht sich nicht klein und unberührbar, distanziert und unempfindlich, sie wird vollständig vom Leiden berührt. Die äußerste und verzerrte Form dieser Haltung ist der Masochismus. Ihre Verzerrung besteht darin, dass die erwartete Lust der Befreiung schon vorweggenommen wird, Weg und Ziel vertauscht werden. Aber die echte Annahme des Leidens ist niemals eine Selbstgenügsamkeit, die jetzt schon, in des Teufels Wirtshaus, beruhigt und befriedigt wäre. Die Annahme des Leidens, nicht in der Geste der Unerschütterlichkeit, sondern in der der Hingabe, entspringt einem anderen Verhältnis zur Zukunft. Der Gott des »Siehe, ich mache alles neu« (Offb 21,5) kann selber jetzt nicht sein, ohne am Alten zu leiden. Versprochen ist nicht nur eine Wiederherstellung des naturhaft Guten nach dem Sturm der Gewalt, sondern die Aufhebung aller Gewalt, aller Schmerzen. Darum rücken im christlichen Verständnis des Leidens Mystik und Revolution so nahe zusammen.

»Dan Got redt alleine in die Leidligkeit der Creatüren, welche die Herzen der Ungleubigen nicht habn.«[16] Diese »Leidligkeit«, das heißt das erfahrene Leiden und die Fähigkeit des Leidens, ist es, die den Menschen stärker macht als alles ihm Begegnende. Gemeint ist nicht nur, dass es besser ist, Unrecht zu leiden als Unrecht zu tun, obwohl dieser Gedanke in seiner Abweisung der Illusion der Neutralität bei der christlichen Verklärung des Leidens eine Rolle spielt. Entscheidend für die christliche Mystik ist aber erst zu wissen, dass der, der Unrecht leidet, auch stärker (nicht nur moralisch besser) ist als der, der Unrecht tut. »Gott ist allezeit bei dem Leidenden« enthält nicht nur Trost, sondern auch Stärkung: Abweisung aller Strafideologie, die so brauchbar war für die Zementierung der Privilegien und der Unterdrückung. Es gibt einen mystischen Trotz, der gegen alles Verhängte und höhererseits Angeordnete rebelliert und an der gefundenen Wahrheit festhält. »Gott selber zum Trotz, den Seelen und allen Kreaturen zum Trotz, den Engeln zum Trotz (sage ich), dass sie die Seele, wo sie Bild Gottes ist, von Gott nicht zu trennen vermöchten!«[17] Das ist die Fortführung dessen, was Paulus im Römerbrief gedacht hat: »Nichts kann uns scheiden von der Liebe Gottes« (Röm 8,39).

Der christliche Gedanke der Annahme des Leidens bedeutet mehr und anderes, als in den Worten »dulden, ertragen, erleiden« ausgedrückt ist. Bei diesen Wörtern bleibt der Gegenstand, das Leiden selber, unverwandelt. Es wird getragen – als Last, erduldet – als Unrecht; es wird ertragen, obwohl unerträglich; erlitten, obwohl unleidlich. Dulden und Ertragen weisen eher auf stoische Unerschütterlichkeit hin als auf christliche Annahme. Das Wort »nehmen« mit seinen Zusammensetzungen mit »an, hin, auf, über« bedeutet, dass der Gegenstand der Annahme selber verwandelt wird; was ich »nehme«, das gehört in einem anderen Sinn zu mir als das, was ich nur trage. Ich »nehme« einen Gast auf, einen Antrag an, ich übernehme einen Auftrag, ich sage ja, ich erkläre mich bereit, ich willige ein in, ich stimme überein mit …

4 Das Affirmative im Christentum

Diese Haltung der Annahme steht immer wieder unter einem doppelten ideologischen Verdacht. Individuell gesehen erscheint sie als Masochismus (vgl. S. 29), gesellschaftlich gesehen als Affirmation. Sie ist »affirmativ«, befestigend den Zuständen gegenüber, sie wird gesehen als eine falsche Versöhnung, als eine naive Identifikation mit dem, was keineswegs sehr gut, sondern nur »ist«. Ist sie nicht nur verschleierte Unterwerfung? Mit all den gesellschaftlichen Folgen, die der im Christentum betriebene Kult des Leidens gehabt hat? Jahrhundertelang ist dieser Kult des Leidens als Werkzeug zur Rechtfertigung des Unrechts und zur Unterdrückung schamlos ausgenutzt worden. Die Leidensannahme ist ein wesentliches Element der »Pietät« gewesen, um ein Schlüsselwort für das, was der traditionelle Religionsbegriff beinhaltet, zu nennen, »die fromme Bindung an das Göttliche oder das Heilige auf der einen und deren soziologisch objektivierten Gestalt auf der anderen Seite«[18]. Aus dieser religiösen Pietät wurde die den sozialen und politischen Zuständen entgegengebrachte Hinnahme der Realität, wie sie nun einmal ist, abgeleitet. Es ist allerdings evident, dass diese Periode der Pietät heute zu Ende geht, zumindest in der Frage der Leidensannahme. Pietät bedeutet in diesem Bereich nicht mehr Hinnahme, sondern Absicherung vor dem Leiden um fast jeden Preis. Pietätlos ist es, nicht versichert zu sein, keine Vorsorge-, Abwehr- und Versteckmaßnahmen gegen das Leiden getroffen zu haben.

Beide Einwände gegen eine christliche Annahme des Leidens, der des Masochismus und der der Affirmation, treffen eher vergangene als gegenwärtige Praxis. Die religionsfrei gewordene und zur Apathie neigende Gesellschaft versteht sich

besser auf Affirmation, als die Reste religiöser Kultur es können. Das alte Junktim von Annahme personal erfahrenen Leidens und Affirmation des gesellschaftlich verhängten Zustandes, der Leiden notwendig macht, besteht nicht mehr. Die
Affirmation wird nicht durch Leiden erzwungen und bedarf
erst recht keiner religiösen Vermittlung. Jedes Leiden, vor allem
das ausgesprochene, nicht versteckte, ist heute bereits ein Widerspruch zum Bestehenden. Wenn die Stimme der Religion
früher ein »Tragt's in Geduld« wiederholte, so entsteht heute
die Affirmation an ganz anderen Stellen, wo den Menschen ihr
unaufhörliches und jederzeit bereitstehendes Glück verkündigt
wird, durchaus im Interesse des Bestehenden. Nur das unter-
schlagene Leid kann zur Affirmation benutzt werden.

Das gilt auch für scheinradikale Formulierungen, die im Gewand der Aufklärung die »Abschaffung« des Leidens als seine
Beantwortung empfehlen. Nicht »annehmen, sondern abschaffen« heißt dann die Parole dem Leiden gegenüber, als ob damit
die Fragen, auch nur eine einzige, die das Leiden stellt, beantwortet werden könnten! Es ist dies eine Art umgekehrter Un-
terwerfungstheologie, nur heißt der Herr, der's gegeben und
genommen hat, nun nicht mehr Gott, sondern die zukünftige
Gesellschaft, und sie verspricht: Der Herr, der's gegeben hat,
wird es später nicht nehmen. Sicher ist es notwendig, jedes persönliche Leid gesellschaftlich zu vermitteln, das heißt, es einmal
auf seine gesellschaftlichen Ursachen hin zu befragen, sodann
aber auch die Art, wie es gelitten und verarbeitet wird, in ihrer
gesellschaftlichen Bedingtheit zu erkennen. Aber damit ist
noch nicht alles gesagt. Wenn der Kapitalismus versucht, den
Leuten weiszumachen, alles Unglück, das sie treffe, sei ihre persönliche Sache, ihr Pech, von ihnen im Ertragen zu leisten, so
ist mit einem Sozialismus, der das Gegenteil behauptet, noch
nichts geändert. Die konkrete Ohnmacht bleibt dann denen
überlassen, die heute in einer falschen Gesellschaft falsch leiden. Der Ausdruck »abschaffen« verdinglicht das Leiden, das
Tätigkeit, Praxis von Menschen ist, zu einem an- und abschaffbaren, käuflichen Gegenstand.

Ähnlich ist auch Bazon Brocks provokatorische Bemerkung zu verstehen: »Der Tod, diese verdammte Schweinerei, muss endlich abgeschafft werden. Wer ein Wort des Trostes spricht, ist ein Verräter.« Die Substanz eines solchen Denkens ist faschistisch: Der Tod darf nicht mehr interpretiert, integriert, beweint und mit Trost umgeben werden. Er muss zu einem Ding gemacht werden, dem alle menschliche Praxis genommen ist. Ist er erst ab-, so ist er auch an-schaffbar. Die Subjekte des Abschaffens sind jedenfalls nicht die sterblichen Menschen, sondern eine Hypostase der Gesellschaft, die Wissenschaft. Diesem Gott fällt dann die Aufgabe zu, zwischen lebenswertem und lebensunwertem Leben zu unterscheiden.

Hinter vielen dieser Überlegungen stehen Versuche, das Problem des Leidens aus seiner globalen Allgemeinheit herauszuholen und es durch verschiedene mögliche Einteilungen in den Griff zu bekommen. Die wichtigste dieser Unterscheidungen ist die von biologisch gegebenem und sozial verursachtem Leiden, hofft man in ihr doch auch die Unterscheidung von Leiden, die wir beheben können, und solchen, die wir höchstens lindern können, zu gewinnen. Wie aber gerade der Fall des erblindeten Jacques Lusseyran zeigt, bedeutet die natürliche Ursache so gut wie nichts gegenüber der sozialen Lage, die Bewältigung auch der natürlichen und irreversiblen Leiden hängt entscheidend von ihr ab. So wäre alles Leiden abhängig von der Lage, die Menschen für Menschen gemacht haben, und der Anteil der rein natürlichen Leiden reduzierte sich auf ein Minimum. Dass alles Leiden soziales Leiden ist, bedeutet dann, dass an allem Leiden zu arbeiten ist; kein Leiden kann mehr mit dem Anschein des Fatums verkleidet und verklärt werden. Dann wäre es aber auch nicht nötig, das natürliche Leiden, eben als bloß natürliches, zu entwichtigen gegenüber dem »abschaffbaren« gesellschaftlichen. Im Gegenteil: die Hilfe, die eine Gesellschaft ihrem natürlichen Leiden, also etwa den unheilbar Kranken zuordnet, ist ein Maßstab ihrer Humanität. Problematisch wird der Versuch der Einteilungen, wo man »falsches« und »richtiges« Leiden unterscheiden zu können glaubt. Sicher ist das Leiden der proletarischen Massen objektiv wichtiger als das eines einsamen Künstlers. Aber diese Art »Objektivität«, total angewandt, zerstört jede Wahrnehmungsfähigkeit für das Leiden überhaupt. Jede Einheit kann einem größeren Ganzen gegenüber relativiert und entwichtigt werden. Im Gesamtprozess der Weltgeschichte verdampfen die Leiden sowieso. Die Verrechnung von Leiden gegeneinander ist ein makabres Schauspiel.

Wir sollten es uns nicht leicht machen und unterscheiden wollen zwischen richtigen und falschen Leiden, zwischen proletarischen und kleinbürgerlichen, zwischen den Schmerzen eines Kindes und denen einer Gruppe von Guerilleros, zwischen denen eines Künstlers wie Kafka oder Pavese und denen einer kleinen Verkäuferin.

Es gibt kein falsches Leid. Es gibt eingebildetes, unechtes, geheucheltes, anempfundenes, vorgespieltes Leiden, aber die Aussage, dass jemand am Falschen oder am Richtigen leide, setzt eine gottgleiche, alles durchdringende Vernunft voraus, die die historisch überholten Leiden von denen, die jetzt an der Zeit sind, zu unterscheiden vermag, statt diese Entscheidung den Leidenden selber zu überlassen. Auch die Schmerzen von Kindern, die leicht aufgehoben werden können, sind Leiden, weder richtig noch falsch. Der Realität am nächsten scheint mir die Einteilung in sinnloses und potentiell sinnvolles Leiden zu kommen. Es gibt sinnloses Leiden, an dem Menschen nicht mehr arbeiten können, weil es sie in allen wesentlichen Kräften zerstört hat.

Von diesem sinnlosen Leiden möchte ich, einem Gedanken Paul Tillichs folgend, das Leiden unterscheiden, das sinnvoll sein kann, weil es zu Maßnahmen treibt und insofern verändert. Tillich sagt, im Christentum werde gefordert, »dass man das Leiden als ein Element der Endlichkeit mit Mut auf sich nimmt und die Endlichkeit trotz des mit ihr gegebenen Leidens bejaht«[19]. Es ist deutlich, dass die christliche Religion eine ungeheure Bejahung des Leidens ausspricht, stärker als in vielen anderen Weltanschauungen, in deren Mittelpunkt nicht das

Symbol des Kreuzes steht. Aber diese Bejahung ist nur ein Teil der großen Liebe zum Leben überhaupt, die Christen mit dem Wort »Glauben« ausdrücken. Glauben können heißt soviel wie ja sagen zu diesem Leben, zu dieser Endlichkeit, an ihr arbeiten und sie offen halten für die versprochene Zukunft.

»Ein Geschehnis der Welt nicht hinnehmen, heißt wünschen, dass die Welt nicht sei.« Diese Formulierung Simone Weils klingt extrem, drückt aber genau die Sünde der Verzweiflung aus, der die radikale und bedingungslose Bejahung der Wirklichkeit zerstört ist. Das Leiden kann uns dazu bringen, dass wir wünschen, dass die Welt nicht sei, dass Nichtsein besser ist als Sein, es kann uns verzweifeln machen und unsere Fähigkeit zur Affirmation zugrunde richten. Wir hören dann auf, Gott zu lieben. »Wünschen, dass die Welt nicht sei, heißt wünschen, dass ich, so wie ich bin, alles sei.«[20] Dieser Wunsch ist der Zustand der Sünde: Der Mensch ist auf sich selber verkrümmt, der Schmerz hat ihn auf sich selber zurückgebogen, er ist ohne Zukunft und kann nichts mehr lieben. Er ist sich alles, das bedeutet, er ist tot. Um leben zu können, brauchen wir Affirmation. »Fast ein jeder hat die Welt geliebt, wenn man ihm zwei Hände Erde gibt.«[21]

In diesem Sinn hat das Christentum tatsächlich einen »affirmativen« Kern; so wie Menschen, die es wagen, ein Kind in diese Welt zu setzen, sich »affirmativ« verhalten. Christlich gesprochen ist die Bejahung des Leidens ein Teil des großen Ja und nicht, wie es manchmal scheinen kann, das Einzige und Entscheidende, hinter dem die Bejahung des Lebens ganz verschwindet. Die Bibel spricht von Gott als dem »Liebhaber des Lebens« (Weish. Sal. 11,26) und drückt so die unendliche Bejahung der Wirklichkeit aus; Jesus von Nazareth hat diese unendliche Bejahung gelebt, er hat gerade die an sich gezogen, die am Rande oder ausgestoßen lebten, wie Frauen und Kinder, Prostituierte und Kollaborateure. Er hat die, die überall verneint wurden und gezwungen, sich selbst zu verneinen, bejaht. Vor dem Hintergrund dieser Bejahung des Lebens, auch des kranken, beschädigten, leistungsschwachen Lebens, muss man das Verständnis der Annahme des Leidens, wie es im Christentum entwickelt wurde, sehen. Es ist ein Versuch, das ganze Leben als sinnvoll anzusehen und es zu gestalten als Glück. Es ist unendliche Bejahung endlicher Wirklichkeit. Der Gott, der Liebhaber des Lebens ist, will nicht das Leiden der Menschen, auch nicht als ein pädagogisches Mittel, sondern ihr Glück.

5 Hiob ist stärker als Gott

Noch könnte die Annahme verstanden werden als ein Sich-Beugen vor dem, was wir nicht ändern können, was stärker ist als wir. Gemeint ist aber eine Überwindung, aus der wir besiegt und stärker zugleich hervorgehen. Lusseyran verlor seine Augen und fand das Licht. Annehmen heißt nicht, dass die Blinden blind bleiben sollen. Auszug aus dem bestehenden Leiden ist das größte Thema der Bibel, ein Exodus aus Unterdrückung und gewaltsam aufgezwungener Arbeit, aus kollektiv erfahrenem, von den Herrschenden willkürlich verhängtem Leiden. Das Leiden der Kinder Israels in Ägypten ist in der Schrift keiner theologischen Deutung unterworfen, es wird nicht abgeleitet aus dem Willen eines allmächtigen Gottes; umgekehrt: Allmacht und blinde Willkür gehören dem Pharao zu, der Fronvögte einsetzt und die Normen der Arbeit heraufsetzt. Die Form der Unterdrückung ist die erpresste Arbeit der Sklaven, Bauten und Feldarbeiten, »lauter Arbeiten, zu denen man sie mit Gewalt anhielt« (2 Mose 1,14).

Das Leiden des Volkes wird also nicht mit Hilfe des Gedankens der Strafe oder der Prüfung erklärt und abgeschwächt oder in Ergebenheit verwandelt. Das Leiden ist da: blind, tyrannisch, absurd. Das ganze Volk ist betroffen, und das ganze Volk wird herausgeführt. Der Gott des Exodus ist nicht der, der Leid verhängt und es dann, mit gleicher Willkür, wieder aufhebt. Das Leid ist vielmehr da, geschichtliche Gewalt, aus der Angst der Ägypter vor Unterwanderung geboren, durchaus rational erklärt. Gott hat mit diesem Leiden nichts zu schaffen – außer, dass er auf der Seite der Be-leidigten ist.

Anders nun die zweite große Geschichte vom Leiden im Alten Testament. Sie betrifft einen einzelnen, der in einem märchenhaften Land und märchenhaften Glück lebt. Gott lässt zu, dass dieser unschuldige und Gott fürchtende Mann bis aufs Äußerste gequält wird. Die Erfahrungen, die Hiob macht, sind denen des Volkes in Ägypten nicht unähnlich, weil das äußerste Leiden und die Verzweiflungen einander ähnlich sind. So vergleicht Hiob sein Leiden mit »dem Sklaven, der nach Schatten lechzt«, und dem »Tagelöhner, der auf Lohn hofft« (Hiob 7,2). Aber Gott ist nicht mehr auf der Seite der Sklaven, der Unglücklichen und Beleidigten, er spielt in diesem Buch eine andere Rolle.

Diese Rolle ist mehrdeutig. Der Dichter probiert Gott die verschiedenen Rollen an. In der Rahmengeschichte, dem Volksbuch von Hiob, ist Gott der Prüfende, der dem Satan gewisse Grenzen setzt, sich gleichwohl aber auf das Experiment einlässt. Gott ist also einer, der Menschen ausprobiert, um sie zu bewähren, der sie testet, nicht für einen bestimmten Job, sondern für das Leben in Gerechtigkeit, für das Heil.

Der Test, die Prüfung, das Experiment mit der Treue, der Wahrheitsliebe, der Gerechtigkeit eines Menschen ist in der ganzen älteren Literatur ein Motiv, das dem tyrannischen Herrscher zugehört. Der antike Mythos, aber auch das Märchen ist voll von Geschichten, in denen ein absolut Überlegener dem Kleinen und Schwachen eine Probe vorschlägt, sei es im Wettkampf, sei es, dass der Schwache unmögliche Leistungen vollbringen muss. Die Sphinx vor den Toren Thebens gibt Rätsel auf; der Riese fordert das tapfere Schneiderlein auf, Wasser aus einem Stein zu pressen; der Hirtenjunge darf die Prinzessin heiraten und wird nicht enthauptet, wenn er ein Meer austrinkt oder einen Palast in einer Nacht an eine andere Stelle versetzt; der König im Rumpelstilzchen befiehlt der armen Müllerstochter, Stroh zu Gold zu spinnen … Der Charakter dieser Könige, Herren oder Riesen im Märchen ist der des Despoten, der die Bedingungen des Spiels so festsetzt, dass kein Mensch Hoffnung haben kann, sie zu erfüllen. Häufig erfindet der Prüfende auch dann, wenn der Geprüfte alles geleistet hat, noch weitere, schwerere Bedingungen. In einigen Märchen kommt es dann so weit, dass der, der alles erfüllt hat und der dennoch weiter um sein Recht sich betrogen sieht, dem König den Kopf abschlägt.

Bei den Wettkämpfen, die einer mehr schwankhaften späteren Phase angehören, sind die Bedingungen doch relativ fair, so dass List und Witz ausreichen, sie zu erfüllen: Das Schneiderlein drückt Wasser aus einem Käse, Jack füllt den Pudding, den er nicht mehr essen kann, in einen Beutel. Die echten Prüfungen dagegen sind so gestellt, dass der Mächtige selber sie nicht erfüllen könnte: Umso größer ist dann der Triumph des Kleinen, dem die Tiere, die Geister oder ein Zaubermittel helfen, wenn er die Prüfung besteht. Die ganze Kreatur, oft auch Sonne, Mond und Sterne werden aufgeboten, dem Schwachen gegen den Übermächtigen zu helfen. Ist die Prüfung bestanden, so erlischt das Recht des Mächtigen, solche Prüfungen zu veranstalten.

Es hat sich als Gewaltrecht herausgestellt. Das Menschenexperiment ist am Menschen selber zuschanden geworden. Der Mythos spricht diesen Gedanken nicht abstrakt aus, so wie Kant sagt, dass jedes Verhalten, das einen anderen zum Mittel mache statt zum Zweck, unmoralisch sei; der Mythos überführt die Prüfenden selbst ihres Unrechts. Sie werden entmachtet, indem die Prüfung wider Erwarten und wider den Willen des Tyrannen bestanden wird. Dies ist aber nur möglich bei einem absolut »reinen«, zwiespaltlosen Wesen, das den Tod nicht scheut. Nur der, der bereit ist, sich zu opfern, oder – weil diese Formulierung noch zu heroisch-moralisch klingt – der waffenlos und unschuldig bloß im Bewusstsein seiner Unzerstörbarkeit in die Prüfung geht, wird den Prüf-Gott entmachten können.

Die Prüfungen, die Hiob ertragen muss, sind nicht weniger absurd und grausam; auch hier wird ein Menschenunmögliches, das der Prüfende selber niemals leisten könnte, verlangt. Der Despot diktiert die Bedingungen des Spiels; die anderen Bedingungen, die Hiob immer wieder vorschlägt, werden nicht angenommen. Hiob wird einem Experiment unterworfen, so wie Häftlinge in deutschen Konzentrationslagern medizinischen Experimenten unterworfen wurden, übrigens auch sie mit der Bestimmung, dass, wer wider Erwarten überstand, vorläufig am Leben blieb.

An einem Punkt unterscheidet sich allerdings die Hiob-Dichtung von den in den Mythen beschriebenen Prüfungen, das sind die geforderten Inhalte: in den Märchen sind es Leistungen, bei Hiob wird der menschliche Schmerz zum Thema der Prüfung. Die Besonderheit der Hiobdichtung ist gerade, dass das realistische Thema des Leidens verbunden wird mit dem Motiv des tyrannischen Prüfers.

Wie reagiert nun Hiob auf die Prüfung? Man muss hier zwischen dem alten Volksbuch, in Prosa geschrieben, und der wesentlich jüngeren, diesen Rahmen füllenden Dichtung unterscheiden. Im Volksbuch hält Hiob an seiner Frömmigkeit fest, was ihm sein Weib zum Vorwurf macht. Es ist tatsächlich die affirmative Kraft in Hiob. Er verwirft den naheliegenden Rat: »Fluche Gott und stirb!«, er bringt sich nicht um, sondern er leidet, er bleibt, er klagt an, er kämpft. Der gute Ausgang der Sache bestätigt, dass Hiob sich nicht von Gott lossagte und somit die Prüfung bestand.

Anders in der Dichtung: Was Fluch oder Absage bedeuten könnte, ist hier zwar nicht formuliert. Aber nicht aus der Frömmigkeit, die das Volksbuch Hiob zuschreibt und die ihn im ganzen Orient zum »Dulder«, dem sogar das Kamel den Namen »abu Eyyub«, Vater Hiob, verdankt, gemacht hat. Der Hiob der Dichtung weist über die harmlosen Formen der Absage hinaus: er lehnt es ab, sich zum Prüfungsobjekt machen zu lassen. Hiob ist stärker als Gott. Hiob tut das, was der Märchenheld erst nach bestandener Prüfung tut, nämlich das Prüfwesen abschaffen, im Vollzug der Prüfung selber. »Lass ab von mir! Ein Hauch nur sind ja meine Tage. Was ist doch der Mensch, dass du ihn groß achtest und dass du dich um ihn bekümmerst? Dass du ihn heimsuchst jeden Morgen und jeden Augenblick ihn prüfst?« (Hiob 7, 16–18). Die Psalmstelle, die hier höhnisch benutzt wird, besagt das genaue Gegenteil, im Psalm wird die Größe des Menschen, den Gott wenig niedriger als die Engel gestellt habe, besungen (Psalm 8,5 f.). Hiob nimmt Gott bei seinen eigenen Worten, die den Menschen als Herrn über die Schöpfung, als Krone der Schöpfung darstellten, und konfrontiert sie mit der Realität. In Wahrheit ist er ein wehrloses Objekt des Prüfenden, eine »Zielscheibe« (7,20) für die »Pfeile« voller Gift (6,4). Der tyrannische Charakter Gottes erscheint in einer Reihe von Bildern: Gott jagt den Menschen wie der Löwe das Wild (9,16), er erlegt ihm Frondienst (10,17) auf wie einst Pharao in Ägypten, er ist der Treiber der Gefangenen und der Herr über Knechte (3,18 f.), sein Handeln wird benannt mit Ausdrücken wie: unterdrücken (10,3), verwerfen (10,3), vernichten (10,8), niederreißen (16,13), einkerkern, irreführen, zu Toren machen (12,14 ff.); er ist es, der den Menschen »überwältigt« und »sein Antlitz« entstellt (14,20).

Eine Prüfung dieser Art kann nur aus der Willkür eines Tyrannen kommen. Die Sinnlosigkeit der Prüfung steht von vornherein fest, der allwissende Gott weiß auch, dass Hiob schuldlos ist (10,6 f.), und brauchte dem nicht nachzuforschen.

Hiob lässt sich nicht ein auf das tyrannische Modell der Prüfung, in dem der Machtlose die Bedingungen vom Mächtigen zudiktiert bekommt. Er besteht gegen das Spiel, das Gott mit ihm treibt, auf Recht und verlangt Gerechtigkeit. Der Gott des Exodus redete mit Mose »wie ein Mann mit seinem Freund« (2 Mose 33,11). Hiob besteht auf dem gleichen Recht, aber es wird ihm verweigert.

Die zweite mögliche Rolle wird Gott von den Freunden Hiobs zugedacht, und sie versuchen, diesen Gott Hiob selber glaubhaft zu machen. Es ist die des Strafenden, der die Verfehlungen der Menschen unnachsichtlich rächt. Die Freunde denken, ähnlich wie Calvin, das Leiden müsse auf Verfehlung zurückgeführt werden. »Besinne dich doch: Wer verdarb je unschuldig, wo wurden Gerechte vernichtet?«, und geradezu unerträglich naiv weiter: »Soviel ich gesehen: Die Unrecht pflügen und Unheil säen, die ernten es auch« (Hiob 4,7 f.)

Dass Gott den Frommen nicht verwirft (8,20), steht für sie fest, es ist mit Gottes Gerechtigkeit gegeben. Folglich muss das Leiden auf Unrecht des Menschen zurückzuführen sein, und wo dieses nicht sichtbar ist, da muss man es suchen – in sich selber, durch Selbsterforschung oder mit Hilfe anderer. Aber Hiob lässt sich eben seine Unschuld nicht ausreden, er besteht darauf, einen Rechtsstreit mit Gott zu führen, in dem seine Unschuld klargestellt würde. Zugleich weiß er, wie sinnlos diese Annahme ist, dass Gott sich dem gerechten Gericht unterordnen würde: »Ich soll ja nun einmal schuldig sein, warum denn mühe ich mich umsonst?« Und in einem der Bilder, die das ganze Ausmaß des Unglücks, das sich zurückwendet gegen das eigene Ich und den Menschen sich selber zum Ekel macht: »Wenn ich mich schon wasche mit Schnee und mit Lauge reinige meine Hände, dann würdest du mich in Unrat tauchen, dass meine Kleider vor mir einen Abscheu hätten« (9,29 ff.). Gott ist nach Hiobs Einsicht der, der Schuldlose wie Schuldige vernichtet (9,22); das Wissen davon, im Recht zu sein (13,18), besagt demgegenüber nichts. Das Wesen Gottes ist »Gewalt« und nicht »Recht«, er beugt das Recht und herrscht mit bloßer Gewalt (19,6 f.).

Eigentlich müsste nach der Eindeutigkeit dieser Absage das Dogma vom Strafcharakter des Leidens für immer verstummt sein. Es ist fast unbegreiflich, dass es sich durch die Jahrtausende im Rahmen derselben Kultur, die die Hiobdichtung hervorgebracht hat, erhalten und immer wieder erneuert hat. Die Freunde Hiobs sterben nicht aus.

Die einfachste Erklärung dafür scheint mir das von Simone Weil beobachtete Phänomen zu geben, dass die Menschen sich von Natur aus dem Unglück gegenüber so verhalten wie die Hühner, die sich mit Schnabelhieben auf ein verwundetes Huhn stürzen. Jedermann »verachtet die Unglücklichen mehr oder weniger, obgleich fast niemand sich dessen bewusst ist«[22].

Die Idee des Strafleidens ist nur die theologische Hypostase dieser Verachtung. In ihrer bei Hiobs Freunden auftauchenden Gestalt hat sie alle Wahrheit verloren, nämlich die aus der prophetischen Tradition stammende Funktion der Strafdrohung, die aber nicht orakelhaft sicher eintritt, sondern abhängig bleibt von dem Verhalten der Bedrohten. Zurück bleibt das stupid wiederholte: Leiden ist Strafe für Schuld. Elihu versteigt sich sogar bis zum offen sadistischen Wunsch: »Ach, würde doch Hiob fort und fort geprüft, weil er entgegnet nach Art der Frevler« (34,36). So sind die »Freunde« in der Tat eher Freunde des Leidmachers als Freunde des Opfers. Das entspricht den Instinkten: der Abwehr, der Abgrenzung, der Angst vor Ansteckung, vor Befleckung – Gesetze unseres Empfindungsvermögens übrigens, denen der Unglück-Leidende ebenso unterliegt wie die Betrachter. »Diese Verachtung, dieser Abscheu, dieser Hass kehren sich bei dem Unglücklichen gegen ihn selber, dringen in das Innerste der Seele ...« Daher beteuert Hiob seine Unschuld mit solchen Schreien der Verzweiflung, »weil es ihm selbst nicht mehr gelingt, daran zu glauben, weil er in seiner Seele die Partei der Freunde ergreift«[23]. Das Bewusstsein der Unschuld wird im Leiden »zu einer abstrakten, einer toten Erinnerung«. In den Berichten derer, die über lange Zeit verhört und gefoltert wurden, gibt es ähnliche Erfahrungen der Selbstzerstörung, des Selbsthasses und Ekels. Das Unglück besudelt alles, was der Mensch ist, Gott würde Hiob aufs Neue »in Unrat tauchen« (9,31). Entsprechend ist »das Mitleid mit dem Unglücklichen eine Unmöglichkeit. Wenn es sich wahrhaft ereignet, ist es ein Wunder, staunenswürdiger als das Wandeln auf dem Wasser, die Heilung der Kranken und sogar die Auferweckung eines Toten.«[23] Man muss die Erfahrungen, die Simone Weil als Fabrikarbeiterin in den dreißiger Jahren gemacht hat, dazunehmen; sie hat die »condition ouvrière« als die Lage Hiobs verstanden.

Hiob kann nicht mehr darauf hoffen, Gott in einen Rechtsstreit zu bringen, er hat, wie in politischen Säuberungsprozessen des 20. Jahrhunderts, die »Klageschrift«, die sein Widersacher schrieb (31,35), nicht in Händen. Gott hat ihm sein »Recht genommen« (27,2). Er klagt nicht nur für sich persönlich, sondern er stellt die alte Frage, warum es den Gottlosen so gut geht (21,7), verschärft und neu als Theodizeefrage, warum der Allmächtige das Unrecht duldet (24,12). Warum er das Leiden der Unterdrückten und Ausgebeuteten mit ansieht, ohne einzugreifen.

Diese Frage ist in der »Brautzeit Israels« nicht gestellt worden, der Gott des Exodus war selber die Antwort auf die Erfahrung der Unterdrückung. Ist sie aber einmal radikal gestellt, so lässt sich im Rahmen des Gottesverständnisses, in dem Gerechtigkeit und Allmacht zusammengedacht sind, keine Antwort geben. Hiob ist stärker als Gott: Hiobs Denken muss zum Atheismus führen, aus moralischen Gründen.

Aber neben der Rolle des gerecht Strafenden wird Gott noch eine dritte Rolle im Buch Hiob zugewiesen. Schon die Freunde vermischen ja das Strafargument, das immerhin Einsicht in die begangene Schuld voraussetzt, mit dem der bloßen Unterwerfung. Angesichts der absoluten Reinheit Gottes kann ein Mensch nicht »rein« sein (4,17). Gott traut nicht einmal seinen Engeln und Dienern (4,18; 15,15), »rein« sind nicht einmal Sonne und Mond (25,5) – wie dann der Mensch, der nun konsequent »Made« und »Wurm« genannt wird! Die Aufforderung zur Unterwerfung steht also in einem nicht gerade von der »frohen« Botschaft erleuchteten Zusammenhang des anthropologischen Pessimismus. So redet der mild-klerikale Eliphas Hiob väterlich zu: »Befreunde dich doch mit ihm und halte Frieden! (Mit dem, den Hiob zuvor einen Mörder, der Schuldlose wie Schuldige umbringt, genannt hat! 9,22) Nimm doch Belehrung an … Wenn du dich zum Allmächtigen bekehrst in Demut, das Unrecht fernhältst deinem Zelte … ja, dann wirst du dich am Allmächtigen erfreuen« (22,21 ff.). Empfohlen wird Hiob: die Augen niederzuschlagen, zu bitten; und in den Elihureden ganz unverhüllt: zu »gehorchen und sich zu unterwerfen« (36,11). Wohl ist m den Reden der Freunde die brutale Macht immer noch bemäntelt durch die vorausgesetzte und betonte Gerechtigkeit Gottes. In den Antworten aber, die Gott selber schließlich dem Hiob gibt, spielt sie substantiell keine Rolle mehr. Es sind Antworten auf einer völlig anderen Ebene, nämlich der der Natur. »Wo warst du, als ich die Erde gründete?« (38,4), fragt

Gott den Hiob und bietet ihm dann in siebzig weiteren Fragen aus dem Bereich der Wunder der Natur eine erhabene Demonstration der Macht des Schöpfers und der totalen Unwichtigkeit des Menschen. Neben den Beispielen der Kosmogonie erscheinen krude und sinnlose aus der Tierwelt – und selbst wenn die Hymnen auf Behemoth, das Nilpferd, und den Leviathan, den Meerdrachen, spätere Einschübe sind, so passen sie doch gut ins Bild dieses Gottes, der zwar den Ozean, als er aus seiner Mutter Schoß hervorkam, in Windeln wickelte (38,8 f.), der Tau und Blitze sendet und die Bande des Siebengestirns knüpft (38,31), der aber auf das menschliche Leiden keine Antwort weiß als die der Unterwerfung. Was ist der Mensch, gemessen in Ozeanen und Sternwelten, an den erhabenen Erscheinungen der Meteorologie, an der Dauer der Natur! Ein Nichts, ein Sandkorn, ein Wesen, das einfach wegen seiner Unbedeutung, seiner kosmischen Nebensächlichkeit sein Recht hat.

Dieser Gott ist ein Naturdämon, der mit dem Gott des Exodus und dem der Propheten nichts zu tun hat. Den Propheten haben nicht die Untiefen der Meere, sondern das Recht, das wie Wasser fließt, einst Gott offenbart. Selbst der Gott der Schöpfungsgeschichten mit ihrer eindeutigen Theologie auf den Menschen hin, auf das menschliche Reich hin hat hier nichts zu suchen. Dass Hiob sich am Schluss des Buches diesem jenseits von Gut und Böse angesiedelten Machtwesen unterwirft, ist unglaubhaft, weil es unerträglich ist. Ernst Bloch versucht, die Gewitterszene, die mit Hiobs Konformismus endet, zu verstehen als »Deckung der Häresien, auf deren Bekundung es vor allem ankam«[24].

Dann erhebt sich aber die Frage nach einer anderen, einer vierten Deutung Gottes, die den »Aufruhr« Hiobs, seine Rebellion (23,2), ernst nimmt und ein anderes Verständnis Gottes aus ihr entwickelt. Diese Deutung knüpft an eine im Text verderbte und umstrittene Stelle an, als Hiob von dem »goel« als Zeugen seiner Unschuld und Schuldbefreier spricht (19,25). Das Wort goel, in der Tradition meist mit redemptor, Erlöser, übersetzt, hat die Bedeutung »Anwalt« oder, archaischer, die von »Bluträcher«. Hiob appelliert gegen den Mördergott, der das Recht bricht, an einen anderen Gott. »O Erde, decke mein Blut nicht zu, mein Schreien finde keine Ruhstatt! Schon jetzt, siehe, lebt im Himmel mir ein Zeuge, mir ein Mitwisser in der Höhe« (16,18 f.). Diese Stelle wird noch überboten durch die vom Bluträcher, der am Leben ist, vom Zeugen der Unschuld und dem Schuldbefreier, den Hiob mit eigenen Augen sehen wird (19,25 ff.). Dieser Helfer, dieser wahre Freund sprengt alle im Buch Hiob angebotenen Gottesrollen: er ist weder der willkürliche Prüfer noch der seine absolute Reinheit durch Besudeln wahrmachende Rächer, noch der Herr der Sterne, Meere und Wolken, das »vorgezeigte bloße Tremendum der Natur«[25]. Blochs Deutung folgend, muss man hier den »Auszug des Menschen aus Jahve« – als Gegenteil aller Theodizee konstatieren[25]. Hiob vertraut auf den Gott, der aus den ägyptischen Leiden herausführte: der Gott, den er erfährt, ist nur ein anderer Pharao. »Doch Hiob ist gerade fromm, indem er nicht glaubt«, was im Zusammenhang nur heißen kann: sich nicht unterwirft, sondern weiter auf einen anderen wartet.

Dann aber ist der Ruf Hiobs nach dem Anwalt, dem Erlöser, dem Bluträcher und Blutstiller nur zu verstehen als der unbeantwortete Schrei der vorchristlichen Welt, die ihre Antwort findet in Christus. Hiob ist stärker als der alte Gott. Nicht der Leidmacher, nur der Leidende kann Hiob antworten. Nicht der Jäger, sondern das Wild.

Leiden und Lernen

Es ist bei Gott kein Ding unmöglich … wie es denn uns allen in der
Ankunft des Glaubens muss widerfahren und gehalten werden, dass
wir fleischlichen, irdischen Menschen sollen Götter werden durch
die Menschwerdung Christi und also mit ihm Gottes Schüler sein,
von ihm selber gelehrt werden und vergottet sein, ja wohl viel mehr,
in ihn ganz und gar verwandelt, auf dass sich das irdische Leben
schwenke in den Himmel.«

Thomas Müntzer

1 Ein Volkslied aus Chile

Am Anfang dieses Jahrhunderts erreichte die Ausbeutung Chi-
les durch den englischen Imperialismus ein unglaubliches Ausmaß. Die Arbeiter in den Salpeterminen im Norden des Landes
wurden nicht mit Geld, sondern mit Gutscheinen entlohnt, die
sie nur auf dem Werkgelände gegen Nahrungsmittel eintau-
schen konnten. Sie arbeiteten täglich 16 und mehr Stunden.
Meuterer wurden hart bestraft. Im Dezember 1907 fand die
erste große Massendemonstration statt. 20 000–30 000 Arbeiter
forderten Gerechtigkeit. Diese friedliche Demonstration von
Landarbeitern, von Frauen und Kindern wurde mit Gewalt zerschlagen. Am Nachmittag des 21. Dezember 1907 geschah in
Iquique eines der blutigsten Massaker, an das man sich in Lateinamerika erinnert, dreieinhalbtausend Menschen, die in
einer leeren Schule eingeschlossen waren, wurden ermordet.
1971, im sechsten Monat der Volksregierung, entstand ein Film
über »Santa Maria de Iquique«; einer der Überlebenden erzählte in einem Interview von seinen Erfahrungen.

*»Wie und warum der Streik war: Damals gab es keine Häuser für
die Leute; es gab nur Häuser für Ratten, für Eidechsen, für Unge-
ziefer, denn die Siedlung war nicht für Menschen gedacht, sondern nur für Hunde oder Wilde, wie sie es waren, diese Besitzer
der Salpeterminen. Der Genosse Recabarren hatte uns gefragt,
wie lange wir denn die Ausbeutung durch diese Emigranten-*

schweine noch ertragen wollten, die nach Chile gekommen waren, um sich zu bereichern. Aber die wirklich Schuldigen waren die Verwalter, die mit ihrer Rückendeckung handelten. Sie mussten mit der Ausbeutung aufhören. Denn ihretwegen hatte der arme ›Pampino‹ (so nennt man die Minenarbeiter im Norden) keine Unterhosen anzuziehen. Ihretwegen gab es keinen Pfennig Bargeld, sondern nur Gutscheine, die nichts wert waren. Dann kam jener fatale Tag. Sie gingen zur Mine Santa Lucia, etwa 8, 10, 15 oder 20 Blöcke von Menschen. Manche hatten kein Wasser mehr. Manche hungerten. Die Babies brauchten Wasser. Kleine Kinder fielen hin und konnten nicht mehr weiter. Denn die Sonne brennt dort kräftiger als hier. Die Leute versammelten sich. Dann sprach ein Genosse: ›Minenarbeiter, wir sind die Verdammten. Diese Herren Besitzer der Salpeterminen führen ein feines Leben und lassen ihre Angestellten hier dafür zahlen. Wir sind die Verdammten, denn wir müssen diese Horde von Undankbaren versorgen. Morgen werden wir nach Iquique marschieren.‹

Das Komitee geht voran, die Fahnen wehen, ein Offizier nähert sich. Halt! Hier haben Sie unsere Petition! Er nahm sie und las unsere Bitte: Wir forderten den Acht-Stunden-Tag, denn in Chile fing 1905 die Sklaverei an. Wenn wir keine Gerechtigkeit erhalten, werden wir eine Kommission ernennen, die nach Santiago geht, um mit der Regierung zu sprechen. Denn wir verlangen nur Gerechtigkeit, nicht einmal eine Lohnerhöhung. Er sagte: ›Der Präsident des Komitees und seine Leute haben 15 Minuten Zeit, um den Ort Santa Maria zu verlassen. Wenn das nicht geschieht, werden alle erschossen.‹ Wir sahen schon ein Reiter- und ein Infanterieregiment näher rücken. Hier ein MG, dort eins und im Rücken drei MG mit je vier Mann. Und dann fingen sie an zu schießen. Ich höre die Schüsse heute noch. 3600 starben, dreitausendsechshundert…«

Nach diesem Massaker entstand in Chile das folgende Lied:

»Eines Tages erhebt sich wie eine Klage,
die den Tiefen des Herzens entspringt
und durch die Gassen des Lagers dringt,

der Ruf der Rebellion,
der Schmerz in der Brust vieler,
der Ausdruck der Empörung,
der Ruf nach den Rechten der Arbeiterklasse.
Heilige Opfer, die aus der Pampa kamen
mit Hoffnung
und bei ihrer Ankunft nur die
Stimme der Maschinengewehre hörten,
die Stimme dieser Bestien,
die ohne Mitleid massakrierten,
sich mit dem Blut der Arbeiter tränkten.
Sie seien verdammt.
Ich fordere Rache an denen,
die die MGs luden,
Rache für die Leidenden, die zurückblieben.
Rache für die Minenarbeiter, die in Iquique starben.
Stumpf waren die Gesichter
von den Zeiten, die sie gesehen hatten.
Dunkel die Hände von den Nächten der Ausbeutung.
Die harte Faust des Volkes
durchbricht Schatten und Schweigen
und Stimmen fordern zum Singen auf.
Komm, Genosse, reih dich ein,
reih dich in die Einheit ein.
Komm, Genosse, und schaff mit,
schaff an deiner Zukunft mit.
Sei auf der Hut,
und vergiss nicht die Nacht,
die Schatten, die du besiegtest.
Nichts wird uns aufhalten,
nichts wird uns mehr aufhalten.«[1]

Das Lied spricht vom Umgang mit der Erfahrung des Leidens.
Es enthält das, was J. B. Metz »gefährliche Erinnerung« genannt
hat, Erinnerung an die Opfer und an die Peiniger. Es ist ein Beispiel für die zweite Phase des Leidens (vgl. S. 74). Die Leiden-

den haben »Schatten« und »Schweigen« durchbrochen, die »stumpf« gewordenen Gesichter und die von der Ausbeutung »dunkel« gemachten Hände, die an das sprachlose Leiden der ersten Phase erinnern, haben sich nun verändert. Die Klage »erhebt« sich. Die Sprache dieses Leidens ist psalmisch: das Unrecht wird nicht vergessen, die Toten sind nicht tot, aus der Klage wird die Anklage. Der Ruf nach Rache und Vergeltung entstammt wie in den alten Psalmen dem Bewusstsein der eigenen Gerechtigkeit. Die Erinnerung an das Erlittene ruft die Zukunft her, die Einsicht in die notwendige Verwirklichung der Revolution entsteht im Lied selber, das Singen ist selber Exodus aus der stummen Phase des dumpfen Schmerzes. Das Lied ist ein Beispiel proletarischer Kultur, nicht geringer als die Psalmen oder die griechische Tragödie, die behauptet, dass der Mensch im Leiden lerne ($\pi\acute{\alpha}\vartheta\epsilon\iota$ $\mu\alpha\nu\vartheta\acute{\alpha}\nu\epsilon\iota\nu$), Veränderung erfahre, zur Weisheit gelenkt werde[2]. Auch in den Erfahrungen, die das Lied aus Chile spiegelt, ist die Möglichkeit angelegt, am Leiden hart, bitter, unempfindlich und stumm zu werden. Es ist nicht selbstverständlich und nicht einfache Folge ökonomischer Repression, dass aus dem Leiden der Ruf der Rebellion wird. Es braucht dazu Menschen, die am Leiden lernen, die den Schmerz nicht betäuben oder vergessen. Das politische Bewusstsein entsteht »ex memoria passionis, politisches Handeln der Menschen aus dem Gedächtnis der Leidensgeschichte der Menschen«[3]. Ohne das Bewusstsein der Besiegten und die Erinnerung an die Opfer kann der »Ruf der Rebellion« sich nicht erheben. Für die Subjekte der Revolution bedeutet dies, dass jedes Leiden, das sie nicht zerstört, lehrt, das Leben mehr zu lieben; es lehrt eine größere Bereitschaft zum verändernden Handeln.

Das Leiden macht empfindlicher für den Schmerz in der Welt. Es kann uns lehren, eine bessere Liebe aufzubringen für alles, was ist. Es ist nicht entscheidend, ob wir diese Veränderung, die das Leiden bewirkt, auf »Gott« zurückführen; auch dieser Lehrer ist an seine Schüler gebunden. Wesentlich ist, ob der Akt des Leidens von uns vollzogen wird, nicht in der

Gleichgültigkeit der Steine, ob das Leiden unsere Passion wird im tiefen Doppelsinn dieses Wortes. Der Akt des Leidens ist dann Praxis, Tätigkeit. Wir handeln im Leiden. Wir nehmen wahr, wir drücken uns aus, wir weinen. Das Idealbild des tränenlosen Mannes ist die präzise Anerkennung dessen, dass aus Leiden nichts gelernt wird und nichts zu machen ist. Wir verscharren oder graben aus, was wir in uns versteckt haben, wir werfen ab oder nehmen Last auf im Leiden, wir verbergen uns vor den anderen oder stellen uns dar. Unsere Hoffnungen können sterben oder können wachsen im Leiden. Das Bitterste ist, dass das »aus Leiden lernen« zerstört werden kann. Es hat sich dann als Illusion herausgestellt, dass eine Krankheit sich bessert, dass ein Prozess gerecht entschieden wird, dass ein Mensch von seinen Ängsten loskommt oder dass die Abschaffung des Privateigentums an Produktionsmitteln die Befreiung einleitet, die sie verspricht. All dies kann enttäuscht werden. Manche Menschen sind von gestorbenen Hoffnungen überwuchert wie von gespenstischen Blumen.

Die chilenischen Arbeiter, die sich ihrer eigenen Leidensgeschichte erinnern, machen den Akt des Leidens zur Praxis, die Erfahrung führt sie zum Handeln. Sie überstanden das Massaker nicht als ein Naturereignis, sondern nahmen es als Teil der eigenen Geschichte.

Jedes Leiden, das uns betrifft, nimmt in seiner rohen Faktizität den Charakter des Naturereignisses an. Die naturhaften Metaphern der Sprache für das Leiden – Nacht, Schnee, Hagelschauer, Dunkel, Regen, Sturm, aufgewühltes Meer – erinnern nicht nur an früheren Umgang mit Leiden, sondern benennen zugleich den unabänderlichen Charakter der Ereignisse selber. Wenn Simone Weil sagt, dass es »natürlich« sei, die Unglücklichen zu verachten, so muss dies ergänzt werden um die Selbstverachtung, die die Leidenden sich selber antun, indem sie das Leiden, das sie betrifft, als naturhaftes verstehen und es außerhalb aller Arbeit begreifen als fremdes und sinnloses Geschick. So nimmt uns das sinnlose Leiden die Praxis des Lebens weg, es zerstört nur, ohne zu verändern.

Aber schon physisch ist der Schrei im Schmerz eine Erleichterung, weil der Höhepunkt der Schmerzwelle einhergeht mit einer noch so geringen Form der Aktivität, wie sie sich im Sich-Aufbäumen, Gesicht-Verzerren, Stöhnen oder Schreien ausdrückt; erst recht aber ist in den anderen Dimensionen des Leidens Tätigkeit, Praxis enthalten. Hier hat die naturhafte Metaphorik der traditionellen Leidenstheologie durchaus ihr Recht, insofern sie das Leiden mit Arbeit, die zur Bewältigung der Natur dient, zusammenbringt. Metaphern wie »pflügen, umgraben, pfropfen, läutern« weisen auf diesen Zusammenhang hin. Auch die Klage ist eine Bearbeitung des Leidens, und »lerne leiden, ohne zu klagen« ist ein falscher Rat; aus solchem unbearbeitet bleibenden Leid lässt sich nichts lernen.

Wie in aller geschichtlichen Erfahrung, so gibt es auch im Leiden unterschiedliche Möglichkeiten des Sich-Verhaltens. Wir können die bleiben, die wir zuvor waren, oder wir können uns ändern. Wir können die Attitüde der Wissenden annehmen, die des Klugen, der es hat kommen sehen, der es als immer schon so gewesen einordnet, der sich selber das Erschrecken verbietet, der für die Zukunft seine Konsequenzen zieht – aber wir können auch zu der anderen Haltung des Lernens finden.

In gewissem Sinne setzt das Lernen die mystische Annahme voraus: die Annahme des Lebens, seine unzerstörbare Hoffnung. Die Mystiker haben dargestellt, wie der Mensch frei und ledig werden könne, so dass Gott im Grunde der Seele geboren wird; dass der Mensch im Leiden »gelassen« werden kann, nicht apathisch, und dass die Fähigkeit zu lieben dort am stärksten wird, wo sie im Leiden wächst. »Gott ist bei den Leidenden« bedeutet nicht das, was ein Kind meint, wenn es verhauen wird und »Aber mein großer Bruder …« sagt. Es bedeutet, dass die Liebe, wenn sie in den Leidenden ist, unverwundbarer und unbeirrbarer ist als an irgendeinem anderen Ort der Welt. Sie ist unabhängiger geworden von den Erfüllungen, die von außen kommen, sie ist voraussetzungsloser. Die Leidenden haben nichts mehr an das Schicksal zu verlieren, sie sind den fremden, heteronom verstandenen Gott quitt. Sie haben alles zu gewinnen, nicht als ein ihnen von außen gegebenes Geschenk, sondern als Verwandlung ihrer selbst, die Stärke der Schwachen. Die Unabhängigkeit vom Gott des Klassenschicksals ist gerade die Stärke derer, die das Lied aus Santa Maria de Iquique singen. »Selig sind die Leidenden« bedeutet für sie den Trost der Befreiung: alle, die im Leiden lernen, die Erfahrungen machen und alte Erkenntnisse überwinden, die ihre eigene Stärke erfahren und den Schmerz der Lebenden im Reich der Toten kennen lernen, beginnen den Exodus.

2 Der bittere Christus

Aber hat das Christentum an diesem »aus Leiden lernen« überhaupt Anteil? War nicht seine Antwort auf das Leiden immer wieder die bloße Unterwerfung, wie sie Hiob von seinen Freunden auch heute abverlangt wird? Eine Unterwerfung unter das persönlich erfahrene Leiden hat die Desensibilisierung im Kontext allgemeiner gesellschaftlicher Apathie für das Leiden anderer zur Folge. Weithin ist das gegenwärtige Christentum die leidfreie Religion einer als leidenslos aufgefassten Welt. Es ist die Religion der Reichen, der Weißen, der Industrienationen, ihr Gott ist ein mildes und apathisches Wesen. Das Leiden ist in dieser Religion zu einer rein privaten Angelegenheit ohne allgemeines Interesse zusammengeschrumpft, denn die großen Leiden, auf denen diese Nationen ihren Wohlstand aufbauen, liegen weit außerhalb unseres Gesichtskreises, in anderen Erdteilen, und sie sind zugleich leicht in Zusammenhänge einzuordnen, die mit uns nichts zu tun haben, wie Geburtenüberschuss und mangelnde Industrialisierung. Der Profit, den wir aus dem Leiden der anderen ziehen, wird so verschleiert. Die gegen Hunger und Krankheiten abgedichtete Welt der Reichen braucht dem Problem des Leidens auch in ihrer eigenen Mitte keine besondere Aufmerksamkeit zu widmen. Diese innere Apathie entspricht der politischen und ökonomischen Lage. Die Ausbeutung braucht ein gewisses Maß an Apathie, um reibungslos abzulaufen.

Im theologischen Überbau wird diese Situation in der Lehre ausgedrückt, dass Christus genug für uns getan habe, so dass unser Leiden für die Verwirklichung des Heils nicht mehr notwendig sei. Versteht man das Heil in einem individualistischen Sinn, so ist diese Lehre durchaus konsequent. Da nicht das Reich Gottes und die Verwirklichung der Gerechtigkeit erst Heil für alle bedeuten, ist die Erlösung des Einzelnen nicht von seinen Taten oder den Leiden, die ebenfalls als Werke aufgefasst werden, abhängig. Das dann noch real anfallende Leiden wird aller übernatürlichen, aller geistlichen Qualitäten beraubt, es hat nicht mehr die Aufgabe, uns »zur Weisheit zu führen« oder zum Lernen zu bringen, es wird zu einem naturhaften Übel degradiert und entwichtigt. Für unsere Befreiung ist das Leiden im Rahmen einer solchen perfektionistischen Theologie sinnlos.

Diese leidfreie Religion wurde schon in ihrem Entstehen zu Beginn der Reformationszeit in leidenschaftlicher Sprache kritisiert, weil sie »einen honigsüßen Christus, wohl gefällig unserer mörderischen Natur«[4] predigt. Thomas Müntzer hat die Unterscheidung vom bitteren und vom honigsüßen Christus eingebracht, um seine Kritik an einem leidfreien Christentum, wie er es in Luthers Reformation angelegt sah, zu formulieren. Die Lehre des süßen Christus besagt, dass alles Leiden schon »ausgerichtet« sei, in Christus schon vollbracht ist. Er hat alles für uns getan, der Mensch braucht nur noch »auf Christi Kreide zu zechen«, der Glaube ist die Annahme dieses fertigen und zubereiteten Heils. Diesem Glauben, »dass Christo allein das Leiden zugelegt wird, als ob wir nicht leiden dürften«, entspricht politisch die Zwei-Reiche-Lehre, kirchenpolitisch die Kindertaufe.

Der Gott dieses »erdichteten«, »unerfahrenen«, »unversuchten« Glaubens ist kein anderer als der heidnische Gott, ein Gott der Apathie. Nach dem Koran ließ Gott Jesus nicht ans Kreuz kommen, weil er »viel zu milde dazu« war; er gab einen anderen Übeltäter an Christi Statt dahin, und nur die ahnungslosen Christen wurden betrogen. Müntzer benutzt diese Gottesvorstellung aus dem Koran, um gegen ein leidfreies Christentum zu polemisieren, das aus demselben »fantastischen sinnlichen Geist« stamme. Der apathische Gott ist »ein unbeweglicher Gott«[4], dem das Leiden fremd ist. Er kann nur mit dem süßen Christus zusammengedacht werden; seine Lehre wird angenommen, ohne Menschen zu verändern. Das Weltregiment bleibt von ihr unberührt, die konkreten Leiden der Menschen werden nicht ernst genommen. Aber »wer den bitteren Christus nicht haben will, wird sich am Honig totfressen«[5]. Der bittere Christus wird erfahren in der Leidensnachfolge. Leiden, nicht nur Glauben ist der Weg zu Gott. Keiner wird mit Gott eins, »bis dass er durch sein Leiden (ihm ewig zuständig) überwunden hat«[5]. Erst muss die Hölle erlitten werden, alle anderen Wege, »die so trösten, ehe betrüben«, bringen nur die äußerliche Annahme. Der bittere Christus, das bedeutet, dass wir Gott »die Dornen und Disteln lassen ausreuten«, die in uns sind. Die billige Gnade, von der Bonhoeffer sprechen wird, ist schon hier angegriffen, die Meinung, man könne »also leichtlich zum Christenglauben kommen, wenn sie nur dran denken, was Christus gesagt hat. Nein, lieber Mensch, du musst erdulden und wissen, wie dir Gott selber dein Unkraut, Disteln und Dornen, aus deinem fruchtbaren Lande, das ist aus deinem Herzen, reutet.« Im Vertrauen auf den »süßen Christus« will der Mensch »gotformig sein, so er nimmermehr wil, auch ganz nicht begert, cristformig zu werden«[6]. Gottförmig werden wollen bedeutet einen Weg ohne Leiden, ohne Angst, das Heil bleibt da unerfahren, nur äußerlich angenommen. Gottförmig sein, ohne christförmig zu werden, ist ein leidfreies Christentum – das bedeutet aber zugleich eines, das das Leiden anderen überlässt. Das verbürgerlichte Christentum, wie es in den Konsequenzen Luthers angelegt war, wird hier zu Beginn der Reformation in einer an Kierkegaard gemahnenden Schärfe und Radikalität kritisiert.

Der Wunsch, gottförmig zu werden, ohne den Weg Christi zu gehen, kann verschieden gedeutet werden. Einmal entstammt er der Überzeugung, dass Christus ja alles für uns getan habe, so dass in seinem Leiden und Sterben alles abgegolten ist. Was jetzt noch, sozusagen in der Nachgeschichte, erlitten wird, ist als unwesentlich in Geduld zu ertragen. Eine imitatio Christi widerspricht einem solchen Glauben, sie fällt im Denken Luthers unter die Werke und die Versuche, durch Leistungen das Heil selber zu besorgen. Die Karfreitagspredigten Luthers sind voll von der Sorge, jemand könnte Jesu und unser Leiden »vermischen«[7]. Das bedeutet aber, dass die Würde, die menschliches Leiden als Fortführung oder Ergänzung des Leidens Christi gehabt hat, nun entfällt. Die Behauptung, dass in Christus alles erfüllt sei, bleibt dabei vollständig inhaltsleer, ein uns exkludierendes Ideal der Herrschaft.

Aber es gibt auch moderne Formen des Wunsches, gottförmig ohne christförmig zu werden. In verschiedenen Gestalten heutiger Theologie der Hoffnung wird die Erfüllung an Gottes (späteres) Handeln und Heraufführen gebunden. Gott ist es, der befreit, der agiert, und im Überschwang der Hoffnung tritt das Motiv eines künftig befreienden Gottes weit schärfer hervor als die messianischen Leiden der Tradition, die die Erfüllung an die »Wehen« und das Heil an Leiden und Lernen band. Der Triumph Gottes beherrscht dann die Szene, und die jetzt leidenden Menschen können sich darin nur als später Beschenkte, als Anteilnehmende verstehen, ohne dass sie es selber würden, aus deren Schmerzen das Neue auferbaut wird. Anders gesagt: der Wunsch, gottförmig zu sein und nicht christförmig zu werden, ist ein Wunsch der Unmittelbarkeit, die ohne Umweg und ohne Ichwerdung alles will, ein narzisstischer Wunsch des sich in Gott unsterblich und allmächtig setzenden Ich, das es nicht nötig hat, »sein Leben kreuzigen zu lassen« und die Nacht des Schmerzes zu durchleben. Das Kreuz zu meditieren bedeutet Abschied zu nehmen von der narzisstischen Hoffnung, ungekränkt, unverstümmelt und unsterblich zu sein. Alle an solche Hoffnungen verschwendeten Kräfte können dann frei werden, aufgeboten gegen das Leiden.

Gottförmig sein zu wollen, ohne christförmig zu werden, bedeutet in unserer Welt die Anbetung des großen Pharao. Sie vollzieht sich nicht mehr wesentlich in der Gestalt der Unterwerfung unter das unbegreiflich verhängte Schicksal. Die religiöse Unterwerfung ist der Götzendienst einer Zeit des Mangels und der an den verschiedensten Stellen neu aufbrechenden Not. In einer Zeit der Fülle und der Beseitigung elementarer Not für einen Teil der Menschheit muss Pharao, als der Garant dieses Wohlergehens, nicht mehr zur Unterwerfung zwingen, er hat bessere Methoden, Menschen von Aufbruch und Rebellion fernzuhalten. Zwang und Gewalt werden überflüssig, wo Überredung und Verführung das Ihre tun, Apathie ersetzt die Unterwerfung. Es wird zum wichtigsten Interesse aller, um jeden Preis zu den Leidfreien zu gehören, und nur die Leidfreien beten diesen Pharao richtig an, indem sie mehr produzieren und mehr konsumieren, unter Verleugnung der verbleibenden nicht-verhüteten Schmerzen.

Christförmig zu werden bedeutet, im Aufstand gegen den großen Pharao zu leben und bei den Unterdrückten und Benachteiligten zu bleiben. Es bedeutet, ihr Schicksal zu dem eigenen zu machen. Es ist leicht, mit Pharao einverstanden zu sein, wenn man nur ein Auge zudrückt. Es ist einfach, die Gestalten des Kreuzes, von denen wir umgeben sind, zu übersehen. Selbstverständlich kann man den Versuch machen, eine Theologie zu entwickeln, die nicht mehr das finstere Kreuz zum Mittelpunkt hat, und nicht, weil man damit dem bisherigen Christentum den Abschied gibt, ist so ein Versuch zu kritisieren, sondern weil man der Realität ausweicht, in deren Mitte das Kreuz steht.

Aber wenn Thomas Müntzer vom Christförmig-Werden spricht und das Leiden als den Weg dazu ansieht, so meint er nicht jedes Leiden. Nicht die erpresste Entsagung und die Fronarbeit der Bauern, nicht die Schinderei für die Herren ist das Leiden, das den Menschen christförmig macht. Das christliche notwendige Leiden mit seinen Stationen der Angst, der »Entgröbung«, des Abtuns der an die Welt bindenden Begierden, der Verwunderung, die »anhebt, wenn einer ein Kind ist von sechs oder sieben Jahren« – dieser Weg zu Christus als ein Weg des Leidens ist überhaupt erst möglich nach einer Aufhebung der Gewalt und Ungerechtigkeit, die den armen Mann so verknechtet, dass er die Schrift nicht lesen kann, abgeschnitten ist von allen Möglichkeiten des Lebens. Das Leiden, das uns christförmig macht, hat nichts zu tun mit dem Lob der Arbeit, etwa des Bauernstandes, wie es sich damals gegen das frühe Bürgertum in den Städten formulierte. Der bittere Christus lässt nicht soziales Leid als solches bestehen, predigt nicht Hinnahme – so wie Güte nicht mit der Duldsamkeit gegen das Unrecht vermischt ist.

In seinem späten Manifest an die Allstedter Bergknappen unterscheidet Müntzer am klarsten: »Wollt ihr nicht um Gottes willen leiden, so müsst ihr des Teufels Märtyrer sein.«[8] Es gibt kein neutrales, naturhaft bleibendes Leid. Wir haben nur die Wahl des Worumwillens, nicht die Wahl des Leidenmüssens oder Leidfrei-Bleibens. »Des Teufels Märtyrer« sind in Müntzers Sprache die geschundenen, erpressten, ausgesogenen Bauern, die unter der Herrschaft ihrer Herren bleiben und sie erdulden. Das Leiden dieser nicht-revolutionären Bauern ist fruchtlos, ohne Veränderung, es kann sie nur abstumpfen oder zu Tieren machen. Im Zustand der Unterdrückung können sie die menschliche Furcht nicht loswerden. »Man kann euch von Gott nichts sagen, dieweil sie über euch herrschen.«[8] Der Gedanke, dass auch der Teufel Märtyrer hat, dass es also Leiden gibt, die der Befestigung seines Reiches dienen, verschärft die Fragestellung nach dem Leid noch einmal. Die gewonnene Unterscheidung ist nicht am Material des Leidens zu finden, sie wird nicht an den Ursachen des Leidens orientiert, sondern an seiner Wirkung. Müntzer unterscheidet die, die um des Teufels willen leiden, von denen, die in ihrem Leiden mit ihrem Schmerz dem Schmerz Gottes dienen. So hat Paulus die göttliche Traurigkeit von der Traurigkeit der Welt unterschieden je nach dem Ziel, dem sie dient (2 Kor 7,8–10). Paulus benennt die Folgen der von Gott gewollten Traurigkeit in den Erfahrungen der Korinther; sie haben sich verändert, ihre Selbstbestimmung ist gewachsen: »ernstes Bemühen, Verteidigung, Unwil-

len, Furcht, Sehnsucht, Eifer, Bestrafung« sind unter ihnen gewachsen. Damit wird umschrieben, was wir »Praxis« des Leidens nannten, die mit affektiver Äußerung und Handeln einhergeht. Die Traurigkeit der Welt dagegen kann zum Tod
führen, das heißt, die Menschen in einen totenähnlichen, bezie-
hungslosen Zustand der Erstarrung versetzen; die Traurigkeit,
die Gott wirkt, macht uns christförmiger, lebendiger, schmerz-
und liebesfähiger. Diese Unterscheidung von göttlicher und
weltlicher Traurigkeit bestätigt alles das, was wir über Leiden
und Lernen, Leiden und Arbeit gesagt haben. Dann können
Menschen auch das Leiden, das ihnen als ein Leiden zum Tode
erscheint, auch den bitteren Schmerz der Hoffnungszerstörung
in sich verwandeln und ihm die Richtung des Lebens geben.

3 Ich und der Vater sind eins

Wenn die wichtigste Frage an das Leiden die ist, wem es dient,
Gott oder dem Teufel, dem Lebendigwerden oder der Erstarrung, der Leidenschaft des Lebens oder der Zerstörung dieser
Leidenschaft, dann erscheint die andere Frage an das Leiden,
nämlich die der Theodizee, überholt. Der allmächtige Herrscher, der Leid verhängt oder aus Leiden befreit, hat dann seine
alles überragende Bedeutung verloren. Wer sein Leiden auf einen Allmächtigen, Fremden, Allesverhängenden gründet, der
muss vor die Frage nach der Gerechtigkeit dieses Gottes kommen – und er muss an ihr scheitern. Es bleibt dann die bloße
Unterwerfung unter die Allmacht, eingeschlossen der Verzicht
auf Gerechtigkeit, wie am Ende bei Hiob – oder es bleibt die
Rebellion gegen diesen Gott und die Erwartung eines anderen
Befreiers. Wie immer Menschen an diesem als heteronom erfahrenen Gott scheitern, der das Unrecht zulässt, als sei er von
unseren finsteren Instinkten besessen – es sind Menschen, die
zuviel von Gott, zuwenig von sich selber halten. Gerade unter
theistischer Verschleierung entsteht die durchaus weltliche
Traurigkeit, die zur Beziehungslosigkeit führt.
    Wem dient ein Leiden, was bewirkt es? Viele träumen von ei-

ner besseren Welt, können aber ihr privates Leiden nicht mit dem allgemeinen Traum vermitteln. Wo dies geschehen ist, wo Menschen ihr Leben an die Hoffnung für alle gaben, da erscheinen auch andere Formen des Leidens. Ein Zeugnis solchen Leidens und Sterbens sind die letzten Briefe zum Tode Verurteilter aus den Jahren 1939–1945. Es ist wichtig, diese Briefe auch für die zweite Hälfte des Jahrhunderts im Gedächtnis zu bewahren – nicht, weil dieselbe Art von Faschismus uns bedrohte, wohl aber, weil diese Art von Leiden und Lernen, von Sterben und Auferstehen uns helfen kann.

Eine Reihe von diesen Briefen erinnert unmittelbar an die Abschiedsreden Jesu, wie sie im Johannesevangelium stehen; sie spiegeln ein ähnliches Verhältnis zum eigenen Leiden und Sterben und zu den Zurückbleibenden. Den Briefschreibern und Jesus ist gemeinsam das Wissen, dass der Tod unabwendbar ist. Der wesentliche Inhalt der Briefe ist nicht die Selbstdarstellung von Schmerz und Trauer, sondern die Sorge um die Zurückbleibenden. »Ich werde euch nicht verwaist zurücklassen; ich komme zu euch. Noch eine kurze Zeit, so sieht die Welt mich nicht mehr, ihr aber sollt mich sehen; denn ich lebe, und ihr sollt auch leben« (Joh 14,18 f.). Jesus verspricht seinen Freunden Frieden. »In der Welt habt ihr Angst, aber seid getrost. Ich habe die Welt überwunden« (Joh 16,33). Jesu Sorge galt den andern.

»Ihr stellt Euch vor, dass ein Mensch, der zum Tode verurteilt ist, immerzu daran denkt und es bedauert. Das ist ein Irrtum. Ich dachte von Anfang an an die Möglichkeit des Sterbens – Verka weiß es wohl –, und ein Bedauern habt ihr bei mir nie gesehen. Ich denke durchaus nicht daran. Der Tod ist immer nur für die Lebenden schlimm, für die Zurückbleibenden. Darum muss ich Euch Kraft und Mut wünschen. Ich küsse und umarme Euch alle und auf Wiedersehen.«[9]

Ein anderer schreibt an seine Frau:

»Schura! Was kann ein Mensch machen, der im Gefängnis sitzt und vom sicheren Tod bedroht wird? Trotzdem haben sie Angst vor mir. Sag es den andern. Ich weiß, dass ich erledigt bin, und je früher dieser Augenblick kommt, desto leichter ist es zu ertragen. Leb wohl. Ich bitte dich, allen zu sagen, dass nichts beendet ist. Ich werde sterben, aber Ihr werdet leben.«[9]

Wie Jesus seinen Freunden »den Frieden zurücklässt« und sie bittet: »Euer Herz erschrecke nicht und fürchte sich nicht« (Joh 14,27), so klingt auch hier immer wieder die Bitte an:

»Doch seid nicht betrübt. Andere werden nach meinem Tode emporsprossen, Tausende.«[9]

»Glaubt mir, nichts, gar nichts von dem Geschehenen hat an die Freude rühren können, die in mir ist, und die sich jeden Tag mit einem Motiv von Beethoven ankündigt. Der Mensch wird nicht kleiner, auch wenn er um den Kopf verkürzt wird.

Und ich bitte Euch innig, wenn alles zu Ende ist, denkt nicht mit Trauer an mich, sondern mit der Freude, mit der ich immer gelebt habe. «[9]

Dieses Verhältnis von Traurigkeit und Freude findet sich im Evangelium immer wieder ausgesprochen. »Wahrlich, wahrlich, ich sage euch: ihr werdet weinen und heulen, aber die Welt wird sich freuen; ihr aber werdet traurig sein; doch eure Traurigkeit soll in Freude verkehrt werden. Ein Weib, wenn sie gebiert, so hat sie Traurigkeit, denn ihre Stunde ist gekommen; wenn sie aber das Kind geboren hat, denket sie nicht mehr an die Angst um der Freude willen, dass der Mensch zur Welt geboren ist« (Joh 16,20 f.). Von dieser Freude, an der Entstehung einer neuen Welt gearbeitet zu haben, sprechen auch die Briefe der Widerstandskämpfer.

Ein zweites Motiv ist ihr Stolz und ihre Gewissheit, nicht umsonst gelebt zu haben. Ihr Leben ist durch den Tod nicht zerstört.

»Ich will nicht, dass Du mich beklagst. Ich will, dass Du alle Deine Freunde um eine Tafel versammelst und ihnen meinen Brief vorliest, und dass Ihr auf die Ruhe meiner Seele trinket. Ich will nicht, dass irgend jemand weine.«[9]

Jesus spricht davon, dass er das Werk vollendet hat, den Namen des Vaters kundgemacht hat (Joh 17,4 und 6 ff.) und dass er seine Freunde im Namen des Vaters erhalten und befestigt hat, so dass ihr Leben nicht von der Welt ist. »Dies rede ich in der Welt, damit sie in sich meine Freude vollkommen haben« (Joh 17,13). Die Vollendung des Werkes im Sterben gibt Jesus das Recht, jetzt selber verherrlicht zu werden. Von der gleichen Gewissheit ist der Brief eines einundzwanzigjährigen Widerstandskämpfers getragen. »An alle, die ich liebe.«

»Ich sterbe jung, sehr jung; es gibt etwas, das nicht sterben wird, das ist mein Traum! Nie, wie in diesem Augenblick ist er mir klarer, prächtiger und näher erschienen. Doch, die Stunde meines Opfers ist gekommen; die Stunde seiner Verwirklichung naht, mein Brief geht zu Ende, die Zeit vergeht ebenso, drei Stunden nur trennen mich vom Tod, mein Leben geht zu Ende.
Bald der strenge Winter, bald auch der schöne Sommer; ich, ich werde über den Tod lachen, denn ich werde nicht sterben, man wird mich nicht töten, man wird mich ewig leben machen; mein Name wird nach meinem Tod nicht wie eine Totenglocke läuten, sondern wie ein Aufschwung zur Hoffnung. Vergesst die gefangenen Kameraden nicht, deren Familien ohne Hilfe sind.«[9]

Von diesen Sterbenden kann man sagen, dass sie glücklicher als ihre Henker waren. In einigen Briefen erscheint eine fast peinlich anmutende Selbstgewissheit, die moralische Überlegenheit derer, die für die gerechte Sache sterben. Aber der Versuch des christlichen Glaubens zu artikulieren, dass Jesus im Sterben zum Sohn Gottes geworden ist, meint nichts anderes. Die Abschiedsreden sprechen von der endgültig gewordenen Gewissheit, der »Verherrlichung«. Der Stolz der zum Tode Verurteilten entstammt dem prophetischen Selbstbewusstsein, einem Bewusstsein der Unzerstörbarkeit. Glück und Angstlosigkeit gehören zu denen, deren Namen »nicht wie eine Totenglocke« läuten werden.

»*Das Kriegsgericht hat mich zum Tode verurteilt. Ich schreibe diese Zeilen wenige Minuten vor dem Sterben. Ich fühle mich gesund, voller Tatkraft, voll unbegrenzter Lebenslust … Aber es gibt keine Möglichkeit der Rettung. Ich muss sterben. Ich gehe jedoch mit Festigkeit, mit Mut in den Tod, wie es sich für Menschen unseres Schlages gehört. Ich habe 41 Jahre gelebt, 20 davon habe ich der Sache der Armen gewidmet. Mein ganzes Leben lang war ich ein ehrlicher, treuer, unermüdlicher Kämpfer ohne persönliche Interessen. Nie war ich unaufrichtig. Und wie ich gelebt habe, so sterbe ich, da ich weiß, dass unsere Sache gerecht ist, und dass der Sieg unser sein wird. Das Volk wird mich nicht vergessen, wenn bessere Zeiten kommen. Eines Tages wird die Geschichte die Wahrheit erzählen, auch in Bezug auf meine bescheidene Person. Ich sterbe, und ich werde leben.*«[9]*

Der Schreiber dieses Textes ist, wie viele andere, Kommunist. Sein »ich sterbe, und ich werde leben« hat keine postmortale Jenseitsvorstellung als Hintergrund, keine individuelle Erwartung auf ein Weiterexistieren. Es ist der paradoxe und präzise Ausdruck seines Lebens. Angstfreiheit, Gewissheit, Stärke lassen sich aus diesen Briefen entnehmen. Sie stammen aus der Anteilhabe an einer Sache, die größer ist als die Menschen, die an ihr arbeiten und dabei sterben. Sie wissen, dass sie leben, gegen den Tod der Vergessenheit. »Ich verlasse dich also, bleib mir gesund. Ein jeder von Euch muss jetzt ein Jahrhundert der anderen ersetzen.«[9]

Ein drittes gemeinsames Motiv ist, dass viele der Sterbenden versuchen, einen Auftrag an die Weiterlebenden auszusprechen. So wie Jesus seine Jünger immer wieder bittet, einander so zu lieben, wie er sie geliebt hat (Joh 13,34), einander das zu sein, was er für sie war, so geben auch diese Sterbenden ihr eigenes Leben als ein Vermächtnis, als ein aufgetragenes Erbe weiter. In die Mauer einer Zelle wurde gekritzelt: »Wenn dieser Körper nicht mehr sein wird, wird dieser Geist noch lebendig im Gedächtnis dessen sein, der zurückbleibt. Sieh zu, dass er immer ein Vorbild sei.« Eine Tochter schreibt ihrer Mutter: »Du musst leben und tapfer sein, um statt meiner noch viel Gutes auf der Welt tun zu können, Mama, darum bitte ich dich.«[9]

Die Gewissheit des durch das eigene Verhalten heraufbeschworenen, insofern »freiwilligen« Todes, die Sorge für die Überlebenden, der Stolz auf die eigene gerechte Sache und der weitergehende Auftrag – das sind Züge, die für diese Briefe ebenso charakteristisch sind wie für die Abschiedsreden Jesu. Die Passionsgeschichten sind ja nicht objektiver Bericht, sondern zu unserer Belehrung geschrieben; wir erkennen in ihnen unsere Möglichkeiten, sich zu Geschlagenen zu verhalten, und unsere eigenen Möglichkeiten, menschlich zu leiden. In einem alten Gebet heißt es: »Passio Christi, conforta me.« Leiden Christi, stärke mich. Wie kann das geschehen? Nicht einfach in der Vergegenwärtigung des Leidens Christi; dies hatte Sinn in einer Zeit, der die Gottheit Christi selbstverständlich war und das Leiden Jesu die Teilnahme Gottes an unserem Leiden ausdrücken konnte. Der Trost der Passion kann sich für uns nicht auf diese Voraussetzung gründen. Nicht dass der Gottessohn litt, sondern wie der Mensch Jesus litt, das bedeutet eine Stärkung, eine Darstellung menschlicher Möglichkeiten, eine Hoffnung auf Humanisierung auch unseres Leidens. Als rein historische hat die Geschichte Jesu keine übergreifende Bedeutung; sie wird erst verstanden und angeeignet, wo sie in ihrem Weitergehen verstanden wird. Jesus stirbt weiter, vor unseren Augen, sein Tod ist nicht abgeschlossen. Wo immer Menschen gequält werden, da leidet er.

Wenn wir Jesu Tod nur historisch bedächten, ohne seine weitergehende Sache zu meditieren, dann bliebe dieses Gedächtnis eine Liturgie ohne Wahrheit. Indem wir das gegenwärtige Weitersterben Jesu vergessen, verleugnen wir die Passion selber. Die Aufforderung »Tut dies, so oft ihr es tut, zu meinem Gedächtnis« überwindet die Vergesslichkeit und stiftet ein Gedächtnis des Todes Jesu, das aber erst erfüllt wird, wo es im Weitersterben der Opfer erkannt wird. Die theologische Aufgabe ist, den Anspruch Jesu in den Abschiedsbriefen der Märtyrer zu hören und die Stimme Jesu in ihrer Stimme wiederzuerkennen.

Diese Menschen stehen nicht wie Kinder vor einem gewaltigen Vater, sie klagen wohl über den Verlust ihres Lebens, aber sie klagen nicht mehr ein über ihnen waltendes Verhängnis an, sie fragen nicht: Warum lässt Gott das zu? Selbst da, wo sie mit anderen Worten das »Mein Gott, warum hast du mich verlassen?« wiederholen, bleibt die Gewissheit erhalten, die Jesus in dem johanneischen Satz »Ich und der Vater sind eins« (Joh 10,30) ausdrückt. Solche Gewissheit trägt sie: Sie wissen sich »gesandt«, die Gerechtigkeit zu verwirklichen, und ihre weitergehende Sache der Gerechtigkeit bedeutet, dass sie auch im Tode »aufgenommen« sind, »verherrlicht« werden. Sie sind stärker als »die Welt«, die über sie triumphiert.

Das menschliche Leiden kann gelebt werden in dieser Einheit mit dem Vater, wie Jesus formulierte, in der unzerstörbaren Gewissheit der Wahrheit des Lebens, das für, nicht gegen den Menschen ist. Die Passion Jesu ist der Inbegriff eines solchen freiwillig übernommenen Leidens. Sie ist Leiden an der »Welt«, an der Gesellschaft, die sich Jesu Anspruch nicht stellen will; sie ist auch Passion im modernen Sinn: Leidenschaft für das Unbedingte. Die zum Tode Verurteilten zeigen uns wie die Heiligen, was es bedeutet, die Passion leben zu können.

Von Natur trifft uns das Leiden so, dass es uns zu »des Teufels Märtyrern« macht. Angst, Verstummen, Aggression und blinder Hass werden durch Leiden bestätigt und wachsen weiter. In Christus, das heißt in der nicht selbstverständlichen wahren Möglichkeit des Menschen, betrifft uns das Leiden so, dass es unsere Selbstgewissheit, unseren Trotz, unsere Stärke herberuft: unsere Einheit mit der Liebe ist unwiderruflich. Leiden lernen, ohne des Teufels Märtyrer zu werden, heißt, im Bewusstsein der Einheit mit dem Ganzen zu leben. Die so Leidenden sind unzerstörbar. Nichts kann sie scheiden von der Liebe Gottes.

4 Leiden und Atheismus

Gerade wenn wir nachvollziehen können, dass es ein Leiden gibt, das uns nicht zerstört, sondern unzerstörbar macht, das uns lehrt, das Leben mehr als je zu lieben, gerade dann wird das sinnlose Leiden, dem alle diese Möglichkeiten versagt sind, in seinem Grauen sichtbar. Die Briefe derer, die nicht um einer Sache willen starben, der Kinder, der zufällig Aufgegriffenen, der Unbeteiligten bezeugen dieses Grauen eines fruchtlosen Leidens. In ihrem Sterben ist kein Stolz, nur Klage. Ihr Schmerz ist nicht zu lösen oder in einen Sinnzusammenhang zu bringen. Das Leiden der bewusstlosen gezwungenen Opfer verschließt sich jedem Versuch der Deutung. Der Brief eines vierzehnjährigen jüdischen Jungen aus Galizien, der bei einer Razzia aufgegriffen wurde, enthält diesen unverwandelbaren Schmerz, ohne Gewissheit und Trost.

»Meine lieben Eltern!

Wenn der Himmel Papier und alle Menschen Tinte wären, könnte ich mein Leid und alles, was ich rings um mich sehe, nicht beschreiben.

Das Lager befindet sich auf einer Lichtung. Vom frühen Morgen an treibt man uns in den Wald zur Arbeit. Meine Füße bluten, weil man mir die Schuhe weggenommen hat. Den ganzen Tag arbeiten wir, fast ohne zu essen, und nachts schlafen wir auf der Erde (auch die Mäntel hat man uns weggenommen).

Jede Nacht kommen betrunkene Soldaten und schlagen uns mit Holzstöcken, und mein Körper ist schwarz von blutunterlaufenen Flecken wie ein angekohltes Stück Holz. Bisweilen wirft man uns ein paar rohe Karotten oder eine Runkelrübe hin, und es ist eine Schande: hier prügelt man sich, um ein Stückchen oder ein Blättchen zu erwischen. Vorgestern sind zwei Jungen ausgebrochen, da hat man uns in eine Reihe gestellt, und jeder Fünfte der Reihe wurde erschossen. Ich war nicht der Fünfte, aber ich weiß, dass ich nicht lebend von hier fortkomme. Ich sage allen Lebewohl, liebe Mama, lieber Papa, liebe Geschwister, und ich weine …«[9]

Vor solchem Leiden erscheint jede Form der Deutung als eine Art von Optimismus, wie ihn Schopenhauer kritisiert hat, »nicht bloß als eine absurde, sondern auch als eine wahrhaft ruchlose Denkungsart …, als ein bitterer Hohn über die namenlosen Leiden der Menschheit«[10]. Angesichts der erzwungenen Leiden kann auch der Versuch einer an Christus orientierten Deutung des Leidens als Weg des Lernens, den die Liebe gehen muss, nichts mehr besagen. Die Passion Christi – verstanden als Leiden-, Leben- und Sterbenlernen – kann für das jüdische Kind Chaim nichts bedeuten. Gerade um dieser sinnlos leidenden Menschen willen wäre ein allmächtiger und gütiger Gott notwendig, aber gerade an ihnen scheitert der Versuch, einen solchen Gott zu lieben. Am sinnlosen Leiden entsteht die Frage nach diesem Gott: Wo ist er? Sieht er zu? Eine junge Kommunistin schreibt an ihre Mutter: »Dein ganzes Leben war ein Leben der Betrübnis. Gott gibt es nicht; als ich draußen war, habe ich manchmal daran gezweifelt, aber jetzt weiß ich es sicher.«[9]

Der Prozess, der zu dem Ergebnis führt: »Gott gibt es nicht«, kann fast als eine normale Entwicklung angesehen werden. Wo immer Menschen mit dem sinnlosen Leiden konfrontiert werden, da muss der Glaube an einen Gott, der gleichzeitig Allmacht und Liebe verkörpert, ins Wanken geraten oder zerstört werden. Aufrechterhalten werden kann dieser Glaube dann nur, indem die Allmacht, die Unbegreiflichkeit, die finstere Freude Gottes über die Liebe triumphiert. Ein solcher Glaube kann nicht mehr Übereinstimmung mit dem Vater sein, er wird die bloße Unterwerfung unter den Stärkeren.

Konsequenter ist die andere Antwort auf diesen Gott, die darin besteht, dass man ihn los wird. Brecht erzählt von einer Frau, die mit ansehen muss, wie ihre sehr fromme Großmutter viele Tage lang einen qualvollen Tod stirbt. Im Fieber »versuchte sie ununterbrochen zu beten, hatte aber die Worte des Vaterunsers vergessen, was sie sehr quälte. Dieser Tod brachte mich um den Rest meines Glaubens an Gott.«[11] Diese Erfahrung ist allgemein, sie bleibt kaum jemandem erspart; ihr Effekt ist der bewusst gewordene Atheismus, die Überzeugung davon, dass es kein gütiges himmlisches Wesen gibt, das noch über dem Schicksal thront und alles lenkt. Brecht erzählt diese Geschichte nicht als eine private Anekdote, sondern als lapidare Darstellung dessen, was Menschen auf dem Weg in die moderne Welt erfahren.

Der Atheismus entsteht am menschlichen Leiden; ein Gott, der eine Frau, die ihr Leben ihm gewidmet hat, im Tode derart sinnlos quält, kann nicht sein. Der Glaube allerdings, der in dieser Erfahrung aufgelöst wird, ist ein Theismus, der mit Christus kaum etwas zu tun hat; Geschichten dieserart handeln von Gott, niemals von Jesus. Offenbar übermittelt die christliche Verkündigung und Erziehung nach wie vor nichts anderes als den allmächtigen Pharao. Eine Umfrage in verschiedenen Schulklassen, was denn das Wichtigste am Christentum sei, ergab Hinweise auf Gott, auf die Unsterblichkeit der Seele und auf moralische, vor allem sexuelle Vorschriften. Christus erschien nicht, eine Erklärung des Namens »christlich« wurde nicht gegeben. Christus ist unbekannt: Der Leidmacher und der Leidaufheber werden als Gott bekannt gemacht, nicht der Leidende. Gott ist nach wie vor der allmächtige Lenker, der zum Leiden nur in den Beziehungen des Verursachens oder Schickens und des Aufhebens steht. Gemessen an diesem Gottesglauben ist der wachsende Atheismus der Massen trotz seiner Banalität ein Fortschritt.

Die Banalität dieses Atheismus besteht in der Annahme, dass die Fragen, die der große Pharao so unzureichend beantwortete, mit seiner Absetzung auch schon beantwortet seien. Ein bloßer Rückzug aus dem Problem menschlichen Leidens, eine bloße Aufgabe der Frage der Theodizee ist keine Lösung. Es ist nichts damit getan, wenn man das Leiden zu einer unlösbaren Frage erklärt und sie als solche beiseite lässt. Brecht hat diese Art von Fragen als »schlechte Gewohnheiten« diffamiert, überkommen aus der Zeit der metaphysischen Fragen. »Gehen nach Orten, die durch Gehen nicht erreicht werden können … Denken über Probleme, die durch Denken nicht gelöst werden können, muss man sich abgewöhnen.«[12] Aber dieser Zwang der Abgewöhnung scheint eher eine Verdrängung zu bedeuten; die Liebe kann sich mit der Sinnlosigkeit von Leiden und Zerstörung nicht abfinden. Sie kann es sich nicht »abgewöhnen«, nach den Menschen zu fragen, denen nicht mehr zu helfen ist.

Die bei vielen marxistischen Denkern beiseite geschobenen Probleme – der Subjektivität, des Leidens, des Todes – melden sich wieder an, es ist unmöglich, in einen Naturzustand, der vor der Problematik liegt, zurückzugehen; der einmal entfaltete Reichtum der Subjektivität und ihrer Erkenntnis hängt nach Schopenhauer ab von der »Fähigkeit, Schmerz zu empfinden, … welche daher im Menschen ihren höchsten Grad erreicht und einen um so höheren, je intelligenter er ist«[13]. Menschen sollen nicht durch Abstumpfung und Möglichkeiten der Ablenkung aufhören, nach dem Sinn des Leidens zu fragen, es gelingt ihnen auch nicht. Nicht der Rückzug aus der Frage, sondern ihre Überwindung ist notwendig. Die falsche Erwartung an den Leidmacher und Leidaufheber kann überwunden werden, und Menschen können die Frage nach dem Leiden mit ihrem eigenen Leben, dem »christförmig« gewordenen, beantworten. Nicht der stoische Held, der mit verschränkten Armen, sich klein machend, abwartend und in Unerschütterlichkeit Distanz bewahrt, sondern der mystisch Leidende, der seine Hände für alles Begegnende öffnet, zeigt die Möglichkeit der Humanisierung des Leidens. Er hat den Glauben an und die Hoffnung auf einen überweltlich eingreifenden Gott aufgegeben, aber nicht die Hoffnung auf Veränderung des Leidens und auf Lernen im Leiden.

5 Das Kreuz

Wie kann Hoffnung angesichts des sinnlosen Leidens ausgesprochen werden?

Ich gehe von einer Geschichte aus, die E. Wiesel, ein Überlebender von Auschwitz, in seinem Buch »Night« berichtet.[14]

»*Die SS erhängte zwei jüdische Männer und einen Jungen vor der versammelten Lagermannschaft. Die Männer starben rasch, der Todeskampf des Jungen dauerte eine halbe Stunde. ›Wo ist Gott? Wo ist er?‹ fragte einer hinter mir. Als nach langer Zeit der Junge sich immer noch am Strick quälte, hörte ich den Mann wieder rufen: ›Wo ist Gott jetzt?‹ Und ich hörte eine Stimme in mir antworten: ›Wo ist er? Hier ist er … Er hängt dort am Galgen …‹*«

Es ist schwer, über diese Erfahrung zu sprechen. Der Weg, der von der Frage zur Antwort führt, ist ja nicht, indem man ihn theologisch reflektiert, auch schon gegangen. Die Reflexion steht in der Gefahr, diesen Weg selber zu verfehlen, weil sie, an andere Situationen gebunden, die Frage nicht ermessen kann.

Innerhalb des jüdischen religiösen Denkens lässt sich die Antwort, die hier gegeben wird, auf die Schekhinah, die »einwohnende Gegenwart Gottes in der Welt«, deuten. Nach kabbalistischer Lehre lässt Gott die leidende und erlösungsbedürftige Welt nach dem Fall nicht allein, seine Herrlichkeit »steigt selber zur Welt nieder, geht ein in sie, ins ›Exil‹, wohnt ihr ein, wohnt bei den trüben, den leidenden Geschöpfen, inmitten ihrer Makel«[15]. In seiner entäußerten, erniedrigten Gestalt teilt Gott das Leiden seines Volkes im Exil, im Gefängnis, im Martyrium. Wandernd, irrend, verstreut weilt seine Einwohnung bei den Dingen und wartet auf die Erlösung Gottes durch die Kreatur. Gott leidet, wo Menschen leiden, Gott muss erlöst werden vom Schmerz. »Nicht zum Schein ist Gott in seiner Welteinwohnung ins Exil gegangen; nicht zum Schein erleidet er in seiner Einwohnung das Schicksal seiner Welt mit.« So kann man sagen, dass Gott in seiner Gestalt der Schekhinah in Auschwitz am Galgen hängt und darauf wartet, »dass von der Welt aus die anfangende Bewegung auf die Erlösung zu geschehe«[15]. Nicht von außen oder von oben kommt die Erlösung den Menschen zu. Gott will den Menschen brauchen, um an der Vollendung seiner Schöpfung zu arbeiten. Eben darum muss Gott auch mit ihm leiden.

Innerhalb der christlichen Tradition gedeutet, ist es Christus, der hier leidet und stirbt. Man muss sich dann allerdings der Frage stellen, was eine solche Deutung bewirkt, die Christus in Beziehung setzt zu den in Auschwitz Vergasten und den in Vietnam mit Napalm Verbrannten. Wo immer sie Unvergleichbares vergleicht – wie den römischen Justizmord an einem religiösen Führer des 1. Jahrhunderts und den faschistischen Genocid im 20. –, da begeht sie auf eine sublime Weise Entschärfung, ja Rechtfertigung. Der Gesichtspunkt des Vergleichs ist nicht die Zahl der Opfer und die Art der Tötung: Eine fünfzigjährige Akkordarbeiterin hängt nicht weniger am Kreuz als Jesus, nur länger. Das Einzige, was in Beziehung gesetzt werden kann, ist das Verhältnis des Menschen zum ihm angetanen Leiden, sein Lernen, seine Veränderung. Das Recht einer christlichen Deutung kann sich nur so herausstellen, dass sie das, was die Geschichte aus Auschwitz enthält, unterstützt und es klarer macht.

In Jesu Passionsgeschichte wird eine entscheidende Wendung vollzogen: die Wendung von der Bitte, verschont zu bleiben, zu dem verzweifelt klaren Bewusstsein, es nicht zu werden. Der Weg von Gethsemane nach Golgatha ist der Abschied von der (narzisstischen) Hoffnung. Es ist dieselbe Wendung, die in der Geschichte aus Auschwitz geschieht: der Blick wird von dem allmächtigen Vater fortgelenkt, auf den Leidenden selber hin. Aber nicht so, dass dieser Leidende nun alles allein auszuhalten hat. Die Substanz der Passionsgeschichte Jesu ist die Aussage, dass dieser, den Gott verlassen hat, selber Gott wird. Jesus stirbt nicht als ein Kind, das weiter auf den Vater wartet. Das Eli eli … ist ein Schrei des Erwachsenwerdens, der Schmerz dieses Schreis der einer Geburt. Wenn die Religion, die man soziologisch als das Bündel von Absicherungsmechanismen gegen Enttäuschung fassen kann, das Festhalten an dem Vater verinnerlicht, dann erfüllt »der Glaube etwas von jener Aufgabe, die Freud jedem zuschreibt, der es unternimmt, auf den Vater zu verzichten«[16].

Die Aufgabe, auf den Vater zu verzichten, wird auch in der überlieferten Geschichte aus Auschwitz geleistet, allerdings in einer anderen Art als in der mythischen Geschichte von Tod und Auferstehung Christi. Die mythische Geschichte erscheint hier zerstückt, in einzelne Stimmen zerlegt. Was Jesus als einer erfährt, wird hier auf drei Menschen verteilt. Der Mann hinter dem Erzähler schreit, wie Jesus schrie; der Junge stirbt, wie Jesus starb; und der Erzähler hört eine Stimme, die ihm sagt, wo Gott ist, oder richtiger, wer Gott ist: eben der Gehängte. Aber während Jesus in einer Person die Frage, das Opfer und die Antwort ist, zerfällt in dieser Geschichte alle Kommunikation: Der Frager bekommt die Antwort nicht, den Sterbenden erreicht die Botschaft nicht, und – was schwer erträglich ist – der Erzähler bleibt mit seiner Stimme allein.

Der entscheidende Satz, dass Gott »dort am Galgen« hängt, hat zwei Bedeutungen. Erstens ist es eine Aussage über Gott. Gott ist kein Henker – und kein allmächtiger Zuschauer (was auf dasselbe hinausliefe). Gott ist nicht der mächtige Tyrann. Zwischen den Leidenden und den Leidmachern, zwischen Opfern und Henkern ist »Gott«, was immer Menschen mit diesem Wort denken, auf der Seite der Leidenden. Gott ist auf der Seite der Opfer, er wird gehängt.

Zweitens ist es eine Aussage über den Jungen. Wenn es nicht zugleich eine Aussage über den Jungen ist, dann bleibt die Geschichte unwahr, und man kann auch auf die erste Aussage verzichten. Aber wie lässt sich die Aussage über den Jungen ohne Zynismus machen? »Er ist bei Gott, er ist auferstanden, er ist im Himmel.« Solche traditionellen Sätze sind fast immer klerikale Zynismen mit hohem Apathiegehalt. Manchmal stammelt einer solche Sätze auch der Wahrheit nach, wie ein Kind etwas Unverständliches nachplappert, im Vertrauen auf den Vorsager und die ihm noch untrügliche Sprache. Das ist immer noch möglich, nur zerstört es auf die Dauer die, die es tun, weil Glaubenlernen auch Sprechenlernen bedeutet und es theologisch notwendig ist, das Gehäuse unserer vorgegebenen Sprache zu transzendieren. Welche Sprache ist überhaupt möglich, um das von der klassischen Theologie behauptete Leben für alle nicht nur festzuhalten, sondern erst in Befreiungssprache zu übersetzen? Wir müssten lernen, in dem Satz »Hier ist Er, er hängt dort am

Galgen« das Bekenntnis des römischen Hauptmanns zu hören: »Wahrlich dieser ist Gottes Sohn gewesen.« Alle, jeder einzelne von den sechs Millionen ist Gottes geliebter Sohn gewesen. Anders als so hat sich auch damals Auferstehung nicht vollzogen.

Gott ist nicht im Himmel, er hängt am Kreuz. Die Liebe ist nicht überirdische, eingreifende, sich behauptende Macht – und das Kreuz zu meditieren kann heißen, von diesem Traum Abschied zu nehmen.

Gerade die, die die Stärke der Schwachen im Leiden erfahren, die das Leiden einbeziehen in ihr Leben, denen das höchste Ziel nicht mehr ist, leidfrei durchzukommen, gerade sie sind da für die anderen, die ungefragt im sinnlosen Leben gekreuzigt werden. Eine andere Rettung, wie die Sprache der Metaphysik sie versprechen konnte, ist nicht mehr möglich; der Gott, der leiden macht, ist auch durch spätere Aufhebung des Leidens nicht zu rechtfertigen. Kein Himmel kann so etwas wie Auschwitz wiedergutmachen. Wohl aber hat der Gott, der nicht ein höherer Pharao ist, sich gerechtfertigt: im Mitleiden, im Mitsterben am Kreuz.

Gott hat keine anderen Hände als die unseren. Auch »die Zukunft«, die heute oft das mythische Wort »Himmel« übersetzen soll, kann daran nichts ändern, dass der Junge in Auschwitz so sterben musste, dass Kinder wie Chaim in unserem Jahrhundert solche Briefe schreiben mussten. Wohl aber kann diese Zukunft das Gedächtnis dieser Kinder bewahren und in ihm den Kampf gegen den Tod besser kämpfen.

Die Bedeutung, die der Satz, dass es Gott ist, der dort am Galgen hängt, für den Jungen hat, geht nicht über die Bedeutung, die er für uns hat, hinaus. Gott hat keine anderen Hände als die unseren, die für andere Kinder handeln können.

Man kann einwenden, dass in diesem Gedanken auch noch die Toten für die Lebenden »verwertet« werden. Sie sollen uns helfen, sie sollen uns ändern. Das trifft wohl zu – aber ist ein anderes Verhältnis zu den Toten denkbar? Hat nicht alles Andenken, alles Beten für sie, alles Essen zu ihrem Gedächtnis diesen Charakter, dass wir die Toten »brauchen« im doppelten Sinn von: ihrer bedürfen und von ihnen Gebrauch machen? Sie sind uns entrückt und diesem Gebrauch gegenüber wehrlos; aber es gibt keine andere Möglichkeit für uns, sie zu lieben, als dass wir sie in die Arbeit unseres Lebens einbeziehen. Es gibt keine andere Möglichkeit – und vielleicht bezeichnet das eine im Leben nicht aufhebbare Schuld, die wir ihnen gegenüber haben –, als von ihnen zu zehren. Wir können sie durch unser Verhalten nachträglich zu »des Teufels Märtyrern« machen, die den ewigen Kreislauf des Unrechts unter der Sonne bestätigen und uns zum Verstummen bringen; wir können sie auch zum Lobe Gottes gebrauchen.

In diesem Sinne sind die, die umsonst und ohne Furcht leiden, angewiesen auf die anderen, die in der Übereinstimmung mit der Gerechtigkeit leiden. Gäbe es niemanden, der »ich sterbe, aber ich werde leben« sagte, niemanden, der »Ich und der Vater sind eins« sagte, so wäre auch für die stumm und hoffnungslos Leidenden keine Hoffnung. Alles Leiden wäre dann sinnloser, zerstörender, nicht zu bearbeitender Schmerz, alle Traurigkeit wäre »von der Welt« und zum Tode führend. Wir wissen aber von Menschen, die anders gelebt und anders gelitten haben. Es gibt eine Geschichte der Auferstehungen, die stellvertretende Bedeutung hat. Die Auferstehung von Menschen ist kein Sonderprivileg für sie selber – auch dann nicht, wenn sie Jesus von Nazareth heißen. Sie enthält in sich die Hoffnung für alle, für das Ganze.

Die Religion der Sklaven

> Im Grunde besteht das Geheimnis des Lebens darin, dass wir handeln, als besäßen wir das, was uns am schmerzlichsten fehlt. Die christliche Lehre ist eben dies. Davon überzeugt sein, dass alles geschaffen ist für das Gute, dass es die Brüderschaft der Menschen gibt – und wenn das nicht wahr ist, was hat das zu sagen? Der Trost dieser Art, die Dinge anzusehen, besteht im Daran-Glauben, nicht darin, dass sie wirklich vorhanden sind. Denn wenn ich daran glaube, wenn du, wenn er, wenn sie daran glauben, siehe – dann wird sie sich als wahr erweisen.«
>
> *Cesare Pavese, Tagebuch, 3. 2. 41*

1 Simone Weil, toujours Antigone

Wir können uns dem Thema des Leidens annähern, wenn wir von Leidenssituationen ausgehen und zeigen, wie sie verstanden wurden und welche Veränderungen sie hervorrufen. Aber mindestens ebenso wichtig ist es, sich Menschen vor Augen zu stellen, die bewusst gelitten haben; Leute, die wir kennen, die im Leiden gütiger und nicht bitterer geworden sind, solche, die freiwillig Leiden auf sich genommen haben um anderer willen. Es gibt solche Menschen, und die Stärkung, die von ihnen ausgeht, ist der Trost der Heiligen.

Zu den Heiligen dieser Jahrzehnte wird man vielleicht einmal die französische Jüdin Simone Weil zählen, obwohl sie eher bereit war, »für die Kirche zu sterben, als in sie einzutreten«. Sie hat niemals den geringsten Unterschied gelten lassen zwischen Denken und Handeln. Ihr philosophisches und theologisches Denken, Unterrichten und Schreiben entsprach ihrem Verhalten in der Arbeiterbewegung und später in der Resistance gegen Hitler. Sie war an den Grenz- und Berührungspunkten verschiedenartiger Bereiche zu Hause: Mathematik und Mystik, Judentum und Katholizismus, antike Philosophie und Marxismus sind solche sich in ihrem Denken überschneidenden Bereiche; die Grenze, oder wie sie selber sagt, die »Schwelle«, also weder das Haus noch die Straße, scheint der bevorzugte, der ihr einzig angemessene Ort gewesen zu sein. Sie war Christin in einem nicht konfessionellen Sinn, die sich aber nicht taufen ließ, weil sie dann ihre Wahrheit, eben die der Schwelle, verraten hätte, dann »wenn ich die Stelle verließe, an der ich mich seit meiner Geburt befinde, an jenem Schnittpunkt des Christentums mit allem, was es nicht ist. Immer bin ich an genau dieser Stelle geblieben, auf der Schwelle der Kirche, ohne mich zu rühren, unbeweglich, in Geduld … »[1]

Simone Weil stammte aus einer wohlhabenden jüdischen Familie, sie wuchs in Paris auf, studierte und wurde Lehrerin, bis sie eines Tages um ein Jahr Urlaub einkam, um als Hilfsarbeiterin in einer Elektrofabrik, später als Fräserin bei Renault zu arbeiten. Sie nahm einen fremden Namen an, bezog in der Nähe der Fabrik ein Mietzimmer und suchte ihr Leben so einzurichten, dass es sich in nichts von dem ihrer Arbeitskolleginnen unterschied. Die ungewohnten körperlichen Anstrengungen wurden ihr zu einer Qual, da sie von Jugend an fast ständig an heftigen Kopfschmerzen litt. Sie reflektierte diese Erfahrungen in einem Bericht über »La Condition ouvrière«, der wie fast alles, was sie schrieb, erst nach ihrem Tode erschien, darin das »Journal d'usine«, ein Tagebuch über dieses Experiment, das sich vollzog unter den denkbar härtesten Bedingungen. Am 17. Dezember 1934 heißt es zum Beispiel: »Müde und entmutigt, schwächlicher Konstitution wegen, Empfindung, 24 Stunden ein freier Mensch gewesen zu sein (über Sonntag) und mich nun wieder an ein Sklavendasein gewöhnen zu müssen … Widerwille wegen dieser 56 Centimes (der Stücklohn im Akkord), der Zwang, sich anzustrengen und zu verausgaben mit der gewissen Aussicht auf einen Anschnauzer, wegen Langsamkeit oder wegen Ausschuss … Gefühl der Sklaverei.«[2] Als bürgerliche Intellektuelle, Absolventin der Ecole Normale Supérieure, wo man ihr den Spitznamen »Vierge rouge« anhängte, versuchte sie, die Bedingungen proletarischer Existenz am eigenen durch Krankheit und Überanstrengung geschwächten Leibe zu erproben.

Schon als junge Lehrerin in der Provinz hatte sie sich zur Sprecherin der Arbeiter und der Arbeitslosen gemacht, in der

Gewerkschaft gearbeitet und an Aufmärschen und Demonstrationen teilgenommen, so dass sie von ihrer Schulbehörde vorgeladen, verwarnt und schließlich strafversetzt wurde.

Nach der Besetzung Frankreichs durch Hitler 1940 lebte Simone Weil mit ihren Eltern im zunächst noch unbesetzten Südfrankreich. Sie vertiefte sich damals in Griechisch und Philosophie, lernte Sanskrit, beschäftigte sich mit Mystik und arbeitete zugleich in der Resistance mit. Im Frühjahr 1942 fand sie sich nach langem Widerstreben bereit, mit ihren Eltern nach den Vereinigten Staaten zu emigrieren. Aber nur kurze Zeit hielt sie es dort aus, obwohl Mystik und Sanskrit ja auch dort zu betreiben gewesen wären. Sie fuhr nach England, wo sie unter Maurice Schumann im Dienste der französischen Exilregierung tätig war. Ihr Ort war also auch hier auf der Grenze zwischen kontemplativer Mystik und politischem Engagement.

Da sie als Jüdin nicht aktiv am Kampf um Frankreich teilnehmen konnte, ging sie den solidarischen Weg des Mitleidens. Sie beschränkte sich auf die gleichen Rationen, die den Franzosen nach ihren Lebensmittelkarten zustanden, Rationen, die sich in Frankreich selbst in vielen Fällen aufbessern ließen. So den Ärmsten, den Hilflosesten gleichgestellt, verschlimmerten sich ihre Leiden derart, dass sie im Frühjahr 1943 ins Krankenhaus musste. Sie starb am 24. August 1943 im Sanatorium in Ashford, Kent, im Alter von 34 Jahren.

Das Thema Simone Weils ist das Leiden. Am Schicksal der Antigone hat sie immer wieder klargemacht, was diejenigen erwartet, die im Ernst dem überall herrschenden Maßstab, der Einteilung in Freunde und Feinde, widersprechen. Kreon sagt zu Antigone: »Nie ist der Feind, auch wenn er tot ist, Freund«, und Antigone antwortet ihm die berühmten Worte: »Aber gewiss. Zum Hasse nicht, zur Liebe bin ich.« Das Interesse des Dichters liegt dabei nicht an einer allgemeinen Humanitätsideologie, und entsprechend lenkt auch Simone Weil die Aufmerksamkeit vom allgemeinen Bekenntnis und dem Appell, nicht mitzuhassen, sondern mitzulieben, ab und verweist auf das Schicksal der Liebe in der Welt. Kreons Antwort auf die berühmten Worte der Antigone sind eindeutig und schrecklich, weil sie zeigen, dass die, die nur an der Liebe und nicht am Hass teilhaben, einer anderen Welt angehören und einen gewaltsamen Tod zu erwarten haben. Kreon sagt: »So geh hinunter, wenn du lieben willst, und liebe dort!«[3] Sophokles wäre ebenso missverstanden wie Christus, wenn man seinen Ruf zum Lieben isolierte von seinem und der Liebe Schicksal, vom Kreuz.

Der christliche Glaube verhält sich zum Leiden nicht einfach als Aufhebung oder Trost, er bietet kein »übernatürliches Heilmittel gegen das Leiden«, sondern er trachtet nach »einem übernatürlichen Gebrauch des Leidens«[4]. Die Verstümmelungen des Menschen werden nicht von ihm genommen, selbst der auferstandene Christus trug weiter die Wundmale an sich. Aber was bedeutet es, das Leiden nicht aufzuheben, sondern anders zu »gebrauchen«?

Im Leiden werden Menschen zu dem Schrei »Warum?« gezwungen, er tönt, wie Simone Weil sagt, durch die ganze Ilias; es ist auch der Schrei Christi. Könnte er beantwortet werden, so wäre es möglich, das Leiden zu erklären und zu trösten. Aber diese Illusion wird im Christentum aufgehoben. »Es gibt keinerlei Antwort. Fände man eine tröstliche Antwort, hätte man sie zuvor für sich selbst erdichtet … Meinte das Wort ›Warum‹ die Suche nach einer Ursache, erschiene die Antwort leicht. Aber es meint die Suche nach einem Zweck. Dies ganze Universum ist leer von Zweckmäßigkeit. Die Seele, die aus ihrem Zerrissensein von Unglück ohne Unterlass nach diesem Zweck schreit, rührt an diese Leere.«[5]

Simone Weil hat diese Leere, die Abwesenheit Gottes, bestimmt als ein Grauen, das die ganze Seele überflutet. »Während dieser Abwesenheit gibt es nichts, das man lieben könnte.«[6] Eine solche Bestimmung des Unglücks macht gerade seine »untröstbare Bitternis« aus. Am tiefsten zerstört uns das Unglück, das uns jede Möglichkeit, weiter zu lieben, nimmt. Die Versuchung des Selbstmords, in die nach einem Wort von Camus jeder normale Mensch gerät, enthält eben dieses Angebot, nun, da wir nicht mehr lieben können, auch nicht mehr lieben zu wollen und sich endgültig beziehungslos zu machen. Das Unglück, die Angst, die Depression, die Zerstörung, die der Verlust des Menschen, auf den wir unser Leben gebaut hatten, darstellt – all das bedroht die Fähigkeit, die wir am meisten brauchen, die Fähigkeit, weiter zu lieben. »Das Schreckliche ist, dass, wenn die Seele in diesen Finsternissen, wo nichts ist, das sie lieben könnte, aufhört zu lieben, dass dann die Abwesenheit Gottes endgültig wird.«[7] Eben dies ist der Tod, die Trennung von allem, was Leben inhaltlich bedeuten kann.

Die einzige Rettung für den Menschen in dieser Verzweiflung besteht im Weiterlieben, »ins Leere hinein«, in einer Liebe zu Gott, die nicht mehr reaktiv ist, Antwort auf erfahrenes Glück, kindliche Dankbarkeit, sondern ein Akt, der über alle Erfahrung hinausgeht. »Die Seele muss fortfahren, ins Leere hinein zu lieben, oder zumindest lieben zu wollen, sei es auch nur mit dem winzigsten Teil ihrer selbst. Dann eines Tages naht sich Gott selbst und zeigt sich ihr ...«[7]

»Gibt sie es nicht auf zu lieben, gelangt sie eines Tages dahin, nicht eine Antwort auf ihre hinausgeschriene Frage, denn die gibt es nicht, aber das Schweigen selbst als ein unendlich Bedeutungsvolleres als eine Antwort, als das Wort Gottes selbst zu hören. Sie weiß dann, dass Gottes Abwesenheit hier unten dasselbe ist wie die geheime Gegenwart Gottes hier unten, Gottes, der im Himmel ist.«[8] Man muss sich von den hier gebrauchten Wörtern wie Gott, die Seele, ihre Beziehung zueinander nicht irritieren lassen, als sei die beschriebene Erfahrung nur denen zugänglich, die ein manifestes Verständnis dieser Begriffe hätten. Vorausgesetzt ist hier nichts Dergleichen: was die Seele ist und inwiefern sie, um zu leben, Gott braucht, das ist nicht Voraussetzung, sondern Ergebnis des Prozesses. Dieser Prozess selber enthält zwei Elemente, die für einen nicht ererbten oder bloß »erdichteten« Glauben konstitutiv sind.

Das eine ist die dunkle Nacht der Verzweiflung, das Kreuz, an das wir ungefragt geschlagen werden. Ein Christ ist ein Mensch, der seinen Tod hinter sich hat. »Ihr wart tot« ist eine wiederkehrende Aussage der Bibel. Es ist der Tod der totalen Bezie-

hungslosigkeit, das »Ich kann nicht mehr«, der Schrei. Das Leiden macht sterben, und um diesen Tod kommt niemand
herum. Es stirbt das Kind, das wir einmal waren, es stirbt auch
der junge Mensch mit seiner ihm nicht ausschöpfbaren Vitalität, es sterben unsere Träume und Illusionen.

Wir haben nicht die Wahl, das Leiden zu vermeiden und alle
diese Tode zu umgehen. Die einzige Wahl, die wir haben, ist die
zwischen dem absurden Kreuz der Sinnlosigkeit und dem
Kreuz Christi, dem Tod, den wir apathisch als natürlichen Ab-
lauf hinnehmen, und dem Tod, den wir als Passion erleiden.
Das andere Element ist die Auferstehung. Hört die Seele in der
Nacht der Verzweiflung nicht auf zu lieben, »ins Leere hinein«,
so kann der Gegenstand ihrer Liebe nun zu Recht »Gott« genannt werden. Wir können auch von einer unendlichen Bejahung des Lebens sprechen, die in der dunklen Nacht des
Kreuzes sich einstellt. In dieser Formulierung ist der Schein
vermieden, als sei eine persönliche Beziehung zu einem als Person gedachten Gott notwendig. Die mystische Erfahrung der
Nacht des Kreuzes und des Lichts in ihr ist nicht angewiesen
auf eine solche personal gedeutete Gottesbeziehung; analog
sieht auch Simone Weil die Vorstellung von der persönlichen
Unsterblichkeit eher als ein Hindernis für den Glauben an. Entscheidend für die Auferstehung ist die Frage, ob der Mensch im
Sterben des natürlichen Menschen, in der Zerstörung der Unmittelbarkeit des Lebens, weiter lieben kann.

Die Fähigkeit, nicht aufzuhören zu lieben, hängt ab von dem
Glauben an Gott, wenn wir darunter verstehen, dass die Totalität der Welt nicht sinnlos, leer, zufällig und dem Menschen gegenüber gleichgültig ist, sondern für ihn. Aber wie kann diese
Barmherzigkeit Gottes geglaubt werden von einem Menschen,
dessen sämtliche Angehörigen unter der Folter umgekommen
wären, der selbst lange Zeit in einem Konzentrationslager gefoltert worden wäre? »Wenn solche Menschen an die Barmherzigkeit Gottes geglaubt haben, so glauben sie nun entweder
nicht daran oder ihre Vorstellung davon hat sich von Grund auf
verwandelt.«[9] Der Glaube an die Barmherzigkeit kann nicht in

der Natur unmittelbar abgelesen oder begründet werden. Jeder Versuch dieser Art setzt voraus, dass wir unsere Augen blenden, unsere Ohren verstopfen und jedes Mitleiden ausreißen. Diese Art »Glauben« an den im Lauf der Geschichte nachweisbaren Sinn, an die aufweisbare Barmherzigkeit und Gerechtigkeit, führt die Gläubigen nur zur Mitleidlosigkeit. Als Denkform des christlichen Glaubens bleibt das Paradox notwendig, nicht die aus Natur und Geschichte ablesbare Erkenntnis. Credo, non video: ich sehe die Ungerechtigkeit, die Zerstörung, das sinnlose Leiden – ich glaube die Gerechtigkeit, die kommende Befreiung, die Liebe, die in der Nacht des Kreuzes geschieht. Aber eben dieser grundlose Glaube an die Barmherzigkeit ist Religion der Sklaven.

2 Selig sind, die Leiden erfahren

»Nach meinem Jahr in der Fabrik und ehe ich meinen Unterricht wieder aufnahm, hatten meine Eltern mich nach Portugal mitgenommen, und dort trennte ich mich von ihnen, um ganz alleine ein kleines Dorf zu besuchen. Ich war seelisch und körperlich gewissermaßen wie zerstückelt. Diese Berührung mit dem Unglück hatte meine Jugend getötet. Bis dahin hatte ich keine Erfahrung des Unglücks besessen, außer meines eigenen, das, weil es das meinige war, mir von geringerer Wichtigkeit erschien, und das überdies nur ein halbes Unglück war, da es biologische Ursachen hatte und keine sozialen. Ich wusste wohl, dass es in der Welt viel Unglück gab, die Vorstellung dessen peinigte mich unaufhörlich, aber ich hatte es niemals durch eine längere Fühlungsnahme erfahren. Während meiner Fabrikzeit, als ich in den Augen aller und in meinen eigenen mit der anonymen Masse ununterscheidbar verschmolzen war, ist mir das Unglück der anderen in Fleisch und Seele eingedrungen. Nichts trennte mich mehr davon, denn ich hatte meine Vergangenheit wirklich vergessen, und ich erwartete keine Zukunft mehr, da mir die Möglichkeit, diese Erschöpfungszustände zu überleben, kaum vorstellbar schien. Was ich dort durchgemacht habe, hat mich so unauslöschlich gezeichnet, dass

ich mich noch heutigen Tages, wenn ein Mensch, wer es auch sei, unter gleichviel welchen Umständen, ohne Brutalität zu mir spricht, nicht des Eindrucks erwehren kann, dass hier ein Missverständnis sich leider zerstreuen werde. Dort ist mir für immer der Stempel der Sklaverei aufgeprägt worden, gleich jenem Schandmal, das die Römer den verachtetsten ihrer Sklaven mit glühenden Eisen in die Stirn brannten. Seither habe ich mich immer als einen Sklaven betrachtet.

In dieser Gemütsverfassung, und in einem körperlich elenden Zustand, betrat ich eines Abends jenes kleine portugiesische Dorf, das ach! auch recht elend war; allein, bei Vollmond, eben am Tage des Patronatsfestes. Es war am Ufer des Meeres. Die Frauen der Fischer zogen, mit Kerzen in den Händen, in einer Prozession um die Boote und sangen gewiss sehr altüberlieferte Gesänge, von einer herzzerreißenden Traurigkeit. Nichts kann davon eine rechte Vorstellung vermitteln. Niemals habe ich etwas so Ergreifendes gehört, außer dem Gesang der Wolgaschlepper. Dort hatte ich plötzlich die Gewissheit, dass das Christentum vorzüglich die Religion der Sklaven ist, und dass die Sklaven nichts anders können als ihm anhängen, und ich unter den Übrigen.«[10]

Das Christentum ist für die Sklaven da, es ist die Religion der Unterdrückten, der vom Unglück Gezeichneten. Es orientiert sich an ihren Bedürfnissen. Selig gepriesen werden Menschen nicht wegen ihrer Leistungen oder ihres Verhaltens, sondern im Blick auf ihre Bedürfnisse. Selig sind die Armen, die Leidenden, die Verfolgten, die Hungernden.

Nichts anderes als eine Seligpreisung ist auch der vorliegende Text, der aus einem Brief von Simone Weil vom 15. Mai 1942, vor ihrer Emigration nach Amerika, stammt. Der Text spricht vom Leiden, aber vor allem spricht er die rückhaltlose Bejahung des Lebens aus, auch des Lebens des Sklaven. Die, die sich wundern, wenn sie ohne Brutalität angesprochen werden, wenn sie nicht verwertet und benutzt werden – gerade für sie ist die Religion der Sklaven da. Nicht damit sie Sklaven bleiben sollen, sondern damit sie aufstehen, sich erheben. Es ist nicht die Religion der Sklaverei gemeint, die diese verewigt, wohl aber die Religion der jeweils Unglücklichen, denen das Leben zugesprochen wird. Ihr Leid, ihr Recht, ihre Wahrheit werden ausgesprochen.

»Das Christentum hat die Partei alles Schwachen, Niedrigen, Missratenen genommen, es hat ein Ideal aus dem Widerspruch gegen die Erhaltungsinstinkte des starken Lebens gemacht.«[11] Diese Parteinahme für die wenig Tüchtigen, wenig Wertvollen oder Starken hat niemand so deutlich gesehen wie einer der schärfsten Kritiker des Christentums, Friedrich Nietzsche. Es sind »die niedrigsten Stände, die Unterwelt der antiken Welt«, in denen das Christentum entsteht, es ist »alles Erbärmliche, An-sich-Leidende, Von-schlechten-Gefühlen-Heimgesuchte, die ganze Getto-Welt der Seele«, die in ihm heraufkommt, »gerade alles Missratene, Schlecht-weg-gekommene, den ganzen Auswurf und Abhub der Menschheit« hat das Christentum »zu sich überredet«. Es ist der »Aufstand alles Am-Boden-Kriechenden gegen das, was Höhe hat: das Evangelium der ›Niedrigen‹ macht niedrig«[11].

Diese Religion der Sklaven ist nicht nur eine religiös-innerliche Wertsetzung, sondern zugleich eine politische Bewegung des Aufstands, »alles Heimlich-Aufrührerische, die ganze Erbschaft anarchistischer Umtriebe im Reich« rumort in ihr. Die historische Erkenntnis von der proletarischen Herkunft des Christentums, die Kautsky im sozialistischen Sinn benutzte, wird auch von Nietzsche als Vollzug des Klassenkampfes angesehen, ein Klassenkampf der Machtlosen, die die Macht wollen. Nietzsche attackiert daher Sozialisten und Christen gleichzeitig, beide beanspruchen die gleichen Rechte für alle Menschen, beide kämpfen für die Sklaven. »Die ›Gleichheit der Seelen vor Gott‹, diese Falschheit, dieser Vorwand für die rancunes aller Niedriggesinnten, dieser Sprengstoff von Begriff, der endlich Revolution, moderne Idee und Niedergangsprinzip der ganzen Gesellschaftsordnung geworden ist – ist christliches Dynamit.«[12] Entsprechend wird auch Jesus politisch eingeordnet und als Verbrecher betrachtet – was allerdings einigen anderen Aussagen Nietzsches zu Jesus widerspricht. »Dieser heilige An-

archist, der das niedere Volk, die Ausgestoßenen und Sünder …
zum Widerspruch gegen die herrschende Ordnung aufrief –
mit einer Sprache, falls den Evangelien zu trauen wäre, die auch
heute noch nach Sibirien führen würde, war ein politischer Verbrecher … dies brachte ihn ans Kreuz …«[12]

Das Christentum ist die Moral von Sklaven, die die Werte der
Herren verleugnen und zerstören. In seinem Mittelpunkt steht
ein Wert, der die schärfste Kritik Nietzsches herausfordert: das
Mitleiden. »Mitleiden ist die Praxis des Nihilismus« – es produziert mehr und mehr Schwache, es ist lebensfeindlich und mul-
tipliziert das Elend. Als Ausdruck der décadence begünstigt es
die, die an der Wirklichkeit leiden – was in Nietzsches Sinn bedeutet: eine missglückte Wirklichkeit zu sein. »Das Mitleiden
kreuzt im ganzen großen das Gesetz der Entwicklung, welches
das Gesetz der Selektion ist. Es erhält, was zum Untergang reif
ist, es wehrt sich zugunsten der Enterbten und Verurteilten des
Lebens …«[12] Man kann Nietzsche in der Darstellung dessen,
was das Christentum will, nur zustimmen – es ist in der Tat die
Religion der Enterbten und Verurteilten des Lebens. Gegen allen Vitalismus, und alle Anbetung der Gesunden und Starken,
sieht das Christentum das Leben besser bewahrt bei denen, die
schon einmal gestorben sind. Gott wird das zerstoßene Rohr
nicht zerbrechen und den glimmenden Docht nicht auslöschen
(Jes 42,3), allen Prinzipien der Selektion zuwider. Christlich
verstanden wird das Leben tiefer und umfassender geliebt dort,
wo auch die Schwachen und Verstümmelten als Objekte und
Subjekt an dieser Liebe zum Leben teilhaben. Der Glaube setzt
der natürlichen ebenso wie der geschichtlich vermittelten Selektion seine nicht-selektive Bejahung entgegen.

Mit Recht führt Nietzsche die instinktive Ausschließung »aller Abneigung, aller Feindschaft, aller Grenzen und Distanzen
im Gefühl« auf die extreme Leid- und Reizfähigkeit zurück …,
die »die Seligkeit allein darin kennt, nicht mehr, niemanden
mehr, weder dem Übel noch dem Bösen, Widerstand zu leisten«[13]. Die Bejahung, die das Christentum meint und als seinen Glauben formuliert, entwickelt in der Tat eine tiefere Leid-

fähigkeit, weil der Wunsch für alle und der Schmerz um alle unendlich geworden ist. Die »Grenzen und Distanzen« sind immer Sache der Herrenklasse gewesen, elitäre Privilegien wurden mittels ihrer gesichert. Die Aufhebung aller Privilegien ist die elementare Voraussetzung eines Begriffs von Liebe, der über Ich-Du-Beziehungen hinaus gesellschaftlich relevant werden kann und es in Gruppen immer wieder geworden ist. Der Vitalismus Nietzsches verfährt selektiv; christlicher Glaube ist umfassende, unendliche Bejahung. Die »Ausschließung aller Abneigung, aller Feindschaft« ist nicht mit Nietzsche als Schwäche, die dem Selbsterhaltungsinstinkt widerspricht, zu deuten, sondern als Stärke, die zur verwandelnden Annahme des Leidens führt. Aber noch einmal: Wie ist eine solche nichtselektive Bejahung möglich, ohne dass wir »Gottes Versöhnung mit dem Elend« betreiben?

3 Das Paradox

Das Symbol der Sklavenreligion ist das Kreuz, die den Sklaven vorbehaltene Art der Todesstrafe. Ist es notwendig, dass dieses Symbol des Leidens, des Scheiterns, des Sterbens im Mittelpunkt der christlichen Religion steht? Hat nicht sein Übergewicht in Theologie und Frömmigkeit dazu beigetragen, dass ein »das Elend rechtfertigender Gott« in der Gesellschaft angebetet wurde und wird? Ulrich Hedinger hat die »antik-christliche Allianz« wegen ihres Grunddogmas, dass »höchste Vorsehung über oder in hartem Schicksal walte«, angegriffen und radikal jede Empfehlung in Ergebung verworfen. Nicht das Kreuz kann zum Zentrum einer messianisch verstandenen, das Elend aufhebenden Theologie gemacht werden. Es ist in erster Linie ein religionspolitischer und politischer Mord, und die Liebe, »auch Jesu vergebende Liebe, bedarf des Kreuzesmordes nicht, um sie selber zu sein«[14]. In diesem Zusammenhang kritisiert Hedinger das theologische Denken, das das Paradox, den unaufgelösten Widerspruch zur leidvollen Wirklichkeit, zur zentralen theologischen Kategorie erhebt. »Wo Gott das Paradox schlechthin ist, da vernebelt er die Differenz zwischen Liebe und Elend.«[14]

Aber die Frage, ob die Liebe des Kreuzes bedürfe, um sie selber zu sein, scheint mir nicht richtig gestellt. In ihrem Zusammenhang versteht Hedinger das Kreuz entweder als »Metaphysik der Todesstrafe«, also von dem leidverhängenden Gott aus, der endlich Gelegenheit hat, das Opfer Abrahams zu vollziehen. Oder er nimmt es als »Mystik des Todestrostes«, den Menschen für ihr eigenes Leiden und Sterben im Anblick des Kreuzes empfangen. Aber das Kreuz ist weder ein Symbol, das die Beziehung zwischen Gottvater und seinem Sohn ausdrückt, noch ein Symbol des Masochismus, der das Leiden braucht, um sich der Liebe zu vergewissern. Es ist vor allem ein Symbol der Realität. Die Liebe »bedarf« des Kreuzes nicht, aber de facto kommt sie ans Kreuz. De facto ist Jesus von Nazareth gekreuzigt worden; de facto haben die Kreuze der aufständischen Sklaven unter Spartakus die Straßen des Römischen Reiches geschmückt. Das Kreuz ist keine theologische Erfindung, sondern die tausendfach gegebene Antwort der Welt auf die Versuche der Befreiung. Nur darum können wir uns in Jesu Sterben am Kreuz wiedererkennen; wir bemerken die Ideologie der Machthaber, die auf die herrschende Ordnung aus waren, wir sehen die Grausamkeit und den Sadismus der Soldaten, die mitmachten und den Befehlen folgten, wir werden konfrontiert mit dem Verhalten der Freunde. All das sind Möglichkeiten auch unseres Verhaltens zu Geschlagenen; und wo wir selber vom Unglück geschlagen sind, da können wir versuchen, aus der Geschichte Jesu zu lernen. Die Frage, ob die Liebe zu ihrer Verwirklichung das Kreuz braucht, stellt sich nur einem spekulativen Interesse, nicht einem existentiellen. Auch Gottes Doxa, sein Glanz, seine sich offenbarende Ehre, sein Glück, »braucht« die schrecklichen Paradoxe der Zerstörung und Verstümmelung von Leben nicht, wenn man Gott als solchen betrachtet. Aber de facto kommt die Liebe ans Kreuz, und in der sichtbaren Realität beliebt es Gott, sich paradox zu verhalten.

Die Liebe macht das Leiden nicht, sie produziert es auch nicht, obwohl sie notwendigerweise die Konfrontation suchen muss, weil ihr wichtigstes Interesse nicht die Vermeidung von Leiden, sondern die Befreiung von Menschen ist. Jesu Leiden war vermeidbar, er hat es freiwillig gelitten. Es gab auch andere Auswege, was in der mythischen Sprache immer wieder betont wird: Es wäre ihm möglich gewesen, vom Kreuz herabzusteigen und sich helfen zu lassen. Er hätte, politisch gesprochen, nicht nach Jerusalem zu ziehen brauchen und die Konfrontation vermeiden können. Die Konfrontation vermeiden, indem man bestimmte Ziele aufgibt, ist eines der häufigsten apathischen Verhalten; die Konfrontation suchen, eines, das den Leidenden und Wünschenden notwendig ist. Dafür gibt es viele Erfahrungen aus den Bürgerrechtsbewegungen der letzten Jahre. Die zuständigen Behörden betreiben meist eine Politik der Abwiegelung, Verschleppung und Verschleierung; die agierenden Bürger dagegen suchen und provozieren die Konfrontation, indem sie Leiden sichtbar machen. Vermeidbar wäre ihr Leiden nur unter Bedingungen, die sie nicht erfüllen können und wollen. Gott mit dem Elend zu versöhnen hieße, gerade die Konfrontation zu vermeiden und in der Angst vor dem Christförmigwerden, das Schmerzen einschließt, die befreiende Liebe aufzuschieben.

Dies gilt auch in allen individuellen Beziehungen. Wenn es wahr ist, dass der Reichtum des Menschen sein Reichtum an menschlicher Beziehung ist, dann gehören die daraus erwachsenden Schmerzen notwendig mit zu unserem Reichtum. Je mehr wir lieben, an je mehr Menschen wir Anteil nehmen, je enger wir verbunden sind, desto wahrscheinlicher ist es, dass wir in Schwierigkeiten geraten und Schmerzen erfahren. Die Misserfolge der Liebe, ihre erfahrene Vergeblichkeit weisen die Menschen an auf eine Sinnvergewisserung, einen Trost, der theologisch im Modell des Paradoxes ausgesprochen wird. Die Hoffnung auf eine bessere Zukunft muss auch in den jetzt leidenden Subjekten als Gegenwart, als Trost festgemacht sein: Gott muss auch im Elend für den Menschen gedacht werden, die Wahrheit auch der jetzt nichts ausrichtenden Liebe bleibt darin gewiss.

Wenn Gott schon nicht unmittelbar helfend, rettend, sich als

Heil verwirklichend eingreift, so ist der Trost der Zukunft ohne alle Gegenwart abstrakt, und eine Alternative, wie Hedinger sie formuliert als »Zukunft oder Paradox?«, ist falsch. Es gibt keine Zukunft, wenn die Menschen, die sie erfahren können, im Leiden nur auf später warten, ohne reale Erfahrung ihrer Wahrheit, ihres Sinnes. Das Paradox – dass Gott uns liebt, auch dann, wenn nichts davon sichtbar ist – ist die subjektive Ermöglichung der Zukunft; gäbe es kein Paradox, so wäre die Zukunft nicht für alle, sondern nur für die dann noch übrigen Menschen von Interesse.

Das Christentum hat sich im Paradox eine Denkfigur geschaffen, die die Stärke des jetzt Glaubenden und nicht die künftige Stärke Gottes, der sein Reich heraufführt, betont. »Dennoch bleibst du auch im Leide, Jesu, meine Freude.«[15] Das ist nicht nur Innigkeit – und schon gar nicht Ergebung, das ist mystischer Trotz. Das Paradox ist eine Schlinge, in der wir Gott fangen; er kann uns nicht kleinkriegen. Wie er sich auch verhält, strafend, experimentierend – was wir auch erfahren an Zerstörung, wir halten den Widerspruch der Liebe gegen die Erfahrung.

Es ist nicht der Sinn des Kreuzes, Gott mit dem Elend zu versöhnen und uns im Paradox abzuspeisen. Die Einheit von Kreuz und Auferstehung, Scheitern und Sieg, Weinen und Lachen macht die Utopie eines besseren Lebens erst möglich. Wer nicht weint, hat sie nicht nötig, und wer nur weint, dem bleibt Gott stumm.

Der christliche Gott ist kein kleiner chinesischer Glücksgott, wie Brecht ihn lobte, in dessen Reich es möglich ist, mangel- und leidfrei zu bleiben. Alles dies hätte Jesus, Brote vermehrend und Kranke heilend, ja auch haben können. Jesus hat sich stattdessen mit den Leidenden identifiziert und ist um ihrer Krankheiten willen krank geworden; um der Leidenden willen ist er beleidigt worden, um den Tod zu überwinden, ist er, wie alle, sterblich geworden. Sich auf den Weg Jesu einzulassen bedeutet, auch am Paradox festzuhalten.

Man muss allerdings sehen, dass das Paradox eine Kategorie ist, die im strengen Sinn dem Einzelnen gilt. Die Rechtfertigung gesellschaftlichen Elends durch eine paradoxe Theologie ist ein makabrer Anblick. Wenn die reichen weißen Völker den Hungernden das Paradox und nicht die Befreiung anempfehlen, so wird das Paradox zum theologisch-imperialistischen Trick. Aber auch individuell verstanden kann man die »Freude im Leid« vielleicht vorleben oder zeigen, aber kaum verbal anempfehlen oder seelsorgerisch benutzen. Ein Mensch kann wohl für einen anderen leiden, aber er kann nicht die Annahme des Schmerzes für den anderen leisten. Er kann ihm helfen, indem er mit ihm trauert, aber die Aufgabe, »mit dem eigenen Schmerz dem Schmerz Gottes zu dienen«, kann er nicht für ihn erledigen. Er kann das Leiden nicht für einen anderen produktiv machen. Das bleibt dem erwachsen gewordenen Einzelnen überantwortet. Wir können einander dabei nur durch Hinweise helfen – und wenn dieses Buch versucht, Menschen dafür zu gewinnen, ihre Schmerzen produktiv zu machen und ihr Leben auch als ein leidvolles zu lieben, so versteht sich das Paradox als eine Hilfe im Prozess der Befreiung.

Gegen diese Tendenz der Ermutigung zu einem humanisierenden Leiden erhebt sich immer wieder ein Einwand. Sind solche Überlegungen nicht nur für die Starken geschrieben? Setzen sie nicht ein Maß an Erwachsensein, Ich-Stärke, Kraft, Lebenswillen voraus, der gerade den am meisten Leidenden fehlt? Ist nicht das Pathos der Annahme gebunden an äußerst glückliche Bedingungen der Kindheit, Erfahrungen der Bestätigung, wie wir sie zum Beispiel in der Lebensgeschichte von Jacques Lusseyran fanden? Was ist mit den vielen anderen, werden sie nicht diesen wie alle Versuche, aus Leiden zu lernen, weglegen, weil gerade ihr Leid ihnen keine Chance dieser Art, keine Möglichkeit der Verwandlung offenzulassen scheint? Ich denke an viele Leute der jungen Generation, die sich selber als »kaputte Typen« ansehen. Die politische Frustration, die sie in den verschiedenen Lebensbereichen erfahren haben, hat ihre Reizbarkeit, nicht aber ihre Leidensfähigkeit erhöht. Sie hat die große Angst vor dem Erwachsenwerden verstärkt. Die Schwierigkeit, Verantwortung zu übernehmen in einem System, das

jeder wirklichen Übernahme von Verantwortung Grenzen
steckt und sich die kleinen Fürsorgen und Verantwortungen
integrativ zunutze macht, wird äußerst scharf gesehen. Das Leiden an der Gesellschaft und die psychischen Schwierigkeiten
des Einzelnen werden zu einem Teufelskreis, in dem Heilung
schon fast als bloße Anpassung und die psychisch Kranken als
die einzig normal Reagierenden angesehen werden. Die Anzahl
derer, die das Leiden an der Gesellschaft wie das eigene als eine
produktive Kraft zu verstehen wagen, ist zu gering; die Versuchung, Leiden zu vermeiden, zu groß.

Viele schließen sich politischen Gruppen an, auch deswegen,
weil sie das Bedürfnis nach Geborgenheit, Liebe und Angstlosigkeit empfinden. Aber oft werden sie auch in der eigenen
Gruppe enttäuscht, weil Konkurrenz- und Machtdenken auch
im Binnenraum der ideologisch Gleichgesinnten dominieren
und die Schwachen an die ausliefern, die besser reden können
und »ein fast ausschließliches psychologisches Machtmono-
pol« besitzen. »Das psychische Elend besteht weiter«[16] und
muss weiter bestehen, solange die ganze Kraft solcher Gruppen
auf Kritik, Destruktion und Kampf hin orientiert ist und die
Möglichkeiten der Affirmation verpönt und intellektuell diffamiert werden. Das, worum der Kampf geht, muss aber benenn-
bar bleiben, wir müssen es vorwegnehmen können – in der
Feier, im Spiel. Die Sprache der Analyse und des Aufrufs allein
genügt nicht, es ist notwendig, eine Sprache der Heimat zu finden, in der die Wünsche formulierbar werden.

Die Möglichkeiten der zweckfreien Bejahung, des emo-
tionalen Selbstausdrucks und der Selbstverwirklichung, der
angstfreie Raum, in dem Menschen miteinander kommunizieren können, sind zurückbezogen auf eine tiefere Liebe zum
Leben, die aber formuliert, getanzt und gesungen werden muss.
Wenn Gott nirgends mehr gelobt werden darf, wenn die An-
sicht vorherrscht, dass es schlechterdings im falschen Leben
kein richtiges und nichts zu loben gibt, so multiplizieren sich
die Ängste voreinander. Dass in den politischen Gruppen der
Linken Menschen beieinander sind, die das Leben umfassender

und für alle bejahen, das wird durch die Attitüde der permanenten Destruktion unerkennbar gemacht und den Gruppenmitgliedern verstellt. Die eigene Schwäche muss dann um jeden Preis versteckt gehalten werden. Das Leiden bleibt destruktiv, die ihm Unterworfenen sehen im gegenwärtigen Leben keinen Sinn und ergreifen häufig als einzige Möglichkeit des Nicht-mehr-Leidens die bürgerliche Anpassung. So machen sie das, was mehr als eine Jugendbewegung war, im Nachhinein zu einer solchen Phase. Sie verfallen dann der bürgerlichen Apathie schlimmer als ihre Väter, weil ihnen bewusst ist, was sie tun, und sie die Verdrängung dieses Bewusstseins immer noch leisten müssen. Ohne das Paradox, dass auch im falschen Leben das andere erscheinen und blühen kann, wird die Hoffnung zum Krampf; ohne die unendliche Affirmation wendet sich die radikale kritische Attitüde gegen den Negierenden selber und liefert ihn hilflos einem Leiden ohne Lernen aus.

Dabei wäre eine Anschauung dessen, wie der eigene Schmerz »dem Schmerz Gottes in der Welt dienen« kann, am ehesten von dieser Generation zu gewinnen, deren Sensibilität so viel mehr Realität, Wahrnehmung der Leiden anderer, so viel weniger bloßen Weltschmerz enthält als der vergleichbarer Jugendbewegungen.

»Wir können den Ruf befolgen, wir können ausrutschen und fallen, wir können die Schrift an der Wand lesen, wir können Asche auf uns fallen lassen – oder auch keine. Es liegt an uns.

Wir können sagen, alles sei in Ordnung, vom geheizten Swimming Pool angefangen, wir können einem hungernden Narren Juwelen reichen. Lasst uns die Herrschaft umkrempeln.

Wenn wir endlich begreifen, dass es nur diese eine Welt gibt, werden wir erkennen, dass wir alle in der gleichen Haut stecken. Können wir mithalten oder ist alles vergebens?«[17]

Die letzte Frage dieses Songs ist die Frage nach der Humanisierung des Leidens. Kann es produktiv werden – oder müssen wir Asche auf uns fallen lassen? Zumindest kann die Anzahl der Menschen, die das eigene Leiden angstfrei erleben und es als eine Stärkung erfahren, wachsen. Es ist natürlich, dass wir uns vom Leiden abwenden, ihm zu entgehen suchen, wo immer dies möglich ist, dass wir es verkleinern und verdrängen, bei uns und bei anderen. Es ist natürlich, die Augen zu schließen, wo wir jemanden leiden sehen. An dieser natürlichen Brutalität sterben die Menschen. Lässt sie sich humanisieren?

Die Erfahrungen, die man bisher in der Geschichte der Menschheit gemacht hat, widersprechen den Hoffnungen. Aber nicht vollständig, nicht ausweglos. Die Auswege eines anderen Leidens und eines anderen Mitleidens sind sichtbar, wenn auch klein und wie zugeschüttet von den Schmerzen. Sie bestehen nicht in der Flucht und in der Abwendung, sondern in dem umfassenderen Eingehen in die Wirklichkeit. Das Leben so lieben, dass unsere Bejahung die Beschädigung und den Schmerz einschließt! Wir könnten viele Leiden und die Bitterkeit der Leiden vermeiden. Aber nur um einen Preis, der zu hoch ist: wenn wir aufhören zu lieben. Dann tut es uns nicht weh, dann kommen wir nicht ans Kreuz, dann gehören wir zu denen mit der glatten Haut und dem Anspruch auf ein angenehmes Weiterfunktionieren. »Wir können sagen, alles sei in Ordnung, vom geheizten Swimming Pool angefangen …« Nur verlassen wir dann die anderen und uns selber, wir haben unsere Seele verkauft, wir bejahen dann nur einen kleinen Ausschnitt der Wirklichkeit, nicht die ganze, die große, in deren Mitte das Kreuz steht.

4   Es gibt kein fremdes Leid

Dennoch bleibt die Frage nach den sinnlos Leidenden und Zerstörten bestehen. Sie kann nur angegangen, nicht endgültig beantwortet werden von denen, die im Leiden lernen. Ihre Antwort wird den Versuch der Änderung nicht aufgeben, sie wird aber auch an den Grenzen dieses Versuchs nicht haltmachen. Sie wird dort, wo nichts zu machen ist, mitleiden.

Sieht man von einem sentimentalen Erschauern ab, so ist uns das Mit-Leiden nicht natürlich oder selbstverständlich. Der Instinkt der Hühner, sich auf das verwundete zu stürzen, ist unter uns nur wenig gemildert. In einem Film über Vietnam kommentiert der russische Dichter Konstantin Simonow die Bilder der Zerstörung der Häuser.

»Um das Leid anderer Leute zu verstehen, muss man wahrscheinlich wenigstens einmal im Leben wenigstens für eine Minute sich an die Stelle eines jeden von ihnen versetzen.

Versuchen wir, uns das Schicksal dieser Familie vorzustellen, oder dieser Familie, oder der da, wenn Sie nicht im Staate Texas oder in Rhode Island, sondern in der Provinz Nang Na oder Quang Binh wohnen würden. Sie mit ihrer ganzen Familie, ja? Das ist Ihr Mann. Und wissen Sie, dass man ihn vom Hubschrauber aus erschossen hat, als man den Dschungel durchkämmte? Und Ihr ältester Sohn flog in Stücken auseinander durch eine Plastikmine, die von einem amerikanischen Flugzeug abgeworfen wurde. Und Ihr mittlerer Sohn wurde bei einem Luftangriff umgebracht. Und den jüngeren traf der Splitter einer Granate eines amerikanischen Kreuzers. Und dieser, der kleinste, blieb zuerst am Leben. Man goss ein bisschen Napalm über ihn und versuchte, ihn nachher im Krankenhaus zu retten. Man rettete ihn aber nicht. Und Sie sind allein. Denn um nur fünf Menschen zu töten, braucht man wenig Zeit.

Nein, Ihnen ist das alles nicht passiert. Ich gebe Ihnen Ihre Angehörigen zurück, Ihre Familie ist wieder beisammen, Gott sei Dank.

Aber diese Frau, sie hat tatsächlich niemand. Sie ist allein geblieben, allein. Also versuchen Sie sich vorzustellen, dass das alles nicht ihr geschah, sondern Ihnen, und nicht irgendwann vor langer Zeit, sondern gestern, heute, jetzt. Ich habe sie Ihnen zurückgegeben. Ich nahm sie Ihnen nur, um sie dazu zu bringen, wenigstens eine Minute darüber nachzudenken, und gab sie Ihnen wieder. Und ihr? Ihr kann man niemand zurückgeben, sie ist allein. Und er ist allein.

Unter den Bomben
sie vom Tod zu retten
holt man die hundertste Nacht
die Kinder aus den Betten.
Unter den Bomben
müssen sie sich am Tage verstecken,
und in der Nacht
kommt man sie wecken.
Er ist fünf, der schon neun.
Auf sie richten sich Waffen.
Am liebsten drei Monate
wollen die Kinder schlafen.
Hören die Bomben,
die Vater oder Mutter trafen.
Aber außerdem
möchten sie schlafen.
Kein Gewissen erwacht hier mehr
zur rechten Zeit.
Nichts nimmt von diesen Augen mehr
die Schlaflosigkeit.
Und die Ärzte haben keine Tabletten,
um für die Kinder die Kindheit
aus diesen Nächten zu retten.«[18]

»Es gibt kein Leid, das fremdes Leid ist«, sagt Simonow. Das ist
kein konstatierender Satz, es ist ein Wunsch, eine Hoffnung, die
von der vorausgesetzten Brüderlichkeit aller Menschen zehrt.
Es lässt sich nicht begründen, warum es kein fremdes, kein fer-
nes, kein uns nichts angehendes Leid gibt. Jede Begründung eines solchen Satzes macht ihn ärmer und kleiner. Er ist nicht ab-
leitbar, er wird vielmehr einem denkenden und fühlenden
Wesen zugemutet. Wo immer Leiden ist, da geht es dich an.
Dass die Leidenden zusammengehören, nicht von den anderen
zu trennen sind, dass der Schmerz nicht aufteilbar ist auf
Freunde und Feinde, das gehört zur Religion der Sklaven. Es
gibt kein fremdes Leid, wir alle gehören dazu, wir sind mitbe-
teiligt. Man wird über unsere Lebenszeit sagen, dass da der
Vietnamkrieg war, und wir werden gefragt werden, wo wir
standen, ob wir mitlitten oder den Leidmachern halfen. Das
Leiden duldet keine Neutralität, keinen Pilatusstandpunkt.

In der mythischen Sprache war es möglich zu sagen, dass

Gott alle Tränen abwischen wird. Es ist eine Sprache, die die Wahrheit derer, die um ihr Leben betrogen worden sind, einklagt. Es ist die Sprache der Liebe, die sich nicht trösten lassen will, die so etwas aussagt. Ausgelegt wurde diese Sprache des Mythos im Rahmen der metaphysischen Weltanschauung von zweierlei Räumen und Zeiten. Ist diese Auslegung unmöglich geworden, das heißt, bedeutet sie nichts mehr und kann ihr Trost – des Weiterlebens und des Wiedersehens – niemanden mehr trösten, so bleibt zu fragen, ob es eine andere Auslegung dessen, was in der mythischen Sprache versprochen war, gibt. Der Satz »Es gibt kein fremdes Leid« deutet in die Richtung einer solchen Auslegung dessen, was einst nur im Zwei-Welten-Schema verifiziert werden konnte. Dass Gott die Tränen abwischen wird, kann nicht mehr in einem unmittelbaren Sinn genommen werden. Das vierzehnjährige jüdische Kind Chaim ist tot; von welchem Gesicht soll Gott die Tränen abwischen? Der so vorgestellte Gott kommt zu spät. Aber wenn Gott nicht als eine fremde Übermacht gedacht wird, sondern als das, was zwischen Menschen sich ereignet, dann hört die Beziehung zu diesem Kind mit dem Tod nicht auf, sie ist dann nicht im individuellen Verlauf des Lebens getilgt. Es ist zu viel Unabgegoltenes in diesem Leben. Es gibt kein fremdes Leid: dieser Satz schließt auch die Toten ein. Ihr Schmerz ist der unsere, ihr Tod ist nicht einfach der »Tod des anderen«, der von meinem radikal unterschieden ist. Wir können so leben, dass unser Leben eine Hoffnung darstellt darauf, dass andere Kinder nicht mehr leiden.

Man kann dem entgegnen: Was nützt es Chaim und den anderen toten Kindern? Aber der darin festgehaltene Rahmen der Existenz als einer individuellen ist zugleich auch eine Begrenzung, die unser Denken und Empfinden überwinden wird. Wenn es kein fremdes Leid mehr geben wird, so gibt es auch kein fremdes Leben. Die Zerstörung oder die Rettung von Leben bedeutet dann jeweils für alle Zerstörung oder Rettung. Dann ist die Hoffnung für Chaim, dass unsere Kinder nicht mehr leiden müssen, eine Hoffnung, die man nicht abwehren kann, sagend, was hat er denn davon … Ein Mensch hat in der Tat etwas von dem Leben, das nicht mehr er ist, aber an dem er teilnimmt. Der Satz des zum Tode Verurteilten »ich werde sterben, ich werde leben« wird dann für alle gelten, auch für die, die ihn selber in ihrem Leben nicht sagen lernten. Es gibt kein fremdes Leid, es gibt keine fremde Auferstehung.

5 Noch einmal: Iwan und Aljoscha

Auf das äußerste Leiden, in dem die Betroffenen verstummen und Lernen nicht mehr möglich ist, gibt es zwei mögliche Antworten, die Dostojewski in den Brüdern Karamasow exemplarisch dargestellt hat. Das Kapitel mit dem entscheidenden Gespräch zwischen den beiden Brüdern trägt die Überschrift »Die Empörung«. Iwan spricht vom Leiden der Unschuldigen, von den Kindern. »Von allen übrigen Tränen der Menschen, von denen die ganze Erde von ihrer Rinde bis zum Mittelpunkt durchtränkt ist, davon will ich kein Wort reden … Nach meinem euklidischen Verstande weiß ich nur eins, dass nämlich Leiden existieren, ohne dass es Schuldige gibt.. .«[19] Die Erklärung, dass dieses Leiden einer »höheren« oder »künftigen« Harmonie diene und somit gerechtfertigt sei, will er nicht annehmen. »Einen gar zu hohen Preis hat man auf die Harmonie gesetzt, meine Tasche erlaubt es mir durchaus nicht, so hohen Eintrittspreis zu zahlen. Daher beeile ich mich auch, meine Eintrittskarte zurückzugeben … Nicht, dass ich Gott nicht gelten lasse, Aljoscha, aber ehrerbietigst gebe ich ihm die Eintrittskarte zurück.« Darauf antwortet Aljoscha, leise, die Augen niederschlagend: »Das ist Empörung.«[19]

Iwan will kein »Empörer« sein. »Sag, kann man denn leben in Rebellion? Ich aber will doch leben …« Aber der Gedanke des Leidens der Unschuldigen führt ihn zu der Konsequenz der Empörung, er ist, wie manche Gestalten Dostojewskis, Atheist um der Liebe willen. Aljoscha verweist ihn auf Christus – auf das Leiden des einen Unschuldigen.

Iwan empört sich über das Leiden, aber auch Aljoscha lehnt

es ab, die Harmonie, den Frieden und die Ruhe damit zu erkaufen, dass man nur ein einziges winziges Wesen zu Tode quälen müsste. »Nein, ich würde nicht einwilligen.«

Wie lässt sich Aljoschas Position verstehen? Heinz Robert Schlette hat sie als »Pietät« bestimmt, als die Position des überkommenen Glaubens; »der schweigenden, nicht-mehrfragenden, nicht-mehr-verstehenden, aber dennoch gehorsam-demütigen Unterwerfung unter das Unbegreifliche«[20]. Aber ist diese Charakterisierung richtig? Aljoscha spricht an keiner Stelle eine objektive Billigung aus, und eine künftige Harmonie, die mit den Tränen auch nur eines einzigen zu Tode gefolterten Kindes bezahlt wird, weist er ebenso wie Iwan zurück. Der Unterschied zwischen den Brüdern ist die Blickrichtung. Iwan erhebt sich gegen den verursachenden oder zulassenden Gott. Mit seiner Harmonie will er nichts zu tun haben. Seine Geste ist die der Anklage, der Rebellion. Aljoscha richtet seinen Blick nicht auf die obere Macht, sondern auf die Leidenden. Er stellt sich neben sie, er trägt ihre Schmerzen mit ihnen. In diesem Gespräch sagt er fast nichts, er hört gequält zu, wie Iwan seine gesammelten Zeugnisse des Leidens gegen die Barmherzigkeit Gottes anführt. Später steht Aljoscha auf, geht auf den Rebellen und Empörer Iwan zu und küsst ihn schweigend auf die Lippen. Es ist dieselbe Geste, mit der Christus in der Legende vom Großinquisitor fortgeht: er schweigt, er leidet mit, er umarmt den anderen. Die Kraft Aljoschas ist das schweigende Mit-Leiden. Ich glaube nicht, dass man sie mit »Demut« oder »Unterwerfung« richtig beschreibt. Gott ist nicht über Aljoscha, so dass er sich seiner unbegreiflichen Herrschaft unterwerfen müsste. Er ist in ihm; Aljoscha vertritt im ganzen Buch das Verhalten Christi. Wenn man von Demut sprechen kann, so liegt diese darin, dass die Beziehung zu den Leidenden so stark ist, dass alle anderen Fragen dem nachgeordnet werden. Die Demut bezieht sich nicht auf Gott, sie ist der Mut, anderen ohne Frage oder Bedingung zu dienen. Aljoscha könnte das Bild von der »Eintrittskarte«, die zum Theaterbesuch berechtigt, nicht benutzen, weil er sich nicht als Zuschauer oder Beurteiler versteht. Er spielt selber mit, und zwar an der jeweils schlechtesten Stelle, dort, wo gelitten wird und wo Menschen beschämt und gedemütigt werden.

Aljoscha versucht nicht, »gottförmig« zu werden, was auch bedeutet, eine Gesamtlösung für die Welt zu fordern. Sind die Gesamtlösung und die vollständige Leidaufhebung nicht verwirklichbar, so entsteht die Art von Rebellion, gegen die Iwan sich wehrt, weil man in ihr, wie Dostojewski sehr scharf sieht, nicht leben kann. Die Konsequenz wäre der Selbstmord, und oft ist Iwans Bild von der zurückgegebenen Eintrittskarte, das zunächst, streng genommen, die Ablehnung der Teilhabe an der ewigen Seligkeit, an der himmlischen Harmonie meint, verstanden worden als eine Zurückweisung der Bedingungen überhaupt, unter denen das Leben hier stattfindet. In dieser Konsequenz verstanden, verklagt die Geste Iwans nicht nur das ungerechte Leiden, sondern um seinetwillen das Leben selber. Dass Iwan in dem Fragment gebliebenen Roman an Gehirnentzündung erkrankt, deutet diese totale Negation an, schärfer als ein vollzogener Selbstmord es vermöchte.

Der andere Weg heißt: Christi Bruder werden. Er enthält den Verzicht auf die Gesamtlösung, und der Blick richtet sich vom Himmel fort auf die hier Leidenden hin. Iwan ist metaphysisch orientiert in seiner Empörung, Aljoscha irdisch in seiner Solidarität. Man kann den Gegensatz zwischen beiden auch an der Art, wie sie hoffen, darstellen. Beide sehnen sich nach einer anderen, einer leidfreien Welt. Aber was für Iwan Illusion ist, ist für Aljoscha Hoffnung; der Unterschied ist minimal, er ist nicht mehr und nicht weniger als wir selber, als die Teilnahme am Prozess der Verwirklichung von Hoffnung. Eine Zukunftserwartung wird zur Hoffnung erst durch den leidenden Einsatz in das Geheimnis, das Aljoscha mit dem Namen Christi benennt. Die Hoffnung, die einen Zuschauer bei einem Spiel bewegt, kann Illusion sein; erst wenn wir selber auf dem Spiel stehen und unser eigenes Leben mit dem Ausgang des Spiels unlöslich verbinden, dann entsteht Hoffnung. Sie ist nicht subjektivistisch, hat aber in der Tat mit Subjekten und der Praxis von tätigen und leidenden Menschen zu tun. »In Wahrheit ist jeder in allem und vor allen schuldig«, lautet einer der aus dem russischen Mönchtum stammenden Sätze, die Aljoscha zu leben versucht. Von dieser Tradition zehrt auch Simonow noch. Nur die Liebe kann sich selber so schuldig sprechen und alles Leiden, das wir nicht verhindert oder abgewandt haben, auf sich nehmen. Wo immer Menschen leiden, da steht Christus bei ihnen. Weniger mythisch gesprochen: solange Christus lebt und seiner gedacht wird, werden seine Freunde bei den Leidenden sein. Dort, wo keine Hilfe möglich ist, erscheint er nicht als der überlegene Helfer, nur als der, der mit ihnen geht. Dass einer des anderen Last trage, ist der simple und deutliche Ruf, der aus allem Leiden kommt. Es ist möglich, die Last tragen zu helfen, allem Reden über die letzte Einsamkeit des Menschen zum Trotz. Es ist eine Gesellschaft denkbar, in der niemand so allein gelassen wird, dass nicht jemand an ihn dächte und bei ihm bleiben könnte. Wachen und beten sind möglich.

> »Jeder, der einem andern hilft,
> ist Gethsemane,
> jeder, der einen andern tröstet,
> ist Christi Mund.«[21]

Dass Menschen leiden und untröstlich sein können, ist hier angenommen. Wir sollten uns den Traum von einem Menschen, der keinen Trost braucht, verbieten. Wir sollten auch aufhören, das Leiden in die bloße Vorgeschichte der Menschen einzuordnen, weil diese Einordnung einen Akt der Selbstverachtung darstellt. Weinen hat seine Zeit, und Lachen hat seine Zeit, Trost brauchen und trösten ist menschlich, so menschlich, wie Christus war.

Wir können die sozialen Bedingungen, unter denen Menschen vom Leiden getroffen werden, verändern. Wir können uns selber ändern und im Leiden lernen, statt böser zu werden. Wir können das Leiden, das heute noch für den Profit weniger gemacht wird, schrittweise zurückdrängen und aufheben. Aber auf all diesen Wegen stoßen wir an Grenzen, die sich nicht überschreiten lassen. Nicht nur der Tod ist eine solche Grenze,

es gibt auch Verdummung und Desensibilisierung, Verstümmelung und Verwundung, die nicht mehr rückgängig gemacht
werden können. Die einzige Form des Überschreitens dieser
Grenzen besteht darin, den Schmerz der Leidenden mit ihnen
zu teilen, sie nicht allein zu lassen und ihren Schrei lauter zu
machen.

Gewalt

Ich soll mich nicht gewöhnen

Untriuwe ist in der saze,
Gewalt vert uf der straze;
Fride unde reht sint sere wunt.

Treulosigkeit liegt im Hinterhalt,
Gewalt fährt auf der Straße.
Friede und Recht sind tödlich wund.

Walther von der Vogelweide (1170–1228)

Von unten, von oben und von innen

Aber es genügt nicht, nach unten zu schauen, auf die Jugend-
subkultur mit ihrer Verklärung der Gewalt, ihrem Hass, der alles andere um sich auslöschen und niederbrennen will. Es besteht ja ein geheimes Zusammenspiel von ganz unten und ganz
oben, vergleichbar mit dem berühmten Gedicht von Walther,
in dem ein Zusammenhang hergestellt wird zwischen Korrup-
tion, Raubrittern der Straße und Rechtlosigkeit. Bei uns gibt es
ähnliche funktionale Zusammenspiele. Eins der sichtbarsten ist
das von nationalistischer Selbstverklärung an den Stamm-
tischen und »deutscher Weltverantwortung« in den Chefetagen. Die Frage, ob jemand deutsch sei, wird zur wichtigsten,
manchmal zur Überlebens-Frage gemacht. Das verbindet. Die
beiden jungen Männer, die im Herbst 1991 einen Brandan-
schlag auf ein Asylbewerberheim im hessischen Geringshausen
unternommen haben, haben das klar ausgesprochen, als sie
sich als »Deutschlands rechte Polizei« bezeichneten, die Bonn
noch auf den richtigen Weg bringen werde. »Wir heizen dem
Kohl ein« (vgl. Jörg Bergmann/Claus Leggewie, Der Skin und
der Kommissar. Beobachtungen aus der Mitte Deutschlands,
in: FR vom 18.9.1993). Ich kann nicht annehmen, dass es ein
Zufall war, dass die Mörder von Solingen unmittelbar nach der
entscheidenden Debatte im Bundestag und der Änderung des
Grundgesetzes losschlugen. Ein Sieg lockt den nächsten hervor.
Die einen brennen die jüdische Gedenkstätte in Sachsenhausen
nieder, sie wollen die Vergangenheit auslöschen und die Erinnerung töten, und die anderen, in Schlips und Kragen, haben

den Artikel 16 des Grundgesetzes ausgehöhlt, der wie kein anderer das historische Bewusstsein eines anderen Deutschland nach seiner größten Katastrophe wachhielt. Unabhängig von der Frage, ob mit dieser Veränderung auch nur ein einziges der realen Probleme der weltweiten Migrationsbewegungen gelöst werden könnte, hat sich durch einen solchen Umgang mit einem Erbe unser Verhältnis zum anderen, zum Fremden verändert.

Viele schämen sich, Deutsche zu sein, wegen des braunen Schlamms, der da hochkocht, aber ich empfinde genauso Scham angesichts der Militärpolitik, die unsere Rohstoffe und unsere Märkte in aller Welt verteidigen will. Und genauso wegen der Wirtschaftsführer, die kein Interesse mehr daran haben, die Armut der Dritten Welt zu bekämpfen und eine gerechtere Verteilung herzustellen, weil es ihnen heute darum geht, die Armen abzuschaffen, nicht aber die extreme, entwürdigende Armut. Der Geist der Gewalt im technokratischen Zeitalter lebt auch dort, wo mit besorgter Miene von der »Bevölkerungsexplosion« die Rede ist, statt endlich von Rohstoffpreisen und Schulen, den Kriterien der Weltbank für Kreditvergaben und einem menschenwürdigen Heranwachsen von Jugendlichen …

Es genügt also nicht, nur die Gewalt von unten wahrzunehmen und die Gewalt von oben als ordnend, schützend und legal anzusehen, ja sie gar nicht mehr als Gewalt zu begreifen. Bei uns wird staatliche Gewalt als »normal« empfunden, die Gewaltkritik der BürgerInnen dagegen meist als bedrohlich und abweichend. Zum Funktionieren des Staates wird seine Gewaltfähigkeit wertgeschätzt, er ist mehr er selber, mehr Staat, mehr Ordnung, wenn er Gewalt als Mittel zu seinen als dem Gemeinwohl förderlich deklarierten Zwecken einsetzen kann. Die Vorstellung von einem friedlichen, militärfreien Land gilt heute als utopischer denn je. Der Staat ist es, der die als normal angesehene Friedlosigkeit organisiert.

Die kritische Friedensforschung, vor allem Johan Galtung, hat bestimmte Grundstrukturen der Gewaltförmigkeit herausgearbeitet: Wo immer Menschen an der Befriedung ihrer historisch möglichen Grundbedürfnisse gehindert werden, da wohnt kein Friede, da herrscht Gewalt; sie muss nicht notwendig ein handelndes Subjekt, einen Akteur haben. Galtung unterscheidet die »personale« oder »direkte« Gewalt, die von bestimmten Personen ausgeht, von der »strukturellen« oder »indirekten« Gewalt, die im System des Zusammenlebens eingebaut ist. Sie braucht keinen personalen Akteur, die ausführenden Organe tun nichts als »ihre Pflicht«.

In Aufnahme dieser Ansätze geht es mir hier um eine eigenartige Dreiecksbeziehung zwischen drei Formen der Gewalt: der *von unten*, vielfach von gesellschaftlich machtlosen Jugendlichen unter achtzehn ausgehenden Gewalt, der Gewalt *von oben*, die wirtschaftlich und politisch motiviert ist und ein Monopol der Legitimität für sich beansprucht, und der Gewalt *von innen*, womit ich die Akzeptanz der Gewalt, die Gewöhnung an sie als das Normale meine.

Diese drei verschiedenen Formen der Gewalt stehen in einem komplexen Verhältnis zueinander. Die meisten Beobachter sind sich darüber einig, dass das Klima der Gewalt sich bei uns ausbreitet, wobei jedoch in der Regel nur an die Gewalt von unten, die sich gegen Ausländer richtet, gedacht wird. Sie wächst in der Tat eindeutig, während die Gewalt von oben mehrdeutig und verwirrend, beschwichtigend und verdrängend zunimmt. Die Mehrheit des Volkes hat sich an die Gewalt von unten erfreulicherweise nicht gewöhnt, ich denke etwa an die Lichterketten als eine symbolische Aktion des Nein zu Ausländerfeindlichkeit und Rassismus. Was mich bleibend beunruhigt, ist die Gewöhnung an die Gewalt von oben, d.h. die Akzeptanz von Wirtschafts- und Militärgewalt. Sie erlaubt es der Gewalt, in uns Wohnung zu nehmen.

Die Gewöhnung an die Gewalt von oben zieht die Gewalt von innen nach sich, womit ich die Unterwerfung unter die Gewalt, die Hinnahme militärischer Planung, die Abwesenheit eines menschheitlichen und eines ökologischen Bewusstseins meine. »Gewalt von innen« bedeutet, dass wir uns der Gewalt von oben unterwerfen, obwohl wir Gewalt von unten verabscheuen. Es ist die Kooperation der kleinen Leute, zu denen ich mich rechne, die der herrschenden Gewalt von oben erlaubt, sich als Ordnung, Friedensschutz, Demokratie usw. auszugeben. Wir bilden uns ein, an der Gewalt von oben partizipieren zu können, während wir uns in Wirklichkeit ihren Normen und Setzungen unterwerfen. »Hier atmet / noch ein Weilchen / der Frieden«, schrieb Rose Ausländer vor Jahren. Heute kann der Frieden nicht mehr bei uns atmen, diese Zeit scheint vorüber.

Ein wesentliches Ziel der Gewalt von oben ist es, zur Gewalt von innen zu werden und so akzeptiert zu sein, dass Begründungen kaum mehr notwendig sind. Es ist schwer begreiflich, aber ein Faktum, dass die militärische Gewalt heute nach dem Zusammenbruch der östlichen Bedrohung weniger Rechtfertigung braucht denn je. Nachdem die NATO ihren Feind verloren hat, jongliert sie mit immer vageren Formulierungen und immer klareren Absichten. Volker Rühe sagte in seinen neuen Verteidigungspolitischen Richtlinien: »In der postkonfrontativen Ära bleiben die Streitkräfte ein notwendiges sicherheitspolitisches Instrument, um Chancen wahrzunehmen und Risiken und Konflikte zu bewältigen.« (Vgl. »... zum Einsatz außerhalb Deutschlands befähigt sein«, Nr. 37, in: FR vom 22.3.1993.) Als erstes Ziel nennt der Verteidigungsminister nichts Defensives mehr, die ganze Unterscheidung von Defensive und Offensive muss wegfallen. Auch die früher gern betonte Nichtangriffsfähigkeit wird durch den klareren Ausdruck »Chancen wahrnehmen« ersetzt. Wessen Chancen? Die neuen »immediate raction forces« sind Ausdruck dessen, was man früher schlicht Kanonenbootpolitik nannte. Was dabei herauskommt, hat der Golfkrieg hinreichend bewiesen. Mit solchen »Krisenreaktionskräften« ist vor allem die Legitimationskrise der NATO beendet, wir wissen wieder, wofür wir nicht nur deutsche Waffen und Absatzmärkte, sondern auch deutsche Soldaten in aller Welt brauchen.

Die Akzeptanz des Bellizismus ist gewachsen. Ich denke, »wir hier in der Mitte«, worunter ich die LeserInnen dieses Buches fassen will, sind oft entsetzt und beschämt über antisemitische Friedhofsschändung oder Angriffe auf jüngere Schulkinder; aber wir sollten nicht nur nach unten starren auf die Excesse der Rambos aus der Videoschule der Gewalt, sondern nach oben sehen, wo Arbeits- und Wohnungslosigkeit planend in Kauf genommen wird und wo ihre Konsequenzen, der politische Rechtsruck, gar nicht unwillkommen sind. Wir sollten über der ungewöhnlichen Gewalt der Molotowcocktails und der Brandsätze die gewöhnliche von Militär, Industrie und internationalen Finanzorganisationen nicht vergessen.

Drei Beispiele der Gewalt, mit der wir offenbar leben können, an die wir uns schon längst gewöhnt haben.

In der DDR gab es nach der Wende auch die Hoffnung, vom Militär beschlagnahmte Grundstücke in der demokratischen Ordnung zurückzubekommen. Erholungsgebiet statt Schießübungsplatz wurde ein Ziel der Betroffenen, Freiheit von NVA *und* NATO war der Traum vieler. Die Bürgerrechtsbewegung für die Waldheide in Brandenburg ist nur ein Beispiel des Widerstands gegen diese Gewalt. Aber, anders als noch vor zehn Jahren, hat sich die Mehrheit der Bürger in Ost und West mit dieser Art von Gewalt längst arrangiert.

Gewalttätig – diesmal gegen unsere Lebensgrundlage in dem anderen gewalttätigen Golfkrieg, den wir gegen unsere Mutter, die Erde, führen – scheint mir auch die Verkehrsplanung im Osten, die eindeutig Straße vor Schiene, Individual- vor öffentlichem Verkehr, Automobile vor Bäumen bevorzugt. Auch diese Art Gewalt ertragen wir und verleugnen zugleich, wie sie mit der von uns verabscheuter der Skinheads zusammenhängt. Warum kann sich die Stärke des größeren Deutschland nicht darin zeigen, dass wir endlich ökologisch Verantwortung übernehmen, statt zu bremsen und immer wieder die längst erkannten Verbrechen zu sanktionieren? Warum haben denn die Skinheads und Faschisten keine Vision von einem baum- und kinderfreundlichen Land, das aufzubauen ja mindestens soviel Kraft und Einsatz fordert wie der Hass?

Die »organisierte Friedlosigkeit« wächst in die Gewaltbereit-schaft hinein, wobei sich privat-bandenhafte Gewaltbereit-schaft und staatlich-militärische wenig nachstehen. Geduldete und verübte Gewalt sind nicht so weit auseinander, wie wir uns gern einreden. Nur eine Sprachbeobachtung: Was man früher Überfall und Besetzung eines anderen Landes nannte, wird heute als »friedenschaffende und friedenerhaltende« Militär-missionen deklariert. Da müssen die verbliebenen lästigen Hemmungen, die sich in der Verfassung ausdrückten, beseitigt werden. Der kürzeste Weg aus der Depression ist bekanntlich die Aggression; aus den weitverbreiteten Ohnmachtsgefühlen aufgrund der wirtschaftlichen Situation und ihrer Arbeitslosig-keit und den verdrängten, aber apokalyptisch wuchernden ökologischen Gefahren führt der schnellste Weg in die Bereit-schaft zur militärischen Gewalt.

Das dritte Beispiel für Gewalt ist der ökonomische Krieg, den die Reichen der G 7 durch ihre internationalen Finanzorganisa-tionen, die Weltbank und den IMF, führen lassen. Kredite für arme Länder gibt es nur unter bestimmten Konditionen, die die Kürzung der Staatsausgaben vorsehen. Wirtschaftlicher Fortschritt bedingt – so die neoliberale Theorie – soziale Här-ten. Also müssen Schulen und subventionierte Milch für Kin-der, Arzneimittelversorgung, Lehrerausbildung und Kranken-häuser abgebaut werden. Die Kinder der Ärmsten sind die Opfer der Banken. Aber wir haben uns auch an diesen Krieg ge-wöhnt. Die Gewalt hat längst Platz genommen in uns.

»Es kann nicht nur Störche, es muss auch Frösche geben«

Hier atmet kein Frieden mehr, und die Gewalt wird das Ge-wöhnliche. Das geistige Klima, das die Gewöhnung an die Ge-walt gestattet oder erleichtert, ist die Kultur der Postmoderne. Es erstaunt vielleicht, wenn ich die Postmoderne, diese heitere und pluralistische Ästhetisierung des Daseins, mit der Gewöhnung an die Gewalt zusammenbringe. Meine Fragen richten sich weniger an ihre Philosophie als an eine postmoderne All-tags- und Lebenswelt, die es der Gewalt erlaubt, bei uns zu wohnen, während der Frieden den Status einer Asylantin hat.

Die Hälfte der Menschen, die in unseren Großstädten leben, tun dies als Singles, als Einzelne, die in ihrer Zeiteinteilung, ihrer Versorgung, ihren Gewohnheiten unabhängig sind. Sie hängen zwar ab von einem Maschinenpark, ich nenne nur die Fahr-Maschine, nebst Wasch-, Spül-, Schreib-, Koch-, Kommunikations-Maschine als Symbole eines zuvor ungekannten Individualisierungsschubes. Das solitäre Ich, umgeben von seinen Maschinen und Accessoirs, ist der Adressat der Werbung, das Marktsubjekt. Elementare Erfahrungen der Gemeinsamkeit, wie etwa das Teilen eines Puddings unter mehrere Kinder, werden nicht mehr gemacht. Die Restriktionen, die den Lebensstil und die sexuellen Beziehungen, die Bindungen an Arbeitsplatz oder Angehörige, aber auch den Verbrauch von Energie und Konsumgütern bestimmten, sind für viele unerheblich geworden. Flexibilität ersetzt, was man früher »Charakter« nannte. Anything goes, alles geht, du musst es dir nur nehmen. Wertvorstellungen von dem, was wichtig oder gut ist, verlieren an Bedeutung. Erst recht wird es zunehmend unerlaubt, etwas als überflüssig, schädlich oder selbstzerstörerisch zu kritisieren, du kannst doch andere nicht »ausgrenzen«! Das Lebensgefühl des »Anything goes« beruht auf der umfassenden Verdrängung alles dessen, was nicht geht, wie Gewaltfreiheit oder Kindergartenplätze oder Arbeit für alle.

Die philosophische Definition der Postmoderne lautet: radikaler Pluralismus. Unter den verschiedenen Diskursen, in denen Menschen sich verständlich zu machen versuchen, gibt es keinen Meisterdiskurs. Wahrheit, Gerechtigkeit, Menschlichkeit – sie erscheinen mir im Plural, und jeder Versuch, eine Wahrheit über andere zu stellen, widerspricht dem Grundgesetz dieses Pluralismus, der im Interesse der Autonomie und der Individualisierung arbeitet. Das implizierte Urbild einer solchen Weltsicht ist der freie Markt, auf dem jeder und jede anbieten kann, was sich verkaufen lässt … Es darf kein Entweder-Oder geben, sondern nur ein freies fließendes Sowohl-Als-auch. So werden die Lebensstile der totalen Individualisierung und entsprechenden Entpolitisierung abgesegnet. Unter der Flagge der höchsten noch verbleibenden Tugend, nämlich der angeblichen Toleranz, wird in Realität die Auslieferung der Schwächeren an die Mächtigen zur Normalität erhoben. »Es kann nicht nur Störche, es muss auch Frösche geben.« Dieser Satz stammt aus der Konquista, er wurde zur Rechtfertigung der Unterwerfung und des Genocids an den amerikanischen Ureinwohnern benutzt. Auch er artikuliert ein Sowohl-Als-auch. Manche sterben eben an Hunger, andere an Überfressenheit. Manche haben Arbeit, andere sind unverwertbar und unemployable; sie werden nach den Statistiken der USA gar nicht mitgezählt.

Die Philosophie der Postmoderne ist konstruiert nach dem Modell des Marktes. Erdbeer- und Vanilleeis schließen sich doch auch nicht aus, warum soll dann ein Unterschied bestehen zwischen einem Unternehmen, das Giftgas fabriziert, und einem, das Kinderbettchen herstellt! Anything goes indeed … Das Problem der Macht kann im Rahmen der verschiedenen Diskursarten nicht reflektiert werden. Alles ist möglich, verschiedene Produkte gehen ebenso wie verschiedene Sexualbeziehungen oder verschiedene Ästhetisierungen des Alltags. Alles wird zu verschiedenen Geschmacksrichtungen gemacht, der einzige Imperativ, der aus dem »Anything goes« folgt, ist das »Keep your options open«. Freiheit wird verstanden als totale Unabhängigkeit, das Ideal ist das Niemanden-brauchen und Nichtgebraucht-werden. Der gesunde, weiße, einzelne, flexible junge Mann scheint das einzige Wesen zu sein, das diese Erde bevölkert. Erfahrungen wie die, dass wir Solidarität brauchen und geben können, sind nicht mehr vermittelbar. Das Recht der Störche, die Frösche für sich zu benutzen, wird nicht hinterfragt. Diese Rechtlosigkeit der Schwächeren enthält in sich selbst eine Einladung zur Gewalt: Warum haben die Frösche auch keinen Schnabel! Sollen sie sich doch einen besorgen!

Die individuelle Beliebigkeit befördert die Entsolidarisierung der Menschen. Warum interessieren Sie sich für El Salvador? fragte mich ein flotter junger Journalist, haben Sie dort Familie? Eine andere Motivation war für ihn nicht denkbar. Die Vorstellung, dass alle, die dort gefoltert werden oder verschwinden, meine Geschwister sind, ihm nicht nachvollziehbar. Aber die Entpolitisierung geht noch weiter, selbst die eigensten Interessen an Lebensqualität von Luft und Wasser werden denen des Konsumierens untergeordnet. Philosophisch spiegelt sich das in der Vorstellung, die Geschichte der Menschen sei nun in der totalen technologischen Erfüllung in die post-histoire übergegangen. Utopien – wie etwa die einfachen biblischen vom täglichen Brot für alle oder von den Schwertern, die Pflugschare werden – haben keinerlei Sinn, ja sie werden unter Stalinismusverdacht gestellt. Wer an sie glaubt, hat den Pluralismus verlassen, denkt totalitär oder spinnt eben.

Zwar begegnet man auch solchen Menschen mit der Toleranz einer dehnbaren Gummizelle. Viele, die sich je in einer Fußgängerzone vor den Konsumpalästen für weniger Bomben, sauberes Wasser das Überleben einiger Bäume oder das Hierbleiben von Sinti und Roma eingesetzt haben, werden das Gefühl kennen, als liebenswürdige Dinosaurier belächelt zu werden. Die utopiefreie, geschichts- und erinnerungslose Gesellschaft ist unkämpferisch, heiter, nett und selbstzufrieden – oder auch gestresst und krank; in jedem Fall kann sie die Gewalt nur wahrnehmen, wenn sie von unten kommt. Die Gewalt der ökonomischen, politischen, militärischen und naturfeindlichen Macht, die die Paläste so glitzern lässt und das Konsumieren selber immer neu ästhetisch inszeniert, bleibt unsichtbar. »Konsumterror« ist ein Begriff der 60er, nicht der 90er Jahre. Dass dieses als eine zweite Natur erlebte Paradies der Auswahlfreiheit, der Fülle, der Schönheit, der Verlockung auf Gewalt beruht, ist unbekannt, und die Sehnsucht nach wirklicher Freiheit z. B. von dem Zwang, andere Menschen zu betrügen und zu bestehlen, stirbt im luxuriösesten Gefängnis der Weltgeschichte. »Warum«, sagt ein Sufimeister des 8. Jahrhunderts, »wenn Gottes Welt doch so groß ist, bist du ausgerechnet in einem Gefängnis eingeschlafen?«

Hinter der Fassade einer post-historischen Welt wachsen nach meinem Eindruck nicht nur Stress und Leere, sondern auch die Unterwerfung unter *die* Gewalt, die uns ganz selbstverständlich auf mobile Konsumtierchen reduziert. Hier kann kein Friede mehr atmen, er wird unter wohlriechenden Duftwolken erstickt. Mit der Geschichtslosigkeit wächst ein anthropologischer Pessimismus, der in vielen Medien mit Beginn der 90er Jahre immer deutlicher hervortritt. Die Menschen sind im Bild der Maschine geschaffen, das bedeutet auch, dass Ersatzteile zwar beschafft werden können, die Produktions- und Funktionsweisen aber immer dieselben bleiben, die Maschine wächst nicht, sie bereut nicht, sie kann sich nicht ändern. Sie benutzt die natürlichen Ressourcen und übt uns so in die als natürlich angesehene Gewalt ein.

Der Hass gegen Schwächere, die Lust am Quälen wird immer mehr als naturgegeben, unvermeidlich gedeutet: Die Menschen sind eben ekelhaft, bestechlich, zu allem fähig. Die Konservativen haben immer gesagt, dass sich die Gesellschaft nicht verändern lässt; sie waren als Strukturkonservative nicht bereit, an der Verteilung von Macht und Eigentum rütteln zu lassen. Ihr Wertkonservatismus drückte sich nur auf der Ebene des Individuums, das kultiviert, zu Solidarität und Hilfsbereitschaft erzogen werden sollte, aus. Heute holt sie ihr eigener Selbstwiderspruch, den ich als eine Art von Unglauben an Gottes Reich empfinde, ein: Die vor den neuen Technologien nicht mehr geschützten Werte zerfallen vor unseren Augen, und auch das Individuum bleibt, was es ist: das allein auf seinen Vorteil, sein Überleben ausgerichtete Tier.

Ihr aber lernet, wie man sieht statt stiert
Und handelt statt zu reden noch und noch.
So was hätt einmal fast die Welt regiert!
Die Völker wurden seiner Herr, jedoch
Dass keiner uns zu früh da triumphiert –
Der Schoß ist fruchtbar noch, aus dem das kroch!

Bertolt Brecht

Die Deutung der Gewalt aus der nationalen Geschichte

Die naheliegendste erste Erklärung der wachsenden Gewalt in unserem Land ist die aus der nationalen Geschichte. Die Deutschen sind eben so, jetzt kommt es wieder zutage, mit dem größeren Deutschland kriecht der nie-überwundene, heimlich immer noch verehrte Naziheld wieder ans Licht des Tages. Ein jüdischer Bekannter, der seit 25 Jahren wieder in Deutschland lebt, erklärte mir: »Nach Mölln war ich trotzig, jetzt erst recht hierbleiben und mit den Demokraten zusammenarbeiten! Aber jetzt, nach Solingen, sehe ich meine Koffer an …« Gegen solche Lebenserfahrung und solche Ängste lässt sich schwer argumentieren.

Bertolt Brecht hat sie in seinem berühmten Text mit den Worten »Der Schoß ist fruchtbar noch, aus dem das kroch« benannt. An diese Worte habe ich in den beiden letzten Jahren oft denken müssen. Als ich sie im Epilog zu dem Stück »Der unaufhaltsame Aufstieg des Arturo Ui« nachschlug, wurde mir jedoch bewusst, dass Brecht nicht an einen deutschen Nationalcharakter oder gar deutschen »Schoß« dachte, sondern an die von ihm bekämpfte Wirtschaftsordnung, die jederzeit in Gewalt umschlagen kann. Ich habe mich darüber gewundert, dass die Deutung der Gewalt aus dem Nationalismus so viel Macht über mich hat, dass ich sie in einen mir vertrauten Autor projizierte!

Und umso dringlicher wurde mir die Frage, woher die neue, heutige Gewalt kommt. Ist es wahr, dass die einmalige Verbindung verschiedener Elemente, die zum Nationalsozialismus geführt haben, sich heute re-aktiviert? Ist der Schoß nicht doch ausgetrocknet? Ist der Nationalismus der D-Mark nicht ein anderer als der nach Versailles? Der Militarismus des Jäger 90 und anderer sinnloser industriell-militaristischer Machenschaften nicht ein anderer als der der 30er Jahre? Und der Antisemitismus, ist er das Grundsyndrom, das sich heute mangels Juden als Fremden-feindlichkeit manifestiert?

Die Geschichte wiederholt sich nicht einfach, sie ist immer Fortsetzung *und* Diskontinuität. Ich glaube nicht, dass es so etwas wie einen unwandelbaren Nationalcharakter gibt. Die neue Entfesselung von Gewalt ist ein internationales Symptom des Industrialismus. Es ist doch die technokratische Gesellschaft selber, also die Lebensweise, die dafür sorgt, dass es keine Natur mehr geben darf, dass jedes »andere«, uns Gegenüberstehende kaputtzukriegen ist. Viele unserer rechtsradikalen Gewalttäter geben sich in Gesprächen nicht wirklich als Neonazis, mit bestimmten politischen Zielen und Ideologien, sondern nur als Jugendliche, die Naziparolen und Gebärden als Reizklischees ausprobieren. Sie können von Wortführern des rechten Lagers benutzt werden, haben aber selber – noch? – wenig Wurzeln in der braunen Ideologie.

Umso bedenklicher scheint in diesem Zusammenhang die neue Rolle der Rechtsintellektuellen, die sich um Ernst Jünger oder Carl Schmitt als Leitbilder scharen. Ihre neue Präsenz in den Medien macht deutlich, wie das angstmachende Zusammenspiel der Gewalt von unten und oben funktioniert. Beide, die Brandsätze werfenden Jugendlichen und die ergrauten Vordenker der Rechten, wollen erinnerungslos leben oder sich zumindest gegen verpflichtende Erinnerung an die Katastrophe des Nationalismus absichern. Sie inszenieren gemeinsam nicht nur das Ende der Nachkriegszeit, sondern ein Ende von Scham und Schuldbewusstsein, von Gedenkstätten und Sühnezeichen. Eine neue Lesart der Geschichte taucht auf: Hitler wird eher als eine Art peinlicher Zwischenfall betrachtet, aber was er verkörpert, die Anbetung der Gewalt,, die Verklärung der Nation und der Hass gegen die Fremden, das wird als Kontinuität gefeiert, es war vor ihm da, und ist vor allem auch nach Hitler lebendig, ja notwendig. Seine Untaten werden im weltgeschichtlichen Vergleich eingeebnet. Das Gefühl, dass es Zeit ist zu vergessen, das Vergangene endlich ruhen zu lassen, hat nicht nur unter Rechtsradikalen Wohnung genommen. Sind nicht Schuldgefühle selbst eine jüdische Erfindung?

So skeptisch ich der Bonn-gleich-Weimar-These gegenüberstehe, so wesentlich scheint mir die Wachsamkeit aus Erinnerung. Ein geschmiertes Hakenkreuz auf einem jüdischen Friedhof bedeutet in Deutschland etwas anderes als in Frankreich oder Polen. Und es macht mehr angst.

Eine Mystik der Gewalt

Die Glatzköpfe kamen am heiligen Abend
in das geöffnete Café der Alternativen
alles hat heute zu sagten sie
meinem Freund aus Dresden-Neustadt
der auch früher ohne Gewalt zu leben versuchte
Sie brachten sich Bier in Kästen mit
Mein Freund gab ihnen einen Stollen
heute sei doch Weihnachten

Sie nahmen das Weihnachtsbrot
und warfen es herum
bis es zerkrümelt
auf dem Boden lag

Nach welcher Schönheit suchen sie
unter der der Messer und Ketten
Die Gewalt gegen die eigene Kindheit
und die stollenbackenden Mütter
die Angst davor beschenkt zu werden
und der Hass auf die
die den Hunger nach Brot
mit dem Hunger nach Schönheit
unteilbar verbinden.

Das Faschistische an der neuen Gewalt scheint mir ihr Todestrieb, ihre Lust an der Zerstörung, ihre Anbetung der Gewalt als solche ohne Zweck und Ziel außer der Vernichtung. In den

Liedern und Parolen unserer neuen Gewaltkultur drückt sich klar aus, dass das Leben der anderen, aber auch das eigene wertlos ist. Es ist, als sei das Glück ausgezogen, das einfache Glück dazusein, und als könne nur noch der Rausch der Gewalt das Dasein für kurze Zeit rechtfertigen. Es ist eine Art negativer Mystik im Spiel.

Mystische Erfahrung bedeutet ja das Sich-loslassen, Sich-versenken, Freiwerden von den Zwangsbindungen an Raum und Zeit, eine Art Rausch, wie ihn die »Gott-trunkenen« verschiedener Kulturen bezeugen. Ähnlich erscheinen mir die rauschhaften Zustände von schwer alkoholisierten Gruppen, in denen Bluts-brüderschaft in Blut-rausch übergeht. Die Musik wird dabei zu einem wesentlichen Medium einer neuen Gewaltästhetik. Sie heizt auf, spült Hemmschwellen weg, verschmilzt die schwachen Einzelnen, verzaubert die Ohnmachtsgefühle in Allmachtswahn … Aus dem Erlebnis, dass Gewalt Spaß macht, wird eine Art Droge, die kaum zu ersetzen ist: Nur Gewalt macht Spaß! Nur sie lässt die psychisch Verkrüppelten ganz werden, erlaubt ihnen, endlich das zu leben, was die Medien so tausendfach versprochen haben.

Viele Anhänger der rechtsradikalen Szene führen eine Art Doppelleben, mit werktäglicher normaler Arbeit und unauffälligem Verhalten. Dass ihnen das nicht genügt, nicht genug an Abenteuer, Erregung, Selbstgefährdung bringt, ist ihnen nicht zu verübeln. Die Frage fällt an die Vorbild-Gesellschaft zurück, die außer Geld, Macht und Konsum keine Lebensziele anzubieten hat. Steckt nicht in der falschen, auf den Tod bezogenen Mystik eine Kritik an der religiösen, politischen und kulturellen Geistlosigkeit, die unser Leben bestimmt? Die verbreitete Annahme, ohne Vision, ohne Utopie leben zu können, ist normal; so willigen Menschen ein in eine lebensgefährliche spirituelle Verarmung, eine Reduktion des Menschen auf den homo oeconomicus, dieses Tier, das produziert, Profit macht und konsumiert. In der Trivialsprache eines Autoaufklebers, den ich kürzlich sah, reduzieren wir uns auf die drei lebensbestimmenden F, nämlich Fressen, Ficken, Fernsehn. Ich möchte das oft gebrauchte neutralisierende Wort »Wertewandel« durch das klarere »Wertezerfall« ersetzen. Ein Wertewandel von einer imitativen zu einer autonomen Kultur fand in der Aufklärung statt, heute werden die humanisierenden Ansprüche beider, der vormodernen wie der modernen Gesellschaft, aufgelöst. Nur keine Vision von einem anderen Leben, nur keine Erinnerung mehr an Geschichten und Bilder, die von der Würde aller Menschen sprechen.

Die Mystik der Gewalt täuscht in einer mystikfreien Gesellschaft, in der das »Haben« im Sinne Erich Fromms das Sein verschlungen hat, Rettung vor, sie verspricht Erlösung. Nach der Untersuchung von Udo Rauchfleisch leben Massenbestseller wie die Bücher von Stephen King von solcher Erlösung durch Gewalt. Ihr Weltbild besagt, dass überall Aggression und äußerste Grausamkeit lauert, vor allem durch die Frau, die als das Grauenerregende und Ekelhafte schlechthin erscheint, »eine übermächtige, archaische Muttergestalt«. Der männliche Held legitimiert seine eigene Gewalttätigkeit Frauen gegenüber durch das Böse, das in ihnen verkörpert ist. »Je gewalttätiger seine Gegner sind, die Vertreter des Bösen, desto rücksichtsloser darf auch der Held vorgehen«, so dass dem Leser solcher Romane vermittelt wird, jede Aggression sei »berechtigt, ja dringend notwendig, um die ›Bösen‹ der verdienten Strafe zuzuführen«. Die ausgeklügelten Gewalttaten der Bösen und der Guten stehen sich in nichts nach, was zweifellos die Anziehungskraft dieserart Gewaltpornographie erhöht. Verkauft wird die Brutalität den Lesern »im einen Falle als Zeichen von Gemeinheit und bestialischer Grausamkeit, im anderen Falle als gerechte Bestrafung«. (Vgl. die Analyse der »Gewalt in Trivialromanen und im Film«, in: Udo Rauchfleisch, Allgegenwart von Gewalt, Göttingen 1992, S. 104 ff.)

Es ist, als seien solche Menschen zu kaputt, um noch Ganzsein und Heilung außerhalb des Gruppenzusammenhalts und der zugehörigen faschistischen Symbolwelt erwarten zu können. Nur die Aktion rechtfertigt das Leben für den Augenblick ihres Geschehens, und die »reine Aktion«, in der die anderen nur verbrauchbares Material sind, ist die Gewalt. Sie ist Gott: Sie legitimiert auch den Tod, sie fordert Opfer, sie schenkt Erfüllungen (vgl. Dorothee Sölle, Es muss doch mehr als Alles geben. Nachdenken über Gott, Hamburg 1990, S. 11 ff.). Diese negative Mystik hat ihren eigenen Sog. Sie fragt die Normalen, die sich gewaltlos fühlen, nicht nur nach ihrem Verhältnis zur Gewalt, sondern erst recht nach ihrem Verhältnis zur Mystik der Kommunikation und des alltäglichen Lebens. Wenn das Leben selber zur Ware geworden ist, die Beziehungen danach bewertet werden, ob sie sich rechnen, die Arbeit danach, was sie bringt, die Erkenntnis nichts mehr mit Weisheit, nur mit Berechenbarkeit zu tun hat, dann wird die Welt unerträglich, es stellt sich ein »Gotteshass«, wie man im Mittelalter sagte, ein, und die Mystik der Gewalt präsentiert diesen Hass gegen die Quelle des Lebens, kalt und verlockend.

Entwöhnung

Ich soll nicht morden
ich soll nicht verraten
Das weiß ich
Ich muss noch ein Drittes lernen:
Ich soll mich nicht gewöhnen

Denn wenn ich mich gewöhne
verrate ich
die die sich nicht gewöhnen
denn wenn ich mich gewöhne
morde ich
die die sich nicht gewöhnen
an das Verraten
und an das Morden
und an das Sich-gewöhnen

Wenn ich mich auch nur an den Anfang gewöhne
fange ich an mich an das Ende zu gewöhnen

Erich Fried

Ich bin nicht gewaltfrei

Beim Versuch, mir Rechenschaft über mein eigenes Verhältnis
zur Gewalt zu geben, erinnere ich mich einer Unterscheidung,
die mir vor Jahren beim Hereinwachsen in die Friedens- und
Ökologiebewegung sehr geholfen hat, die zwischen der Gewalt
»gegen Sachen« und der Gewalt »gegen Menschen«. Sie tauchte
bei Martin Luther King im Zusammenhang der Bürgerrechtsbewegung gegen den Rassismus auf. Gruppen praktizierten damals »zivilen Ungehorsam«, wenn sie unbefugt Gelände betra-
ten, Zufahrtswege blockierten, Stacheldrahtzäune zerschnitten
oder, wie vor allem christliche Freunde aus der nordamerikanischen Friedensbewegung, Mordinstrumente unbrauchbar
machten. Gewalt gegen Sachen, das hieß in der Tradition des
Widerstands gegen den Vietnamkrieg, Wehrpässe oder Ein-
berufungsbefehle mit Napalm zu übergießen und sie öffentlich
zu verbrennen. Diese Aktion hat mich besonders überzeugt,
weil das Gewalt-Symbol, Napalm, das im wesentlichen gegen

die zivile Bevölkerung eingesetzt wurde, hier anders, nämlich gegen die Fortführung des Genocids sprach. »Burn the draft, not the babies« schien mir nicht im Gegensatz zu meinen gewaltfreien Überzeugungen zu stehen. Auch später, als ich vor Gericht als Gewalttäterin bezeichnet wurde, weil ich an Blockaden gegen Massenmordanlagen in Mutlangen und Fischbach teilgenommen hatte, konnte ich der offiziellen Sprachregelung, die die Nötigung von Militärfahrzeugen als Gewalt registrierte, nicht folgen.

Heute muss ich mich fragen lassen, ob nicht auch die gegenwärtigen Angriffe auf Symbole und Gebäude bloße »Gewalt gegen Sachen« sind. Ein Teil der neuen Gewalt richtet sich gegen Orte wie ehemalige Konzentrationslager, an denen Tote Gedächtnis und Ehrung gefunden haben. Könnten sich die Wortführer dieserart Gewalt nicht ebenso auf die Unterscheidung zwischen Sachen und Menschen berufen? Festzustellen ist allerdings, dass eine solche Argumentation, soweit mir bekannt, nicht gegeben worden ist. Die neue »rechte« Gewalt ist Vorspiel und nicht klare Abgrenzung, sie dient gerade dazu, die Grenze zwischen Sachen und Menschen zu verwischen. Mehrfach haben jugendliche Brandstifter bezeugt, dass sie nicht wussten, ob ein Asylantenheim belegt ist oder leer steht. Sie wollen es nicht wissen. Die Gewalt gegen Sachen erscheint hier tatsächlich als eine Art Einstiegsdroge. Die »Mystik der Gewalt«, ihr Rausch lässt den Grad der Bewusstheit, der in endlosen Diskussionen der gewaltfreien Bewegungen erreicht wurde, nicht zu.

Aber diese Abgrenzung sagt noch nicht viel über uns selber, die in der Regel weder an der Gewalt »von unten« noch an der »von oben« partizipieren. Wieviel Gewaltfreiheit steckt in uns allen, die sich der Gewalt enthalten? Wir mögen Gewaltlosigkeit als Norm proklamieren, aber das ist noch lange nicht das, was mit dem schönen Begriff »Gewaltfreiheit« gemeint ist. Der Wunsch, in gewaltlosen Verhältnissen arglos zu leben, bleibt naiv und verfällt gerade der Gewöhnung an die Normalität der Gewalt, von der Erich Fried spricht. Als wäre es so leicht, aus der alles beherrschenden Gewalt, auf die wir unser Leben gründen, zu kommen! Wir alle sind »Nutznießer der Gewalt« (Jürgen Ebach, Theologische Reden, mit denen man keinen Staat machen kann, Bochum 1989, S. 76), die sich in den Wirtschafts- und Produktionsbedingungen ausdrückt, und das zu erkennen ist der erste Schritt aus der Gewaltförmigkeit heraus. Ich bin nicht gewaltfrei, sondern gefesselt an einen Lebenszusammenhang der Zerstörung anderer Geschöpfe, ich wohne immer schon im Hause der Gewalt.

Der Theologe und sächsische Justizminister Steffen Heitmann hat öffentlich bedauert, dass bei uns der Gewaltbegriff nur noch negativ verwendet werde. Das staatliche Gewaltmonopol sei eine hohe kulturelle Leistung. Die Zunahme nicht-staatlicher Gewalt hängt nach seiner Meinung damit zusammen, dass das staatliche Gewaltmonopol »in Frage gestellt und nur zurückhaltend ausgeübt« werde (epd vom 30.9.1993). Das ist der Versuch einer – wie ich denke: allzu einfachen – Antwort auf die wachsende Gewalt, sie bedeutet im Klartext: staatliche Gegengewalt, mehr, besser ausgerüstete Polizei, mehr Gefängnisse und härtere Strafen. Eine Vision von einem anderen, weniger gewalttätigen Lebensstil ist aus diesem Denkansatz, der die Spirale der Gewalt bruchlos verinnerlicht hat, nicht zu erwarten.

Eine mögliche Befreiung von der Gewalt kann nur als zeitweilige Unterbrechung gedacht werden, das ist ein zweiter Schritt der Erkenntnis. Unterbrechung ist weniger als Aufhebung, ein bescheideneres, realistischeres Ziel. Die Friedensbewegung ist keineswegs nur ein netter Traum vom gewaltlosen Leben. Sie hat vielmehr ein klares Bewusstsein von der Realität der Gewalt, auch in uns selber. Diese Realität lässt sich in der vormessianischen Welt nicht aufheben, es kommt aber alles darauf an, sie zeitweilig zu unterbrechen. Nur im Bruch, der von den Opfern der Gewalt und denen, die sich mit ihnen solidarisieren, ausgeht, leuchtet die Chance auf, dass in einer bestimmten Situation Verhaltensänderung und in diesem Sinn Frieden möglich werden.

Die franziskanische Tradition hat eine Ur-Geschichte solcher Gewaltunterbrechung festgehalten. Bei Gubbio in Umbrien lebte ein gewaltiger Wolf, der Tiere und Menschen verschlang. Aus Angst vor ihm trauten sich die Bewohner nicht mehr aus der Stadt. Franziskus ging dem Wolf entgegen, seine Gefährten blieben aus Angst zurück. Der Wolf stürzte zähnefletschend auf ihn zu. Der Heilige sprach ihn als »Bruder Wolf« an und machte das Zeichen des Kreuzes über ihm. Der Wolf sperrte seinen schon geöffneten Rachen zu und ließ sich zu Füßen des kleinen unbewaffneten Mannes nieder. Franz sagte zu ihm: »Du bist hier jedermanns Feind. Ich aber möchte, Wolf, mein Bruder, dass Friede sei zwischen ihnen und dir.« Er schließt dann eine Art Bund, in dem die Umwohner sich verpflichten, den Wolf zu füttern, damit er niemals mehr Hunger leiden muss, und der Wolf ihm, Pfote in Hand, verspricht, niemandem, weder Mensch noch Tier, mehr Schaden zuzufügen. Dieser Vertrag wird öffentlich besiegelt, der Wolf lebt noch zwei Jahre, von den Bürgern geachtet und von den Kindern geliebt.

Ich erzähle die Geschichte nicht wegen des Wunders, sondern um den Begriff Unterbrechung der Gewalt zu klären. Er trägt zwei Elementen des biblischen Denkens Rechnung, dem Realismus und der Hoffnungsfähigkeit. Er verleugnet die Realität der Kreisläufe nicht. »Das eben ist der Fluch der bösen Tat, dass sie fortzeugend immer Böses muss gebären«, heißt es bei Schiller im Wallenstein. Das Ziel des anderen Umgangs mit der Gewalt ist nicht, eine konfliktfreie Welt zu schaffen und möglichst alle Wölfe auszurotten. Doch es gibt auch die Unterbrechung ihrer Zwangsläufigkeit, die Entwaffnung, die Überraschung, die Bannung des Fluchs und die Möglichkeit, der alles beherrschenden Gewalt ein Nein entgegenzusetzen, das ihren absolut erscheinenden Zwang unterbricht.

Mir hat der Einstieg in gewaltfreie Aktionen gerade den Blick geschärft sowohl für das Netz der Gewalt, das uns in unserem Alltag gefangen hält, wie für eine zuvor ungekannte Freiheit. Das Netz für Augenblicke zu zerreißen, den Wind der Freiheit für Augenblicke zu spüren, ist eine der wichtigsten Erfahrungen, die Menschen in der Gewaltbefreiung, der Ent-rüstung machen können. Die Freiheit definiert sich dann plötzlich neu, sie ist mehr als nur der Duft der weiten Welt, die für unseren Konsum geschaffen ist. Ihr wichtigster heutiger Name, ihr tiefstes Gebet geht um – Freiheit von der Gewalt.

Ein mich stärkendes Beispiel solcher zeitweiliger Unterbrechung der herrschenden Normalität ist die Arbeit der Südafrikafrauen der evangelischen Frauenarbeit. Sie haben in jahrelangem, konsequentem Boykott die Früchte der Apartheid als unsere Form der Teilhabe an der Gewalt des Rassismus aufgedeckt. Sie gingen zu den Großmärkten und ließen sich beschimpfen und demütigen, wenn sie den Großhändlern zu erklären versuchten, dass ihre südafrikanischen Apfelsinen »nach Blut schmecken«. Sie machten den Frauen beim Einkaufen klar, an welchen Stellen wir im Alltag der Gewalt zur Hand gehen oder sie unterbrechen können. Sie sprachen mit Bankdirektoren und Angestellten über die Investitionen, die nötig sind, das Unrechtssystem zu erhalten. Nichts an ihrem Verhalten war spektakulär oder medienwirksam, der Spott der Öffentlichkeit und die Nichtbeachtung durch die eigene Großinstitution der Kirche waren den Frauen sicher. Und doch haben sie an einem konkreten Punkt die Gewalt unterbrochen, an der wir alle durch Einkaufen und Konsumieren gewöhnlich Anteil haben. Es war nicht nur eine persönliche Verweigerung, sondern eine Einladung an alle, die Gewalt doch nicht mitzutragen.

Der Boykott von Millionen von Menschen in der ganzen Welt, ich denke vor allem auch an die Schwarzen in den USA, hat dazu beigetragen, das Regime der Apartheid, als eine Form der Gewalt, unerträglich zu machen. Wir haben allen Grund zur Dankbarkeit für diese Art Befreiung. Traditionen solcher gelebter Gewaltunterbrechung sollen erinnert und gefeiert werden, gerade in den finsteren Zeiten der ununterbrechbar erscheinenden Gewöhnung.

Zugleich macht die Erinnerung uns aufmerksam auf die Tiefe der eigenen Verstrickung in die Gewaltstrukturen. Wo und wie können wir uns in Unterbrechungen einüben? Wie stark ist das Leiden an Gewaltstrukturen wie Rassismus, Waffenexporte, Menschenrechtsverletzungen, weltweite Militäreinsätze, Naturzerstörung? Von wann an reißt es uns aus der Gewöhnung an die Gewalt heraus?

Ich soll mich nicht gewöhnen

Gewalt ist eine tiefe Beziehungsstörung. Aber diese Störung ist nicht nur Sache der neuen rechten Gewalt von Jugendlichen, sie betrifft uns alle, die wir uns an Gewalt gewöhnt haben in einem Ausmaß, das anderen Kulturen unvorstellbar war. Ich denke vor allem an die ökologische Gewalt, in, mit und von der wir leben. Nirgendwo ist die Gewöhnung an Zerstörung und mutwillige Barbarei so selbstverständlich, so gewöhnlich, so normal.

»Wohnen« hat im Deutschen die Grundbedeutung von sein, zufrieden sein, bleiben. Die gewöhnliche Gewalt ist die, die hier zu Hause ist, sich hier wohl fühlt, hier wohnen bleiben will. Wir alle bedienen die endlose Spirale, die keine Versöhnung zulässt. Ein Ende ist nicht abzusehen. Gibt es denn keinen Weg, der herausführt aus diesen Wiederholungen desselben Musters mit verschiedenen Techniken der Macht und der Ideologien? Untersuchungen zur sexuellen Gewalt zeigen, dass, wer als Kind missbraucht wurde, dazu neigt, das, was ihm oder ihr angetan wurde, weiterzugeben an andere Wehrlose, etwa in der nächsten Generation. Die passivistische Unterwerfung im Verschweigen, Verleugnen oder Umdeuten bedeutet nicht das Ende, sondern ein Teilstück des weitergehenden Kreislaufes. Gewalt und Unterwerfung, Unrecht und seine Duldung, Verbrechen und unsere Komplizenschaft sind Elemente der Gewöhnung an die Gewalt, bedeuten im Sinne Erich Frieds den Verrat an den Opfern. Gibt es denn keine Entwöhnung von der Droge Gewalt, keine Entziehungskuren?

Beim Nachdenken über die jugendlichen Rechtsextremisten

fiel mir ein Projekt aus der Sozialarbeit ein, an dem Hephzibah Menuhin, die Schwester des berühmten Geigers, beteiligt war. Es ging um jugendliche Gewalttäter in einem Londoner Gefängnis. Die beteiligten Sozialarbeiter gingen von der Voraussetzung aus, dass negativer Nonkonformismus sich nicht durch Konformität bekämpfen lasse. Gewalttäter seien nicht durch Unterwerfung unter bestehende Normen und ihre anerkannte oder erduldete Gewalt zu verändern, sondern nur mit Hilfe einer anderen Art von Nonkonformismus, bei dem ihre Nicht-Übereinstimmung mit der gesellschaftlichen Realität respektiert und erhalten bleibe. Negativer Nonkonformismus sollte zum positiven Nonkonformismus werden und den Gefangenen nach der Entlassung eine neue Lebensperspektive bieten. Sie lernten ihre Wut und ihre Verachtung der gesellschaftlichen Bedingungen nicht abzulegen oder zu verleugnen, sondern sie an die Adressen zu lenken, die tatsächlich Verantwortung tragen, für Wohnungsnot, Arbeitslosigkeit und Sozialabbau einerseits, für Apathie, Selbstaufgabe und Selbstzerstörung andererseits. Die dumpfen Gefühle der Ohnmacht und der Lebensniederlagen sollten zu lebendigen Kräften werden.

Auch die Bibel empfiehlt bekanntlich nicht, die Schwerter zu vergraben oder zu verklappen, sondern sie umzuschmieden zu Pflugscharen. So arbeiteten die Entlassenen im selben Milieu, auf der Straße, und steckten ihre Kraft nicht in die Anpassung, sondern in das andere Leben, das sie in der Reproduktion der Gewalt auf dem falschen, dem kriminellen Weg gesucht hatten.

An diesem Beispiel habe ich besser verstanden, was die Forderung Jesu, die Feinde zu lieben (Matthäus 5,44), bedeutet. Sie ist an machtlose Gruppen, die innerhalb des sozialen Machtgefüges keine legalen Machtmittel haben, gerichtet. Sie ist nicht am Idealbild der römischen Herrscher orientiert, der sich in Milde, in clementia, dem unterworfenen Feind gegenüber herabneigt. Die Feinde zu lieben heißt auch nicht, die von der Gewalt Beschädigten und Beleidigten um die Aufgabe ihres Widerstands zu bitten. Feindesliebe ist gedacht aus der realen verzweifelten Situation der Machtlosen, die in einem gewaltfreien Widerstand kämpfen. »Der Starke kann dem Schwachen Liebe und Barmherzigkeit zuwenden (und umgekehrt). Feindesliebe jedoch praktiziert der Schwache dem Starken gegenüber. Lehren und fordern kann sie dann nur der am Widerstand Beteiligte …« (Luise Schottroff, Gewaltverzicht und Feindesliebe in der urchristlichen Jesustradition, in: dies., Befreiungserfahrungen. Studien zur Sozialgeschichte des Neuen Testaments, München 1990, S. 16). Darum ist die beste Auslegung des Gebots die, die aus einer sozialgeschichtlich vergleichbaren Situation kommt und sich an der ursprünglich biblischen orientiert. Martin Luther King appellierte an die »erbittertsten Gegner« mit den Worten: »Wir werden eure Fähigkeit, uns Leid zuzufügen, durch unsere Fähigkeit, Leid zu ertragen, wettmachen … Tut uns an, was ihr wollt, wir wollen euch trotzdem lieben.«

Nicht eine feindfreie Welt, in der die Wölfe ausgerottet werden, ist das Ziel, sondern eine Unterbrechung der Gewalt, in der Entfeindung als Versöhnung möglich wird. Der Wolf wird gezähmt, lässt sich nicht auch der Rassismus zähmen? Lassen sich die gefrorenen Bilder vom Erbfeind nicht auftauen, so dass Menschen die Andersheit der Anderen zu ertragen lernen?

Aggressivität hat zwei Gesichter: Sie ist ein notwendiger Lebensimpuls ebenso wie eine Zerstörungsmacht. Im Englischen hat das Wort »aggressive« eine konstruktive und eine destruktive Bedeutung. Im positiven Sinne verweist es auf Lebensenergie oder Intensität, eine vorwärts drängende Kraft oder Dynamik. Fehlt sie, etwa im intellektuellen Bereich, so wird die Person als verschlafen, fade, geistlos empfunden. Der lateinische Wortsinn von aggredi, auf etwas zugehen und angreifen, ist in solchem Sprachgebrauch lebendig. Diese konstruktive Aggressivität wurde in dem Londoner Resozialisierungsprojekt nicht geleugnet, die negative nicht einfach gebändigt oder zurückgenommen, die Therapie war vielmehr eine Umschmiedung der destruktiven blinden Aggression in einen Entwurf anderen Lebens hinein.

Die Gewöhnung an die Gewalt, sei es durch Kriminalität

oder durch gewöhnliche Unterwerfung, wurde erkannt als das, was sie ist, ein Teil des funktionierenden Systems. Erich Fried bringt solche Gewöhnung – durch die Formulierung »ich soll« – in einen Zusammenhang mit der nicht weiter begründeten Tradition der zehn Gebote. Damit tut er einen Schritt über die traditionelle Wiedergabe der Gebote hinaus. Diese wendet sich an den aktiv handelnden Menschen, der mordet, stiehlt oder verrät. Eine gegenwärtige Auslegung kann dabei nicht stehen bleiben. Die meisten Menschen, die ich kenne, stehlen oder morden nicht im unmittelbaren Sinn des Wortes, noch ist diese Versuchung für sie gegeben. Sie lassen jedoch zu, dass für sie und in ihrem Namen gestohlen und gemordet wird. Unsere wichtigste Beteiligung an der Gewalt ist die Gewöhnung an sie.

Übrigens hat auch Erich Fried versucht, einen Wolf zu zähmen, als er mit Michael Kühnen, einem der Führer der rechtsextremistischen Bewegung, in Kontakt trat. Fried hat mir das auf einer langen Autofahrt vom Düsseldorfer Kirchentag (1985) genau und mit einer Art Erstaunen über sich selbst erzählt. Bei einer Fernsehsendung fragte ein Reporter, wie denn ein Neonazi wohl sei, und er, Erich, habe gesagt, der spielt vielleicht Fußball, der geht arbeiten, der verliebt sich. Fried versuchte also nur das zu tun, was er als Schriftsteller immer wieder versucht hat: die Erlösung aus dem Klischee, die Wiedervermenschlichung derer, die wir zu kennen glauben und hassen müssen. Kühnen bat Erich Fried daraufhin, ihn im Gefängnis zu besuchen. Das tat der damals schon todkranke Dichter. Als erstes bot er dem Jungen das Du an. Auf die unter Neonazis weltweit verbreitete Behauptung Kühnens, die Sache mit den sechs Millionen Juden könne nicht stimmen, hat Erich Fried nicht mit Empörung und nicht mit Statistik reagiert, sondern ganz anders. Er hat dem jungen Mann über seine Großmutter erzählt, die nach Theresienstadt gekommen sei und dort vor ihrem Abtransport noch gesehen wurde. Wohin sie transportiert worden sei, könne er auch nicht mit absoluter Sicherheit sagen, wohl aber, dass sie von diesem Ort nicht wiedergekommen sei. Ich vermute, Fried hat dem Michael Kühnen zu erklären versucht, wie sehr er seine Groß-

Wir haben noch mehr zu bieten:

Den Überblick behalten ...

zeitzeichen

Der Kompass in unserer Informationsflut: Kommentare – Essays – Nachrichten – Analysen

Die überregionale evangelische Monatszeitschrift mit Kommentaren zu Religion und Gesellschaft

Theologie und Kirche, Geschichte und Gesellschaft, Wissenschaft und Technik, Ökumene und „Dritte Welt", Lernen und Erziehen, Politik und Wirtschaft, Welt und Umwelt, Kultur

Religion als spannendes Fach

forum religion

Vielseitige Anregungen für einen lebendigen, zeitgemäßen Religionsunterricht in der Schule

Unterrichtsentwürfe für alle Jahrgangsstufen und Schularten, vollständige Unterrichtseinheiten und Medienbeiträge zu aktuellen Themen und Fragestellungen

Neuer Service: Abonnenten können die gesamten Texte der Zeitschrift von www.forum-religion.com downloaden.)

Ideen für Ihre Predigt

KREUZ

PASTORALBLÄTTER
PREDIGT • GOTTESDIENST • SEELSORGE • DIE PRAXIS

Predigt – Gottesdienst – Seelsorge, jeden Monat Inspiration und Anregungen

Komplette Sonntagsgottesdienste, Gebete, Liedvorschläge, Auslegungen, Alternativpredigten, Kasualansprachen, Themenbeiträge und die Textesammlung „Bausteine"

Neuer Service: Abonnenten können die gesamten Texte der Zeitschrift von www.pastoralblaetter.de downloaden.

Bitte senden Sie mir ein kostenloses
Probeheft der Zeitschrift:

Name

Vorname

Straße/Hausnr.

PLZ/Ort

Tel. (für evtl. Rückfragen)

E-Mail

Antwort

Kreuz Verlag
Leserservice
Postfach 80 06 69

70506 Stuttgart

mutter liebte. Er meinte jedenfalls, er habe Kühnen damit nachdenklich, vielleicht auch selbstkritisch gemacht.

Diese Entfeindungsgeschichte zwischen einem alten Antifaschisten und einem jungen Neonazi trägt seltsame Züge. Wie konnte ein so scharfsinniger Kopf wie Fried idealistisch und blind auf die Vernunftfähigkeit, die Menschlichkeit eines Verblendeten setzen? Es ging ihm immer darum, Menschen zum Erbarmen mit sich selber zu verhelfen, sie zu bekehren. Theologisch ausgedrückt: Ich habe selten einen Menschen gekannt, der so klar zwischen der Sünde und dem Sünder unterschied, und wenn er die Sünde hasste, so war er doch beinahe unfähig, den Sünder zu hassen und der Gewalt allein zu trauen statt der Entfeindung.

Wegen dieser Gespräche wurde Fried von einer Reihe von linken Freunden und alten Kampfgefährten scharf kritisiert, ganz ähnlich wie Franziskus, dessen Freunde ebenfalls die Gewalt als allmächtig ansahen und dem Wolf lieber nicht begegnen wollten.

Eine andere Spiritualität

Wir brauchen eine andere politische Spiritualität. Es ist die Eigenart der Gewalt, dass sie uns an sich gewöhnt und zugleich die Hoffnung ins Exil treibt. Vor unseren Augen zerfallen die Erinnerung an ein anderes Leben und die Bilder von ihm. Die Gerechtigkeit – als der wichtigste Name für Gott, den die jüdischen und christlichen Traditionen artikuliert haben – und ihre Handlungskonsequenz, die Solidarität, sterben in unserem Land. Das »Ende des sozialdemokratischen Zeitalters« (Ralf Dahrendorf) ist eine der politischen Konsequenzen dieser Zerstörung nicht nur einer Partei. Mit dem Zerfall des kommunitären Bewusstseins verringert sich auch die Fähigkeit zum Widerstand gegen Wirtschafts- und Staatsgewalt. Wir wissen alle, dass unsere Mutter, die Erde, stirbt, vor unseren Augen und durch uns. Wann geht uns der Atem aus? Wann japsen wir um

Luft wie die Fische? Die wichtigste Veränderung, die wir brauchen, ist eine radikal andere Beziehung zur Schöpfung. Statt uns als Meister und Besitzer der Natur aufzuführen, sollten wir lernen, uns als Teil des Ganzen, als Kinder der Erde und als Geschwister der anderen Kreaturen zu begreifen.

Ich glaube nicht, dass eine solche Umkehr im Rahmen des neuzeitlichen Rationalismus und seiner Absage an die Religion möglich ist. Ich frage mich, wie, wann endlich, wo wir den aufrechten Gang lernen werden, die Verweigerung der Gewalt gegenüber, die Erziehung zur Gewaltfreiheit, die Spiritualität eines Friedens, der in irgendeinem Sinn schon in uns sein muss, ehe er so sichtbar wird, dass er ansteckt. Das milde Unbehagen der Mehrheit denen gegenüber, die Gerechtigkeit, Frieden und die Bewahrung der Schöpfung einklagen und nicht aufhören, an diesen Fragen zu arbeiten, hat sicher verschiedene Gründe: Es ist eine schlechte Zeit für mehr Demokratie, mehr Partizipation, mehr plebiszitäre Elemente und Praxen, aber liegt einer nicht auch in uns selber? Wir sind nicht sehr überzeugend, gleichwohl unsere Analysen klar sind und unsere Alternativen einleuchten.

Ich vermute, es hat mit einem tiefen Mangel an politischer Spiritualität zu tun, der innerhalb der Friedensbewegung an manchen Stellen aufgehoben worden ist – ich denke an Gottesdienste im Hunsrück vor den Kathedralen des Todes –, heute aber mehr denn je empfunden wird. Ich frage mich tatsächlich, ob es nicht stimmt: Nur wer niederknien kann, wird den aufrechten Gang lernen. Es geht mir nicht um eine christliche, gar kirchliche Vereinnahmung der ökopazifistischen Bewegung, wohl aber um eine Rückbesinnung auf die spirituellen Wurzeln, die uns nähren und ohne die wir in den intelligenten Zynismus, der eine Form der Gewöhnung an die Gewalt ist, zurückfallen.

Wir müssen lernen, unsere Ehrfurcht vor dem Leben sichtbar zu machen, in unseren Aktionen und in unseren politischen Forderungen. Ich vermute, dass der allgemeine humanistische Konsens, von dem viele in der Friedens- und Ökologiebewegung getragen waren, dieser liberale postreligiöse Humanismus, vor unseren Augen zerbröckelt. Er ist nicht mehr konsensfähig, er wird den Übergang in die Postmoderne und das neue Zeitalter der Gewalt nicht überleben. Die Gewöhnung an sie als das Normale ist im Zweifelsfall bereits viel weitergegangen, als wir ahnen. Darum muss der versteckte Idealismus, der uns trug, öffentlich werden, er muss Gestalt finden. Wir sollen unsere Wünsche und Sehnsüchte nicht nur heimlich in Stoßseufzern sammeln. Es gibt eine menschheitliche Sprache der Sehnsucht, warum sollten wir sie nicht neu lernen? Warum wagen wir nicht, auf einer Tagung, in der es um Entfeindung und Versöhnung geht, zu beten? Warum überschreiten wir die Grenze der Konventionalität, des wissenschaftlichen Gedankenaustausches nicht? Warum bilden wir uns immer noch ein, Religion sei Privatsache? Wir wissen doch schon lange, dass wir eine andere Spiritualität als die unserer Welt bitter nötig haben. Hin und wieder haben wir sie in kleinen Versammlungen schon aufleuchten sehen: Lieder und Gesten, Bekenntnis der Sünde und Zusage der Befreiung, Geschichten von wunderbarer Heilung und von den Senfkörnern des anderen Lebens, Flurprozessionen und Aussendungs-Segnung für die, die in jugoslawischen Flüchtlingslagern arbeiten …

Der Glaube an den Frieden mit den Armen und mit der Erde und mit uns selber braucht Selbstausdruck und Überwindung der religiösen Sprachlosigkeit. Die Kommunikation wächst mit der Fähigkeit zur Expression. Ora et labora, bete und arbeite auf dem unfruchtbar gemachten, verwüsteten Feld unseres Landes! Wer könnte denn annehmen, dass für den Frieden mit uns selber und mit unserer Mutter, der Erde, das Arbeiten allein, die neuzeitlich-rationalistische Verkürzung des Lebens reichte?

Der schwarze südafrikanische Politiker Chris Hani hat unlängst vor seiner Ermordung an Ostern 1993 ein Interview gegeben. Er wurde gefragt, wie er denn die Weißen, die »schon so lange eingesponnen in Macht und Privilegien leben«, zusammenbringen wolle mit den Schwarzen. Seine Antwort hat mich sehr bewegt. Hani sagte: »Es *ist* möglich. Ich habe unendliches

Vertrauen in Menschen. Ich weiß, dass Menschen korrumpiert werden können, wenn die Umstände danach sind. Sie können korrumpiert werden durch Indoktrination, durch Erziehung, durch das Bedürfnis nach Verteidigung ihrer Privilegien … Ich bin ein Idealist. Ich glaube, wir alle haben es nötig, Idealisten zu sein. Ich glaube, wir sollten alle nach einer vollkommenen Gesellschaft streben, auch wenn wahrscheinlich die vollkommene Gesellschaft nicht realisiert werden kann. Warum sollten wir uns nicht inspirieren und befeuern lassen von dem, was Christen sich danach sehnen lässt, angenommen zu werden im Paradies, im Himmel, in dem es kein Leiden gibt?« (in: FR vom 19. 4. 1993, S. 8)

Haben wir auch »unendliches Vertrauen in Menschen«, in die Gleichgültigen und die Flott-beliebigen, in die Gewaltverseuchten und die Ängstlichen, in die Rüstungsprofiteure und Waffenhändler, in die Korrumpierten und die, die unser aller Privilegien auf Kosten der Armen und der Erde für ewig sichern wollen? Woher nimmt ein Mensch denn dieses Vertrauen und diese Kraft, wenn nicht aus dem Grund allen Lebens, den wir Gott nennen mögen, oder das gemeinschaftlich Gute?

Das erleuchtete Selbstinteresse des Individuums, diese ethische Grundlage des religionsneutralen Kapitalismus, hat uns doch gerade dahin gebracht, wo wir jetzt sind! Es sind doch die Marktgesetze selber, die das Leben in Angebot und Nachfrage aufgelöst, eine Kosten-Nutzen-Mentalität erzeugt und die Konsumorientierung als Lebenssinn definiert haben. Die verschiedenen Formen der Gewalt sind Produkte solcher Konsumpädagogik. Sich ihr nicht zu unterwerfen, hieße den aufrechten Gang zu lernen. Werden die Minderheiten der reichen Welt zu so viel Umkehr in der Lage sein? Lassen sie sich entwöhnen und versöhnen? Nur wer niederknien kann vor dem Geheimnis des Lebens, wird aufhören, vor der Gewalt in die Knie zu gehen.

Die Verhaftung Jesu:
eine Gewaltunterbrechung

Einer der wichtigsten biblischen Texte zur Frage der Gewalt und der Befreiung aus ihrem Netz ist der Augenblick in der Passionsgeschichte, als Jesus gefangen genommen wird. Ich will in diesem Abschnitt auf die Tradition, die mich erzieht und geistig klärt, eingehen. Und ich folge dabei dem Bericht des Matthäus, der erzählt, wie Jesus in Gethsemane betet und mit Gott ringt, dann aber der Gefangennahme durch eine Schar von Bewaffneten freimütig entgegengeht. Einer seiner Jünger, nach dem Johannesevangelium ist es Petrus, greift zum Schwert, um Jesus zu schützen.

»Da sagt Jesus zu ihm: Stecke dein Schwert an seinen Ort. Denn alle, die zum Schwert greifen, werden durch das Schwert umkommen. Oder meinst du, dass ich nicht meinen Vater bitten könnte, und er würde mir sogleich zwölf Legionen Engel zur Seite stellen? Wie sollten dann die Schriften erfüllt werden, dass es so geschehen muss?« (Mt 26,52–54)

In diesen Worten stecken drei verschiedene Argumente, die Gewaltunterbrechung begründen. Man kann sie das empirische, das theologische und das strukturelle Argument nennen. Das erste Argument appelliert an die Erfahrung, die alle kennen und die auch in der bisherigen Argumentation dieses Buches leitend war. Auf Gewalt kann nichts als Gewalt folgen. Aus dem »Krieg, um alle Kriege zu beenden« folgt immer der nächste Krieg mit mehr Gewalt im Sinne von mehr Tötungskapazitäten für unbeteiligte Nicht-Kombattanten.

Die Gewaltkette, in die wir gebunden sind, kann nur durch Unterbrechung, durch anderes, nicht-gewalttätiges Verhalten unterbrochen werden. Ohne einen radikalen Bruch mit den Methoden, die der »Feind« für die einzigen hält, kann sich nichts verändern. Dass auf Vor-rüstung Nach-rüstung folgt, so dass de facto beide ununterscheidbar sind, ist ein Ergebnis kritischer Friedensforschung. Wir reden nicht umsonst vom Kreislauf der Gewalt, innerhalb dessen in der Tat die Wörter

»vor« und »nach« keinen Sinn mehr haben; alle einzelnen Elemente des Kreislaufes sind notwendigerweise begründet durch frühere Gewalterfahrung und produktiv für neue Gewaltanwendung. Die sprachliche Neuschöpfung »Nachrüstung« war ja selbst ein Teil der psychologischen Aufrüstung.

Die in der Friedensforschung gebrauchte Metapher vom Kreislauf bedeutet, dass eine vermeintlich erkannte Hauptursache, wie etwa der Vertrag von Versailles, den die Nazis zu einem Hauptargument für ihre Aufrüstung machten, den ewigen Kreislauf nur stabilisiert. Alle, die zum Schwert greifen, die Tötungsgewalt instrumentalisieren, werden aufgrund dieser ihrer eigenen Gewaltförmigkeit gefesselt bleiben an das sich weiter drehende Rad. Eine solche Erkenntnis vom Kreislauf, vom Rad, vom Verhängnis der Gewalt ist in vielen religiösen Traditionen benannt worden; sie hat unter uns noch eine andere technologische Zwangsläufigkeit, weil unser militärisch-industrieller Komplex aufs engste mit der wichtigsten Produktivkraft, der wissenschaftlichen Forschung, verbunden ist. Ein realer Gewaltverzicht in dieser Situation hieße auch, die Gewaltstruktur in ihren Gesetzen zu erkennen und das Schwert auch der Forschung zurückzuziehen.

Jesus lässt es aber bei dieser empirisch verifizierbaren Drohung nicht bewenden. Sein zweites Argument ist theologisch, obwohl es uns zunächst sehr mythologisch klingt. Könnte er sich nicht von Gott zwölf Legionen Engel erbitten?! Eine Legion bestand im römischen Heer aus etwa 6000 Mann; die Zahl steht hier symbolisch für eine unvorstellbare Kraft. Vielleicht ist auch eine leichte Ironie bei Jesus im Spiel, dass er die Engelscharen ausgerechnet in der Sprache römischer Militärs benennt. Was ist dein Schwert schon, Petrus, so das Argument, gegen die Legionen von Engeln, die Gott schicken könnte?! Und nicht – wie neuzeitlich oft gedacht – wenn Er nur wollte, sondern im Sinne der anderen Ichstärke Jesu, »wenn ich ihn darum bäte«?

Das Argument geht auf einen radikalen Gewaltverzicht. Jesus bittet Gott nicht um gewaltsamen Schutz, er lebt und handelt ohne Schutz. Die Mächtigen behandeln ihn wie einen Gewaltverbrecher, von dem man den äußersten Widerstand erwarten muss, während er jeden Tag ohne Schutz und ohne Fluchtgedanken öffentlich im Tempel lehrte, wo er im hellen Tageslicht leicht zu greifen gewesen wäre. Aber Jesus verzichtet nicht aus Schwäche auf die Gewalt. Er verzichtet aus einer anderen Stärke heraus, die sich im Hinweis auf die Legionen Engel ausdrückt, eine Ichstärke, wie sie zu jedem wirklichen Gewaltverzicht gehört. Er sagt, dass ihn nichts von der Liebe Gottes trennen kann, dass er deswegen die Mittel der Gewalt beiseite legen kann, seine Würde ist nicht abhängig davon, wie viel Gewalt er ausstrahlt.

Die Einübung in Gewaltfreiheit, die mit Martin Luther King in der schwarzen Bürgerrechtsbewegung stattfand, hat in einem ähnlichen Sinn an die Würde der jungen Menschen, die in die Wirtshäuser und Bars, die nur für Weiße bestimmt waren, gingen, angeknüpft. Ohne Worte haben sie durch ihr Verhalten, ihre Unerschütterlichkeit, wenn sie beleidigt, gedemütigt, angespuckt oder angegriffen wurden, etwas von dem ausgedrückt, was Jesus mit dem Bewusstsein von den zwölf Legionen Engeln benennt. Es wurde in ihrer Unterbrechung der Normalität der Gewalt sichtbar, dass hinter ihnen ganz andere Engel standen als die der Rambos. Das Wagnis, das Gewaltunterbrechung bedeutet, ist nicht zu umgehen, es gibt keine Erfolgsgarantie, aber es stärkt zugleich die, die das größere Risiko tragen.

Das dritte Argument Jesu im Zusammenhang der Gefangennahme ist das der Schrifterfüllung. Das ist ein Hinweis auf die messianische Hoffnung, dass Gott am Ende sein Volk erlösen wird. Wer jetzt gewalttätig handelt, stört Gottes Werk. Ohne den komplexen Sachverhalt von Weissagung und Erfüllung hier ganz deuten zu wollen, genügt es vielleicht, auf das Verhältnis von Ziel und Weg zu verweisen, das hier angesprochen ist und das in der gesamten Diskussion gewaltfreier Methoden eine grundlegende Rolle spielt. Was wir tun, um die Gewaltkette zu zerbrechen, darf nicht selber Gewalt bedeuten und nicht im Gegensatz zum ersehnten Ziel der Gewaltfreiheit stehen. »Es gibt keinen zum Frieden«, sagt Mahatma Gandhi. »Der Friede ist der

Weg.« So einfach der Satz klingt, er stellt eine der wichtigsten und selbstverständlichsten Voraussetzungen unseres politischen Denkens in Frage, die Unterscheidung von Zweck und Mitteln.

Unsere Gewöhnung an die Gewalt sieht meistens so aus: Wenn der Zweck gut ist, so mögen die Mittel, ihn zu erreichen, unschön, gewalttätig, kostspielig und unvernünftig sein, der hohe Zweck »heiligt« sie. Von hier aus müssen die, die mehr Polizei und Gefängnisse als Heilmittel ansehen, befragt werden, ob diese Ressourcen nicht besser in andere Bereiche wie Wohnungsbau, Arbeitsplätze und aktive Jugendpolitik gehörten. In der Logik der Verstärkung staatlicher Gewalt ist das Versprechen der Schrift mit seiner anderen Verhältnisbestimmung von Weg und Ziel aufgegeben. Jeder und jede, die jetzt Gewalt bejaht, um dann von ihr frei zu sein, zerstört die Anteilhabe am Ziel und macht eben die Ichstärke dessen, der wie wir alle zwölf Legionen Engel abrufen kann, zunichte. Die Art, wie ich mich verhalte, muss das Ziel, auf das hin ich mich bewege, erkennbarer machen, es schon vorwegnehmen. Die Unterbrechung ist dann auf seltsame Weise mein Werk – und mehr als das: Ich erfahre mich getragen von einer größeren Unterbrechung aller Gewalt.

Lukas 9,58

Füchse haben Höhlen sagte er
Häuser sind eingetragen
Fernsehgeräte angemeldet
Autos zugelassen

Vögel haben Nester sagte er
Einwohner Meldescheine
Anwohner sind ortsbekannt
Schulpflichtige werden registriert

Nur das Kind des Menschen
hat keinen Fleck Erde
keinen Schlafplatz
keinen gültigen Ausweis
kein Versteck vor den Mächtigen
keine Höhle gegen den Wind
und die Gewalt

Den Himmel erden

Eine ökofeministische Annäherung
an die Bibel

Den Himmel erden

Es ist eine Illusion anzunehmen, Menschen gingen in die Kirche, um dort Gott zu finden. Solche Begegnungen und Treffen finden statt, um Gott zu teilen: Jeder bringt etwas mit von Gott, um es in der Gemeinsamkeit miteinander zu teilen: Du bringst deinen Hunger nach Gott mit, dein Stückchen Freude im Leben hast du in der Tasche, was du bereits weißt von Gott, der schon mal mit »Strömen der Liebe« auf dich geregnet hat – das alles bringet du mit. »Das von Gott«, wie die Quäker es nennen, das in jedem Menschen steckt, vielleicht ganz klein, zerknittert, verschrumpelt – du bringst es mit. Ohne dich ist Gott kleiner! Und mit dir feiern wir den geteilten Gott, wir loben, schimpfen, klagen, wir rufen Gott näher herbei. Den Himmel erden – in uns und mit uns und nicht ohne dich, die da neben mir sitzt, und dich, der nicht ganz genau weiß, was das soll. Feiern teilen, erden – das ist ein Vorgang.

Ein Ort, an dem das geschieht, ist in unserem Land der »Kirchentag«; und aus ihm sind die Texte dieses Buches entstanden. Vielleicht stellt diese Einrichtung, um die uns viele andere europäische Christen beneiden, sogar einen Bauplan dar, wie Kirche aussehen könnte.

Das erste, was in diesem Modell auffällt, ist Vermischung, Vielfalt und Pluralismus. Schon der äußere Anblick der Besucher ist ein kreatives Durcheinander von Diakonissen und christlichen Pfadfindern, von Gruppen der Kerngemeinde, die man zwar nicht an der Kleidung erkennt, aber vielleicht am Zusammenhalt oder am lauten Mitsingen, daneben aber ganz unkirchlich aussehende, normale Leute, sehr viele Jugendliche und junge Erwachsene, sehr viele erstaunte, neugierige Menschen, deren Kirchenfremdheit ganz sichtbar ist.

Es gibt also auf diesem merkwürdigen Treffen ganze Christen, halbe Christen und solche, für die die Religion eine Fremdsprache ist, die sie kaum verstehen oder sprechen.

Die Verschiedenheit ist überall sichtbar und entsprechend sind es auch die Grenzöffnungskonflikte, die für traditionelle

Institutionen so wichtig sind. Um den Pluralismus des Ganzen darzustellen, nenne ich nur einige Zäune und Mauern, die zu öffnen vor dreißig Jahren noch ganz undenkbar war: Darf ein Pfarrer sich mit einer Jüdin verheiraten? Können homosexuell lebende Männer oder Frauen Pfarrer beziehungsweise Pfarrerin sein? Dürfen Nicht-Christen Bibelarbeit halten? Kann eine Christin aus Südkorea sich zugleich als Schamanin bezeichnen? Können andere als die herkömmlichen Formeln und Liturgien im Gottesdienst einen Ort haben?

Der Glaube hat, so verstehe ich den Kirchentag, nicht nur eine Hautfarbe. Er artikuliert sich in einem Pluralismus, er ist nicht autoritär befohlen und uniform gemacht worden, er ist erwachsen geworden.

Das bedeutet auch, er ist konfliktfähig. Seit Jahrzehnten werden Konflikte hier öffentlich und leidenschaftlich ausgetragen: um Kirchenreform und Friedensbewegung, um Christen und Juden im Golfkrieg und um die deutsche Beteiligung am Waffenexport, um die Verantwortung für die Weltwirtschaft und die Schöpfung.

Schon die Anlage dieser protestantischen Laienbewegung ist anders als viele innerkirchliche Strukturen. Es wird nicht von oben geregelt, wer eingeladen wird, welche Themen behandelt werden in Podien, Arbeitsgruppen oder Gottesdiensten. Die partizipatorischen Elemente sind hier stärker als in anderen Formen von Kirche. Es gibt Auseinandersetzung und Streit, und das ergibt sich aus der widersprüchlichen Gleichzeitigkeit der Verschiedenen.

Die nur Spiritualität und Stille Suchenden können an den Themen von Recht und Unrecht im Lebensstil nicht einfach vorbei, wenigstens für drei Tage, die Funktionärstypen werden absichtslos beim Gebet, wenigstens drei Tage lang. Die strammen Fundamentalisten müssen eine Bischöfin ertragen, wenigstens für drei Tage.

Ich habe oft den Eindruck, als ob Herr Glaube und Frau Zweifel, die seit Jahrhunderten miteinander verheiratet sind, dort immer zusammen hingehen, so dass Herr Glaube sich in dieser heiteren, pluralen Gesellschaft nicht allzu selbstsicher, ungebrochen, weltblind und fraglos äußern darf; sie, die Zweiflerin, unterbricht ihn dann, Gott sei Dank.

Pluralismus und Konfliktfähigkeit sind zwei Elemente, die den Kirchentag auszeichnen, das dritte ist die Bedeutung der Bibel. Es ist schon merkwürdig, dass sich am ersten Abend eines Kirchentages hunderttausend Menschen um einen Text versammeln und seine Auslegung hören, dass an jedem Morgen Tausende sich um die Weisheit eines uralten Buches versammeln und »Bibelarbeit« betreiben. Diese Texte gehen dann durch den Tag mit, sie stellen sozusagen im Gespräch eine dritte Stimme dar.

Evangelisch sein heißt keinen Papst haben, aber ein Buch. Das bedeutet nicht, dass wir die Wahrheit einfach aus dem Buch ablesen können. Es geht gerade nicht um einen geistlosen Biblizismus, aber um das Hören auf eine andere Stimme als unsere eigene. Ich erinnere mich an ein Gespräch mit einer Historikerin, die keine Beziehung zur Religion hat, sich aber mit dem deutschen Judentum im 18. Jahrhundert beschäftigt. Sie sagte mir, fast neidisch: Wie merkwürdig und wie großartig, dass diese Menschen ein Buch haben und dass sie alles auf dieses Buch beziehen. So, als wäre die Welt noch lesbar! Von dieser Sehnsucht nach der Lesbarkeit der Welt ist die immer noch wachsende Bedeutung der Bibel in den Kirchentagen getragen.

Widerspricht das aber nicht dem Pluralismus, der so auffällig ist? Ja und nein, würde ich sagen. Nein, weil die Wahrheit ein Gespräch ist und kein Diktat. Niemand soll ausgeschlossen oder zwangsmissioniert werden. Ja, weil diese alte andere Stimme ein Recht hat, das ihr niemand streitig machen kann. Der Pluralismus innerhalb der Kirche ist nicht reine Beliebigkeit, in der jeder denken und glauben kann, was ihm oder ihr gerade passt. Er ist ein methodisches, kein inhaltliches Prinzip. Im Streit um die Wahrheit haben wir nicht nur die Stimmen der Gruppen, die miteinander ringen. Wir haben diese andere Stimme der Tradition, diese anderen Geschichten von möglichem Leben, dem Wunder der Gerechtigkeit, vom Sturz der Tyrannen, von der Heiligkeit der Armen. Wir hören auf diese alte Lehrerin, die Bibel, die keineswegs alles duldet, sondern mitspricht. Lebensvisionen und Gewissen wachsen schließlich nicht von selber, sie müssen gelernt werden, und dabei hilft unsere alte Lehrerin.

Während der Friedensbewegung hat es in Deutschland einen schönen und wahren Satz gegeben, der hieß: »Diesmal kann keiner sagen, er habe es nicht gewusst.« Das bezog sich damals auf die Stationierung von Atomwaffen und erinnerte zugleich an die größte Katastrophe in der Geschichte der Deutschen, an Auschwitz. Was wir heute ökologisch für die nächste und übernächste Generation vorbereiten, lässt sich mit der blinden Verantwortungslosigkeit vieler guter Deutscher aus der Nazi-Zeit vergleichen. Wir müssen dafür sorgen, dass auch diesmal keiner mehr sagen kann, er habe es nicht gewusst, was die Klimaveränderung bedeutet.

Niemand vermag präzise vorauszusagen, wie viele Menschenleben eine wesentliche Klimaveränderung kosten wird. Aber schon heute wissen wir, dass in den Ballungsräumen die Gesundheit vieler durch die in der Luft enthaltenen Schadstoffe angegriffen, ja unheilbar geschädigt ist.[1] Wir haben es gewusst, was wir mit der Luft, dem Wasser und dem Boden unserer Enkel tun. Es ist dir gesagt, Mensch in den reichen Ländern, was gut ist. Wir können es wissen, und es gibt auch in einer an Gewissen armen Gesellschaft noch Orte und Möglichkeiten, gemeinsam nachzudenken, sich zu erinnern, in Stille und Gebet zu einer größeren Klarheit zu kommen. Sie sind uns gesagt und wir brauchen sie, diese alten Geschichten von der Bergung und der Heiligung des Lebens.

Spuren Gottes – Psalm 104

1 Der Text Psalm 104

(1) Von David.

Preise, meine Seele, den Ewigen! Ewiger, mein Gott, du bist sehr groß, in Pracht und Glanz bist du gekleidet, (2) du hüllst dich in Licht wie in einen Mantel, du spannst den Himmel aus wie ein Zeltdach, (3) du zimmerst deine Obergemächer auf den Wassern, du machst dir Wolken zu Wagen, fährst auf den Flügeln des Windes einher,

(4) du machst Winde zu deinen Boten, zu deinen Dienern lodernde Feuerflammen.

(5) Du hast die Erde auf Fundamentpfeiler fest gegründet – sie wankt nie und nimmer.

(6) Die Urflut bedeckte sie wie ein Gewand, über den Bergen standen die Wasser.

(7) Vor deinem Drohen sind sie entflohen, vor dem Laut deines Donners zerstoben.

(8) Sie stiegen hinauf auf Berge, liefen hinab in Täler, an den Ort, den du ihnen gegründet hast.

(9) Eine Grenze hast du gesetzt, die überschreiten sie nicht; sie kehren nicht wieder, um die Erde zu bedecken.

(10) Du entsendest Quellen in die Täler, zwischen Bergen fließen sie hin,

(11) tränken alle Tiere des Feldes, Wildesel löschen ihren Durst;

(12) über ihnen wohnen die Vögel des Himmels, inmitten der Zweige erheben sie die Stimme.

(13) Du tränkst aus deinen Obergemächern die Berge, von der Frucht deiner Werke wird die Erde satt.

(14) Du lässt Gras sprossen für das Vieh und Kraut als Lohn für die Arbeit der Menschen, dass Brot hervorgehe aus der Erde

(15) und Wein, der das Herz der Menschen erfreut, damit das Antlitz erglänze von Öl und Brot das Herz der Menschen stärkt.

(16) Satt werden die Bäume des Ewigen, die Libanonzedern, die du gepflanzt hast,

(17) in denen die Vögel nisten – der Storch, im Wacholder hat er sein Haus.

(18) Die hohen Berge gehören den Steinböcken, Felsen bieten den Klippdachsen Zuflucht.

(19) Du hast den Mond gemacht zur Bestimmung der Zeiten, die Sonne kennt ihren Untergang.

(20) Du bringst Finsternis, und es wird Nacht. In ihr regt sich alles Wild des Waldes:

(21) Die Löwen brüllen nach Beute und um von Gott ihre Nahrung zu fordern.

(22) Geht die Sonne auf, so machen sie sich davon und lagern in ihren Höhlen.

(23) Da gehen die Menschen hinaus zu ihrem Tagwerk und an ihre Arbeit bis zum Abend.

(24) Wie zahlreich sind deine Werke, Ewiger! Sie alle hast du in Weisheit geschaffen, voll ist die Erde von deinen Geschöpfen.

(25) Da ist das Meer, groß und ausgedehnt: Dort ist Gewimmel ohne Zahl, kleine Tiere zusammen mit großen.

(26) Dort ziehen Schiffe ihre Bahn, der Leviatan, den du gebildet hast, um mit ihm zu spielen.

(27) Sie alle warten auf dich, dass du ihnen Nahrung gibst zu ihrer Zeit.

(28) Wenn du ihnen gibst, sammeln sie ein; tust du deine Hand auf, werden sie mit Gutem gesättigt.

(29) Verbirgst du dein Angesicht, so erschrecken sie; ziehst du ihren Atem zurück, so verscheiden sie und kehren zurück zu ihrem Staub.

(30) Sendest du deinen Atem aus, so werden sie erschaffen, und du erneuerst das Antlitz der Erde.

(31) Die Herrlichkeit des Ewigen währe immerdar, es freue sich der Ewige seiner Werke,

(32) du blickst zur Erde hin, und sie erbebt, rührst du die Berge an, und sie rauchen.

(33) Ich will dem Ewigen singen, solange ich lebe, aufspielen meinem Gott, solange ich bin.

(34) Möge mein Lobgesang ihm angenehm sein! Ich aber, ich freue mich des Ewigen.

(35) Mögen die Sünder verschwinden von der Erde und die Übeltäter nicht mehr sein!
Preise, meine Seele, den Ewigen. Halleluja!

(Übersetzung: Willy Schottroff)

2 Psalmen essen

Die Psalmen sind für mich eins der wichtigsten Lebensmittel. Ich esse sie, ich trinke sie, ich kaue auf ihnen herum, manchmal spucke ich sie aus, und manchmal wiederhole ich mir einen mitten in der Nacht. Sie sind für mich Brot.

Ohne sie tritt die spirituelle Magersucht ein, die sehr verbreitet unter uns ist und oft zu einer tödlichen Verarmung des Geistes und des Herzens führt. Materieller Reichtum und technologisches Wissen stellen in unserem Teil der Erde die Bedingungen für den spirituellen Tod der Überentwickelten dar. Und so möchte ich als erstes sagen: Esst die Psalmen. Jeden Tag einen. Vor dem Frühstück oder vor dem Schlafengehen, egal. Haltet euch nicht lang bei dem auf, was ihr komisch oder unverständlich oder bösartig findet, wiederholt euch *die* Verse, aus denen Kraft kommt, die die Freiheit, Ja zu sagen oder Nein, vergrößern.

Findet euren eigenen Psalm. Das ist eine Lebensaufgabe und viel zu groß für uns, aber lasst euch nicht unnötig verkleinern. »Meine Seele singe zu Gott« – so haben Menschen, die innerhalb furchtbarer Verkleinerungszwänge lebten, gebetet. Hungrige, Verkrümmte, Geängstigte, an Geist und Seele verkümmerte Frauen haben das gewusst und gesungen. »Lobe den Herrn, meine Seele«, haben sie zu ihrer Seele gesagt. Esst den Psalm, Gott hat schon Brot gebacken, die Väter und Mütter des Glaubens haben schon für uns vorgesorgt. Esst und lernt, Brot zu backen.

212

Was man davon hat, fragt wohl mancher. Ja, was bringt das eigentlich, diese merkwürdige veraltete Tätigkeit, die man »beten« nennt oder meditieren oder Psalmen essen? Bibel»arbeit« ist unbezahlte Arbeit für alle, die sich daran beteiligen. Es bringt also nichts. Oder?

Andere Christen in der Ökumene, zum Beispiel die Leute in Brasilien, nennen das »die Bibel beten«. Bringt das was? Diese Art von Arbeit, diese Art von Beten? Ich will mich nicht vor dieser Frage drücken, aber ehe ich sie zu beantworten versuche, will ich noch etwas zu den Psalmen sagen, das ganz bestimmt für unseren hier gilt, den 104: Sie sind Gebetsformulare, du sollst sie ausfüllen. Ein Formular, das ist ein Ding, in das du deinen Namen reinschreibst, dein Geburtsdatum, deine Adresse, und so möchte ich euch alle bitten, dass ihr da, wo »meine Seele« steht, euren Namen einsetzt, von Adelheid bis zu Zwetlana und von Anton bis zu Xaver, und das ist natürlich nur der Anfang. Der Psalm ist ein Formular, und du sollst deinen Namen eintragen und deinen Schmerz, deine Freude und dein Glück und deine Ängste und deine Erde und deine Bäume und alles, was du liebst.

(Wer nicht gerne von einem wildfremden Menschen mit du angeredet wird, bei dem will ich mich entschuldigen und es auch nicht wieder tun. Es gibt aber Dinge, die in der Sie-Anrede einfach einen falschen Ton bekommen.)

Ich will eine Geschichte erzählen, die ich von einem alten Indianer aus Utah, USA, gehört habe. »Als ich ein Kind war«, sagte Quentin, der später Missionar geworden war, »blieb ich oft bei meiner Großmutter. Jeden Morgen sang sie ein Lied, wenn sie der Sonne half aufzustehen und wenn sie die Schönheit der Welt wieder anschaute. Ich hörte ihr Morgenlied und sah sie an, und sie war irgendwo anders, irgendwo, wo ich auch sein wollte. Dieses sah ich auch beim Sonnentanz und beim Bärtanz in den Gesichtern der Menschen meines Volkes. Ich hörte es in den sanften Utah-Stimmen. Wenn ich im Gras lag und die Wolken spielen sah und hörte, wie sie sich ihre Geschichten erzählten, dann wurde mir klar, dass es Segen war, was ich auf ihren Gesichtern las.« Die Großmutter half der Sonne beim Aufstehen. She helped the sun to rise.

Ich bin beim ersten Vers des 104. Psalms.

> Lobe den Herrn, meine Seele.
> Den Ewigen preise, meine Seele.
> Benedeie, meine Seele, Gott.
> Preise, meine Seele, den Ewigen.

Ich habe versucht zu sagen, was »meine Seele« und diese »hymnische Selbstermunterung« bedeutet, wie die Gelehrten das gern nennen. Noch schwerer ist zu sagen, was dieses Loben, Preisen, Benedeien bedeuten soll. Ein Lehrer, von dem ich vielleicht am meisten für den Glauben gelernt habe, ist Martin Buber. Er übersetzt den ersten Vers einfach: »Segne, meine Seele, Ihn.«

Was ist das, Segnen? Es hat etwas von Danken, von Glauben und Zutrauen, etwas von Glück, Wünschen und Hoffen, etwas von Behütenwollen und Lieben in sich, aber es ist noch mehr. Segne, meine Seele, Ihn. Dass Gott uns segnen kann, das haben wir schon manchmal gehört. Eingang und Ausgang, Nahrung und Reisen, Geburtstage und Neue Jahre – das sind Lebensübergänge, in denen wir Segen brauchen. Aber dass wir Ihn, dass ich den Ewigen segnen soll, ist das nicht eine verrückte Anmaßung? Ist es nicht ein bisschen viel, dass meine Seele, dieses mein ohnmächtiges, abhängig-gieriges, verzweifelt in sich verkrümmtes Ich, Ihn, den Ewigen, segnen kann?!

Nun, die Psalmen leben von solchen verrückten Annahmen über das, was eine Seele tun kann. So viel der Psalm auch von anderen Religionen, vor allem dem Sonnenhymnus des ägyptischen Echnaton, übernommen hat, dieser Stil der Selbstanrede, dieser »imperativische Hymnus ist typisch israelitisch und hat keine Parallelen im Alten Orient.«[2] Es stimmt nicht, dass die Bibel den Menschen klein und ohnmächtig macht, sie sieht uns als fähig an zu diesem großen Ja.

»Ich freue mich des Herrn«, heißt es in Vers 34, ich bin voll Freude in Gott. In diesem Akt des Segnens gehe ich aus der Selbstverkrümmung heraus, ich richte mich auf, ich segne Gott, ich gehe von mir, von meinen Ängsten und Gefangenschaften fort, ich lerne das erste aller Gebote, das heißt: »Du wirst Gott lieben, von ganzem Herzen, ganzem Gemüte und allem, was in dir ist.« Ich lerne, Gott zu lieben. Segne, meine Seele, Ihn.

3 Elemente der Poesie im 104. Psalm

Der 104. Psalm ist große Dichtung. Das möchte ich an drei Elementen des Textes zeigen. Das erste ist der Aufbau, die Anordnung, die Struktur. Die Psalmistin oder der Dichter redet nicht wie in einer Talkshow daher, was ihr oder ihm gerade in den Sinn kommt. Der Text hat eine Gestalt! Es gibt hier eine Gliederung: von der Vergangenheit der Schöpfung aus dem Chaos (V. 1–9) zur Gegenwart des erhaltenden Handelns Gottes an der Erde (V. 10 ff.).

Entsprechend erscheint das Meer zweimal: als die alles verschlingende Urflut in den Versen 6 bis 9, das Chaoswasser, das wie ein Kleid alle Lande bedeckt und die Menschen fürchten macht, und dann in den Versen 25 und 26 der Ozean, auf dem Schiffe fahren und in dem der Leviatan nicht mehr als der chaotische Urdrache in Feindschaft zum Leben gesehen wird, sondern als eine Art Haustier, das Gott gemacht hat, damit zu spielen – drei Stunden am Tag, sagt die jüdische Midrasch. Auch das Ich dieses Liedes erscheint am Anfang und am Ende: »Lobe den Herrn, meine Seele« (V. 1) entspricht dem »Ich will dem Herrn singen mein Leben lang und meinen Gott loben, solange ich bin« (V. 33).

Das zweite Element der Schönheit dieses Textes ist seine Dynamik, sein In-Bewegung-Sein. Der Blickwinkel ist nicht der eines Malers, der ein Stillleben mit verschieden angeordneten Gegenständen nachmalt, sondern der eines erzählend Hingerissenen, der mit der Zeit und ihrem Rhythmus lebt, nichts Ruhendes wahrnimmt, sondern das Kommen und Gehen, das Auf- und Niedergehen der Sonne, das Hungerhaben und Sattwerden der Geschöpfe. Gott tut sich das Licht um wie einen Mantel (V. 2).

Die stärkste Ausdrucksform dieser Dynamik ist die Geistin, die Ruach, der Wind oder der Atem Gottes, die hier eine besondere Rolle spielt. Ich benutze die weibliche Form dieses deutschen Wortes, um mich näher am hebräischen Urtext zu halten und um daran zu erinnern, dass wir Gott durch den Gebrauch ausschließlich männlicher Bilder verfehlen. In einer geistlosen, vom Industriepatriarchat beherrschten Welt brauchen wir die Geistin als den Atem des Lebens. In unserem Psalm erscheint sie anfangs in Vers 3, wo es heißt, dass Gott auf den Flügeln des Windes einherfährt. Es ist die heilige Geistin, die vor der Erschaffung der Welt schon da war und die hier den als Sturm benannten Gott begleitet. Auch dieses Element wird wieder aufgenommen am Schluss, in den Versen 27 bis 30, die davon handeln, wie Gott durch seine Lebenskraft, die Ruach, alles, was ist, ernährt und erhält. In Vers 29 und 30 heißt es:

> Verbirgst du dein Angesicht,
> so erschrecken sie,
> nimmst du ihre Lebenskraft, ihre Ruach, weg,
> so verscheiden sie
> und werden wieder zu Staub.
> Sendest du deine Ruach aus,
> so werden sie geschaffen,
> und du erneust das Angesicht der Erde.

An dieser Stelle wird ganz deutlich, wie falsch, ja absurd das deistische Verständnis Gottes ist, als sei Er ein Uhrmacher, der alles schön eingerichtet hat und sich dann nicht mehr zu kümmern braucht. Wir brauchen Gott in allen Gestalten, als Vater *und* Mutter, als Schöpfer *und* Ernährerin, als die, die uns lebendig erhält und die Erde erneuert.

Das dritte Element, das ich für die Schönheit des Psalms reklamieren möchte, ist seine Ganzheitlichkeit. Körper und Geist gehören zusammen, Brot und Wein trinken gehören zur Schöpfung dazu. Die Menschen sind nicht als Krone der Natur oder Herren den anderen Lebewesen gegenübergestellt, sondern eingebettet in die Kreatur. Die Finsternis ist nicht nur dazu gemacht, dass wir schlaflosen Zweibeiner im Rhythmus der Schöpfung leben, sondern auch und eigens für die Raubtiere der Nacht (V. 20 f.). Und der Lebensatem Gottes gilt allen Geschwistern.

Der Atem, der Hauch, der »Odem«, wie es mit einem altertümlichen Wort feierlich übersetzt wird, ist allem, was lebt, gemeinsam. Atmen ist eine Art, die Luft miteinander zu teilen, und vielleicht ist diese Gemeinsamkeit ein tiefes Symbol für die Unteilbarkeit des Lebens. Noch teilen wir die Luft miteinander, noch ist die Wasserversorgung allen gemeinsam, noch geht der Himmel über allen auf und ist nicht nur für einige da. In dieser Gemeinsamkeit des Lebens steckt auch eine Hoffnung für uns, dass wir noch einmal aus dem gegenwärtigen Zustand der Zerstörung, der Privatisierung, des Raubs herauskommen.

Alle Kreatur ist hier beteiligt. Der Anthropozentrismus, die blinde Überkonzentration auf den Menschen als Krone der Schöpfung, hat hier keinen Raum. »Aller Augen warten auf dich, und du gibst ihnen ihre Speise zu ihrer Zeit« (V. 27).

Dieses Lied habe ich oft gesungen und nur an die Menschenaugen und den Menschenhunger gedacht. Der Psalm lehrt mich, anders zu sehen und zu fühlen, als es in unserer Welt üblich ist. Er führt mich zurück in das Wissen, dass wir ein Teil sind, nicht das Ganze, sterblich, nicht ewig, dass wir teilhaben, nicht herrschen. Indem er uns auf das Kreaturmaß zurückholt, gibt er uns auch Anteil an der Freude, am Jubel der Geschöpfe. Ich lerne, mich in Gott zu freuen.

4 Ein Gegenpsalm

Licht ist dein Kleid, das du anhast
aber ich sehe ein anderes Licht
heller als tausend Sonnen
verstrahlt es alles
was unter ihm lebt

Du breitest den Himmel aus wie einen Teppich
aber ich sehe den Himmel
der Hautkrebs macht
weil seine Schutzschicht zerrissen ist

Du hast das Erdreich gegründet
auf festem Boden
dass es bleibe
aber ich sehe das Meer sich ausdehnen
durch Erwärmung
und die Stadt verschlingen
in der ich lebe

Du hast eine Grenze gesetzt
darüber kommen sie nicht
aber ich sehe eine Macht,
die keine Grenzen respektiert
die den Samen der Toten einfriert
und den Armen die Nieren abhandelt
und ihre Kinder verschleppt
weil sie lebende Herzen haben
die sich verkaufen lassen

Deine Werke sind groß und viel
du hast sie alle weise geordnet
ich möchte m deiner Ordnung leben
aber um mich entsteht
eine zweite Schöpfung
dauerhafter und praktischer als deine
getragen vom Willen zur Macht
und ohne jedes Spiel

Gott, sag mir, wo ich hin soll
vor ihren Ausweisen und Kontrollen
ihren Bildschirmen und Befehlen
ihren Süchten und Ängsten

Ich freue mich deiner und der alten Erde
ich will für dich singen mein Leben lang
ohne Apparate will ich dich loben
deinem Licht will ich glauben
m dich will ich fallen
schein doch, Gott
Licht ist dein Kleid, das du anhast
freu dich deiner Werke
freu dich auch in mir.

5 Erinnerung an das wirkliche Leben mitten im falschen

Unser Psalm beschreibt keine Idylle, in die Menschen sich vor dem lauten, gewalttätigen, hässlichen Imperium flüchten. Er geht weit in die Urgeschichte zurück, nicht einfach in die Urnatur, er beschwört die kosmische Urflut, und er verbindet Gottes damaliges Handeln mit seinem gegenwärtigen Speisen und Tränken aller Lebewesen, Die Schöpfung dauert an, sie geht weiter. Creatio continua.

Die Frauen, die den Psalm gebetet haben, integrieren sogar Löwen und schlimmere Untiere in ihr Lied von der geschaffenen Welt. Sie verbinden die Arbeit Gottes mit der Arbeit der Menschen. Sie fliehen nicht aus der gegenwärtigen Welt, sondern erinnern, ganz wie die Liturgie es tut, wenn sie singt: »Wie es war im Anfang, jetzt und immerdar.«

Aber können wir da mitsingen? Es gibt doch einen Zwiespalt, der uns allen das Herz zerreißt, wenn wir die Bäume, die Hügel und Berge, die Seen und das Meer mit den Augen des Psalmendichters ansehen wollen als Spuren Gottes. Wir können mit der Realerfahrung der täglich neu zerstörten Schöpfung allein nicht leben. Wir suchen Inseln in der Flut, Augenblicke, wo wir die Sonne untergehen sehen oder den aufgehenden Mond betrachten, den ersten Schnee lieben oder ein rostgoldenes Blatt beim Taumeln beobachten.

Diese Augenblicke, diese Inseln, diese Verstecke, wo die Erde noch atmet und wir ihre Kinder sind, nicht ihre Herren und Besitzer, diese Unterkünfte des Lebens, die die Technokratie noch nicht besetzt oder ersetzt hat, sind notwendig. Wir brauchen sie und müssen uns deswegen nicht für Eskapisten halten. Die Tourismusindustrie beutet diese Sehnsucht aus. Billige Fernreisen locken mit unberührter Natur und vergrößern doch die durchorganisierte Zerstörung.

Wir brauchen die Spuren Gottes und sollten sie im Nahbereich, wo wir leben, suchen und bewahren. Es sind Erinnerungen um der Zukunft willen, Lieder von früher, die morgen wieder gesungen werden. Die Schönheit ist kein Luxus, der uns von der Verzweiflung ablenken soll, sie ist nicht »Ästhetik pur«, wie heute gern verkündet wird, sie ist die Erfindung Gottes, uns zu sich zu locken. Das Schöne, das Wahre und das Gute – also Ästhetik, Erkenntnistheorie und Ethik – sind eins in Gott. Durch Schönheit, durch Freude stimmt Gott uns ein in das gemeinsame Gute.

Darum ist es nur konsequent, wenn am Ende unseres Psalms, der von dem Glanz und der Herrlichkeit Gottes handelt, plötzlich, sozusagen aus heiterem Himmel, in Vers 35 die Feinde Gottes, die Sünder, auftauchen. Sie verdunkeln den Glanz, sie schmälern die Freude der Tora. Sie stören Gottes Schöpfung, und in unserer heutigen Situation müssen wir sagen, sie tun alles, sie zu zerstören. Ich nenne als ein Beispiel die Verkehrsplanung im wiedervereinigten Deutschland, die trotz klar vorliegender Erkenntnisse das falsche Prinzip »Straße vor Schiene« massiv bevorteilt.[3]

Die Inseln der Schönheit, die wir brauchen, sie sind Erinnerung an das wirkliche Leben mitten im falschen. Jeder blühende Kirschbaum erinnert an Gottes wunderbare, geliebte Welt. Der Pantheismus ist nicht eine gefährliche Pseudoreligion, sondern ein Ausdruck unseres Bezogenseins auf Gott.

Vielleicht ist es leichtsinnig, wenn ich sage, Gott lockt uns durch Schönheit. Meine Erfahrung ist ja nicht von der katastrophengesättigten Betroffenheit verschieden, ich lebe genauso auf der Müllhalde, die früher einmal Schöpfung hieß. Und doch lockt uns Gott jeden Tag mit diesen Spuren, diesen Resten. Und das brauchen wir. Mag sein, es funktioniert nur unter Tränen, dann lasst uns eben miteinander weinen. Jeder Widerstand braucht Höhlen und Unterschlupf. Ich möchte lernen, diesen unseren Psalm so zu beten, wie die Urgemeinde in den Katakomben ihr Kyrie eleison gebetet hat.

Die Schönheit Gottes in der Welt, in den Stückchen Gärten, die noch nicht künstlich ersetzt sind, in dem Himmel, der aufreißt und strahlt, dem alten Kastanienbaum, der mich mit Kerzen im Frühling und Stachelkugeln im Herbst fröhlich macht –

all das ist ein Ruf nach Befreiung aus dem Gefängnis der Plünderer und Benutzer, in dem wir sitzen. Sind wir denn eigentlich zu lebenslänglich verurteilt? Haben unsere Gefängniswächter Recht, wenn sie Psalm, Idylle und Romantik in einen Topf werfen und ihre brutale Realität als die einzige, die machbare ausgeben? Müssen wir bis zum Untergang blind und taub dem Weinen der Kreatur gegenüber so weitermachen? Werden wir das nie und nimmermehr lernen, dieses einfache »Ich freue mich in Gott!«, das der Psalm uns lehren will?

6 Eine ökofeministische Spiritualität

Wann werden wir lernen, hinzuhören auf den Schrei der Mitgeschöpfe und endlich politische Konsequenzen zu ziehen? Ist es wirklich nur der Wille, der fehlt? Oder ist es vielleicht noch etwas anderes, das im Grund unseres Lebens wurzelt, eine Art tiefer Lebenseinstellung, etwas, das einer der Propheten einmal das »Herz aus Stein« nannte, das wir gegen ein fleischernes umtauschen sollen? Was die Bibel mit »Willen« meint, ist nicht nur rationale Einsicht, der sich dann das Verhalten unterordnet. Es ist nicht die Herrschaft der Vernunft über die disziplinlosen Triebe, sondern ein ganzheitlicher Begriff. »Wo euer Schatz ist«, sagt Jesus, »da ist euer Herz.«

Wenn also euer Schatz, eure Lust, euer Spaß im schnellen Herumdüsen ist, so ist euer Herz nicht gerade beim Überleben der Bäume. »Wollen« ist das, worauf sich unsere Lebenswünsche richten: Kopf und Herz, Bedürfnis und Intention gehören zusammen. Wollen ist ein spiritueller Grundbegriff. In einem englischen Kirchenlied heißt es, zu Gott gesprochen: »Hauch du mich an, Atem Gottes, bis ich mit Dir eines Willens bin im Handeln und im Ertragen. – Unto with Thee I will one will to do and to endure.«

Für das Überleben der Schöpfung ist eine andere Spiritualität als die der Herren und Besitzer unabdingbar. Wie könnte sie aussehen? Was müsste sich denn an unserer Lebensfrömmigkeit ändern, so dass wir anfangen, die Schöpfung zu lieben?

Rosemary Ruether nennt drei Voraussetzungen einer solchen entstehenden ökofeministischen Spiritualität.

Die erste ist die Annahme der *Vergänglichkeit des Ich*. Die christliche Tradition hat sich manchmal schwer getan, Vergänglichkeit und Sünde klar auseinander zu halten. Immer wieder hat sie »die Frau zum Sündenbock für Sünde und Tod und zur Ursache von Unreinheit und Vergänglichkeit«[4] gemacht. Und eher dem platonischen als dem hebräischen Denken folgend, hat sie oft die Vergänglichkeit und Sterblichkeit der materiellen Existenz als etwas Schlechtes gedeutet.

Aber nicht unser Begrenztsein trennt uns von Gott. Nicht, dass wir, von Erde genommen, wieder zu Erde werden, eingebettet in den Kreislauf alles Lebendigen, das eine Zeitlang atmet, ist unser Hauptunglück. Nicht der Tod ist unser Problem, sondern das Töten. Wir können verlernen, uns an das oft unsterblich geträumte Ego zu klammern. Sterblichkeit ist eine Bedingung, die wir mit allen anderen Lebewesen teilen. Sie anzunehmen, statt unsere Lebensgier zu verlängern, ist eine Gestalt der spirituellen Weisheit. Einer der großen christlichen Heiligen hat den Tod unsere Schwester genannt und ihn mit Sonne, Wasser und Erde zusammen gelobt. Eine Spiritualität des Loslassenkönnens könnte uns einüben in ein anderes Verhältnis zur Schöpfung.

Der zweite wichtige Punkt ist die Erkenntnis von der *gegenseitigen Abhängigkeit alles Seienden*. Sie ist die tiefe Grundlage einer Frömmigkeit, die uns Menschen nicht mehr als »Herren und Besitzer der Natur« (Descartes) ansieht. Die Natur ist keine Sache, von der wir nach Belieben mehr produzieren können. Land, Wasser, Luft sind nicht Waren, die privat angeeignet, beliebig vermehrt und wie Aktien gehandelt werden können. »Die Erde gehört Gott« ist einer der großen, unter uns vergessenen Sätze der Bibel. Und so ist Ökologie »die biologische Wissenschaft von den Lebensgemeinschaften; sie zeigt die Gesetze auf, durch welche die Natur ohne menschliche Hilfe Leben hervorgebracht und erhalten hat. «[5]

Alles, was ist, steht in einer wechselseitigen Beziehung, und die Krise der Umweltzerstörung ist »zu einem großen Teil das Resultat unserer Unfähigkeit, das Recycling-System der Natur nachzuahmen.«[6] Gegenseitige Abhängigkeit ist das Gegenmodell zum männlich-abendländischen Modell von Herrschaft. Auch die Pflanzen sind lebende organische Wesen, die auf Wärme, Licht, Wasser und Klang reagieren. Sogar chemische Aggregate sind tanzende Energiezentren. Negativ formuliert: Es gibt Pflanzenfresser, die verhungern, weil sie alle Pflanzen kahl fressen. Sie missachten das Organisationsprinzip der Schöpfung, eben die gegenseitige Abhängigkeit.

In diesem Sinn ist es falsch, den Kampf um das Dasein und die Verabsolutierung der Konkurrenz zur Grundlage des Denkens über die Natur zu machen. Das, wozu unser Wirtschaftssystem die Menschen gnadenlos erzieht – entweder Du oder Ich, eine der beiden Seiten muss weg –, das führt, biologisch gesprochen, in das Ausgerottetwerden und die Selbstzerstörung, die wir in den reichen Ländern betreiben. Die Suche nach absoluter Macht und Kontrolle, die durch Industrien des Luxus und Technologien des Krieges geschürt wird, bringt die gesamte menschliche Gesellschaft an den Rand der Selbstauslöschung.

Die andere Spiritualität, die wir brauchen, beruht auf dem Angewiesensein aller aufeinander, und das bedeutet mehr, als dass die Schwächeren auf die Starken angewiesen sind, wie es eine freundlich-patriarchale, wertkonservative Ethik zugesteht. Zum Überleben brauchen wir eine Ethik, die spirituell einen Schritt weitergeht als dieses Sich-Herabneigen. Wir müssen ein tieferes Angewiesensein aufeinander verstehen und es in einem anderen Sinn von Gleichheit praktizieren. Auch die Starken brauchen die Schwachen.

Was wäre Jesus ohne quengelnde Witwen? Was Martin Luther King ohne die Textilarbeiterin Rosa Parks? Was hieße Freiheit ohne die Gleichheit zwischen der menschlichen Spezies und allen anderen Mitgliedern der Lebensgemeinschaft, zu der wir gehören? Was wären wir ohne unsere Geschwister, die Bäume und die Vögel? Die Sichtbaren brauchen die Unsichtbaren, und ohne einen Ausgleich zwischen denen, die jetzt leben, und den späteren Generationen ist menschliche Kultur nicht denkbar.

Damit bin ich schon beim dritten Punkt dieser ökofeministischen Spiritualität. Er besteht in einer anderen Wertschätzung der *Gemeinschaft*. Erst in ihr, erst im Miteinander von aufeinander angewiesenen Lebewesen können wir das, was Personsein bedeutet, leben. Eins der oft beschriebenen Symbole einer kranken Gesellschaft ist die Autoschlange mit je einem Individuum in seinem Blech mitten im Stau. Die Idee, dieses Problem durch mehr Straßen zu lösen, ist selbstmörderisch. Das spirituelle Problem, das hinter diesem Krankheitssymptom steckt, ist ein totalitär gewordener technologisch angeordneter und inszenierter Individualismus.

Wer nur gelernt hat, »ich« zu sagen, kann mit der ökologischen Katastrophe, in der wir sind und die wir ansteuern, nur in hilfloser Betroffenheit umgehen. Er hat aus seinem Kopf einen Fernseher gemacht und aus der Politik eine Einschaltquotenmaschine. Eine feministisch-ökologische Analyse findet nicht mehr statt, Kinder und gar ihre Atmungsorgane sind keine Wirtschaftsfaktoren. Ein gemeinsames Umdenken in Gruppen oder gar ein neues Wollen in Annäherung an Gottes Willen, also das, was man früher einmal »Beten« nannte, findet nicht statt. Wenn Beten heißt, wünschen zu lernen, statt im wunschlosen Unglück zu verharren, dann ist es notwendig, dies gemeinsam zu tun. Das Subjekt der Umkehr, die wir brauchen, beginnt bei dem erschrockenen, verstörten, mitleidenden Ich, aber es geht über in Gruppen, Netzwerke, Gemeinschaften. Wir, haben kein Recht, den Generationenvertrag aufzukündigen, wir haben alles Recht, ihn einzuklagen.

Können wir dabei auf Gott rechnen? Ich denke, dass ohne die Fähigkeit, an Gott und seine weitergehende Schöpfung zu glauben, die Hoffnung vor unseren Augen eingeht. Vielleicht der schönste Vers unseres Psalms ist Vers 30. »Du machst neu die Gestalt der Erde.« Oder: Und du erneust das Angesicht der Erde. Renovabis faciem terrae. Um das zu verstehen, um sich daran halten zu können, brauchen wir Glauben. Nicht die Für-wahr-Halterei von sieben Tagen Schöpfungszeit, sondern wirklichen Glauben.

Ich kenne viele Menschen, die diesen Glauben an die renovatio der Schöpfung nicht mehr aufbringen. Es ist zu spät, sagen sie, es kann nur noch das Ende der Welt kommen. Mir wird nirgends so deutlich, wie sehr ich den Glauben an Gottes Kraft, an Gottes Geistin brauche. Mitten in einer geistlosen Welt lebend, will ich darauf vertrauen können, dass sich das Gesicht Gottes dem Gesicht der Erde zuwendet, damit sie leben kann.

Gott, deine Geistin erneuert das Gesicht der Erde.
Erneuere auch unser Herz
und gib uns dein Geist der Klarheit und des Mutes!
Denn das Gesetz des Geistes,
der uns lebendig macht in Christus,
hat uns befreit von dem Gesetz der Resignation.

Lehre uns
wie wir mit der Kraft des Windes und der Sonne
leben und andere Geschöpfe leben lassen.
Lehre uns
die Kraft der kleinen Leute zu spüren
und keine Angst mehr zu haben,
wenn wir widersprechen und widerhandeln
dem Luxus auf Kosten aller anderen Geschöpfe.
Lehre uns
die immer größere Freude
beim Lebendigwerden m deiner lebendigen Welt,
weil wir unser Ende nicht fürchten.

Gott, deine Geistin erneuert das Gesicht der Erde
Erneuere auch unser Herz
und lass uns wieder miteinander leben.
Lehr uns zu teilen statt zu resignieren,
das Wasser und die Luft,
die Energie und die Vorräte.
Zeig uns, dass die Erde dir gehört
und darum schön ist.

Ein Haus für alle Menschen: Die Zehn Gebote

1 Der Text der Zehn Gebote (2 Mose 20)

Da redete Gott alle diese Worte und sprach:

»Ich bin der Ewige, dein Gott, der ich dich geführt habe aus dem Land Mizraim, aus dem Sklavenhaus.

Du sollst keine anderen Götter haben vor mir!

Du sollst dir kein Bildnis machen und keinerlei Gestalt dessen, was im Himmel oben und was auf der Erden unten und was im Wasser unter der Erde ist.

Du sollst dich vor ihnen nicht niederwerfen und ihnen nicht dienen, denn ich, der Ewige, dein Gott, bin ein eifernder Gott, der da bedenkt die Schuld der Väter an den Kindern am dritten und vierten Geschlecht, bei denen, die mich hassen;

der aber Liebe erweist tausenden (Geschlechtern), denen, die mich lieben und meine Gebote wahren.

Du sollst den Namen des Ewigen, deines Gottes, nicht zur Unwahrheit aussprechen; denn der Ewige wird den nicht ungestraft lassen, der seinen Namen zur Unwahrheit ausspricht.

Gedenke des Sabbattages, ihn zu heiligen!

Sechs Tage sollst du arbeiten und all dein Werk verrichten;

aber der siebente Tag ist ein Sabbat dem Ewigen, deinem Gott. Da sollst du keinerlei Werk verrichten, du und dein Sohn und deine Tochter, den Knecht und deine Magd und dein Vieh und dein Fremdling, der in deinen Toren ist.

Denn in sechs Tagen hat der Ewige den Himmel und die Erde geschaffen, das Meer und alles, was darin ist; aber am siebenten Tag hat er geruht; darum hat der Ewige den Sabbattag gesegnet und ihn geheiligt.

Ehre deinen Vater und deine Mutter, auf dass du lange lebst auf dem Boden, den der Ewige, dein Gott, dir gibt!

Du sollst nicht morden!

Du sollst nicht ehebrechen!

Du sollst nicht stehlen!

Du sollst nicht aussagen wider deinen Nächsten als falscher Zeuge!

Du sollst nicht begehren das Haus deines Nächsten!

Du sollst nicht begehren das Weib deines Nächsten noch seinen Knecht, seine Magd, seinen Ochsen, seinen Esel noch alles, was deinem Nächsten gehört.«

(Übersetzung Tur-Sinai)

2 Ein Haus für alle Menschen

Der Weltgebetstag der Frauen wurde im Jahr 1995 von Frauen aus Ghana ausgerichtet. Ich habe viel von ihnen gelernt. »Gott hat die Welt aus Liebe geschaffen und die Erde zum Haus für alle Menschen bestimmt, zu einem wohnlichen Platz für uns.« Die Menschen in diesem Haus für alle, die Lebenden, die Toten und die noch nicht Geborenen brauchen eine Hausordnung miteinander, und die haben wir in dem Zehnwort, den Zehn Geboten, vor uns.

Es geht hier nicht um Glaubensartikel, mit denen jemand sich als vollgültiges Mitglied einer Religionsgemeinschaft ausweisen kann, noch auch einfach um Sittenregeln, sondern, wie Martin Buber sich ausdrückt, um »die Konstituierung einer Gemeinschaft durch eine Gemeinschaftssatzung.«[7] Die Gemeinschaft war damals das jüdische Volk, das aus der ägyptischen Sklaverei befreit worden war. Wir können uns nun fragen, was das jüdische Religionsgesetz mit uns zu tun hat. Die Antwort der Tradition lautet: Hier ist Israel angesprochen, aber mit ihm und in ihm alle Völker. Ein Midrasch berichtet, dass Gottes Stimme vom Sinai sich in siebzig Stimmen aufteilte, das heißt in die Sprachen aller damals bekannten Völker! Andere Texte beziehen alle Toten mit ein, und sogar die künftigen Generationen gehören in die Zuhörerschaft am Sinai. Ein Haus für alle Menschen!

Der jüdische Schriftsteller Elie Wiesel sagt zu den Zehn Worten:

»Ich erinnere mich, wie ich mich als Kind auf die Lesung des Abschnitts der Tora vorbereitete, welcher von den Zehn Geboten handelt. Und ich erinnere mich, wie ich meinen Lehrer fragte: ›Warum spricht Gott von so profanen Dingen?‹ Schließlich war Gott dabei, sich zum ersten Mal, zum allerersten und zum letzten Mal, zu offenbaren und zu Seinem Volk zu sprechen. Ich hätte erwartet, dass Gott über das Mysterium des Anfangs spricht oder die Geheimnisse kundtut, wie Sein Werk die Erfüllung findet.

Wenigstens hätte Er uns eine Lektion in Theologie vortragen können, was nun einmal Sein Gebiet wäre. Stattdessen wartet Er mit ganz alltäglichen Dingen auf: du sollst nicht stehlen, du sollst nicht lügen, du sollst den Sabbat nicht entweihen. Dazu brauchen wir die Stimme Gottes? Und die Antwort lautete: Ja. Jüdische Theologie ist nichts anderes als menschliche Beziehung. Ich glaube, Gott wollte uns damit sagen: ›Ich kann mich um meine eigenen Gedanken, Bilder und Träume kümmern – kümmere du dich um Meine Schöpfung.⁸«

Ich will hier auf die Losung des Kirchentages 1995 verweisen, sie heißt »Es ist dir gesagt, Mensch«, seist du Türkin oder Ghanesin, Jude oder Christ, Agnostikerin oder Neuheide, »was gut ist und was Gott bei dir sucht.« Es ist weder unbekannt noch unverständlich, und daher gilt auch für uns, was Buber so ausdrückt: »Die Seele des Dekalogs ist sein Du, hier wird weder ausgesagt noch bekannt, sondern geboten und zwar dem, der angesprochen wird, dem Hörer.⁹« Die Tradition mutet uns zu, dass wir alle Hörerinnen sind. Es ist uns etwas gesagt worden. Wir sind das Du, das angesprochen wird.

3 Gegenreden

Es ist dir gesagt, Mensch
du hast es gehört
es ist leicht zu verstehen

Mir ist nichts zu Ohren gekommen
ich weiß nicht was ich tun soll
nicht einmal was ich lassen könnte
welches Programm ich eintippen soll
an wen mich halten

was gut ist
für die alte Frau nebenan
und die türkischen Kinder
für den kleinen Wald
hinter der Autobahn
und für dich

Ich bin schon froh wenn ich rauskriege
was für mich was bringt
wo ich nicht draufzahlen muss
was super wäre
und kein Risiko dabei

was Gott bei dir sucht
nichts als Recht für die Rechtlosen
und Freundlichkeit für alle

Was soll denn das sein?
Bei mir gibt's nichts zu holen
da kann der lange suchen
»auf dich haben wir gerade gewartet«
sagt mir der Chef immer
Wo soll ich anfangen
und wie weit soll ich gehen?

was Gott von dir erwartet
Gott und sein Volk der Fische
Gott und sein Volk der Bäume
Gott und seine Kinder

Das soll mir gesagt sein?
Das hätte ich schon gehört?
Das spräche manchmal
leise
stotternd
auch in mir?

4 Götter, Götzen und Sachzwänge

Die Zehn Gebote lassen sich, in Anlehnung an Martin Buber[10], in drei Gruppen einteilen. Die ersten Gebote sprechen von dem einen Gott des Lebens und verbieten den Götzendienst, die Bildersucht und den Missbrauch des Namens Gottes. Das Sabbat- und das Elterngebot beziehen sich auf die »gleichmäßige Dauer Israels im Wechsel der Jahre und Geschlechter«, sie ordnen die Zeit des Alltags und die Beziehung der Generationen. Die letzte Gruppe behandelt den inneren Zusammenhalt der gleichzeitig Lebenden und artikuliert den sozialen Schutz von Leben, Ehe, Eigentum und sozialer Ehre.

Das erste Gebot ist, gerade im Protestantismus, immer als das wichtigste angesehen worden. Es nennt die Grundlage unseres Daseins, die Beziehung zu Gott. Es verbietet, das Leben auf andere Mächte zu gründen und ihnen zu dienen.

»Ich bin der Ewige, dein Gott. Du sollst keine anderen Götter neben mir haben« (Dtn 5,6 und 7).

Ich habe einige Wochen im Krankenhaus verbracht, in einem Zimmer, das beherrscht war von einem unter der Decke angebrachten, riesigen Klotz, dem Fernsehapparat. Manchmal fragte ich meine Besucher zum Scherz: »Siehst du Gott hier im Zimmer?« Sie schauten sich um und lachten: »Natürlich, da oben hängt er und schaut auf dich herab.« In meiner Kindheit hingen in Krankenzimmern meist Kruzifixe in einem Winkel; sie nahmen allerdings weniger Platz ein und sprachen, wenn überhaupt, mit leiser Stimme.

Der neue Gott ist allgegenwärtig, nicht nur in jedem Zimmer von Kranken. Er ist allwissend. Wissen, das er nicht bringt, zum Beispiel über die russischen Mütter, die tausendfünfhundert Kilometer, dem Krieg hinterher, nach Tschetschenien bis zur Front fuhren, um ihre Söhne zurückzuholen, lohnt sich nicht und kann wegfallen. Er ist auch allmächtig. In meinem Lebensalltag sagt er mir, was ich essen und was ich servieren soll, was ich anziehen und wie ich mich schminken muss, wo ich mein Geld anlege und was ich wert bin. Natürlich gehorche ich ihm nicht immer, aber das hat er ja mit dem alten Gott gemeinsam, der auch eher eine Einladung – verlass dich auf mich! – aussprach als einen Befehl. »Du wirst keine anderen Götter haben mir ins Angesicht« ist die wörtliche Übersetzung des Gebotes.

Aber unsere neuen Götzen sind da und herrschen besser als alle alten Zwangsmechanismen. Sie bemühen sich, das alte Über-Ich, das Gut von Böse zu unterscheiden lehrte, zu entwichtigen. Hinter dem neuen Apparat, der alte Einrichtungen wie Kirche, Schule, Familie längst überholt hat, steht der größte, alles beherrschende Gott, der »Markt« heißt. Hast du etwas anzubieten, ist es verkäuflich, rechnet es sich, fragt er. Andere Fragen kennt er nicht. Er sorgt dafür, dass die Äpfel von nebenan weggeworfen werden und dass die Frauen aus dem Süden der Erdkugel, die vor zwanzig Jahren noch Bohnen und Mais für den eigenen Bedarf anbauen durften, heute Orchideen und Südfrüchte für den Export züchten. Es ist der Weltmarkt, der sie zu weiterer Verelendung zwingt.

Was will dieser Gott? Ein brasilianischer Bischof, Pedro Casaldaliga, sprach von der »Theologie des Neoliberalismus«, die darin besteht, dass fünfzehn bis zwanzig Prozent der Menschheit »das Recht zu leben und gut zu leben haben. Der Rest ist der Rest.« So wird die Welt »verwandelt in den Markt im Dienst des Kapitals, das zum Gott und zum Grund des Seins erhoben wird«. Der alte Gott vom Berg Sinai war der Schöpfer und Befreier des Lebens, er wollte »Leben in seiner Fülle«, also Obdach und Arbeit, Ernährung und Gesundheit, Erziehung und Glück für alle.

»Andere Götter verehren« bedeutete, dieses Leben für einige auf Kosten anderer zu suchen. Es hieß, Besitz, Macht, Herrschaft über alle Dinge zu lieben und entsprechend Konkurrenz, Krieg und Unterwerfung des anderen als gottgegeben oder »natürlich« anzusehen.

»Es kann nicht nur Störche, es muss auch Frösche geben«, meinten die Spanier, als sie über die indianischen Völker herfielen.

So war die alte Botschaft von der Befreiung der Sklaven in Ägypten annulliert, als hätte man den Juden, die dort Arbeitssklaven für die Pharaonen waren, gesagt, »es muss auch Frösche geben«. Diese haben in sich selbst kein Daseinsrecht, sie sind dazu da, von den Störchen benutzt zu werden. Gott wird durch einen weißen, männlichen Machtgötzen ersetzt.

Heute fragen sich viele Kritiker des Christentums: Warum sollen verschiedene Menschen denn nicht verschiedene Götter ehren? Warum ist der alte jüdische Gott so eifersüchtig auf die anderen Götter, und warum nennt die Tradition diese anderen Lebensmächte abwertend »Götzen«? Was soll dieser auf die Spitze getriebene Monotheismus? Ist es nicht richtiger, pluralistisch zu denken und sich an der Schönheit der Orchideen zu freuen? Ist postmoderne Ästhetik nicht die viel angemessenere Lebenshaltung als diese fruchtlose ethische Überforderung? Können wir nicht Gott und den Götzen zugleich dienen?

Die Reformation hat gewusst, dass es schwer ist, Gott und die Götzen zu unterscheiden. Beide versprechen das Leben, das geglückte, erfüllte Leben. Das Wort Gott steht schließlich auf jeder Dollarnote, und es stand auf jedem Koppelschloss! Der Unterschied ist aber, dass die Götzen das Leben nur vorgaukeln und in der Realität dem Tod zuarbeiten. Heute wagen sie es immer noch, uns das verlockende »Schneller, Größer, Öfter, Mehr von allem!« zu versprechen und so den Kurs auf den Eisberg beizubehalten. Sie beten den Götzen Fortschritt an und leugnen in ihrem Weltentwurf zwei Realitäten der Schöpfung: unsere Endlichkeit und die unserer Ressourcen und unsere Abhängigkeit von dem Leben der anderen. Man muss nicht unbedingt religiös sein, um das heute zu erkennen. Die meisten Menschen wissen, dass unsere Lebensweise in den Untergang führt, weil wir alltäglich und lebenslänglich dem Götzen dienen.

Religion, Glauben an eine andere Art von Leben brauchen wir, nicht zur Welterklärung, sondern um hoffen zu können. Ich bezweifle immer mehr, dass die Wissenschaft das leisten kann, dieses Vertrauen auf die Möglichkeiten des anderen, des endlichen und solidarischen Lebens, auch in den finsteren Zeiten der Götzenverehrung. Das erste Gebot sagt mir:

Ich bin die Stimme des Lebens,
des gefährdeten, endlichen Lebens.
Glaub nicht, dass mehr Tod und mehr tote Dinge
das Leben schützen können.
Vertrau mir, die das Leben auf dieser Erde
»sehr gut« genannt hat.
Gib deine Depressivität auf.
Ich habe meinen Atem in dich geblasen
und dem Universum eine Seele gegeben.
Bewahre sie, so wie ich dich behüte.

5 Kein Foto von Gott!

Du sollst dir kein Bildnis machen und keinerlei Gestalt dessen, was im Himmel oben und was auf Erden unten und was im Wasser unter der Erde ist.

Die ersten Gebote werden in der christlichen Deutung und der Ikonographie oft als die Gebote der ersten Tafel bezeichnet. Ich erinnere an das Gemälde von Chagall, das Mose mit den beiden Tafeln zeigt. Die drei Gebote des Anfangs beziehen sich auf das Verhältnis des Volkes zu Gott. Die dahinterstehende Grunderfahrung mit Gott ist die der Befreiung aus der Sklaverei in Ägypten. Nicht das »Du sollst« oder »Du sollst nicht« ist das erste, was das Volk von Gott hört, sondern das Geschenk der Freiheit. »Ich bin der Ewige, dein Gott, der dich geführt hat aus dem Land Mizraim, aus dem Sklavenhaus« (2 Mose 20,2). Vielleicht ist an keiner Stelle die übliche Übersetzung:»Ich bin der Herr, dem Gott«, so irreführend wie hier: Es geht nicht um ein Machtgefälle, in dem der patriarchale Gott seine absolute Überlegenheit durch Gebote festigt, sondern um eine Freiheitserfahrung, die das Volk gemacht hat.

In einem Midrasch heißt es: »Es kam einmal ein Mann in eine Provinz und sagte zu den Einwohnern: ›Ich will euer König sein.‹ Da antworteten die Einwohner: ›Hast du uns denn etwas Gutes getan, das dich berechtigen würde, unser König zu sein?‹ Was tat er? Er baute ihnen eine Mauer. Er errichtete ihnen eine Wasserleitung. Er führte Kriege für sie. Dann sprach er wieder: ›Ich will euer König sein.‹ Jetzt antworteten die Einwohner: ›Ja, ja!‹ So tat es auch der Allgegenwärtige. Er führte Israel aus Ägypten, spaltete für sie das Schilfmeer, ließ ihnen das Manna vom Himmel herunterfallen, ließ den Brunnen in der Wüste aufsprudeln, führte ihnen die Wachteln zu. Erst danach sprach er zu ihnen: ›Ich will euer König sein.‹ Und darauf antworteten sie: ›Ja, ja!‹«[11]

Diese nachdenkenswerte Geschichte handelt davon, dass Gott nicht autoritäre Macht ist, die Verehrung anordnet und Gehorsam befiehlt ohne andere Begründung als die der Autorität. Ich denke, was wir als Christen zur Zeit in unserem Land erleben, ist der Tod des autoritären Gottes. Die Menschen verlassen die Kirche, weil sie nie von einem anderen Gott als dem obersten Machthaber gehört haben. Warum sollen wir Gott lieben, auf ihn hören, ihm gehorchen? Weil er stärker ist, weil er mehr Macht hat, weil er absolut ist, und wie immer die dogmatisch-männlichen Formulierungen da heißen? Nein, sondern weil er uns befreit hat. Er hat uns geheilt von der Nazi-Pest, herausgeführt aus dem Großmachtswahn, er hat die Stimme der Frauen auch in unserern Kirchen hörbar gemacht, er hat uns getröstet, als wir dachten, es geht nicht mehr.

Die Gebote der ersten Tafel beziehen sich auf das Verhältnis des Volkes zu Gott. Wie kann die Freiheit, die der begleitende, rettende Gott geschenkt hat, Freiheit bleiben? Indem das Volk andere Götter nicht anbetet, sich keine Bilder von Gott macht und seinen Namen nicht missbraucht. Warum braucht der biblische Gott diese religionsgeschichtlich sehr einmaligen, strikten Regelungen? Würde es nicht genügen, das Göttliche in vielen Gestalten zu verehren, es in vielen Kultstätten anzubeten und den Namen Gottes vielfältig und pluralistisch anzurufen? Was ist denn falsch an den anderen Göttern?

In den letzten zehn Jahren bin ich bestimmt über hundertmal von Journalisten gefragt worden. »Welches Gottesbild haben Sie eigentlich?« Keins, brumme ich dann. Ich soll doch nicht! Mal dies, mal jenes. Vater oder Mutter oder Morgenglanz der Ewigkeit oder d-moll-Klavierkonzert. Kommt drauf an, wo ich Gott treffe. Schließlich werde ich ärgerlich und sage: Können Sie nicht mal eine Sekunde Ihren blöden kleinen Kasten, mit dem Sie Bildchen fangen gehen, aus der Hand legen?! Glauben Sie denn im Ernst, Sie könnten die Gerechtigkeit knipsen? Den Trost filmen? Die Güte dokumentieren? Meinen Sie immer noch, wenn Sie mit Ihrer phantastischen Kamera am Ostersonntag in Jerusalem dabei gewesen wären, Sie hätten etwas von dem Gott, der manchmal sichtbar wird, aber nie zur Verfügung steht, auf Ihrem Film?

Dieses merkwürdige Gebot schützt Gottes Freiheit – vor Pfaffen und Ideologen, vor Fundamentalisten und allen übrigen Gottesbesitzern. Es lässt Gott das, was wir in allen unseren Beziehungen zu respektieren lernen müssen: die Andersheit des anderen. Gott überrascht uns mit seinem Auftauchen am ungewöhnlichen Ort. Mit Sprachen, die manchmal so unverständlich sind wie das Gestammel eines behinderten Kindes. Mit Namen, die wir nicht kennen, und solchen, die wir neu erfinden müssen. Das Gebot erinnert daran, dass Gott größer ist als unser Herz, dass in ihm auch das Fremde, Unerwartete, Noch-Nichterschienene steckt.

Gott allein genügt, wie Teresa von Avila sagt: »Solo Dios – basta!« Dich allein, Dich ohne Bild, Dich unmissbraucht sollen wir lieben. Ohne diese erste Tafel der auf Gott bezogenen Worte verkommen all die anderen Gebote vom Stehlen, Lügen, Ehebrechen und Töten zu einem falschen, autoritär besetzten »Du sollst«. Ohne die erste Tafel lässt sich auch die zweite nicht erhalten, die Ethik verkommt ohne Religion. Die postmoderne Vielgötterei ist zerstörerisch, weil sie aus einzelnen Lebensmächten – wie der Arbeit, der Sexualität, der Nation, dem Geld, der Wissenschaft – Götzen macht, denen wir unser Leben und das anderer Leute opfern. Indem wir diesen Abgöttern dienen, ausschließlich und blind, verletzen wir das Leben, das, was Gott gehört. Das zweite Gebot sagt mir:

Ich bin das Geheimnis des Lebens,
   du wirst mich nicht entziffern
   und verkäuflich machen,
   du wirst mich nicht einteilen

in überflüssig und verwertbar,
du wirst meinen Namen nicht an dich reißen,
um deine Macht zu vergrößern,
du wirst meine Kraft spüren
jenseits der Bilder und hinter den Namen,
du wirst mich nicht verraten.

6 Der siebte Tag ist heilig

Die Zehn Gebote sind in alle Sprachen der Welt übersetzt. Diese Sprachen haben Wörter für »Himmel« und »Erde«, für »Bildnis« und für »Gott«; nur ein Wort ist unübersetzbar, das ist »Sabbat«, der Ruhetag, der Feiertag nach sechs Arbeitstagen – vielleicht das größte Geschenk des jüdischen Volkes an die Menschheit.

Ein jüdischer Theologe unseres Jahrhunderts, Abraham Joshua Heschel (1907–1972) hat für mich am schönsten ausgedrückt, was es mit dem Sabbat auf sich hat. Er tut das in einer androzentrischen Sprache, aber ich glaube, ich habe das Recht und er wird sich im Himmel freuen, wenn ich diese Sprache ein wenig »vermenschliche«. Heschel schreibt: »Was ist der Sabbat? Eine Erinnerung an aller Menschen Königswürde, eine Aufhebung der Unterscheidung von Herr und Knecht, reich und arm, Erfolg und Fehlschlag. Den Sabbat feiern bedeutet, unsere letzte Unabhängigkeit von Zivilisation und Gesellschaft zu erfahren, von Leistung und Angst. Der Sabbat ist eine Verkörperung des Glaubens, dass alle Menschen gleich sind und dass die Gleichheit der Menschen ihren Adel ausmacht. Die größte Sünde des Menschen ist es zu vergessen, dass er oder sie ein Königssohn, eine Königstochter ist. Der Sabbat ist eine Zusicherung dessen, dass jenseits des Guten das Heilige ist. Das Universum wurde in sechs Tagen geschaffen, aber der Höhepunkt der Schöpfung war der siebte Tag. Die Dinge, die in den sechs Tagen ins Leben gekommen sind, sind gut; aber der siebte Tag ist ›heilig‹! Der Sabbat ist Heiligkeit in der Zeit.«[12]

Wir alle sind aufgerufen, die Zeit zu heiligen, sie zu einer Zeit der Befreiung zu machen. Im Mittelalter zum Beispiel, in den Zeiten harter Fronwirtschaft, waren die vielen Festtage der Heiligen ein Stück Sabbat für das Volk. Als die Reformation mit diesen vielen lokalen Heiligen aufräumte, zerstörte sie eine Nische der Freiheit und setzte das bürgerliche Arbeitsethos erbarmungslos durch. Heute erleben wir einen ähnlichen Umbruch, in dem jede Nische, jede unkontrollierte, uhrenlose Zeit zerstört wird.

In den Vereinigten Staaten habe ich oft an Banken oder Tankstellen oder Fast-food-Ständen ein Schild gesehen, das diese totale Herrschaft über die Zeit präzise ausdrückt: »24 hours a day, 7 days a week«. Man könnte ja auch einfach sagen: »Immer geöffnet«, aber das bringt den Herrschaftscharakter, die absolute Verfügung über die Zeit nicht so klar heraus. Und die öffentliche Leugnung des veralteten Sabbats, dieses Innehaltens, wäre dann nicht so klar. Dass Menschen außer Produktion und Reproduktion noch eine andere Zeit brauchen, Zeit zu atmen, zu ruhen, nichts zu tun, zu träumen, soll verschwinden. Der Sabbat ist eine Einrichtung, die die Maschinenhaftigkeit des Daseins stört, die das Funktionieren behindert. Niemand ist absoluter Herr der Zeit, und wir alle brauchen Unterbrechung, damit »Heiligkeit in der Zeit« aufscheinen kann. Das dritte Gebot sagt mir:

Du sollst dich selbst unterbrechen.
Zwischen Arbeiten und Konsumieren
soll Stille sein und Freude,
zwischen Aufräumen und Vorbereiten
sollst du es in dir singen hören,
Gottes altes Lied von den sechs Tagen
und dem einen, der anders ist.
Zwischen Wegschaffen und Vorplanen
sollst du dich erinnern
an diesen ersten Morgen,
deinen und aller Anfang,
als die Sonne aufging
ohne Zweck
und du nicht berechnet wurdest
in der Zeit, die niemandem gehört
außer dem Ewigen.

7 Der Vertrag der Generationen

Das vierte Gebot entstammt der agrarischen Welt, das drückt sich aus in dem Zusatz, »auf dass du lange lebst in dem Land, das Gott dir gibt«. Es ist in unserer Tradition missverstanden und missbraucht worden: »Ehren« wurde mit gehorchen gleichgesetzt, die Eltern wurden als groß und stark, wissend und besitzend gedacht und oft sogar mit Obrigkeit und Staat identifiziert. Das Gebot verkam zur Einübung in autoritäre Erziehung und Selbstaufgabe des Gewissens. In der Zeit der Landnahme von Nomaden, die sesshaft wurden, meinte es etwas ganz anderes. Es regelte die Versorgung der alten, kranken, arbeitsunfähigen Eltern. Es richtete sich an Erwachsene, denen die Verantwortung zufiel. Vielleicht bedeutet der Zusatz mit dem Land auch einen Hinweis aufs Dableiben, Ansässigwerden, die Alten nicht sitzen lassen. Der Generationenvertrag gab und nahm von beiden Seiten aus. Er orientiert sich – wie alle Gebote – an den Verletzlichen.

Die Gebote der zweiten Tafel schützen den Menschen vor seinesgleichen. Was es mit einem Gebot auf sich hat, wird abgelesen an denen, die nicht geschützt worden sind: an den Belogenen, nicht am Lügner, an den Betrogenen, nicht am Ehebrecher, an den Bestohlenen, nicht an den Dieben, an den Ermordeten, nicht an den Mördern. Die biblische Perspektive ist die der Behandelten, der Opfer, und nicht der Sieger. Sie bettet uns ein in reale Lebenszusammenhänge. Um ein Gebot zu verstehen, müssen wir den Schrei hören, der hinter dem Gebot steckt. Alte Menschen brauchen Respekt, Schutz und Hilfe, darauf haben sie ein unverbrüchliches Recht.

Aber genau das Minimum von Respekt, Schutz und Hilfe kann das Konstrukt der nuklearen Kleinfamilie, die aus zwei Generationen besteht, nicht leisten. Dafür ist in der Leistungsgesellschaft kein Raum, keine Zeit. Wir müssen uns die Frage gesellschaftlich stellen: Warum können wir die älteren Menschen nicht »ehren«? Was ist so falsch an unseren Arbeits- und Lebensstrukturen, dass wir weder den Kindern noch den Alten gerecht werden – und schon gar nicht den Frauen, die dann gern in die Opferrolle gedrängt werden und das Unmögliche allein leisten sollen?

Berufstätige, die aus der Armutswelt stammen, haben mir oft gesagt: »In Deutschland kann man gut leben. Gut verdienen. Nur alt werden möchte ich hier nicht.« Das ist beschämend wahr.

Das Industriepatriarchat ist für alle, die nicht produktiv an ihm teilhaben, eine katastrophale Lebensordnung. Es rechnet sich für den intelligenten, erfolgreichen, flexiblen, gesunden, weißen Mann. Wer nicht zu dieser Spezies gehört, kann nicht erwarten, gesellschaftlich respektiert zu werden. Alle vier A's, Alte, Arbeitslose, Abhängige und Ausländer, werden nicht »geehrt«, und ihr Ausschluss, ihre Verlassenheit, ihre Verelendung sind doppelt so schlimm, wenn sie Frauen sind.

Eine der wichtigsten Möglichkeiten, anders und in einem besseren Einklang mit Gottes Schöpfung und Gottes Gebot zu leben, sind die vielen Versuche, in neuen Formen der Gemeinschaft, in neuen Großfamilien mit verschiedenen Generationen zusammenzuleben, Selbstversorgung und Selbsthilfe wieder zu entdecken, nicht nur Autos zu teilen, sondern auch Verantwortlichkeiten miteinander zu tragen.

Ich will ein Beispiel erzählen. Vor Jahren habe ich eine alte Freundin in einem israelischen Kibbuz besucht. Sie humpelte mit mir zu ihrem früheren Arbeitsplatz in der Gärtnerei. Sie sah sich einige Pflanzen an, ein Mitarbeiter kam, sie um Rat zu fragen. Sie hatte noch immer ein kleines Stück Verantwortung. Kinder kamen sie besuchen, ich weiß nicht, ob wegen der Plätzchen oder der komischen Geschichten, die sie erzählte. Sie fühlte sich manchmal einsam, aber sie war nicht verlassen. Sie musste nicht ins Krankenhaus zum Sterben. Ihre Wünsche wurden respektiert. Das vierte Gebot sagt mir:

> Du sollst nicht von dir denken,
> du wärest ganz allein,
> du hättest nur für dich Verantwortung.
> Du sollst den Vertrag, der deine Kindheit behütet hat,

nicht brechen an den Hilflosen,
du sollst Zeit für sie haben
und Ohren für das, was sie vielleicht
nicht mehr sagen können.
Du sollst niemanden abschieben,
du sollst leben inmitten von anderem Leben,
das lebt wie du
und stirbt wie du.

8   Ich soll mich nicht gewöhnen

Wo und wie beteilige ich mich am Töten? Das ist die Frage, die
das fünfte Gebot uns stellt. Wo und wie helfe ich als Staatsbür-
ger, als Steuerzahler dabei, eine Politik zu unterstützen, die auf
Gewalt aus ist und das Tötungsverbot missachtet? Ich denke
jetzt an die Menschen in unseren Abschiebehaftknästen, die
sich in Verzweiflung das Leben genommen haben, ehe unsere
Behörden sie zu ihren Folterern zurückschicken konnten. Ich
denke auch an die Kinder in vielen armen Ländern, die beim
Spielen von Landminen getötet oder verstümmelt wurden; unsere Regierung hat ein Interesse daran, verbesserte Landminen
zu exportieren.

In unserm Land wird die Gewalt – wirtschaftlich, rüstungspo-
litisch, ökologisch – immer hoffähiger, als letztes Mittel immer
anerkannter. Wie sagte doch Roman Herzog in seiner unver-
krampften Art? »Was sind also deutsche Interessen? Deutsche
Interessen, das sind zunächst unsere unmittelbaren nationalen
Interessen wie Sicherheit und Bewahrung von Wohlstand. Es hat
keinen Sinn, das verschweigen zu wollen.« Die Wahrhaftigkeit
verlange, so der Bundespräsident, »dass wir auch deshalb für
weltweite Freiheit des Handels eintreten, weil das in unserm eigenen Interesse liegt.«[13] Kein Handel ist in den letzten Jahren so
»frei« geworden wie der mit dem Tod. Deutschland steht heute
an zweiter Stelle nach den USA im Waffenexport.

Nach den großen Jahren der Friedensbewegung haben wir
uns seit der Wende immer mehr an die letzte Notwendigkeit von
Gewalt gewöhnt. Die Propaganda dafür, auch in der vornehmen
Sprache des Bundespräsidenten, »dass möglicherweise auch

einmal der Einsatz von Leib und Leben gefordert ist«, fördert die Gewöhnung an das so genannte Normale. Die Gewalt wohnt mitten in unserm Land, fett und behaglich. Das Mindeste, was wir als Christen mit unserer »vorrangigen Option für die Gewaltfreiheit«, wie die Ökumenische Versammlung in Dresden es 1989 gesagt hat, tun können, ist zu erkennen, wo Gewalt wächst, wer sie akzeptabel macht und wer von ihr profitiert.

Einübung in die Gewaltlosigkeit, dazu gehören erkennen, benennen, protestieren, anders leben und in die Schule von Jesus, von Gandhi und Martin Luther King gehen, um endlich nicht nur gewaltlos, sondern auch gewaltfrei zu werden in unserem zivilen Handeln. Das fünfte Gebot sagt mir:

> Du sollst dich nicht am Töten beteiligen,
> du sollst deine Kinder nicht zum Töten erziehen,
> du sollst es nicht mit vorbereiten
> in Gedanken, Worten und Steuern.
> Du sollst die Mittel zum Töten nicht erforschen,
> herstellen, verbessern und verkaufen,
> du sollst nicht niederknien vor der Gewalt,
> sondern niederknien vor dem Gott des Lebens
> und den aufrechten Gang lernen.

9 Biblische Thesen zur menschlichen Sexualität

1. »*Gott schuf den Menschen in seinem Bilde als Mann und als Frau*« (1 Mose 1,27). Deine Fähigkeit, Liebe zu geben und Liebe zu empfangen (also deine Sexualität) ist dir von Gott in der Schöpfung gegeben und ist »sehr gut« (1 Mose 1,31). Lobe den, der dich glücksfähig geschaffen hat und dich an der Ekstase des Lebens beteiligt.

2. »*Sie waren beide nackt, der Mensch und sein Weib, und sie schämten sich nicht*« (1 Mose 2,25). Wenn du Liebe machst, bist du ohne Waffen und verletzlich (»nackt«). Du machst dich verwundbar, aber dieses Risiko lässt sich nicht umgehen. Du sollst in deinen sexuellen Beziehungen niemanden verletzen, demütigen, beschämen oder missbrauchen, auch dich selber nicht.

3. *»Die Liebe kennt keine Angst. Wahre Liebe vertreibt die Angst. Wer sich aber fürchtet, der ist nicht in der Liebe«* (1 Joh 4,18). Lieben lernen bedeutet, immer weniger Angst zu haben. Sei ohne Furcht vor deiner eigenen Sexualität, nimm sie als dein Geschaffensein an, und lerne sie zu feiern. Dazu gehört Bewusstheit. Du sollst wissen, was du tust, deine Wünsche kennen lernen und sagen, du sollst nichts halb bewusst oder bloß einem anderen zuliebe tun. Du sollst nicht ungewollt Leben schaffen, und du sollst die Verantwortung für die Verhütung teilen.

4. *»Stark wie der Tod ist die Liebe«* (Hohelied 8,6). Die Stärke der Liebe ist, dass sie uns ganzheitlich, in allen Dimensionen unseres Lebens, betrifft und verändert. In Wegwerfbeziehungen zerstörst du den sakramentalen Charakter erfüllter Sexualität. Du sollst an die Ganzheit einer Beziehung glauben und an ihr arbeiten. Du sollst niemanden instrumentalisieren, auch dann nicht, wenn dein Lustobjekt sich damit einverstanden erklärt.

5. *»Die Liebe verträgt alles, sie glaubt alles, sie hofft alles, sie duldet alles«* (1 Kor 13,7). Es ist falsch, die christliche Liebe (agape, caritas) von der irdischen (eros, sexus) abzuspalten, statt die Einheit beider zu suchen. Du sollst, wo du Lust gibst und empfängst, auch Leid teilen können. Du sollst die Ekstase des Glücks nicht trennen von dem Trost, den Menschen füreinander bedeuten können.

6. *»Die Liebe freut sich nicht über die Ungerechtigkeit, sie freut sich aber über die Wahrheit«* (1 Kor 13,6). Deine intime persönliche Beziehung ist nur erfüllt, wenn sie dich mit allen Menschen, ihren Kämpfen, ihren Leiden verbindet. (»The more I make love the more I want to make the revolution«.) Du sollst nicht von einer Insel träumen und die Liebe wie ein Privateigentum konsumieren wollen.

7. *»Wir wissen, dass wir aus dem Tode ins Leben gekommen sind; denn wir lieben die Brüder: Wer den anderen nicht liebt, der bleibt im Tode«* (1 Joh 3,14). Glück ist die Gewissheit, gebraucht zu werden, ein Bedürfnis für andere zu sein, nicht

nur Bedürfnisse zu haben. Wenn wir ersetzbar sind und nicht gebraucht werden, so sind wir tot. Gott braucht deine wachsende Liebesfähigkeit für sein Reich. Du sollst Liebe nicht von Gerechtigkeit trennen und die sexuelle Beziehung nicht vom politischen Handeln isolieren. Du sollst gegen den Tod, der in Ausbeutung, Hunger und Krieg herrscht, kämpfen mit der Leidenschaft deiner ungeteilten Liebe zum Leben.

Das sechste Gebot sagt mir:

> Du sollst die Liebe nicht brechen,
> sie ist kein käufliches Ding.
> Du sollst niemanden benutzen
> und dir zur Verfügung halten
> als Sexobjekt und Verkaufsschlager,
> du sollst niemanden besitzen.
> Du sollst die Liebe blühen lassen
> sommers und winters,
> du sollst ihr Raum geben und Zeit.
> Gott schützt die Liebenden
> und hält sie lebendig,
> dass sie nicht verlernen,
> zu lachen, zu weinen,
> und nicht vergessen,
> zu leben.

10 Wie die Reichen die Armen bestehlen oder: Die Ordnung der Wölfe

Einmal in meinem Leben habe ich gestohlen: Als neunjähriges Kind habe ich der Frau im kleinen Geschäft neben der Schule meine zehn Pfennig für Bonbons nicht gegeben. Es war voll, die Großen drängelten sich vor, und ich fand mich mit Bonbons und dem Zehnerl plötzlich draußen. Abends im Bett bereute ich das und beschloss, wieder hinzugehen und der dicken Frau ihr Geld zu bringen. Ich stotterte so, dass sie mich trösten musste. Schließlich haben wir beide gelacht.

Ist das wirklich alles, was ich ganz persönlich zum Thema Stehlen, Sich-unrechtmäßig-Aneignen, Eigentumsdelikte beizutragen habe? Im Lauf meines Lebens sind meine Zweifel an dem unter uns so überschätzten »ganz persönlich« immer mehr gewachsen. Ich glaube, Gott interessiert sich für ganz andere Sachen – dieser biblische Gott jedenfalls hat ein eigenartiges Interesse an Wirtschaftsfragen. Ich ganz persönlich gehöre ja in ein riesiges Weltsystem hinein, in dem die Reichen immer reicher werden und die Armen immer mehr verelenden. Irgendwie hänge ich mit einer unheimlichen Diebesbande zusammen, die den Armen das Brot und den Mais stiehlt, ihre Mütter und Töchter als Lustobjekte begehrt und sich gelüsten lässt nach allem, was die Armen noch ihr eigen nennen, bis hin zu den Nieren, die sich transplantieren lassen.

Ich will hier das siebte, neunte und zehnte Gebot, die alle mit der Eigentumsfrage zu tun haben, zusammen behandeln. Ich will zugleich etwas betreiben, das wir Christinnen und Christen in den reichen Ländern dringend benötigen: ein wenig wirtschaftliche Alphabetisierung. Wie kommt es eigentlich, dass Millionen von armen Menschen, die doch nicht alle faul und unfähig sind, immer ärmer werden? Wieso wird es schlimmer statt besser? Es ist wichtig, sich solchen Fragen historisch zu stellen. War es nicht schon mal anders? Was ist neu an unserer Situation?

Alle Ökonomie ist heute Weltmarktökonomie. Der lokale kleine Markt, auf dem Menschen das, was sie zum Leben brauchen, ertauschen konnten, ist verschwunden. Schwache Regionen mit ihren lokalen Produkten haben keine Chance mehr. Die eigentlichen Herrscher, die transnationalen Großunternehmen, suchen sich den Ort, wo die Arbeitskräfte billig und unorganisiert sind, wo lästige Auflagen wie Gesundheitsschutz oder ökologische Bestimmungen nicht existieren. Man nennt das »global sourcing«, und so verarmen ganze Regionen, weil sie das Kapital nicht anlocken können.

Die Selbstversorgung einer Region auf dem einfachen Überlebensniveau wird zerstört. Wo früher Bohnen und Mais angebaut wurden, wird heute Viehwirtschaft für McDonalds betrieben, oder es werden Erdbeeren und Orchideen für uns gezogen.

Um nur ein paar Zahlen zu nennen, die von den Vereinten Nationen stammen: Im Jahr 1970 kamen auf einen reichen Menschen dreißig Arme. Im Jahr 1990 beträgt das Verhältnis eins zu sechzig. Die Zahl derer, die aus bescheidenen, erträglichen Verhältnissen in unerträgliche, katastrophale abrutschen, wächst weltweit.

Wir leben in einer Weltwirtschaft, die die Begriffe »frei«, »sozial« und »marktwirtschaftlich« zwar gern im Munde führt, sie aber praktisch täglich widerlegt. Das sehen wir bei uns, wo immer mehr Menschen ausgegrenzt werden und ihnen Arbeit, Obdach, Gesundheitsversorgung genommen werden. Noch verheerender geschieht dasselbe in den Elendsländern, mit dem Unterschied, dass dort die Mehrheit der Bevölkerungen ohne formelle Arbeitsmöglichkeit in den weiter wachsenden städtischen Slums lebt. Wie wirkt sich der Neoliberalismus, also die herrschende Weltwirtschaftsordnung, dort aus? Ich will hier nur einer Ursache der sozialen Zerstörung der Lebensmöglichkeiten nachgehen: der Schuldenfalle.

In den siebziger Jahren gab es in den reichen Industrieländern Kapitalüberschuss, der sich in einer großzügigen Kreditvergabe an Entwicklungsländer niederschlug. Die Laufzeiten waren viel zu kurz angesetzt, und die erwirtschafteten Exporte der Länder des Südens sanken ständig weiter ab, weil die »terms of trade«, die Handelsbedingungen, von den Reichen diktiert waren und blieben. Hier fängt der Diebstahl an. Die Zinsen stiegen, und die Außenverschuldung des Südens hat sich in den letzten zwanzig Jahren verdreizehnfacht. Seit 1983 finanzieren die Armen die Reichen mit ihren Geldern zur Tilgung der Schulden und den Zinsen. Was sie an die Reichen zahlen, überstieg alles, was sie an Entwicklungshilfe und Investitionen je bekommen haben, um dreihundertdreiunddreißig Milliarden Dollar. Nicht wir helfen den Armen, Unterentwickelten im Süden, sondern sie bluten sich für uns aus.

Ich zitiere aus dem ironischen Brief einer Schriftstellerin aus Uruguay: »Alles weist darauf hin«, schreibt Christina Pen Rossi, »dass ich den großen internationalen Banken, dem Welt-

währungsfonds oder der Interamerikanischen Entwicklungs-
bank eintausendsiebenhundert US-Dollar schulde. Ich weiß
gar nicht, was ich mir dafür gekauft habe. Alle Uruguayer – ob
an- oder abwesend, ob bisher im Exil oder als politische Gefan-
gene in Haft, ob Pensionäre, Halbwüchsige oder Säuglinge –
sind bei den Banken verschuldet. Aber auch alle Argentinier,
alle Peruaner und Mexikaner haben Schulden. Das ist nämlich
ein großer Vorteil der Demokratie: Die Darlehen kommen nur
wenigen zugute, aber die Schulden zahlen alle. Da ich um den
Kredit gar nicht nachgesucht habe und die eintausendsiebenhundert Dollar auch nicht in eine Reise nach Hawaii steckte,
muss jemand anderes in meinem Namen die Summe beantragt
haben, was anscheinend nichts daran ändert, dass ich die
Schuldnerin bin. Es ist fast eine metaphysische Verschuldung:
weil ich in einem tristen, armen Land zur Welt kam, nicht in
Europa oder in Nordamerika, wo nur Leute geboren werden,
die Geld leihen, nicht solche, die es sich borgen. Ich soll die Verschuldung mit dem Gleichmut der Hoffnungslosen hinnehmen, Opfer einer transzendentalen höheren Ordnung, deren
Sitz sich in Washington, Tokio oder Frankfurt befindet.«[14]

Um die Schulden plus Zinsen bezahlen zu können, müssen
die armen Länder neue Kredite aufnehmen. Und hier kommt
nun wieder die Weltwirtschaft ins Spiel. Zuständig für die Schul-
dendienste sind die Weltbank und der Internationale Währungsfonds, und sie setzen ihre Konditionen für Kreditvergabe
durch: »Strukturanpassungsmaßnahmen« werden erzwungen,
und diese so genannte Anpassung (structural adjustment) bestraft die Ärmsten am meisten. Frauen und Kinder haben am
meisten zu leiden, staatliche Ausgaben müssen rücksichtslos
verringert werden. Also noch weniger Erziehung, noch schlech-
ter bezahlte Lehrer, kein Gesundheitswesen, weg mit dem Bil-
dungsetat oder der Schulspeisung, die Grundnahrungsmittel
werden für die Mehrheit der Bevölkerung unerreichbar verteu-
ert. Und wozu denn subventioniertes Milchpulver für Säuglinge?! Der Markt muss ganz »frei« sein, Sozial- und Arbeits-
schutz werden unter dem Titel »Deregulierung« abgebaut.

»Du sollst nicht stehlen« heißt das alte Gebot. Julius Nyerere, der frühere Präsident von Tansania, sagt: »Im Privatleben würden wir als anständige Menschen nie Brot, das wir nicht brauchen, einem Armen, der es braucht, wegnehmen, auch wenn es uns gehörte. Kein einziger Mensch im Norden müsste Hunger leiden, wenn man den Süden von dieser grausamen Verpflichtung des Schuldendienstes befreien würde. Damit die Bücher der Banker stimmen, erlaubt man, dass Millionen von Kindern sterben oder nackt herumlaufen.«[15]

»Das herrschende neoliberale System ist als ein universales Modell für Entwicklung gescheitert.« So formulierten es die Menschenrechtsorganisationen, die den Kopenhagener Sozialgipfel im März 1995 kritisch begleitet haben. Dem ist nicht viel hinzuzufügen. Unser Wirtschaftssystem verelendet, statt aufzubauen. Es befördert Landflucht, Drogenanbau als Überlebensmethode, Prostitutionstourismus. Es macht die Armen ärmer und würgt sie mit Hilfe der Verschuldungsfalle. Es ist undemokratisch organisiert, nach dem Vorbild einer Aktiengesellschaft, nicht nach dem eines Parlaments. Es arbeitet für die reichsten zwanzig Prozent der Weltbevölkerung, die über 82,7 Prozent des gesamten Welteinkommens verfügen. Es ist »eine internationale Ordnung der Wölfe«, in der »die Stärksten am Markt, im Systemwettbewerb die Regeln für alle andern bestimmen.«[16]

Aber das Scheitern dieser barbarischen Ordnung hat sich herumgesprochen. Es gibt heute eine erfreuliche Anzahl durchdachter Alternativen. Statt weiter zu stehlen, auszuplündern und die Kinder der Ärmsten noch vor ihrer Geburt in eine Art Schuldsklaverei zu verkaufen, lässt sich auch anders planen. Von den reichen Ländern hat immerhin eins unserer Nachbarländer, Dänemark, versprochen, den Ärmsten die Schulden zu erlassen. Wir haben noch viel zu lernen. »Wie auch wir vergeben unsern Schuldigern« ist ein Teil des Vaterunsers, der nicht nur dahergeplappert werden will.

Das siebte Gebot sagt mir:

Du sollst dich nicht an den Armen bereichern,
du sollst sie nicht betrügen mit unfairen Preisen,
du sollst die Schuldsklaverei nicht dulden,
du sollst nicht mit den Wölfen heulen,
du sollst die Barbarei der Finanzorganisationen
nicht beschönigen oder für unabänderlich halten.

Unser erpresster Reichtum hat unsere Herzen zu Steinen gemacht,
unsern Kopf zu Computern ohne Geist.
Gott, mach aus allen Dieben Geschwister,
die das Leben miteinander teilen.

11 Die Wahrheit wird Euch frei machen (Johannes 8,32)

Im alten Israel hatte das achte Gebot seinen Sitz im Leben in der Rechtsprechung des Volkes. Es gab damals keine Polizei, die Verbrechen aufzuklären hatte, auch keine Gewaltenteilung im modernen Sinn. Ein falscher Zeuge, den niemand widerlegen konnte, bedeutete unter Umständen den Verlust von Ehre und Besitz, oft auch des Lebens für den Angeklagten. Darum musste »im Tor«, wo öffentlich gerichtet wurde, die Wahrheit gesagt werden, ohne Kompromisse, ohne Verschweigen. Wer im Gericht verlor, obwohl er oder sie im Recht war, dem konnte nur noch Gott zu seinem Recht verhelfen, wie es oft in den Psalmen bezeugt wird, wenn die Betenden Gott anflehen: »Schaffe mir Recht, Gott!« So sorgt das Gebot »Du wirst nicht als falscher Zeuge aussagen gegen deinen Nächsten« dafür, dass das Vertrauen der Menschen zueinander erhalten bleibt und Lügen oder Manipulationen es nicht untergraben.

Im Sinne des achten Gebots sollen wir uns die Frage stellen, ob eine Aussage dem oder der Nächsten nützt oder schadet. Aber wie schon bei einem Schulkind, das vor der Frage steht, petzen oder mauern, ist es zugleich eine Frage, wie man sich zur Macht stellt. Was wird von mir erwartet, was ist in meinem Familien- oder Freundeskreis erwünscht, der 8. Mai als der Tag der deutschen Katastrophe oder als Befreiung?

Wahrheit und Lüge sind eingebunden in die Folgen, die beide für das Bestehen der Gemeinschaft haben. Heute hat das achte Gebot seine unmittelbare Bedeutung im Zusammenhang mit den Massenmedien. Ich will hier eine Erfahrung, die ich oft gemacht habe, einbringen.

Ich habe im Zusammenhang mit der Friedens- und der Solidaritätsbewegung Interviews gegeben, in denen ich von einer mir zunächst gar nicht bewussten Voraussetzung ausging: dass nämlich der Fragensteller und die Befragte ein gemeinsames Interesse hätten, dass wir beide an der Wahrheit interessiert seien. Haben wir hier im Land Giftgas gelagert oder nicht, wie die Regierung behauptet? Rüsten wir für den Erstschlag, oder handelt es sich um Verteidigung? Das waren zum Beispiel Fragen, um die es mir ging. Stammt das Elend der Menschen in der Dritten Welt von ihrer ungezügelten Vermehrung – oder liegt es nicht doch an unserem Wirtschaftssystem, das die Schulbildung und Gesundheitserziehung von Frauen nicht erlaubt? Bald merkte ich aber, dass die meisten Medienleute an solchen Fragen, an der gemeinsamen Suche nach der Wahrheit gar nicht interessiert waren. Sie hatten meistens eine ganz andere Frage im Hinterkopf, die etwa lautete: Bist du erfolgreich? Wirst du es schaffen? Wie groß ist die Macht der Leute, für die du hier sprichst? Wer steht denn eigentlich hinter euch, da doch die Banken, das Militär und die Regierung ganz anders denken?

Die meisten Interviewer hatten also die Frage nach der Wahrheit durch die Frage nach dem Erfolg ersetzt. Ihr einziger Maßstab war die Einschaltquote oder das, was in einigen Gremien der Kirche als »konsensfähig« bezeichnet wird. Nun, ich denke, Jesus war nicht besonders konsensfähig; und wenn wir uns die Frage nach der Wahrheit verbieten lassen und sie dem Pragmatismus unterordnen – was geht, was ist drin, welche Sachzwänge herrschen? –, dann werden wir nie aufhören, falsch Zeugnis gegen unsere Nächsten, die das Opfer eben dieser Götzen sind, zu reden. Es gibt einen Zynismus der Macht, der die Wahrheitsfrage auslöschen muss.

»Du sollst nicht falsch Zeugnis reden wider deinen Nächsten« bedeutet auch, dass wir ein Klima des Vertrauens herstellen müssen, in dem Menschen sich auf die Wahrheitssuche machen können, statt sich von vornherein auf die Machtfrage zu reduzieren. Der gefährlichste Feind der Wahrheit lauert heute nicht so sehr in den unmittelbaren Lügen, sei es vor Gericht oder im öffentlichen Zeugnis. Der gefährlichste Feind der Wahrheit ist das Starren auf den Erfolg, das uns daran hindert, die Wahrheit noch wahrzunehmen. Gut ist, was Erfolg hat – was viel gekauft wird, was viel kostet, was viel bringt. Damit zerstören wir die Wahrheitsfrage, um die es hier geht. »Neoliberalistische Privatisierung ist gut, weil sie uns Wohlstand bringt. Umrüstung muss sein, weil der neue Feind im fundamentalistischen Islam droht.« So hört sich das falsche Zeugnis wider den Nächsten heute an.

Die Gebote haben ja, indem sie Schwache gegen Starke schützen, auch den Sinn, das Gewissen zu bilden. Gewissensbildung hängt mit Wahrheitsfähigkeit zusammen. Die nordamerikanischen Quäker gebrauchen einen schönen Ausdruck für christliches Handeln der Macht gegenüber: »Speak truth to power«, sagen sie, sag der Macht die Wahrheit. Dabei ist mit Wahrheit das gemeint, was das Leben von Menschen schützt. Es ist immer noch wahr, dass das Leben auf unserer bedrohten Erde nicht mit Jäger 2000 oder anderen größenwahnsinnigen Projekten beschützt wird. Das Gebot fordert uns auf, zumindest in unseren Kirchen ein Klima der Wahrheitssuche herzustellen.

Aber wir brauchen es auch und immer mehr für uns selber. Wir verkrüppeln unser eigenes Leben, wenn wir uns der Lüge, dem falschen Zeugnis gegen andere Menschen und gegen unsere Mutter, die Erde, unterwerfen. Das Evangelium verspricht uns in einer seiner großen Trostzusagen, dass die Wahrheit uns frei machen wird von dem Zwang, andere zu zerstören und zu beleidigen. Das achte Gebot sagt mir:

> Du sollst nicht lügen und den Lügen nicht glauben.
> Du bist als Zeugin der Wahrheit geboren
> und nicht als Berechnerin des Erfolgs.
> Du sollst den Schrei derer, die dein Eintreten brauchen,
> nicht in dir ersticken.
> Du wirst wahrheitsfähig werden
> und dich nicht den Einschaltquoten unterordnen,

du wirst deine Stimme
für die Stummgemachten erheben,
und die Wahrheit wird
dich und uns alle frei machen.

12 Meditationen zu den Zehn Geboten

Das erste Gebot sagt mir:

Ich bin die Stimme des Lebens,
des gefährdeten, endlichen Lebens.
Glaub nicht, dass mehr Tod und mehr tote Dinge
das Leben schützen können.
Vertrau mir, die das Leben auf dieser Erde
»sehr gut« genannt hat.
Gib deine Depressivität auf.
Ich hab meinen Atem in dich geblasen
und dem Universum eine Seele gegeben.
Bewahre sie, so wie ich dich behüte.

Das zweite Gebot sagt mir:

Ich bin das Geheimnis des Lebens,
du wirst mich nicht entziffern
und verkäuflich machen,
du wirst mich nicht einteilen
in überflüssig und verwertbar,
du wirst meinen Namen nicht an dich reißen,
um deine Macht zu vergrößern,
du wirst meine Kraft spüren
jenseits der Bilder und hinter den Namen,
du wirst mich nicht verraten.

Das dritte Gebot sagt mir:

Du sollst dich selbst unterbrechen.
Zwischen Arbeiten und Konsumieren
soll Stille sein und Freude,
zwischen Aufräumen und Vorbereiten
sollst du es in dir singen hören,
Gottes altes Lied von den sechs Tagen
und dem einen, der anders ist.
Zwischen Wegschaffen und Vorplanen
sollst du dich erinnern
an diesen ersten Morgen,
deinen und aller Anfang,

als die Sonne aufging
ohne Zweck
und du nicht berechnet wurdest
in der Zeit, die niemandem gehört
außer dem Ewigen.

Das vierte Gebot sagt mir:

Du sollst nicht von dir denken,
du wärest ganz allein,
du hättest nur für dich Verantwortung.
Du sollst den Vertrag, der deine Kindheit behütet hat,
nicht brechen an den Hilflosen,
du sollst Zeit für sie haben
und Ohren für das, was sie vielleicht
nicht mehr sagen können.
Du sollst niemanden abschieben,
du sollst leben inmitten von anderem Leben,
das lebt wie du
und stirbt wie du.

Das fünfte Gebot sagt mir:

Du sollst dich nicht am Töten beteiligen,
du sollst deine Kinder nicht zum Töten erziehen,
du sollst es nicht mit vorbereiten
in Gedanken, Worten und Steuern.
Du sollst die Mittel zum Töten nicht erforschen,
herstellen, verbessern und verkaufen,
du sollst nicht niederknien vor der Gewalt,
sondern niederknien vor dem Gott des Lebens
und den aufrechten Gang lernen.

Das sechste Gebot sagt mir:

Du sollst die Liebe nicht brechen,
sie ist kein käufliches Ding.
Du sollst niemanden benutzen
und dir zur Verfügung halten
als Sexobjekt und Verkaufsschlager,
du sollst niemanden besitzen.
Du sollst die Liebe blühen lassen
sommers und winters,
du sollst ihr Raum geben und Zeit.
Gott schützt die Liebenden
und hält sie lebendig,
dass sie nicht verlernen,

zu lachen, zu weinen,
und nicht vergessen,
zu leben.

Das siebte, neunte und zehnte Gebot sagen mir:

Du sollst dich nicht an den Armen bereichern,
du sollst sie nicht betrügen mit unfairen Preisen,
du sollst die Schuldsklaverei nicht dulden,
du sollst nicht mit den Wölfen heulen,
du sollst die Barbarei der Finanzorganisationen
nicht beschönigen oder für unabänderlich halten.
Unser erpresster Reichtum hat unsere Herzen
zu Steinen gemacht,
unsern Kopf zu Computern ohne Geist.
Gott, mach aus allen Dieben Geschwister,
die das Leben miteinander teilen.

Das achte Gebot sagt mir:

Du sollst nicht lügen und den Lügen nicht glauben.
Du bist als Zeugin der Wahrheit geboren
und nicht als Berechnerin des Erfolgs.
Du sollst den Schrei derer, die dein Eintreten brauchen,
nicht in dir ersticken.
Du wirst wahrheitsfähig werden
und dich nicht den Einschaltquoten unterordnen,
du wirst deine Stimme
für die Stummgemachten erheben,
und die Wahrheit erheben,
und die Wahrheit wird
dich und uns alle frei machen.

Ich glaube an die Heilige Geistin – Der dritte Glaubensartikel ökumenisch gedeutet

Eine christliche Kommunität in Schottland hat als ihr Wahrzeichen, ihr Logo, die Wildgans gewählt. Sie ist das keltische Symbol für den Heiligen Geist, und die IONA-Leute erklären dazu: »Immer unterwegs, niemals gezähmt, in einer Ordnung zusammenfliegend wegen der besseren Geschwindigkeit, anstößig für die festen Siedler, aber eine Inspiration für unruhige Geister.« Ich halte fest: Sie lässt sich nicht zähmen, diese Wildgans, sie taucht an vielen Orten in mancherlei Gestalten auf, sie ist ein Ärgernis und eine Inspiration. Wohin fliegt sie? Das Johannesevangelium sagt: »Der Wind« (oder wie man das griechische Wort »Pneuma« auch übersetzen kann: der Geist) »weht, wo er will, und du hörst sein Sausen, aber du weißt nicht, woher er kommt und wohin er geht« (Joh 3,8). Der Wind, der Atem, das Sausen, der Sturm, der Orkan und der Sturmvogel, die Taube, die Geburt aus dem Geist – das sind Bilder der Bibel für den Geist Gottes. Die IONA-Leute fügen ihrem Nachdenken über die Wildgans hinzu: »Das ist der Weg, so wollen wir sein, und wir glauben, die ganze Kirche ist dazu gerufen, so zu sein.«

1 Zur Revision der Theologie

Warum spüren wir davon so wenig in unseren Kirchen? Es mag sein, dass der Geist eine Wildgans ist, die Kirche ist jedenfalls oft eine lahme Ente. Das hat sicher sehr verschiedene Gründe, ich will mich hier – im Sinne der Anfragen aus der Ökumene an die auf ihren Besitzstand bedachten Kirchen – auf die Theologie beschränken: Sie bleibt oft geistlos, das altbekannte Richtige wiederholend, die realen Fragen eher vermeidend und vor allem wenig begeisternd. Es gibt schon lange ein theologisches Defizit in Bezug auf Gottes Geist. Die Pneumatologie ist wenig entwickelt, und dass es zu Pfingsten weder Osterhasen noch Nikoläuse gibt, ist zwar erfreulich, lässt aber auch auf eine gewisse Symbolschwäche, eine Leerstelle schließen. Was soll denn diese merkwürdige dritte Person der Trinität? Wer braucht denn etwas, das über Vater und Sohn hinausgeht?

Ich denke, alle die, denen es nicht nur um Bewahrung von christlicher Tradition geht, sondern um Erneuerung des Glaubens. Bewahren lässt sich nur das, was sich erneuert. Was sozureden geistlos bewahrt wird, stirbt ab, wie die alltägliche Erfahrung der europäischen christlichen Kirchen zeigt. Im 104. Psalm heißt es von Gottes Dynamik: »Und du erneust das Angesicht der Erde« – sollte die Kirche von dieser Erneuerung ausgeschlossen sein? Sollte ihre Praxis sich auf die Seelsorge an den Individuen beschränken und ihre Reflexion, ihre Theorie die alten Glaubenssätze repetieren? Im Käfig, auch im goldenen, stirbt der Sturmvogel namens Geist.

Die Herausforderung durch die Ökumene ist eine andere, sie drängt uns dazu, den Eurozentrismus zu überwinden und gerade von den so genannten jungen Kirchen aus Asien, Afrika und Lateinamerika zu lernen. Wir sollen nicht mehr unsere theologisch-universalen Konzepte und Theorien, zum Beispiel über das Verhältnis von Rechtfertigung und Gerechtigkeit, dorthin exportieren, sondern endlich begreifen, dass in den Befreiungsbewegungen vieler Länder eine Praxis von Glauben, Hoffen, Handeln und Beten entstanden ist, von der wir im Alltag unserer Gemeinden nur träumen können.

Die koreanische Theologin Chung Hyun Kyung hat bei ihrem Vortrag in Canberra erzählt, was ihr koreanische christliche Frauen als Nachricht an die Vollversammlung des Ökumenischen Rates mitgegeben hatten. »Richte ihnen aus, dass sie nicht zuviel Energie darauf verwenden sollen, den Geist anzurufen, denn die Geistin ist schon hier bei uns. Stört sie nicht …, sie wirkt schon stark unter uns. Das einzige Problem ist, dass wir nicht Augen haben, sie zu sehen, und Ohren, sie zu hören, weil wir mit unserer Gier beschäftigt sind. Sag ihnen also, sie sollen Buße tun.«[17]

Die christliche Lehre, übrigens übereinstimmend in katholischem wie evangelischem Denken, besagt, dass Offenbarung die Selbstmitteilung Gottes ist, die in Christus durch den Heiligen Geist geschieht. Bedeutet das, dass sie prinzipiell abgeschlossen ist – oder kann man sie als offenen, dynamischen Prozess verstehen, wie es das Bild von der Wildgans nahelegt?[18] An dieser Frage trennen sich konservatives und authentisches Denken, Amtskirche und Kirche von unten, Volkskirche und Ökumene und an vielen Stellen immer noch Männer und Frauen voneinander. Was ist eigentlich mit »Geist« gemeint?

Die Bilder der Tradition betonen verschiedene Seiten, und sie können uns schon rein grammatikalisch ins Schleudern bringen, reden sie doch unterschiedlich: der Geist, spiritus sanctus, die Ruach, hebräisch, die Lebenskraft, Energie, Geistkraft und das Pneuma, wie es im Griechischen heißt. Wie sollen wir uns dazu verhalten? Ich habe im Gespräch mit der Tradition und mit Freundinnen darüber nachgedacht, wie ich mich zwischen männlich, weiblich und neutral ausdrücken soll. Ich habe mich dann für die Geistin entschieden und will meine Gründe dafür nennen.

Es sind zwei Gründe, die beide mit der notwendigen Erneuerung der Theologie zusammenhängen. Der erste ist feministisch, er nimmt also die Gemeinschaft von Frauen und Männern in der Kirche ernst. Es ist bekanntlich nicht leicht, Christin zu sein in einer androzentrischen, also männerfixiert redenden Tradition und einer patriarchal aufgebauten Institution. Die Suche nach einer neuen, gerechteren Sprache ist mehr als ein Spielchen um »political correctness«. Es ist eher wie ein Fensteraufmachen in einem lange nicht gelüfteten, vielleicht kaum bewohntem Haus.

Ich erinnere mich, als ich zum erstenmal »Unser Vater und unsere Mutter im Himmel« in einem Gottesdienst gebetet habe. Ein Wind der Freiheit kam da auf, ein Hauch vom Geist. Und so meine ich: Wenn es bildliche Darstellungen aus dem Mittelalter gibt, in denen die Geistin als junge Frau zwischen Gottvater und Gottsohn, von beiden zärtlich berührt, dargestellt ist; wenn der Graf Zinzendorf bei der Gründung der Brüdergemeinde in Bethlehem, Pennsylvania, 1741 vom »Mutteramt des heiligen Geistes« sprechen konnte und es sogar für eine

»Unordnung« hielt, dass dieses Mutteramt durch ihn und nicht durch eine Schwester verkündet wurde; wenn selbst ein Papst in unserem Jahrhundert wusste, dass Gott mindestens so sehr Mutter ist wie Vater, dann sollten wir uns dieser Ökumene öffnen und wenigstens die von der Tradition geduldeten Auswege aus dem Sprachgefängnis der Nur-für-Männer-Kultur dankbar annehmen. Die Geistin weht, wo sie will.

Ich habe aber noch einen zweiten Grund für diese Revision der Sprache. Die andere theologische Erneuerung der Gegenwart, die ansteht, aber noch keineswegs geschehen ist, hat mit der wichtigsten Tatsache unserer Geschichte in diesem Jahrhundert zu tun, mit der Shoah. Christliche Theologie heute hat zu hören auf die Stimme des Judentums, sonst zerstört sie sich selber. Das ist etwas, das wir als Deutsche in die ganze Christenheit einzubringen haben. Nicht unsere Schuld- und Schamgefühle sollen wir anderen übermitteln, wohl aber unsere Fragen nach den Ursachen. Das Judentum ist unser interlocutor, seine Stimme unterbricht uns, fragt nach, kritisiert unsere Exclusionen, unsere falschen Entgegen-setzungen von »alt« und »neu«, von Gesetz und Evangelium oder gar in diesem beleidigend geistlosen Gerede vom »Gott der Rache« und dem »Gott der Liebe«. Wer oder was hilft uns bei diesem schwierigen Geschäft, den Antijudaismus in unserer Religion zu erkennen und zu überwinden? »Wo aber der Geist Gottes ist, da ist Freiheit«, heißt es bei Paulus, Freiheit zur Revision auch von liebgewordenen Vorstellungen.

Diese geistige Klärung ist ein Lernprozess erster Ordnung, und ich möchte einen kleinen Schritt vorwärts tun und die feministische Entdeckung der Ruach feiern, indem ich die dritte Person der Trinität nach ihr benenne. »Ruach« ist der hebräische Name für die Geistin. Ruach ist Wind, Atem, Hauch, und zwar der Natur, der Menschen ebenso wie Gottes. Ruach ist an etwa einem Drittel aller Stellen in der Schrift auf Gott bezogen, dessen Geistin am Anfang aller Schöpfung, als die Erde noch wüst und leer war und Finsternis über der Urflut lag, über den Wassern brütete (1 Mose 1,2). Sie ist auch der Lebenshauch, den Gott am Ende der Sintflut über den Wassern schweben lässt, damit sie wieder sinken (1 Mose 8,1). Sie ist es, die das Meer, durch das die Israeliten aus Ägypten in die Freiheit ziehen, austrocknen lässt (2 Mose 14,21).

Das Wort wird für die Naturkraft des Windes und des Sturms, für den Atem und die Lebenskraft der Menschen und für den prophetischen Geist Gottes gebraucht. Der Begriff »Ruach« ist wahrscheinlich mit dem hebräischen Wort »rewah«, Weite, verwandt. Ruach »schafft Raum, setzt in Bewegung, führt aus der Enge in die Weite und macht so lebendig. Dieser Vorgang ist vor allem beim erleichterten Ausatmen zu beobachten.«[19] Alles Leben atmet, und ohne diesen Atem des Lebens lässt sich die Geistin nicht wahrnehmen.

Energie, Bewegung und Veränderung gehören zu Gottes Geistin, und vielleicht ist das die größte Hoffnung, die uns an sie bindet: lebendig zu sein, nicht erstarren zu müssen in unseren Gewohnheiten und unseren Ängsten, ihrem Flug zu folgen und ihre Wohnung zu werden, wie es so viele Lieder besingen: ›Und lass uns deine Wohnung sein‹, ›Komm in uns wohnen!‹ Die Ruach hat keinen festen Wohnsitz, sucht aber Wohnung. Und wo denn, wenn nicht in uns.

In der Pfingstsequenz des Stephan Langton um 1200, »Veni, Sancte Spiritus«, auf die die meisten unserer Pfingstlieder zurückgehen, heißt es an die Geistin gerichtet:

> Dring bis auf der Seele Grund
> Ohne dein lebendig Wehn
> Kann im Menschen nichts bestehn
> Kann nichts heilsein noch gesund
>
> Was befleckt ist, wasche rein
> Dürrem gieße Leben ein
> Heile du, wo Krankheit quält
> Wärme du, was kalt und hart
> Löse, was in sich erstarrt
> Lenke, was den Weg verfehlt.

Gesundmachen, heilen, waschen, das Dürre wieder befeuchten, das Verirrte auf den Weg bringen, das Harte biegsam, das Kalte warm machen, das sind Ausdrücke, die benennen, was die mütterliche Geistin tut. Sie tröstet uns und hält uns so lange im

Arm, bis wir wieder hoffen und lachen und weinen können, und sie gebiert uns aufs neue. Im Glauben sind wir »wiedergeboren«, ein neuer Mensch auf der erneuerten Erde.

Auch in die Geschichte der Kirche hat Gottes Geistin immer wieder ein neues, veränderndes Element gebracht. Im späten Mittelalter gab es eine mystische Bewegung, die sich »die Brüder und Schwestern vom Freien Geiste« nannten. Sie haben eine Frömmigkeit entwickelt, die nicht an die kirchliche Hierarchie und ihr Verständnis von Amt gebunden war. Die Geistin weht, wo sie will. Sie stellt innerhalb der Trinität das demokratische Element dar, das heißt das Element der Teilhabe, der Partizipation. Wo immer gegen hierarchische Eliteherrschaft eine neue, eine andere Spiritualität sich Bahn brach, da beriefen sich ihre Trägerinnen und Träger auf die Geistin. Nirgendwo in der Theologie wird so klar, dass Gott uns braucht, um zu wohnen, um einen Ort zu haben, wie in der Lehre von der Heiligen Geistin.

In der protestantischen Tradition wird Gott fast ausschließlich an seinem Wort, in Schrift und Auslegung erkennbar. Im Sinne der Geistin müssen wir fragen: Warum eigentlich nicht auch im Tanz oder im Schweigen? Gewiss lässt sich Gott auf der Orgel loben, aber warum nicht auch in Rock oder Rap? Gottes Ruach verkörpert eine Transzendenz, die sich nicht zähmen, einordnen, auf Formeln und Gebärden, Gewohnheiten und Ordnungen festlegen lässt, eine wilde Transzendenz des Aufbruchs. Wohin fliegt die Wildgans? Wissen wir es?

Spiritus hängt mit inspiratio zusammen, die Geistin haucht uns an, dass wir leben. Sie neigt sich mütterlich zur Schöpfung hin und belebt, was ohne ihren Lebensatem vergeht. Im 104. Psalm heißt es von aller Kreatur:

> Nimmst du ihre Ruach hinweg,
> so verscheiden sie und werden wieder zu Staub.
> Sendest du deine Ruach aus,
> so werden sie geschaffen,
> und du erneust das Angesicht der Erde.
> *(Psalm 104, 29 f.)*

So wird die Teilhabe am Leben durch die Geistin vermittelt, und Gott ist immanent und transzendent zugleich.

2 Scientia und sapientia in einer geistlosen Gegenwart

Aber vielleicht ist es ehrlicher, zunächst vom Gegenteil auszugehen und die Erfahrung der Geistlosigkeit, die uns so oft fast als Normalität umgibt, zu benennen. Ich beschreibe meinen Alltag, wie er sein kann, ohne spirit, ohne ésprit, geistlos: aufwachen ohne Lust, Arbeiten erledigen, weil es sein muss, Menschen treffen, ohne Freude am Dasein des anderen, Papiere, die sich auf dem Schreibtisch türmen, weglesen, Antworten geben, wo gar kein Wort vorher ins Haus eingetreten ist, Zuschauerin sein, nicht nur bei der abendlichen Drogenausteilung, sondern dem eigenen Leben gegenüber – wer kennt das nicht! »Ain't gotten no spirit« ist eine amerikanische Redewendung, die genau dieses »nimmst du ihre Ruach hinweg, so vergehen sie« ausdrückt. Ohne den Atem Gottes zu spüren, sind wir so tot wie die verdorrten Totengebeine, die der Prophet Ezechiel auf einem Feld liegen sah. Können sie, diese vereinzelten Knochen, wieder lebendig werden?

Der Zeitgeist hat mit der an Pfingsten gesungenen Bitte, dass die Heilige Geistin bei uns einkehren möge, nichts im Sinn. Schon lange ist das Vertrauen in Geist, in die Kraft der Erkenntnis erheblich zusammengeschrumpft. Der schöne alte Satz, der in der Arbeiterbewegung lebendig war, »Wissen ist Macht«, bedeutete damals: Bildung, Wissen, Erkenntnis der Zusammenhänge. Dies wird uns herausführen aus dem Elend der Ausbeutung und der Selbstzerstörung. Arbeiter und Arbeiterinnen verschafften sich Wissen, nach einem langen, zermürbenden Arbeitstag, freiwillig und eher beargwöhnt oder, wenn es Frauen waren, belächelt. Dem Wissen wurde eine Art von Führung und geistiger Erneuerung zugetraut.

Heute, so scheint es mir oft, hat sich dieser alte Satz in sein Gegenteil verkehrt. Ein Grundgefühl, gegen das ich mich tapfer wehre, das ich aber nicht austreiben kann, sagt mir: Wissen hat keine kraftgebende, handlungsrelevante Macht, sondern bestätigt nur unsere Ohnmacht. Es erklärt und beweist nur, wie aussichtslos die Lage ist, egal, ob es sich um die wirtschaftlich Unverwertbaren, die Ausbreitung von Leukämie in der Nähe unserer Atomkraftwerke, die Anzahl der Straßenkinder in Brasilien oder auch die Rehabilitation der Idee eines gerechten Krieges mit all ihren Folgen für Industrie und lukrativen Waffenexport handelt.

Unser Wissen hat an der Macht des Lebens wenig Anteil, es stellt im wesentlichen Todeswissen dar. Wer mehr liest, mehr Fakten abrufbereit hält, komplexere Zusammenhänge durchschaut, fühlt sich nicht mächtiger, sondern ohnmächtiger, nicht zum Widerstand aufgerufen, sondern zur Entpolitisierung, zum Rückzug ins Private, der mir, auch wo er höchst geistreich zelebriert wird, in einem tieferen Sinn des Wortes geistlos erscheint.

Aber stimmt es eigentlich, dass Geist dasselbe ist wie Wissen? Ist da nicht etwas falsch im neuzeitlich-aufklärerischen Denken? Das Lateinische hat für die geistigen Fähigkeiten und Tugenden der Menschen zwei verschiedene Wörter, es unterscheidet, wie viele alte Sprachen, zwischen scientia und sapientia. »Scientia«, dem unser deutsches Wort »Wissenschaft« am nächsten kommt, ist wissen, kennen, verfügen, zu behandeln wissen. Eine Art know how. Es ist ein Wissen von Gegenständen, und es vergegenständlicht sich das, was es wissen will, damit es daraus Nutzen ziehen kann.

»Sapientia«, meist mit »Weisheit«, »Einsicht« oder« Verstand« wiedergegeben, kommt sprachlich von »schmecken« oder »riechen«, es geht auf eine sinnliche Tätigkeit zurück und ist ein eher zögerliches, weniger zupackendes Verhalten, ein Lebenswissen, das den Zusammenhang des einzelnen mit dem Ganzen im Auge behält. Die Macht dieser Art Weisheit stammt nicht aus dem Beherrschen, sondern eher aus dem zuhörenden Sich-beugen. Die Weisheit ist wie die Ruach, die mütterlich-brütend oder durch Wind zum Leben rufend vorgestellt wurde, eine Kraft, die andere in Bewegung setzt und alles Träge, Faule, Schlaffe, Tote überwindet.

Gibt es einen Zusammenhang zwischen scientia und sapientia? Unser Wissen hat wenig Begeisterndes, zur Veränderung

Führendes, es ignoriert die Zusammenhänge und wird nicht gerade von Visionen beflügelt. Vielleicht ist es zu wenig, zu sagen, dass es uns als Todeswissen in Gefühle der Machtlosigkeit stürzt; es macht uns auch immer zynischer, als wären Hoffnung, Vision, Geist naive, idealistische Erfindungen.

Scientia ohne Sehnsucht nach sapientia hat etwas Selbstzerstörerisches. Das imperiale Wissen von den zu benutzenden Dingen lässt weder das Objekt noch das Subjekt unbeschädigt; das Objekt wird isoliert und sozusagen ortlos, das Subjekt vereinsamt sich selber. Das gesamte Syndrom der Abwesenheit von Geist soll persönlich, im Innenraum oder in einer innerfamiliären Heimatlichkeit balanciert werden, als ob dort wiedergutgemacht werden könnte, was außerhalb so kinderfeindlich, so naturzerstörend, so gewalttätig und selbstlähmend abläuft. Als ob Religion dazu dienen könnte, die scientia, die kaum ahnt, wie sehr sie nach Tod schmeckt, weiterwursteln zu lassen und das andere Wissen, die Weisheit, sozusagen nur ihren Privatpatienten zu erlauben.

Das Rufen nach der Geistin in der Zeit der Geistlosigkeit setzt eine andere Kultur der Gefühle voraus, eine andere Art der Verbundenheit mit den Dingen, der Natur und den anderen Menschen.

Ich glaube nicht, dass sapientia und scientia einander ausschließen müssen; ich halte das für einen fundamentalistischen Irrtum, von dem nicht nur die Fundamentalisten vieler Religionen befallen sind, die sich gegen den Geist der »Wissenschaft wehren, um eine herkömmliche Lebensweise zu retten. Ihre aufgeklärten zynischen Brüder jenseits der Religion denken aber genauso ausschließlich, sie halten die Weisheit und den Geist, den wir nicht machen und der weht, wo er will, für überflüssig.

Es könnte eigentlich sichtbar geworden sein, dass der religions- und bindungsfreie weiße Mann ohne jeden Schutz und ohne Geleit durch Weisheit an ein Zivilisationsende gekommen ist. Er ist müde, zynisch und langweilig. Er hat seine Wünsche an das Leben vollständig reduziert. Er schwimmt im wunschlosen Unglück.

Damit bin ich wieder bei der Bitte um die Heilige Geistin. An sie glauben heißt eigentlich, andere Wünsche zu haben als die, die scientia uns erfüllen kann. »Es muss doch mehr als alles geben«, was erforschbar, herstellbar und käuflich ist. Und das Wichtigste, was unsere christlichen Geschwister aus der Ökumene uns lehren können, ist, andere Wünsche zu haben als die, die uns beherrschen und von denen wir uns abhängig gemacht haben. Im wunschlosen Unglück sind wir ohne den Hauch der Geistin geistlich tot.

»Sag ihnen«, so meinten die koreanischen Frauen, »dass die Geistin schon hier bei uns ist.« Gott wird in der Ökumene verstanden als die Bewegung, die vom Tod zum Leben führt. An ihr teilzunehmen bedeutet, sich auf die drei grundlegenden Themen des Christseins heute einzulassen: Sie heißen Gerechtigkeit, Frieden und die Bewahrung der Schöpfung. In ihnen wirkt die Ruach, und es wird keine Erneuerung der Spiritualität geben, solange wir uns diesem Rufen Gottes verschließen. Die Geistin sucht Wohnung, auch in unseren Banken, die an der Schuldsklaverei der Armen festhalten. Und wir können aus der Abhängigkeit von der Gier, die unsere Wünsche diktiert, frei werden und andere Wünsche in unsere Herzen lassen und sie in unseren Gebeten, in unseren Prozessionen, in Denkschriften und im alltäglichen Verhalten öffentlich sichtbar machen. Eine gerechtere Weltwirtschaftsordnung, ein gewaltloser Frieden und eine Versöhnung des Industrialismus mit der Schöpfung – das sind die Rahmenbedingungen, in denen unsere Wünsche wieder Flügel bekommen und unsere Söhne und Töchter geisterfüllt eine andere Art zu leben buchstabieren lernen.

3 Die Mystik der Geistin

Ökumene bedeutet für mich ein In-Beziehung-Stehen, nicht nur mit anderen christlichen Gruppen und Traditionen, sondern auch mit anderen Zeiten, die in einer anderen Sprache etwas von ihrer Beziehung zu Gottes Geistin ausdrücken. Ein amerikanisches Lied aus dem Gesangbuch heißt ›Breathe on me, Breath of God‹. Es ist über hundert Jahre alt (Rev. Edwin Hatch, 1866, freie Übertragung der Verse 1–3 von Dorothee Sölle).

> Atem Gottes, hauch mich an
> füll du mich wieder mit Leben
> dass ich, was du liebst, lieben kann
> und retten, was du gegeben
>
> Atem Gottes, weh mich an
> bis mein Herz dir offen
> bis ich, was du willst, wollen kann
> im Handeln und im Hoffen
>
> Atem Gottes, blas mich an
> bis ich ganz dein werde
> bis dein Feuer in mir brennt
> auf der dunklen Erde

Als ich dieses Lied zu übersetzen versuchte, ist mir zweierlei klar geworden. Das erste betrifft die Ökologie und die neue Spiritualität, die wir suchen, und das zweite die Mystik, ohne die jede Religion, selbst die protestantische, stirbt. Aber zunächst etwas zur ökofeministischen Spiritualität.

Ich hatte Schwierigkeiten, die letzte Strophe des schönen Liedes über den Atem Gottes, der mich anhaucht, zu übersetzen, weil der Verfasser dort vom ewigen Leben spricht und sagt: »Breathe on me, Breath of God, so shall I never die …« Das brachte ich nicht über die Lippen. Ich befinde mich in einer Lebensphase, in der ich lerne, dass Gottes Atem des Lebens mich nicht immer mit Leben füllen wird, dass ich zu Staub zerfalle, wenn Gottes Ruach von mir geht. Soll ich mich dagegen wehren? Brauche ich die Unsterblichkeit der Seele, um Gott zu lieben?

Mein innerster Wunsch ist, dass diese Erde bleibt, dass Sommer und Winter, Ebbe und Flut, Land und Meer bleiben und ihren Rhythmus behalten. Dass meine Enkelkinder im Fluß schwimmen und in der Sonne spielen können, dass sie Delphine und Zedern nicht per Video, sondern real erleben dürfen.

Ich bin ein Teil der Schöpfung, und ich wünsche mir, dass

diese wunderbare Erde bleibt. Im Ozean der Liebe Gottes ist auch Platz für mich kleinen Tropfen. Wenn »so shall I never die« so gemeint ist, kann ich es mitsingen, wenn es aber auf die Unsterblichkeit des Ego hinaus will, dann halte ich das für einen falschen Wunsch, der gegen die Geistin des Lebens gerichtet ist.

Ich will nicht erhaben sein über die Natur, mächtiger als sie und vom Kommen und Gehen ausgenommen existieren. Männer, die ihren Samen einfrieren lassen, Ärzte, die von hundertzwanzig oder hundertfünfzig Jahren Lebensdauer mit Ersatzorganen träumen, stellen säkularisierte Perversionen falscher religiöser Wünsche dar. Wir brauchen mehr an Geist und einen anderen Atem des Lebens als den, der sich auf das Individuum als letzte Realität konzentriert.

Als ich versuchte, dieses Gebet um Gottes Atem mitzubeten, wurde mir klar, dass wir in unserer Lage um Gottes Geistin nur dann beten, wenn wir die Schöpfung einbeziehen. Heilige Ruach, bewahre die Schöpfung! Meine letzte Strophe des Gebets lautet:

Atem des Lebens, atme in mir
lehr mich die Luft zu teilen
so wie das Wasser, wie das Brot
Komm, die Erde zu heilen

Ich habe aber noch etwas anderes aus diesem Gebet gelernt. Es ist schwer, über Gottes Geistin zu sprechen, wenn wir in der säuberlichen Einteilungssucht akademischer Theologie verbleiben und die Grenzen der Sprache nicht einmal mehr zu überschreiten wünschen, weil wir uns einbilden, schon alles sagbar gemacht zu haben. Die Schwierigkeiten, die die Institution – als Amt und als Denkinstrument – immer schon mit dem Pneuma hatte, sind die Schwierigkeiten mit der mystischen Erfahrung von Gott.

Was ist Mystik? Es ist die Gewissheit Gottes in unserer Wirklichkeit, die Erkenntnis Gottes aus Erfahrung, nicht aus Büchern oder Ritualen. Die schwarze Schriftstellerin Alice Walker sagt schön, dass man nicht in die Kirche geht, um Gott zu finden, sondern um Gott mit anderen zu teilen. Den erfahrenen, vielleicht nicht benannten Gott, den Atem des Lebens mit anderen zu teilen.

Ich habe vorhin eine erste theologische Frage an die Lehre von der Geistin gestellt. Sie hieß: Ist die Offenbarung Gottes in Christus durch den Geist abgeschlossen oder offen und weitergehend? Von meinen ökumenischen Geschwistern zum Beispiel in brasilianischen Basisgemeinden habe ich gelernt, dass wir die Bibel weiterschreiben sollen, dass sie erst dann lebendig ist, wenn wir sie auf unser gegenwärtiges Leben beziehen. Ich habe gelernt, dass die Armen – und ich denke vor allem an arme Frauen – die Lehrerinnen sind, indem sie waschen, flicken, wärmen, das Erstarrte auftauen – so tun sie das Werk der heiligen Geistin. Nein, die Offenbarung ist nicht abgeschlossen, sie geht weiter.

An den Heiligen Geist glauben, an Gottes Geistin anteilhaben, um ihren Atem beten lernen, das alles lässt sich nicht besitzen, verwalten und ordnen. Bedeutet das eine pneumatische Anarchie? Kann jede und jeder kommen und sich auf den Geist Gottes berufen? Die zweite Grundfrage ist die nach Kriterien, die dem Subjektivismus als der Gefahr aller unechten Mystik wehren. Die Verdrängung der mystischen Erfahrung, ihre allzu selbstbescheidene Leugnung, ist keine Antwort. Unsere Kirchen sind auch deswegen so leer, so langweilig, so geistlos, weil Mystik, Gottes Gegenwart jetzt, in ihnen keinen Raum hat. Wann werden wir wieder singen lernen: »Gott ist gegenwärtig, alles in uns schweige …«?

Vor kurzem habe ich einen Kirchentag in Finnland besucht und dort an einem Gottesdienst teilgenommen, der als Techno-Messe über die Schöpfung angekündigt war. Ein Jugendpfarrer hatte ihn mit Jugendlichen zusammen gestaltet, es gab dort Dunkelheit in der neugotischen Kirche und farbige Lichtstrahlen, die sich berührten, verschlangen, umspielten; es gab sausende elektronische Töne der Techno-Musik, aber auch gregorianischen Gesang, es gab den Tanz einer Frau, der mir wie der Hauch der Geistin erschien, es gab das biblische Wort und eine sehr kurze Predigt. Vor allem aber: es gab das Geheimnis der Schöpfung, aus dem Dunkel des Chaos und dem Brausen der Geistin wurde Licht. Das Geheimnis des Anfangs wurde Ton, Licht, Bewegung, fühlbar, hörbar, sichtbar. Ich hatte das Gefühl: Das ist der Kosmos, in den ich geboren bin, ich bin ein Teil des Ganzen, geschaffen zu atmen mit aller Kreatur. Ich bin zu Hause in diesem Wunder, wie könnte ich das auch nur einen Tag lang vergessen.

Ohne Mystik können wir nicht leben. Ich spürte plötzlich, dass hier die Grundlagen sichtbar wurden, auf denen die neue ökologische Befreiungsarbeit, die jetzt innerhalb der reichen Zerstörerländer ansteht, wachsen kann. Aus der Ökumene habe ich gelernt, dass das Bekenntnis zum Gott des Lebens immer den Widerstand gegen die Mächte des Todes einschließt. Billiger, freundlicher, ungefährlicher ist die neue Spiritualität nicht zu haben.

Das Lied vom Atem Gottes nennt auf einfache Weise das Kriterium für die Unterscheidung der Geister innerhalb unserer, der jüdischen und der christlichen Tradition. Wir werden vom Geist ergriffen und mit der Geistin eins, dort, wo wir im Willen mit Gott eins sind.

> Atem Gottes, hauch mich an
> füll du mich wieder mit Leben
> dass ich, was du liebst, lieben kann
> »that I may love what thou dost love
> and do what thou wouldst do.«

Können wir das denn: tun, was Gott täte? Lieben, was er liebt, und wollen, was er will? Die mystische Tradition antwortet auf diese Frage mit einem klaren Ja. Die Einheit zwischen dem Schöpfer-Gott und dem kleinen Menschen wird nicht durch Zauber hergestellt, durch Drogen oder Ekstase, sondern durch die Einheit im Willen. Das klingt sehr nüchtern, aber vielleicht ist es die Grundlage jeder Spiritualität, die diesen Namen verdient. Mit Gottes Willen einswerden, ja sagen lernen, dein Wille geschehe, hier steh ich, ein schwacher Mensch, der nichts so sehr will, wie dein zu sein, Gott, mit deinem Willen eins zu sein,

der es nicht mehr erträgt zuzusehen, wie deine Schöpfung vergewaltigt wird, und der in den Widerstand wächst aus einer
mystischen Liebe zu dir.

Komm, heilige Geistin
erneuere die Gestalt der Erde
versöhn uns mit der Luft
die wir verpesten
versöhn uns mit dem Wasser
das wir vergiften
versöhn uns mit dem Land
das wir zubetonieren
Erneuere unsere Wünsche
und das Angesicht der Erde

Komm, Mutter des Lebens
reinige uns vom Willen zur Macht
lass uns glauben an die Versöhnung
zwischen uns und den Tieren
die wir wie Maschinen behandeln
mach uns geduldig mit allen Pflanzen
die uns zu nichts nützlich sind
gib uns Glauben an die Rettung der Bäume
dass sie nicht alle sterben
Erneuere unsern Verstand
und das Angesicht der Erde

Komm, Atem Gottes
du Lehrerin der Demütigen
hauch uns, die Totgeborenen, an
dass wir mit allen Kreaturen leben lernen
mach uns aus Siegern zu Geschwistern
aus Benutzern zu Hüterinnen
aus Profitberechnern zu Freunden der Erde
Erneuere unsere Herzen
und das Angesicht der Erde

Komm, du Hoffnung der Armen
du Richter der Mächtigen
du Rettung im Schiffbruch unseres Planeten
Führ uns aus dem Gefängnis
Atem des Lebens, weh uns an
Wasser des Lebens, lass uns von dir trinken
Lass uns deine Wohnung werden
und erneuere das Angesicht der Erde

Träume mich Gott

Geistliche Texte mit lästigen
politischen Fragen

Hör nicht auf, mich zu träumen, Gott

Bibelarbeit zu Matthäus 25, 31–46 am 11. Juni 1993 während des 25. Deutschen Evangelischen Kirchentags in München in der KZ-Gedenkstätte Dachau

Der Text, den wir heute miteinander meditieren wollen, ist für mich ein Herzstück der Bibel. Er ist so sehr mit meinem eigenen Christwerden verwoben, dass ich mich etwas schwer tue, ihn von den Differenziertheiten der Exegese her aufzublättern. Ich liebe ihn zu sehr. Ich habe deswegen einen anderen Weg gewählt und will hier versuchen, verschiedenen Stadien meines Lebens und Denkens im Zusammenhang mit dieser Gerichtsvision Jesu nachzugehen. Ich lese die Übersetzung von Walter Jens vor:

Wenn aber der Menschensohn kommt, der Herr mit all seinen Engeln, und sich auf dem Thron seiner Macht niederlässt, dann werden die Völker vor ihm versammelt sein, und er wird sie trennen, wie der Hirt die Schafe von den Böcken trennt. Zur Rechten die Schafe, zur Linken die Böcke: so wird er sie stellen, und wird zu denen sagen, die rechts von ihm sind: »Kommt zu mir, mein Vater hat euch gesegnet, nehmt das Reich in Besitz, das von Anfang an für euch bestimmt war. Denn ich hatte Hunger, und ihr habt mir zu essen gegeben. Ich hatte Durst, und ihr gabt mir zu trinken. Ich war heimatlos, und ihr habt mir die Tür eures Hauses geöffnet. Ich hatte keine Kleider, aber ihr schenktet sie mir. Ich war krank: Ihr habt mich versorgt. Ich war in Gefangenschaft: Ihr habt mich besucht.

Da werden die Gerechten ihn fragen: »Wir hätten dich hungern und dürsten sehen und dir zu essen und zu trinken gegeben? Wir hätten den Heimatlosen gesehen und ihn beherbergt? Hätten dir Kleider gegeben, dich versorgt und im Gefängnis besucht?« Dann wird der König zu ihnen sagen: »Ich sage euch, und das ist wahr: Hier! Schaut die armen Leute an! Was ihr einem der Geringsten unter meinen Geschwistern getan habt, das habt ihr für mich getan.« Und dann wird er sich zu den anderen wenden, zu seiner Linken, und zu ihnen sagen: »Weg! Weg mit euch, ihr Verfluchten, ins ewige Feuer, das der Teufel mit seinen Schergen in Brand hält! Ich hatte Hunger, und keiner von euch gab mir zu essen. Ich hatte Durst, doch niemand gab mir zu trinken. Ich war heimatlos, aber die Tür eures Hauses blieb für mich verschlossen. Ich hatte keine Kleider, ihr ließet mich nackt sein. Ich war krank. Habt ihr mich versorgt? Ich war im Gefängnis. Habt ihr mich besucht?«

Dann werden sie sagen: »Hungrig, durstig, heimatlos, krank, im Gefängnis? Wann hätten wir dich je so gesehen und dir nicht geholfen?« Und er wird ihnen antworten: »Ich sage euch, und das ist wahr: Hier! Schaut die armen Leute an! Was ihr nicht für sie getan habt, das habt ihr auch nicht für mich getan. Ewige Strafe für sie! Ewiges Leben für die Gerechten!«

(aus: Walter Jens, Am Anfang der Stall – am Ende der Galgen, Das Evangelium nach Matthäus, Stuttgart 1972)

I

Wenn ich mich richtig erinnere, dann erfolgte meine erste Begegnung mit diesem Text in den finstersten Zeiten unseres Landes. Es muss im Winter 1944/45 gewesen sein. Ich war fünfzehn Jahre alt. Wir wussten als Kinder eine ganze Menge von dem, was in Konzentrationslagern vor sich ging. Wir hörten Hilversum II und später Radio Beromünster. Besucher von der Front, gelegentlich Pfarrer der Bekennenden Kirche erzählten, was da fern »im Osten«, wie man sagte, geschah. Manchmal kamen auch Texte ins Haus, auf dünnem, grauem Papier, maschinengeschrieben, sechsmal durchgeschlagen, kaum zu lesen. Darunter war einmal ein Gedicht von Werner Bergengruen (1892–1964), einem christlichen Schriftsteller, der als ein geistiger Mittelpunkt vieler regimekritischer Christen galt und sich im Umkreis der Weißen Rose bewegte. Er ist mit dem Fahrrad herumgefahren, um Texte der Weißen Rose in die Briefkästen zu werfen. Sein Gedicht »Die letzte Epiphanie« wurde dann 1945 in der Schweiz in dem Bändchen »Dies Irae«, Tag des Zorns, veröffentlicht. So lautet es:

Die letzte Epiphanie

Ich hatte dies Land in mein Herz genommen.
Ich habe ihm Boten um Boten gesandt.
In vielen Gestalten bin ich gekommen.
Ihr aber habt mich in keiner erkannt.

Ich klopfte bei Nacht, ein bleicher Hebräer,
ein Flüchtling, gejagt, mit zerrissenen Schuhn.
Ihr riefet dem Schergen, ihr winktet dem Späher
und meintet noch Gott einen Dienst zu tun.

Ich kam als zitternde, geistgeschwächte
Greisin mit stummen Angstgeschrei.
Ihr aber spracht vom Zukunftsgeschlechte
und nur meine Asche gabt ihr frei.

Verwaister Knabe auf östlichen Flächen,
ich fiel euch zu Füßen und flehte um Brot.
Ihr aber scheutet ein künftiges Rächen,
ihr zucktet die Achseln und gabt mir den Tod.

Ich kam als Gefangner, als Tagelöhner,
verschleppt und verkauft, von der Peitsche zerfetzt.
Ihr wandtet den Blick von dem struppigen Fröner.
Nun komm ich als Richter. Erkennt ihr mich jetzt?

Ich kann mich nicht erinnern, die Geschichte vom Endgericht im Konfirmandenunterricht gehört zu haben. Den Glauben lernt man durch andere Christen. Ihre Sprache ist – in Wort und Tat – nicht ewig und immer gleich, sondern gegenwärtig und kontextuell. Bergengruen spricht mit der Stimme Christi, der erzählt, wie es ihm in den zwölf Jahren in Deutschland ergangen ist. Er nennt ihn in den Gestalten der Verfolgten: der Juden, der Geisteskranken, der slawischen Bevölkerung, der Zwangsarbeiter, der Kriegsgefangenen. Durch dieses Gedicht habe ich Matthäus 25,31–46 verstanden, ohne die Geschichte zu kennen. Der Text nimmt die Niederlage Deutschlands in einer einzigen Zeile vorweg: »Nun komm ich als Richter. Erkennt ihr mich jetzt?«

Ich frage mich heute manchmal, wann Christus zu uns als Richter kommen wird. Wie viele Katastrophen brauchen wir noch, neben Tschernobyl und dem so gut durch die deutsche

Industrie vorbereiteten Golfkrieg, um Christus als Richter zu erkennen in denen, die unsere Hilfe brauchen?

II

Eine andere Station meiner Beziehung zu Matthäus 25,31–46 besteht in einer theologisch-reflektierenden Auseinandersetzung mit dieser Geschichte vom Weltgericht. Es war in der Mitte der sechziger Jahre, und ich befand mich damals in einer Auseinandersetzung über die neuzeitlichen Möglichkeiten, an Gott zu glauben. Ich hatte meine Schwierigkeiten mit dem Gott, der traditionell als ein von oben eingreifendes himmlisches Wesen alles lenkt und richtet. Ich konnte mir nicht vorstellen, wie man den Gott, der »alles so herrlich regieret«, nach Auschwitz loben könnte. Gott als superpower, als Interventionist, als absolute Allmacht über das irdische historische Geschehen, war mir moralisch unerträglich, – warum hatte dieser Herr dann Auschwitz nicht verhindert? – und religiös verlogen. Ich fing an, meine Zweifel zu benennen unter dem Titel »Atheistisch an Gott glauben«. In diesem Zusammenhang wurden mir immer wieder Fragen gestellt wie die folgenden: »Löst sich das Christentum nicht in Ethik auf?« »Was unterscheidet denn ein Plädoyer für die bedingungslose Liebe von dem Einsatz der Humanisten?« »Wo bleibt das eigentlich Christliche?«

In diesen Diskussionen habe ich immer wieder auf Matthäus 25,31–46 zurückgegriffen. Ich habe meine Gesprächspartner an diesen Text erinnert. Ich habe ihn viele Male vorgelesen. Es ging mir weder um das endzeitliche Weltgericht noch um die Trennung von Schafen und Böcken, das hielt ich damals für Nebensachen. Ich las den Text in der radikalen Diesseitigkeit, von der Bonhoeffer gesprochen hat, und in meinem wachsenden Desinteresse an dogmatischer Formulierung. Er schien mir deutlicher über Gott zu sprechen als viele andere christliche Texte, obwohl das Wort »Gott« hier nicht vorkommt, wenn man von dem Hinweis »mein Vater« in Vers 34 absieht, genau so wenig wie in der Geschichte vom Barmherzigen Samariter.

Es wird hier nichts davon gesagt, was Menschen glauben müssen, um selig zu werden. Das eigentlich Christliche ist offenbar diese Sache mit den geringsten Geschwistern. Nicht mehr, nicht weniger. Vor allem, und ich sage das gegen allerlei christliche Missdeutungen, haben die Evangelien nicht behauptet, »dass alle Menschen an Jesus als den Messias glauben müssen, um Gottes Heil zu erlangen. Sie haben behauptet, dass alle Menschen nach Gottes Willen leben lernen sollen. Die Entscheidung fällt auf der praktischen Ebene, nicht auf der der Glaubenslehre«. (Luise Schottroff, Befreiungserfahrungen. Studien zur Sozialgeschichte des Neuen Testaments, München 1990, S. 222) Diese »Entscheidung auf der praktischen Ebene« habe ich immer wieder versucht als die eigentliche religiöse Entscheidung zu verstehen. Hier entschied sich die Gottesfrage.

Ich fand es unerträglich, wenn Christen an den Schöpfer und die Jungfrauengeburt, an Heilungswunder und ein Leben nach dem Tode zu glauben vorgaben, aber auf die einfachen Fragen: »Gabt ihr mir zu essen?« »Habt ihr mich versteckt?« »Besorgtet ihr mir einen Pass?« »Öffnet ihr mir eure Tür?« nichts zu sagen wussten. Sie hatten Gott irgendwo im Jenseits gesucht, im Himmel, im Danach, im Unbegreiflichen, aber nicht hier, wo Christus doch erkennbar darauf wartete, erkannt und angenommen zu werden.

Ich wusste vielleicht nicht viel vom Christentum. Aber das hatte ich verstanden, dass nur die Christus erkennen, die ihn im Armen, im Flüchtling, im Asylanten wahrnehmen. Einer der interessantesten Züge unserer biblischen Geschichte ist ja die eigentümliche Blindheit beider, der Schafe und der Böcke. Beide Gruppen fragen gleich erstaunt, gleich verwirrt: »Du, Menschensohn, Weltenrichter, Christus, dich hätten wir sehen und speisen und tränken können?«

»Das hätten wir doch mit Freuden getan!« sagen die durchaus Rechtgläubigen, sich zur Bibel Haltenden. Ja, wenn du mit deinem Heiligenschein aufgetaucht wärest, dann sicher. Wenn du Wunder getan hättest, wenn du deine Macht erwiesen hättest, wenn deine Einschaltquoten etwas höher gewesen wären, wenn du wenigstens die Bibel unterm Arm gehabt hättest. Aber so? Einfach als Bettlerin in der Einkaufsstraße, das sollst du sein, Christus? Oder eine vom Pachtland vertriebene Familie in Brasilien, die wir nur aus dem Fernsehen kennen, obdachlos, arbeitslos, landlos? Oder die zwölfjährigen kleinen Mädchen, die sich an den Flughäfen der Elendsländer herumtreiben, um sich für ein paar Mark zu prostituieren, wenn Lufthansa oder Air France landen, das sollst du sein, Christus?! Der Pantokrator, ja, der liebe Freund der Kinder, ja, der gütige Arzt und Heiler, ja – aber doch nicht diese verhungerten und verhurten kleinen Straßenmädchen …

Woran um Gottes Willen hätten wir dich denn erkennen können? Wenn wir diesen geringsten Schwestern Jesu helfen wollten, das würde ja an Politik grenzen! Da müssten wir ja im Ernst anfangen, die angeblich segensreiche Weltwirtschaftsordnung, die es verbietet, Christus zu essen zu geben oder Häuser für Christus zu bauen und Schulen, zu ändern. Da gerieten ja unsere billigen Preise für Kaffee und Bananen und wichtige Rohstoffe ins Wanken! Da könnten doch nicht die Christen zugleich die Reichen sein, die dafür Sorge tragen, zunächst, dass wir zwei Drittel der Menschheit systematisch verelenden lassen und wirtschaftlich ausplündern, und dann, dass niemand von diesen Leuten etwa wagt, hierherzukommen, wo unser Boot doch schon so voll ist! Im Gegenteil, wir brauchen Soldaten, die »out of aerea« operieren, damit die Rohstoffe, die Märkte und die Gewinne schön in Ordnung bleiben und die Verzweifelnden nicht übereinander herfallen. Aber die Elenden, die sollen gefälligst »in aerea« bleiben. Und es soll uns doch keiner kommen und behaupten, dass es sich da um Christus handle. Das wäre doch Blasphemie, nicht Gottesdienst, wie Herr Schäuble kürzlich kundtat, als ein Gottesdienst in Bonn anlässlich der Asylbeschlüsse angesagt wurde. Da bleiben wir doch lieber in der intelligenten Blindheit und fragen ganz naiv: »Herr, wann hätten wir dich als Fremden gesehen und dir nicht geholfen?«

Über die Blindheit der anderen, der Gesegneten, habe ich mich nicht mit den Fundamentalisten, sondern mit den postchristlichen Humanisten gestritten. »Was habt ihr gegen das Christentum«, fragte ich sie, »ihr lebt es doch. Welchen vernünftigen Grund wollt ihr eigentlich angeben, wenn ihr die Schöpfung zu erhalten versucht oder wenn ihr euch diesen utopischen Traum von der Gerechtigkeit nicht aus dem Kopf schlagen lasst? Ihr wisst doch auch, dass das erleuchtete Selbstinteresse des Individuums zwar für den Kapitalismus ausreicht, aber nicht für die Gerechtigkeit, zwar für die Industrialisierung, aber nicht für die Bewahrung der Schöpfung!« Viele dieser Humanisten zehren von einem religiösen Erbe, das sie nicht wahrhaben wollen, in schöner absichtsloser Geschwisterlichkeit. Sie handeln, als ob sie Gott in Gestalt der armen Bettler sähen, obwohl doch ihre ganze geistige Kraft in die Konstruktion einer säkularen, gottfreien Welt geht. Unsern Text aus Matthäus 25 verstehe ich so, dass er sagt: Ihre Blindheit ist schön, denn sie haben Gott mit ihren Händen berührt und werden deswegen »gesegnet« genannt.

Die Kraft dieser biblischen Geschichte liegt darin, dass sie uns neue Augen für unsere Realität geben will. Christus hier, Christus da, mitten in unserer Realität. Siehst du Gott nicht hier, auf dich wartend, du wirst ihn nicht zu sehen kriegen. So verstand ich allmählich, dass der Weltenrichter nicht eine mythologische und überflüssige Zutat ist, sondern dass Gottes Zorn uns tatsächlich trifft im Hier und Jetzt.

Was bleibt also vom Christentum? Gott bleibt, der um Gerechtigkeit ruft, der jede und jeden von uns braucht für sein Reich. Eine jüdische Tradition erzählt, dass ein Rabbi gefragt wurde, warum es nach dem Satz »Du sollst deinen Nächsten lieben wie dich selbst« (3 Mose 19,18) heißt »Ich bin JHVE«. Er antwortete, der Grund sei, wir sollten uns daran erinnern, dass, wenn ein armer Mensch an unserer Tür steht, Gott neben ihm steht. Ich würde, den Grundgedanken der Inkarnation Gottes in der Welt aufnehmend, sagen: Gott ist in jedem Bedürftigen anwesend. Gott lässt sich nicht durch Lehrformulierungen, durch Orthodoxie erkennen, sondern durch Orthopraxie. Wir folgen Gott nach, indem wir seinen Willen tun. Die traditionelle Unterscheidung von Dogmatik und Ethik – der Glauben an erster Stelle und danach an zweiter dann das Handeln – hat viel zur Selbstzerstörung des Christentums beigetragen. Sie ist auch in der Tiefe antijudaistisch. Ein Satz des Glaubens, ein Satz über Gott wird erst dann wahr, wenn er etwas über unser Handeln und Verhalten sagt. Wenn das nicht der Fall ist, wenn er sozusagen theologie-immanent bleibt, dann ist er genau so viel wert wie die mittelalterliche Debatte, wie viel Engel denn auf einer Nadelspitze Platz hätten. Das Weltgericht wird in unserm Handeln entschieden. Und in der letzten Stunde wird nur sichtbar gemacht, was vorher von den Menschen in eigener Verantwortung entschieden worden ist.

Aber sind wir damit nicht ganz nah am Judentum? In der Tat, Halleluja, Amen! Viele Exegeten haben sich eine verzweifelte Mühe gegeben, diesen Text, der viele jüdische Parallelen hat, irgendwie vom Judentum abzusetzen. Sie meinen, das Entscheidende an unserer Geschichte sei, dass Christus nun der Weltenrichter sei. Aber wonach richtet Jesus am Ende der Welt? Nach der Thora, der Weisung Gottes an Israel und alle Menschen. Und worauf hoffen Juden und ihre nachgeborenen Geschwister, die Christen, wenn nicht auf Gottes Reich? Also nicht auf das individuelle Seelenheil, sondern die Befreiung dieser unserer ganzen Welt.

Meine Schwierigkeiten mit dem supranaturalen Alles-von-oben-Gott endeten darin, das ich mich nach einem nichtpatriarchalen Gott auf die Suche machte, nach einem, der uns braucht. Die größte Hilfe dabei war mir die jüdische Tradition, und zwar trotz ihrer patriarchalen, manchmal sexistischen Züge. Warum? Weil sie weniger orthodox als orthopraktisch ist. Gott steht neben dem Bedürftigen. Und Gott lieben bedeutet nichts anderes als in unserm Verhalten mit Gottes Willen eins zu werden. Das ist eine schwere Liebe, eine lebenslange unausrottbare Liebe und von ihr handelt unser Text.

Wir fragen dich oft:
Warum gerade ich? Warum gerade mir?
Wo steckst du bloß, Gott,
der es gut mit uns meinen soll,
bist du beschäftigt,
warum kümmerst du dich nicht?

Du fragst uns immer:
Hast du mich nicht gesehen?
Hast du mich nicht gehört, als ich schrie?
Warst du beschäftigt,
warum kümmerst du dich nicht um mich?

Eines Tages hören wir auf, zu fragen.
Wir werden bitter und zynisch.
Gott hat mir nicht geholfen.
Alles kommt, wie es kommt.
Wir kleinen Leute,
wir sind ohne Macht.

Du fragst uns weiter:
Hast du mich nicht gesehen?
Hast du mich nicht gehört, als ich schrie?
Nimm mich doch an, wie ich bin.
Das mit der Macht wird sich schon finden.

Eines anderen Tages
werden wir dich hören,
starren nicht mehr nach oben,
warten nicht auf den Zauberer,
nehmen dich an, Christus,
wie du bist,
öffnen die Tür,
an die du lang gepocht hast,
und lassen dich herein, Ausländer,
dich, Aidskranken,
dich alte, nutzlose Frau.

III

Heute stehe ich in einer anderen geistigen Auseinandersetzung, die mich mehr und mehr beunruhigt. Es gibt ein neues Desinteresse an dem, was diese biblische Geschichte von uns will. Viele Menschen sind derart auf Selbstfindung und Selbstentdeckung, Selbstachtung und Selbstverwirklichung fixiert, dass die in Matthäus 25 erscheinenden Gestalten, die Hungernden und Durstigen, die Heimatlosen und die Unbekleideten, die Kranken und die Gefangenen, mit einem Wort »die anderen« für sie weit weg erscheinen.

Matthäus 25 steht und fällt mit einem Grundbegriff der jüdischen Tradition, dem »Nächsten«, dem Nachbarn, dem anderen. »Liebe deinen Nächsten, er ist wie du«, so hat es Buber übersetzt. Wer ist denn der oder die Nächste? Ich denke, die Produktivität des Begriffs liegt darin, dass er das Clan-denken überwindet. Die zu liebende »Nächste« stellt so etwas wie eine geöffnete Tür dar. Jede familialistische und hordenhafte Begrenzung funktioniert nicht mehr. Störenfriede können sich einschleichen, unsympathische Nicht-dazugehörige. Warum sagt die Bibel nicht zuerst einmal: »Erkenne dich selbst!« Lerne, auf deine Freiheit zu achten! Nimm deine Möglichkeiten wahr! Verpass deine Chancen nicht! Warum sagt die Bibel das nicht? Warum ist das biblische Gebot ganz anders? Stattdessen heißt es: Du sollst deine Nächste lieben wie dich selbst! Und auf den Nächsten folgt – nur zu konsequent – der Fremdling, der Schutz und Aufenthaltsrecht braucht. Diese Linie endet im »Feind«, der bei Jesus und anderen Juden der prophetischen Tradition einbezogen wird in das Gebot der Liebe. Nachbarin, Nächste, Fremde, Feindin – es ergibt eine Linie der Aufhebung von Grenzen.

Diese traditionelle Auslegung gilt allerdings seit Jahren in unserer Kultur als irrelevant. Viel wichtiger als der allzu geläufige Imperativ des Gebots »Du sollst deinen Nächsten lieben« erscheint seine Voraussetzung, das »wie dich selbst«. Ist nicht die Selbstliebe die Voraussetzung jeder Beziehung zum anderen? Kommt nicht die Selbstachtung vor der Fremdachtung? Und die Selbstzerstörung vor der Fremdzerstörung? Der Selbstrespekt vor dem Fremdrespekt? Ist nicht, was uns fehlt, gerade die Selbstliebe, und ist nicht unsere Defizienz gerade die Unfähigkeit, uns selber anzunehmen? Sich schön zu finden, sich gut zu sein, sich die Schwächen zu verzeihen und etwas Neues zuzutrauen? Nur wer geheilt ist, kann heilen. Nur wer sich angenommen hat, kann annehmen. Wer könnte an der Wahrheit solcher Aussagen zweifeln? Die Innenarbeit hat wie in der herrschenden Kultur so auch in den Kirchen den absoluten Vorrang vor der Außenarbeit. Erst wenn sie geleistet ist und ich mich selber als gut, schön, Gott oder der Göttin nah gegründet habe, scheint die Möglichkeit zu äußerem Engagement in Betracht zu kommen. Die Innenarbeit am Wohlbefinden der einzelnen Psyche hat mehr Bedeutung als die Außenarbeit, die sich zum Beispiel mit dem alltäglichen Leben der Fremden, wie sie wohnen und ob sie überhaupt genug zu essen haben, auseinandersetzt.

Die Selbstsucherinnen verlieren sich in ihren Encounters, die Gurus haben Hochkonjunktur. Und die Asylantenheime und Häuser der Einwanderer brennen auch deswegen, weil sich nicht genügend Menschen zu ihrem Schutz finden. Die Psychologie funktioniert als das Opium der Mittelklasse, tausendmal besser als das traditionelle Opium der Religion es je konnte. Sie hilft dabei, Stress, Leistungszwang, Vereinsamung, Partnerschwierigkeiten zu lösen oder zu ertragen. Sie bietet Methoden und Therapien an – und sorgt mit dafür, dass die Innenarbeit des »wie dich selbst« die Priorität hat, Zeit braucht, Geld kosten darf. Dabei verschwindet die Solidarität mit dem Nächsten, dem Fremden und dem Feind – dem neuen im Süden, versteht sich – vor unsern Augen und in unserm Land wie von alleine. Warum sind so viele innerhalb der Frauen-, der Friedens-, der Ökologiebewegung dem Sog des Narzissmus einerseits, der Effizienz des Machens andererseits verfallen? Was ist aus unseren Träumen von der Einheit, von »Kampf und Kontemplation« wie Roger Schutz aus Taizé es nannte, geworden? Wie können Innen- und Außenarbeit wieder zusammenkommen, wie kann das, was uns trägt und nährt, auch im Handeln, bis in die Strategie hinein, sichtbar werden?

Die großen Imperative der Bibel heißen »Beten und das Gerechte tun«. Beides gehört zusammen. Wenn wir über unsere Erzählung vom Jüngsten Gericht nachdenken und darüber, was »Beten und das Gerechte tun« für unser Leben heißt, dann gibt es in der Sicht Christi und der jüdischen Tradition etwas, das ich die »präferentielle Option Gottes für die Außenarbeit« nennen möchte, so wie die lateinamerikanische Theologie von Gottes spezieller Vorliebe für die Armen spricht. Dass die Nachbarin auch gleich im Herzen der Gottesbeziehung hocken muss! Dass das Selbst nicht die letzte selbstständige Größe ist, sondern die Beziehung das ist, was am Anfang war! Dazu passt eine chassidische Geschichte: Rabbi Sussja kommt zum Himmel. Er hat alle Gebote erfüllt, sein Name ist ins Buch des Lebens eingetragen. Da fragt ihn Gott nach der Stadt, aus der er kommt. »Hat sich dort nicht ein schreckliches Blutbad zugetragen?« »Ja, es war entsetzlich.« »Hast du dagegen protestiert?« fragt Gott. Sussja antwortet »Hätte es denn etwas genützt?« Gott sagt: »Das weiß ich nicht, aber vielleicht Dir.«

Das Verhältnis von Innen- und Außenarbeit in dieser Geschichte ist nicht das unter uns Übliche des »Erst – dann«. Nicht: erst einmal muss ich mich um Selbstklärung bemühen, meine Selbstverwirklichung suchen und nach Vollkommenheit streben, dann wird sich das Übrige schon regeln. Nicht: zuerst die Therapie, danach die Befreiung. Nicht: Gott ist vor allem der Therapeut der einzelnen Seelen. Sondern stattdessen die lästige Frage nach den hässlichen Zuständen in deinem Viertel.

Nicht nur das »Erst – dann«, sondern auch das Kosten-Nutzen-Prinzip wird in dieser Geschichte in Frage gestellt. Seine Herrschaft unter uns zeigt sich in der fast bewusstlosen Annahme, dass man nichts machen kann, dass Protest nicht hilft, dass die Rückbesinnung auf die innere Welt und ihre Energien das einzige ist, das uns bleibt. Dies wird hier merkwürdig neu befragt. Der Protest, den der Rabbi unterlassen hat, hätte doch ihm genutzt, ihn verändert, auch dann, wenn mehr als unwahrscheinlich ist, dass er in der realen Wirklichkeit etwas verändert hätte.

Diese Geschichte gibt eine Antwort auf eine Frage, die ich oft höre. »Schön und gut, aber was, wenn wir selber zu krank, zu schwach, zu kaputt sind, um uns auf das Außen einzulassen?« Die Bibel spricht merkwürdigerweise nicht von den Starken und Erfolgsreichen als den historischen Subjekten der Arbeit am Reich Gottes. Sie geht von den kleinen Leuten aus. Ich denke, dass Menschen ihre Schwäche in sehr verschiedenen Formen ausleben können. Sie können in ihr versinken, und sie können ihren Schmerz, ihr Leiden mit Gottes Tränen verbinden. Auch wenn sie nicht protestierend auf die Straße gehen können, so kann doch ihr Wünschen, ihr Träumen verbunden sein – oder isoliert. »Wofür betest du?« möchte ich dann manchmal fragen und den harten Satz Jesu aus der Bergpredigt anführen. »Trachtet zuerst nach dem Reich Gottes und seiner Gerechtigkeit, dann wird euch alles andere zufallen.« (Mt 6,33)

Die »Vorliebe Gottes« für die politisch-soziale Handlung vor der Selbstfindung hängt mit der biblischen Annahme zusammen, dass wir aufeinander angewiesen sind und einander brauchen. Ich vermute, dass Selbstwertgefühl und Selbstvertrauen gerade nicht durch eine Selbstzentrierung auf das »Ich bin schön, ich bin gut, ich nehme mich an« entsteht, sondern durch die Erfahrung des Gebrauchtwerdens. »Denn alle Kreatur braucht Hilf' von allen«, sagte Brecht. Aber gerade das klingt heute wie ein Märchen aus der Zeit vor der Postmoderne. Dabei ist es noch viel wahrer, als Brecht sehen konnte. Auch die Kröten und die Bäume schreien ja um Hilfe gegen die neueste Autobahn, so empfinde ich es. Aber die Mehrzahl der verzweifelten Jugendlichen hört diesen Schrei »aller Kreatur« nur als Echo des eigenen Eingekreistseins vom eigenen inneren Elend, nicht als ein Flehen um Hilfe von außen.

Es gibt einen ungeheuren Individualisierungsschub in der Gesellschaft. Kinder wachsen auf, ohne die einfachsten Erfahrungen wie das Teilen eines Puddings noch zu machen. Man braucht nichts mehr zu teilen. Und wie viele haben es verlernt, sich selber zu teilen, sich mitzuteilen. Das Gebrauchtwerden von anderen wird in der Welt der Apparate unsichtbar gemacht. Deshalb schreit das Ich nach sich selber, will sich verwirklichen, sich entdecken, sich lieben, sich akzeptieren und wie die Psychosprüche alle heißen. Diese Entwicklung, in der niemand uns braucht, wir aber Apparate jeder Art gebrauchen, hat, theologisch gesprochen, ihr Vorbild in einer falschen Vorstellung von Gott, der niemanden braucht, unabhängig von allem über der Welt thront und der nicht weinen kann. Das ist, kurz gesagt, ein Männeridol. Ich denke, dass der Menschensohn, dessen Stimme wir in der Geschichte vom Weltgericht hören, weint, als er sagt: »Ich war heimatlos, aber die Tür eures Hauses blieb für mich verschlossen.« Die entscheidende Frage ist nicht, ob wir Gott »er« oder »sie« nennen. Wir sollten getrost wie die Bibel für Gott beide Wörter gebrauchen, Vater und Mutter. Entscheidend ist, ob wir mitteilen können, jeder und jedem einzelnen in Gewissheit und Klarheit sagen, wie sehr Gott sie und ihn braucht. Wie anders sollten die Hungrigen satt und die Gefangenen frei werden?

Es steht schlecht um die Religion in den reichen Ländern, als liefe das herrschende Modell unweigerlich aus. Ich glaube nicht, dass sich das durch noch mehr Therapie ändern wird. Es fehlt an Lebensformen, die Außen- und Innenarbeit tatsächlich zu einer Gestalt bringen, die zeigen, was »ora et labora« für uns heute heißen könnte. Während die Volkskirche vergeht, sind Überlebensinseln religiöser Praxis und Weisheit so notwendig, wie es die Orden und Klöster in den Zeiten des Zusammenbruchs der römischen Kultur waren.

Ich habe einen Traum von einer Kirche aus vielen Basisgemeinden. Wenig Bürokratie und viel Partizipation und klare politische Optionen für all die, von denen Matthäus 25 spricht: Kirchenasyl für die, die der Staat abschieben will, unbürokratische Hilfe für Deserteure aus Bosnien, Regeln für Lebensstil und Konsum, eine neue Art freiwilliger Armut, die sich dem Überleben des Lebens auf der Erde verpflichtet. Ich sehne mich nach einem Haus derer, die in unserer Geschichte »Gesegnete meines Vaters« (Vers 34) genannt werden. Ein Haus mit offenen Türen und voller Lobgesang, eine andere Spiritualität, die aus dem Handeln und den Erfahrungen und Schmerzen, die wir machen, sich nährt.

Ich bin es so müde, das Christentum, wie es eigentlich gemeint war, seine Heimatsuche, seine Schönheit, seine Reue, seine Hoffnungsvorzeichen immer wieder zu erklären. Ich möchte einfach sagen können: »Komm und sieh!« Natürlich kenne ich einige Inseln, aber sie reichen nicht aus. Unsere Mystik, unsere Gottesliebe wird nicht sichtbar genug. Wir haben die Spiritualität den Psychos überlassen, als könnte sie nur in deren Treibhäusern wachsen. Wir haben in der Theologie die prophetische Tradition isoliert und sie von der im Protestantismus immer gefürchteten, verketzerten mystischen Tradition getrennt. Dass Religion ohne eine mystische Urbeziehung nicht denkbar ist und nur Zerrformen und Herrschaftsmechanismen produziert, ist bei uns völlig unbekannt. Wir haben es nicht »zeigen« können. Die traditionelle, autoritär entfremdete Spiritualität lässt sich nicht durch Politengagement ersetzen. Ich glaube, der Weg geht andersherum. Aus dem wirklichen Eintreten für die Schöpfung, die Fremden und den Frieden erwächst eine andere, neue Spiritualität. Wir beten anders, wenn wir die Niederlagen Christi am eigenen Leib erleben.

Ich will es ganz einfach sagen: Gott braucht uns für sein Reich. Nichts hat mich so sehr in das Christentum gelockt wie dieses Wissen: Gott braucht mich. Christus wartet darauf, dass wir ihn erkennen in der geringsten Schwester.

Manchmal frage ich mich, warum es keine Sprache der Gottesliebe unter uns gibt, sondern höchstens das abgeblasste Reden vom uns liebenden, uns beschützenden, uns beileibe nichts zumutenden Gott. Immerhin fordert das Gebot, das uns auf Außenarbeit verpflichtet und das Dasein für andere zum Maßstab macht, zunächst etwas gänzlich Mystisches, Unerklärliches, kaum je in realen Vollzug Übersetztes, nämlich Gott zu lieben über alle Dinge. Wie macht man das? Die Antwort der Tradition auf diese Frage ist, dass wir Gott dann lieben, wenn wir seinen Willen erfüllen, nicht weil er es befiehlt, sondern weil »das von Gott«, das in uns selber steckt, eins geworden ist mit dem Gott, der »Du sollst!« zu uns sagt und doch nichts anderes will als in uns frei werden und aufstehen. So werden wir an Gottes Leben teilnehmen, und die Wüste, in der wir jetzt leben und die wir ausbreiten, wird blühen.

Nicht du sollst meine Probleme lösen,
sondern ich deine, Gott der Asylanten.
Nicht du sollst die Hungrigen satt machen,
sondern ich soll deine Kinder behüten
vor dem Terror der Banken und Militärs.
Nicht du sollst den Flüchtlingen Raum geben,
sondern ich soll dich aufnehmen,
schlechtversteckter Gott der Elenden.

Du hast mich geträumt Gott,
wie ich den aufrechten Gang übe
und niederknien lerne,
schöner als ich jetzt bin,
glücklicher als ich mich traue,
freier als bei uns erlaubt.

Hör nicht auf mich zu träumen, Gott.
Ich will nicht aufhören mich zu erinnern,
dass ich dein Baum bin,
gepflanzt an den Wasserbächen
des Lebens.

Lehre uns, eine Minderheit zu werden

Bibelarbeit zu 2 Mose 23,1–13 am 10. Juni 1993 während des
25. Deutschen Evangelischen Kirchentags in München

Ich kenne drei verschiedene Ausdrücke für das, was wir heute
Morgen hier tun wollen. Wir in Deutschland nennen es »Bibelarbeit«, im Englischen sagt man »bible study«, und in Brasilien
nennt man es »die Bibel beten«. Ich wünsche mir, dass wir alle
diese Tätigkeiten miteinander lernen: ein Stück der Bibel erar-
beiten, seinen Inhalt studieren und im Licht unserer Welt meditieren, bis wir soweit sind, dass uns das Fremde, Andere des
alten Textes zum Gebet für uns und unsere Welt wird.

1 Du sollst kein schädliches Gerücht aufnehmen! Erhebe deine Hand nicht gemeinsam mit einer schuldigen Person, sodass durch die Zeugnisaussage Gewalt unterstützt wird.
2 Du sollst dich nicht der Mehrheit anschließen zum Bösen!

Auch sollst du nicht im Rechtsstreit aussagen, um der Mehrheit entsprechend das Recht zu beugen, es zu verbiegen.

3 Auch Geringe sollst du nicht verherrlichen in ihrem Rechtsstreit!

4 Wenn du von einer Person, mit der du verfeindet bist, ein Rind oder einen Esel verirrt findest, sollst du sie ihr unbedingt zurückbringen.

5 Wenn du von einer Person, die dich hasst, einen Esel unter seiner Last liegen siehst, sollst du davon Abstand nehmen, ihn sich selbst zu überlassen; du sollst unbedingt gemeinsam mit ihr das Tier wieder aufrichten.

6 Du sollst das Recht deiner Armen nicht beugen in ihrem Rechtsstreit!

7 Vom betrügerischen Wort halte dich fern! Und töte nicht Unschuldige und Gerechte; denn ich lasse die schuldige Person nicht als gerecht dastehen.

8 Und Bestechungsgeld sollst du nicht annehmen, denn das Bestechungsgeld macht Klarsichtige blind und verdreht die Sache der Gerechten.

9 Fremde sollt ihr nicht bedrängen, weil ihr selbst das Leben von Fremden kennt, denn ihr seid im Lande Ägypten Fremde gewesen.

10 Und sechs Jahre sollst du dein Land besäen und seinen Ertrag einsammeln.

11 Im siebten aber sollst du es sich selbst überlassen und es brachliegen lassen, dass die Armen deines Volkes essen können, und was sie übrig lassen, soll das Getier des Feldes fressen. Ebenso sollst du es mit deinem Weinberg machen und deiner Olivenpflanzung.

12 Sechs Tage sollst du deine Arbeit tun, aber am siebten Tag sollst du aufhören, damit dein Rind und dein Esel ruhen und damit aufleben das Kind deiner Sklavin und die Fremden.

13 In Bezug auf alles, was ich euch gesagt habe – nehmt euch in Acht! Doch den Namen anderer Gottheiten sollt ihr nicht anrufen. Er werde nicht gehört aus deinem Munde.

(2 Mose 23,1–13 – Übersetzung des Kirchentags)

I

Dieser Text aus Exodus 23 stammt aus dem ältesten Rechtsbuch der Bibel. Es wird eingeleitet mit dem, was Gott zu Mose sagt: »Dies sind die Rechtssatzungen, die du ihnen vorlegen sollst.« (2 Mose 21,1) Ein Kapitel später heißt es von Mose: »Dann nahm er das Bundesbuch und las es dem Volk vor. Und sie sprachen: Alles, was der Herr geboten hat, wollen wir tun und darauf hören.« (2 Mose 24,7) Es sind Anweisungen zu Gerechtigkeit und Solidarität mit den Schwachen. Es sind Gebote, und das Volk Gottes stimmt ihnen zu.

Das am meisten gebrauchte Wort in unserm Text steht am Anfang und heißt »Du sollst«. Es kommt fünfzehnmal hier vor, nach anderen Übersetzungen siebzehnmal. Ich finde es mutig, dass dieser Text ausgesucht worden ist und nicht ein etwas freundlicherer, sanfterer. Fünfzehnmal »Du sollst« oder »Du sollst nicht« – das ist schon ein starkes Stück. Ich stelle mir jetzt einen sechzehnjährigen Jungen vor und höre, wie er kommentiert: »Typisch Kirche, typisch Bibel. Außer Moralin fällt ihnen nichts ein. Immer dasselbe: Befehle, Anweisungen: Tu dies! Lass das! Sieh zu, was du machst! Wen interessiert das eigentlich noch?« Ich will die Abwehr dieses sechzehnjährigen Jungen, den wir alle kennen, ergänzen durch die Aussage eines großen deutschen Philosophen, der heute wieder sehr modern ist, Friedrich Nietzsche. »Ein Verbot, dessen Grund wir nicht verstehen oder zugeben, ist nicht nur für den Trotzkopf, sondern auch für den Erkenntnisdurstigen fast ein Geheiß: man lässt es auf den Versuch ankommen. Moralische Verbote wie die des Dekalogs passen nur für das Zeitalter der unterworfenen Vernunft. Jetzt würde ein Verbot: »Du sollst nicht töten! Du sollst nicht ehebrechen!« – ohne Gründe hingestellt – eher eine schädliche als eine nützliche Wirkung haben.«

Hundert Jahre nach Nietzsche hat sich die religiöse Situation in unserm Land entscheidend verschärft. Was er ausdrückt, pfeifen heute die Spatzen von den Dächern. Und es ist keine Frage, dass eine der Ursachen dafür, dass die Kirchen in unserm

Land krank, todkrank sind, ihre autoritäre Fixierung ist. »Du sollst! Du sollst nicht!« so hört's sich an, nicht fünfzehn, sondern hundertmal. So klingt die Botschaft, und der Sender, der sie ausstrahlt, ist dieses autoritäre Himmelswesen, das nur glücklich ist, wenn es verbieten und gebieten kann, das alles in der Hand hat und nichts verändert.

Die Kultur, in der wir leben, hat sich von dem alten »Du sollst!« sehr weit entfernt. Was wir Tag und Nacht klingeln und säuseln hören, ist ein sanftes »Du darfst!«. Du darfst essen, du darfst trinken, Sex haben und vor allem produzieren und kaufen, egal was daraus wird, du darfst. Wir haben sehr viel effektivere Instrumente erfunden, als so ein altes, einmal vom schreib- und lesekundigen Moses einem unwissenden Volk vorgelesenes Buch. Unsere Medien verkünden uns Minute um Minute die erfreuliche Botschaft: »Du darfst alles! Sogar treu sein, wenn's dir danach ist!« Es sieht so aus, als sei das »Zeitalter der unterworfenen Vernunft« tatsächlich zu Ende und als wisse eine freiere, autonome Vernunft schon, was zu tun sei. Brauchen wir denn überhaupt Gebote und Verbote? Brauchen wir das Gesetz, nicht im Sinne von Straßenverkehrsregeln, sondern von Normen und Weisungen zur Schonung der Mitgeschöpfe und der Erde, zur Ordnung unserer Zeitabläufe und damit wir nicht Maschinen werden? Brauchen wir da etwas, das wir nicht von selber wissen und das die biblische Tradition »Thora« nennt?

Das Wort Thora wird bei uns meist mit »Gesetz« übersetzt, und diese Übersetzung hat dazu beigetragen, den christlichen Antijudaismus zu begründen. Gemeint ist eigentlich der Weg zum Leben, den Menschen wählen können. Die Lehre, die Weisung Gottes, die Offenbarung seines Willens, eben »Thora« steht nicht im Gegensatz zu einem vermeintlich freundlicheren helleren christlichen Evangelium. Ein jüdischer Gelehrter hat es auf die schöne Formel gebracht »Thora als Gnade«. Wenn wir heute morgen lernen könnten, unsern Text mit all seinen »Du-sollst!«-Sätzen als Gnade zu verstehen, wären wir schon ein Stück weiter. In der Alltagssprache der Bibel bezeichnet die Thora die Weisung von Vater und Mutter an ihre Kinder.

»Höre, mein Sohn, die Belehrung deines Vaters und verwirf nicht die Weisung deiner Mutter« (Sprüche 1,8) und an anderer Stelle »Da ich noch als zartes einziges Kind in der Hut der Mutter war, unterwies sie mich und sprach zu mir: Dein Herz halte fest meine Worte und bewahre meine Gebote, so wirst du leben. Erwirb Weisheit, erwirb Einsicht!« (Sprüche 4,4f.) Das Judentum ist kritisch den religiösen Allgemeinheiten gegenüber, als ob wir den Sinn des Lebens abgelöst vom Handeln fänden. Ideen müssen sich in Handlung verwandeln, und – so lernen wir bei Abraham Joshua Heschel – das Judentum ruft uns dazu auf, nicht nur auf die Stimme des Gewissens zu hören, sondern ebenfalls auf die Normen eines heteronomen Gesetzes. Gott hat dem Menschen nicht nur das Leben gegeben, sondern auch das Gesetz. Der höchste Imperativ ist nicht, an Gott zu glauben, sondern den Willen Gottes zu tun.

Aber ist das möglich? Sind wir nicht viel zu schwach dazu? Die jüdische Auffassung ist an diesem Punkt klarer als viele christliche Aussagen. Ja, sagt sie, es ist möglich, den Willen Gottes zu erkennen mithilfe der Schrift und ihn zu erfüllen. Wie im Himmel, so auf Erden. Wir sind nicht zu schwach, zu klein, zu abgelenkt oder zu böse, den Willen Gottes zu verstehen. In einem Lied aus Lateinamerika heißt es: »Meine Hände sind bereit, Gottes Willen zu tun. Nicht die Engel sind dazu gesandt, diese Welt des Schmerzes zu verwandeln in eine Welt des Friedens. Ich bin es, dazu gerufen, deinen Willen zu tun. Hilf mir, Gott.«

All diese drohenden »Du sollst!« werden Einladungen Gottes. Wir können sie auch mit »Du wirst.« übersetzen. Die Gebote sind erfüllbar. Im fünften Buch Mose heißt es dazu: »Dieses Gesetz, das ich dir heute gebe, ist für dich nicht zu schwer und nicht zu ferne. Nicht im Himmel ist es, dass du sagen könntest: Wer steigt für uns in den Himmel hinauf, um es uns zu holen und zu verkünden, dass wir danach tun? Auch nicht jenseits des Meeres ist es, dass du sagen könntest: Wer fährt für uns übers Meer, um es uns zu holen und zu verkünden, dass wir danach tun? Sondern ganz nahe ist dir das Wort in deinem Munde und in deinem Herzen, dass du danach tun kannst.« (5 Mose 30,11ff.)

Wir wissen, worauf du hinauswolltest,
als du uns dir ähnlich geschaffen hast,
Kinder der Erde, die sterben müssen,
deine Töchter und Söhne, fähig, die Liebe zu lernen
schon jetzt mitten im Krieg.

Wir kennen deinen Willen, Gott.
Leben in seiner Fülle hast du allen versprochen,
nicht nur den Weißen, nicht nur den Reichen,
nicht nur denen, die Kaffee trinken,
auch denen, die ihn pflanzen und ernten.

Wir danken dir für deine vielen »Du sollst!«.
Mit ihnen fragst du uns ab nach unsern Geschwistern,
den Bäumen und den Tieren,
dem Wasser und der Luft,
nach unserer Zeit fragst du
und nach dem, was uns wichtig ist.
Eines Tages, Gott, werden wir alle deine »Du sollst!«
verwandeln in ein großes »Ja, ich will.«
Ja, wir werden die Fremden nicht mehr hassen,
und die Mauern der Trennung einreißen,
und die Gewalt wird nicht mehr wohnen bei uns.
Wir werden sie nicht füttern und nicht hätscheln,
nicht bezahlen und nicht für allmächtig halten.
Dein Wille wird geschehen, auch in unserm Land.

II

Zunächst behandelt unser Text das Verhältnis von Mehrheit und Minderheit. Ich übersetze den ersten Vers etwas frei: Du wirst nicht jede Propaganda aufnehmen und wiederholen. Sogar wenn die Mehrheit der Meinung ist, das Boot sei voll, wirst du versuchen, zur Wahrheit zu stehen. Du wirst dich informieren und nicht gemeinsame Sache machen mit den Rassisten, seien sie ganz unten oder ganz oben. Durch dein Zeugnis wird die Gewalt nicht angeheizt oder legitimiert.

Wer ist das Du, das hier angesprochen wird? Es ist nicht einfach die einzelne Person, sondern die Gemeinde, die im Tor der Ortschaft Konflikte rechtlich regelt. Richter waren die Ältesten, in der Regel freie, Grund besitzende Männer. Aber auch Frauen wie Debora haben im Tor Recht gesprochen. Nicht nur die Könige oder die Mächtigen waren dort am Zug, sondern auch und gerade die Zeugen, die Anklage erheben konnten und im hebräischen Recht eine größere Bedeutung hatten als die Richter. Bedroht war das Recht, wenn wir dem Text folgen, durch Gerüchte und Stimmungsmache (Vers 1), Mehrheitsmeinung (Vers 2), persönliche Feindschaften (Vers 4 f.), Gewalt und Bestechungsgelder (Vers 8). Der materielle Sinn des »Du sollst!« ist es, unabhängige, von den Verflechtungen und Verfeindungen in der Siedlung freie Kriterien zu benennen, nach denen Recht gesprochen werden kann. Das biblische Verständnis von Gerechtigkeit orientiert sich an den Armen, an den unter bestimmten Lebensumständen und Schwierigkeiten Leidenden und an den sozial Schwachen, die im Rechtsstreit oft übervorteilt werden. Hilfeleistung für den Esel, der unter seiner Last zusammengebrochen ist und Leuten gehört, die du partout nicht ausstehen kannst (Vers 4 f.), ist ein schönes Bespiel dafür, wie weit die Parteilichkeit für die Schwachen gehen kann. Es ist die Perspektive der Erniedrigten und Beleidigten. Es sind die an vielen anderen Stellen der Bibel genannten Witwen und Waisen, also Menschen, die im patriarchalen Recht schutzlos waren und gerade darum Anspruch auf Zeugen hatten, die ihr Recht einklagten. »Du sollst das Recht deiner Armen nicht beugen in ihrem Rechtsstreit.« (Vers 6)

Genau dieser umfassende und konkrete biblische Begriff von Gerechtigkeit ist es, der in unserer Welt und vor unsern Augen zerstört wird. In der new world order, die Präsident Bush am Tag des desert storm, des Angriffs der alliierten Truppen im Golfkrieg proklamierte, ist die Hoffnung auf Leben für die Menschen, die unter dieser Weltordnung benachteiligt werden, immer kleiner geworden. Die Armen sollen so unsichtbar gemacht werden wie die in diesem Krieg verbrannten Kinder, die auf unseren Bildschirmen nicht zu sehen waren. Das gilt für die Verarmten im Weltmaßstab ebenso wie für die neuen Armen in den Wohlstandsgesellschaften. Im Streit um den so genannten »Solidarpakt« wird das Recht der Armen gebeugt. Nach Meinung der Politiker und ihrer ökonomischen Berater ist es notwendig, sich

in der gegenwärtigen wirtschaftlichen Krise aus den so genannten »nicht-produktiven Bereichen« zurückzuziehen. Die Unterstützung von Armen, Alten, Kranken, Arbeits- und Obdachlo-
sen und Asylanten ist volkswirtschaftlich unproduktiv und wird
daher Schritt für Schritt abgebaut. Die Gerechtigkeit, vor allem
die biblische, die sich so einseitig, wenn auch völlig unroman-
tisch (Vers 3) an den Armen orientiert, wird als utopisch auf den
Müllhaufen der Geschichte geworfen.

Was ist unsere Rolle als Christen in dieser Situation? Ich
denke, im Sinne unseres Textes ist es die, Zeugen zu sein. Das ist
tatsächlich das, wozu wir gerufen sind, auch wenn das Zeugnis
sich gegen eine Mehrheit stellen wird. Minderheiten zählen- so
verstehe ich Vers 2 - »Du wirst dich nicht der Mehrheit anschließen zum Bösen! Du wirst das Recht nicht beugen oder es
biegen!« Bei diesem Vers habe ich an unsere Verfassung gedacht, die gerade an zwei zentralen Punkten gebeugt und verbogen wird: Einmal ist es das Recht der Flüchtlinge auf Asyl, sodann der weltweite, unbegrenzte Einsatz deutscher Truppen
zur Sicherung unserer Märkte und Rohstoffe in aller Welt. Hier
wird Recht ausgehöhlt, Großmachtpolitik legitimiert und die
Erinnerung an die deutsche Vergangenheit ausgelöscht. Was
mich aber am meisten bestürzt in dieser finsteren Zeit nach der
Wende, ist nicht die Gewöhnung der Mehrheit an die Gewalt,
wenn es denn um die Erhaltung unserer Privilegien geht. Meine
größte Angst liegt in der gegenwärtigen Schwäche derer, die
»Nein, das wollen wir nicht!« sagen. Waren wir nicht schon
einmal viel weiter? Hatten wir nicht angesichts der gegenseitig
zugesicherten atomaren Vernichtung ein Nein ohne jedes Ja
formuliert und den Satz »Du wirst dich nicht der Mehrheit
anschließen zum Bösen!« in der Friedensbewegung ein Stück
weit gelebt? Wie kommt es, dass diese Erfahrung einer Minderheit heute so wirkungslos und stumm geworden ist?

Immer wieder treffe ich traurige Menschen, die mir versi-
chern, sie teilten meine Analyse von der Zerstörung der Gerechtigkeit, aber dann gleich hinzufügen: »Aber was kann ich als
Einzelne schon tun! Diesen Satz empfinde ich als gottloser, als

jede rationale, theoretische Leugnung Gottes sein könnte. Er ist atheistischer als alles, auch wenn er im frommen Gewand daherkommt. Er sagt nichts anderes als, die Mehrheit habe die Macht und man müsse mit den Wölfen heulen. Die Hilflosen unterwerfen sich dem Götzen, der da sagt: »Ohne Gewalt läuft nichts.« Aber Gott sagt uns hier: »Du musst dich nicht der Mehrheit anschließen zum Bösen. Du bist frei, das Leben zu wählen.«

Aber gerade das verleugnen wir. Das Gefühl der Ohnmacht bestimmt uns als Einzelne. Manchmal möchte ich einfach fragen: Wer sagt dir eigentlich, dass du als einzelne geboren bist und dein Leben als Individuum lebst? Woher hast du denn diese Kategorie »Ich als Einzelne«? Sicher nicht aus der Bibel! Ich denke, hier zeigt sich eines der spirituellen Grundprobleme unserer Zeit. Der Individualismus hat eine niemals zuvor erreichte Bedeutung und Macht gewonnen. Er ist zu einem der großen Götzen geworden, den wir verehren und anrufen. Er isoliert und privatisiert uns. Freiheit, zu wählen – und in diesem Sinne, Macht – haben wir in unserm Konsumverhalten, in unserm Lebensstil, in der Wahl unseres Urlaubsortes. Alles, was über diese privaten Konsumentenfreiheiten hinausgeht, ist in einer Art post-demokratischen Ohnmacht versackt. In einem komfortabel eingerichteten Gefängnis sehen wir unserm Untergang im Fernsehen zu. Der Götze, den wir verehren, macht uns zu Zuschauern. Wir fühlen uns nicht als Täterinnen, wir halten uns oft für Opfer, aber vor allem haben wir uns im »Luxus der Hoffnungslosigkeit« (Gioconda Belli) verfangen. In dieser besonderen Art von Luxus gewöhnen wir uns an die Gewalt, die immer noch um uns und in uns wächst.

Wir, die wir oft entsetzt und beschämt über antisemitische Friedhofsschändung oder Angriffe auf jüngere Schulkinder in unserer Nachbarschaft reagieren, sollten nicht nur nach unten starren auf die Exzesse der Rambos aus der Videoschule der Gewalt, sondern nach oben sehen, wo Arbeits- und Wohnungslosigkeit planend in Kauf genommen wird und ihre Konsequenzen, der politische Rechtsruck, anscheinend gar nicht unwillkommen sind. Wir sollten über der auffälligen Gewalt der Molotowcocktails und der Steine die unauffälligen von Militär, Industrie und internationalen Finanzorganisationen nicht vergessen.

Ich nenne drei Beispiele der Gewalt, mit der unsere Gesellschaft offenbar leben kann, weil wir uns schon längst an sie gewöhnt haben:

In der ehemaligen DDR gab es nach der Wende auch die Hoffnung, vom Militär beschlagnahmte Grundstücke in der demokratischen Ordnung zurückzubekommen und zu Orten des Friedens zu machen. »Biotop und Erholungsgebiet statt Schießübungsplatz« wurde ein Ziel, »Freiheit von NVA und NATO« war der Traum vieler. Die Bürgerrechtsbewegung für die Waldheide in Brandenburg ist ein Beispiel des Widerstands gegen die allmächtige militärische Gewalt. Doch es ist ein Engagement von Minderheiten. Anders als noch vor zehn Jahren hat sich die Mehrheit der Bürger in Ost und West längst mit der militärischen Weiterentwicklung arrangiert.

Gewalttätig ist der Großkrieg, der gegen unsere Lebensgrundlage, gegen unsere Mutter, die Erde, geführt wird. Ihn erkenne ich in der Verkehrsplanung im Osten, die eindeutig Straße vor Schiene, Individualverkehr vor öffentlichem Verkehr, Automobile vor Bäumen bevorzugt. Auch diese Art Gewalt ertragen wir und wir verleugnen zugleich, wie sie mit der von uns verabscheuten der Skinheads zusammenhängt. Warum kann sich die Stärke des größeren Deutschland nicht darin zeigen, dass wir endlich ökologisch Verantwortung übernehmen statt zu bremsen und immer wieder die längst erkannten Verbrechen zu sanktionieren? Warum haben die Skinheads und Faschisten keine Vision von einem baum- und kinderfreundlichen Land, das aufzubauen mindestens soviel Kraft und Einsatz fordert wie der Hass und die Pogromaktionen, wahrscheinlich aber mehr?

Mein drittes Beispiel für Gewalt heute ist der ökonomische Krieg, den die Reichen der wirtschaftlichen Großmächte durch ihre internationalen Finanzorganisationen, die Weltbank und den Internationalen Währungsfond, führen lassen. Kredite für arme Länder gibt es nur unter Konditionen, die die Kürzung der sozialen Staatsausgaben vorsehen. Wirtschaftlicher Fortschritt bedingt, so die neoliberale Theorie, soziale Härten. Also müssen Schulen und subventionierte Milch für Kinder, Arzneimittelversorgung, Lehrerausbildung und Krankenhäuser abgebaut werden. Die Kinder der Ärmsten sind die Opfer der Banker. Aber wir haben uns auch an diesen Krieg gewöhnt.

Die europäische Theologie der Befreiung, die wir geistig mehr als alles andere brauchen und die an unsern Fakultäten nicht gelehrt wird, muss uns von der Verführung zur Hoffnungslosigkeit, vom Einverständnis mit den Zwängen einer gottlosen Wirtschaftsordnung und vom Bann der großen Zahlen befreien. »Du sollst dich nicht der Mehrheit anschließen zum Bösen!« Die Alternative zur Mehrheit ist nicht einfach das Individuum, sondern die Gruppe, die bewusste Minderheit, das protestantische Prinzip des Nein zur Macht und des Ja zur Gerechtigkeit.

Unsere Kirche hat längst keine Aussichten mehr auf Mehrheiten in der Bevölkerung. Warum bringt sie nicht den Mut auf, sich endlich als Minderheit zu erkennen und sich Auseinandersetzungen zu stellen, Konflikte, die in der Abwehr der Gewalt in Politik und Ökonomie unvermeidlich sind, zu tragen und durchzustehen, statt sie zu verschweigen und zu verstecken? Seit Jahren wird in den verschiedensten kirchlichen Gruppen das Thema »Weltwirtschaft und Gerechtigkeit« diskutiert. Aber was folgt daraus für die ganze Kirche? Nehmen nur diese kleinen Gruppen die Erkenntnis ernst, dass immer mehr Menschen unter unserer Ökonomie und unseren ökologischen Verbrechen leiden? Diese unsere Marktwirtschaft ist kein Modell für die ganze Menschheit. Sie kann nur für den reichen Teil der Menschheit, zu dem wir gehören, funktionieren – und sie tut das auf eine merkwürdige Weise: Mitten im Winter gibt es frische Erdbeeren bei uns, und die Böden, auf denen sie wachsen, werden den Armen, die dort Bohnen und Mais ziehen könnten, weggenommen. Ungerechtigkeit bestimmt diese Marktwirtschaft. Der Kaffee, den wir trinken, müsste mindestens ein Drittel teurer sein – und das ist nur ein winziges Beispiel. Wir brauchen Gerechtigkeit in den Handelsbeziehungen, das heißt für uns, Gewinne abgeben und einen geringeren Lebensstandard akzeptieren. Die Millionen, die unsere Militärs in Somalia zwecks höherem Prestige verplempern, sind »Bestechungsgelder, die die Klarsichtigen blind machen«, von denen unser Text spricht. Es mangelt uns nicht an Erkenntnis des wirtschaftlichen, militärischen und ökologischen Elends, in das wir uns immer tiefer verstricken, wohl aber an politischer Umsetzung der biblischen Klarheit. Können wir denn nicht die vielen alternativen Vorschläge zu Rüstungsboykott und Reduktion des Militärs, zu Abrüstung statt Umrüstung, zum Lebensrecht und Wohnrecht der Armen und zu einem anderen Umgang mit der Schöpfung zu einer klaren, unüberhörbaren Stimme der christlichen Minderheit machen? Müssen wir uns denn »der Mehrheit anschließen zum Bösen«?

> Lehre uns, Minderheit zu werden, Gott,
> in einem Land, das zu reich ist,
> zu fremdenfeindlich und zu militärfromm.
> Pass uns an deine Gerechtigkeit an,
> nicht an die Mehrheit.
> Bewahre uns vor der Harmoniesucht
> und den Verbeugungen vor den großen Zahlen.
>
> Sieh doch, wie hungrig wir sind
> nach deiner Klärung.
> Gib uns Lehrerinnen und Lehrer,
> nicht nur showmaster mit Einschaltquoten.
> Sieh doch wie durstig wir sind
> nach deiner Orientierung,
> wie sehr wir wissen wollen, was zählt.
>
> Verschwistere uns mit denen, die keine Lobby haben,
> die ohne Arbeit sind und ohne jede Hoffnung,
> die zu alt sind, um noch verwertet zu werden,
> oder zu ungeschickt und zu nutzlos.
>
> Weisheit Gottes, zeig uns das Glück derer,
> die Lust haben an deinem Gesetz
> und über deiner Weisung murmeln tags und nachts.
> Sie sind wie ein Baum,
> gepflanzt am frischen Wasser,
> der Frucht bringt zu seiner Zeit.

III

Der biblische Gott ist der, der die Fremden vor Willkür und Rechtsbeugung schützt. Er ist der, »der die Person nicht ansieht und nicht Bestechung annimmt, der der Waise und der Witwe Recht schafft und den Fremdling lieb hat, so dass er ihm Brot und Kleidung gibt.« (5 Mose 10,17). Der Gott der Bibel hat eine merkwürdige Vorliebe für die Nichteinheimischen. Es gibt viele Fragen, die in den verschiedenen Traditionen der Bibel unterschiedlich, gar entgegengesetzt behandelt werden. Frieden und Krieg, Homosexualität und die Rolle der Frau gehören zu diesen umstrittenen Themen, für die sich jeweils unterschiedlich orientierende Bibelstellen finden lassen. Beim Fremdling, beim Gast, beim Ausländer ist das anders. Die biblische Tradition, die Thora spricht hier mit überwältigender Klarheit. Ich will einige Sätze der hebräischen Bibel zitieren:

»Einerlei Gesetz und einerlei Recht soll gelten für euch und für den Fremden, der bei euch wohnt.« (4 Mose 14,16) »Wenn du den Mantel eines anderen zum Pfande nimmst, so sollst du ihm denselben zurückgeben, ehe die Sonne untergeht, ist er doch seine einzige Decke, die Hülle seines Leibes. Worauf sollte er sonst schlafen? Wenn er zu mir schreit, so werde ich ihn erhören, denn ich bin gnädig.« (2 Mose 22, 26 f.) »Wie ein Einheimischer aus eurer eigenen Mitte soll euch der Fremdling gelten, der bei euch wohnt, und du sollst ihn lieben wie dich selbst – seid ihr doch auch Fremdlinge gewesen im Lande Ägypten.« (3 Mose 19,34) Ähnlich erscheint der Gedanke auch in Vers 9 unseres Textes. »Fremde sollt ihr nicht bedrängen, weil ihr selbst das Leben (wörtlich: die Seele) von Fremden kennt, denn ihr seid im Lande Ägypten Fremde gewesen.« Diese Begründung in der Erinnerung ist nicht unmittelbar gemeint. Das Bundesbuch, aus dem die Sätze stammen, ist Jahrhunderte nach dem Aufenthalt Israels in Ägypten entstanden. Diese Unterdrückungssituation wird aber als die Grunderfahrung des ganzen Volkes tradiert. So wie jeder jüdische Mensch in jeder Generation sich ansehen soll als einen, der selbst aus Ägypten freigekommen ist, so sollen sich auch alle an das Leben der Fremden, der Rechtlosen, der Zweitrangigen erinnern. Erinnerung ist das Geheimnis der Erlösung, heißt ein jüdischer Grundsatz. Erinnerung ist auch das Geheimnis der Ethik, ja vielleicht kommen wir der Einheit von Evangelium und Gesetz, von Befreitwerden und Befreitleben näher, wenn wir meditieren, was für eine Art von Erinnerung hier gemeint ist.

Psychologisch wahrscheinlich und naheliegend ist aber gerade das Gegenteil: Opfer von Gewalt geben die Gewalt zurück. Weil ich geschlagen wurde, schlage ich jetzt auch mal zu! Wo mir in der Kindheit Unrecht geschah, das mich verbogen und verklemmt hat, warum soll es den Flüchtlingskindern heute anders gehen? Es ist wie ein furchtbarer Kreislauf, aus dem es kein Entrinnen gibt. Unterdrückte werden Unterdrücker, Heimatvertriebene werden Nationalisten. Die von einer das Denken verbietenden Erziehung Geschädigten werden Faschos.

Die Bibel weist auf einen ganz anderen Umgang mit der Erinnerung hin. Das Elend wird gerade nicht wiederholt und in alle Ewigkeit fortgeschleppt. Die Logik des »Du sollst dich erinnern« ist gerade der Bruch mit den verinnerlichten Gewalterfahrungen. Wie kommt die Bibel dazu, die Erinnerung an die Versklavung in Ägypten derart anders zu gebrauchen? Kann Leid denn auch Mitleid wecken? Gibt es einen produktiven Umgang mit den eigenen Beschädigungen? Gibt es einen Exodus nicht nur aus Ägypten, sondern auch aus dem Zwang, Ägypter zu werden? Vielleicht sollten wir uns zuerst fragen, welche unserer eigenen Geschichten und Erinnerungen uns solidarischer gemacht haben, fähiger Fremde anzunehmen. Als Kind habe ich einmal erlebt, wie ein großer Junge einen kleinen nicht nur schlug, sondern auch demütigte und mit Worten fertig machte. Mein Gefühl dabei war Wut und Ekel, aber auch ein Wissen darum, nie so zu werden. Es muss eine Freiheit von solchen Zwängen vorhanden sein, Demütigungen weiterzugeben. Das »Du sollst!« Gottes ist eine Einladung zur Freiheit, zur Umkehr der Gewaltverhältnisse. Die Erinnerung wird dann eine Stärkung und sagt uns: »So gerade nicht! So nie wieder!« Auch die inneren

Schwerter können zu Pflugscharen werden. Ich denke, dass die Friedensbewegung der 80er Jahre eine solche gute Erinnerung darstellt, weil sie historische Wurzeln in der deutschen Geschichte hatte. »Diesmal kann keiner sagen, er habe es nicht gewusst!«, hieß einer der schönsten Sätze der Bewegung. Haben wir heute genug Erinnerung an eigene Heimatlosigkeit, eignes Vertriebensein, um die Wärme und die Widerstandskraft aufzubringen, die wir zum Schutz der Fremden bei uns brauchen? Manchmal kommt es mir so vor, als hätten wir bei unserer Einteilung der Menschen in Bürger und Asylant auch die Hoffnung in unserm Land zu einer Asylantin gemacht.

> Eine Asylantin.
> Hier ist sie nicht geboren.
> Unsere Sprache versteht sie nicht.
> Gearbeitet hat sie ohne Papiere.
> Gewohnt hat sie wechselnd
> bei einer Freundin
> in einem Container.
> Sie würde gern anfangen
> zu arbeiten
> hier bei uns.
> Ihr Name ist Hoffnung,
> hier kennt sie niemand.

IV

Der letzte Satz unseres Textes ist eine Zusammenfassung und zugleich eine andere Fassung des ersten Gebotes. »Habt Acht auf euch in allem, was ich euch befohlen habe. Den Namen anderer Götter sollst du nicht anrufen, und er soll aus deinem Munde nicht gehört werden.« (Vers 13) Was hat das alles mit Gott zu tun: die Armen zum Maßstab zu machen, den Mut zur Minderheit haben, die Gewalt zu unterbrechen, die Erinnerung an das erlittene Unrecht in den Dienst der Barmherzigkeit zu stellen? Manche mögen sich fragen: »Wo ist denn Gott da? Kommt er danach und belohnt uns? Kommt er zuvor und hat uns das alles befohlen?« »Nein,« sagt der Text, »er ist mitten in unserm Tun des Gerechten, mitten in unserm Gebet und unserer Befreiungsarbeit.« Wenn aus unserm Mund der Name anderer Götter nicht gehört wird, wenn wir Gott rufen, dann ist Gottes Name in unserm Mund, in unsern Händen, in unsern Häusern, wo immer wir einander annehmen.

Das Verbot, andere Götter zu verehren, hat in Israel sehr konkrete Bedeutung gehabt. Das Volk sollte nicht vor ihnen niederfallen, ihnen keine Opfer darbringen, sie nicht anrufen und ihren Namen aussprechen. Dass es viele verschiedenartige Götter gibt, die in den verschiedenen Kulturen verehrt wurden, war selbstverständlich.

Wir mögen uns fragen, was diese Ermahnung zur Verehrung des einen Gottes uns noch sagen soll. Unser Problem scheint doch eher der Atheismus zu sein als der Polytheismus. Aber ich denke mit der Bibel, dass es einen reinen Atheismus gar nicht gibt. Denn das, worauf wir uns verlassen, was wir für entscheidend halten, was uns prägt und trägt, ist auch das, vor dem wir auf die Knie gehen, für das wir Opfer bringen und Steuern zahlen. Und wir beschwören es mit immer neuen Vokabeln. Auch wir haben unsere Götzen! Das Goldene Kalb wird zwar nicht mehr als realistisches Standbild aufgerichtet und angebetet, aber es ist noch vor kurzem in seiner Gestalt der Deutschen Mark gewählt worden. Der deutsche Nationalismus, dieses so unrealistische »Deutschland den Deutschen« wird an vielen Nebenaltären beschworen und besungen. Und ist nicht das »Ich bin Ich!« und »Ich muss vor allem lernen, mich selber zu lieben!« ebenfalls ein Götze, der uns wichtiger ist und mehr Opfer fordert als das zu beschützende Ausländerheim ein paar Straßen weiter? Fragen wir uns doch selber, wie wir es mit den selbst gemachten Götzen halten: Sicherheit, Wohlstand, Besitzwahrung, wann wir sie anbeten, öffentlich oder privat.

Aber besser stellen wir uns eine andere Frage, die sich hinter diesem letzten Vers verbirgt, ob wir nämlich fähig sind, Gott zu lieben, von ganzem Herzen und ganzer Seele und allen unseren Kräften, Gott, den Geber des Lebens und der Thora. Nur wenn wir in dieser Liebe leben, verziehen sich die Götzen, die uns gern beherrschen und bestechen wollen. Nur in dieser Liebe wird aus der Störung der vielen »Du sollst!« die Übereinstimmung mit dem Willen Gottes in uns. Ist es nicht das, was wir wirklich wollen und uns wünschen, das Leben so zu lieben, wie Gott es liebt, und es so zu beschützen, wie die Thora es beschützt? Ist nicht die Freude der Thora die Freude in Gott, die keinen anderen Grund oder Anlass mehr braucht, sich zu freuen?

In unserer Tradition ist oft formuliert worden, wie sehr Gott uns liebt, väterlich umsorgt, behütet und bewahrt. Aber wirkliche Liebe ist immer etwas Gegenseitiges. Wenn wir nicht lernen, unsere Liebe zu Gott auszudrücken und zu leben, dann verblasst auch der Vater da droben. Die Thora, die Weisung, beginnt mit dieser verrücktesten aller Lieben. Das Sch'ma Israel, das Bekenntnis zu dem einen und einzigen Gott, das jeder fromme jüdische Mensch täglich betet, hebt mit diesen Worten an: »Höre Israel! ER unser Gott ist Einer. So liebe denn Ihn deinen Gott mit all deinem Herzen, mit all deiner Seele, mit all deiner Macht.« (5 Mose 5,4 ff.) Ich will daran erinnern, dass einige Juden mit diesem Gebet in Auschwitz ins Gas gegangen sind. Sie haben so bis zuletzt die Liebe zu Gott bezeugt. Ohne dieses Geheimnis zu verstehen, können wir die Bibel nicht wirklich lesen und lernen wir nie, sie zu beten. Liebe zu Gott ist der Wunsch, sich selber vollständig dem Sinn des Lebens zu ergeben und diese große Hingabe an Gottes Leben in der Welt ohne Abstriche, ohne Verleugnung zu vollziehen. Frommsein heißt: sich Gott geben, an der Bewegung der Liebe in der Welt teilzunehmen und selber Liebe zu werden.

Theologie der Befreiung für uns in Europa

Aus dem Dialog mit Eugen Drewermann »Theologie der Befreiung für Europa und die Entkolonisierung der Seelen« beim Lateinamerikaforum des 25. Deutschen Evangelischen Kirchentags in München am 10. Juni 1993

Liebe Schwestern und Brüder, ich habe mich gefragt, warum die Theologie der Befreiung aus Lateinamerika auf uns in der

Ersten Welt so anziehend ist, warum sie eigentlich das einzige ist, was mich seit vielen Jahren theologisch begeistert. Ich habe mich gefragt, wie es kommt, dass plötzlich von weit her ein ganz anderes Licht auf das Evangelium fällt, dass eine ganz andere Freiheit sichtbar wird und etwas erscheint, das Hoffnung macht – uns, die wir in einer so großen Öde leben. Ich glaube, unsere spirituelle Lage ist ähnlich der, die ein alter Indianer in den USA mir gegenüber so beschrieb: »Weißt du, im Sommer kommen immer so viele junge Leute aus den Colleges in unsere Reservationen. Das sind alles arme Waisenkinder im spirituellen Sinn. Sie kommen und suchen nach Weisheit, nach Klarheit, nach etwas, worauf sie ihr Leben bauen können.« Ich glaube, wir alle gehören irgendwie zu diesen spirituell verwaisten Menschen. Wir wissen eigentlich nicht, wohin. Wir wissen nicht, was uns trägt. Unsere eigene spirituelle Tradition ist uns abhanden gekommen. Und noch eine andere Stimme, diesmal aus Lateinamerika, zu dieser Situation unserer eigenen Hoffnungslosigkeit in Europa. Gioconda Belli, die nicaraguanische Schriftstellerin, sagte bei einer Tagung in Loccum, als sie wieder einmal diese resignative Grundhaltung spürte: »Den Luxus der Hoffnungslosigkeit unter euch satten Europäern kann sich bei uns in Nicaragua niemand leisten!« Ist es denn auch noch eine Art von Luxus, wenn wir hoffnungslos sind? »Selig sind, die da hungert und dürstet nach der Gerechtigkeit«, heißt es in der Bergpredigt Jesu. Von dieser Seligkeit haben die, die materiell überfüttert sind, am allerwenigsten.

Nun, ich denke, eine Hilfe, um uns anzunähern an das Thema einer Theologie der Befreiung für Europa, ist immer noch das Neue Testament, das in seinen Wundergeschichten, in seinen Heilungsgeschichten nie einen totalen Sieg, zum Beispiel über die ägyptische Augenkrankheit, proklamiert. Wohl aber wurden damals einige Blinde wieder sehend. Es sind winzige Geschichten der Hoffnung. Es sind Geschichten der Befreiung, Geschichten des Freiwerdens von Angst und Ohnmacht, die mit Jesus verbunden sind und die innerhalb der Jesusbewegung weitererzählt wurden. Den Luxus der Hoffnungslosigkeit konnten sich damals nur Heiden leisten, nämlich die Oberklasse im imperialen Rom. Die verfasste Gedichte, wie hoffnungslos alles sei. Die Armen aber lebten von diesen merkwürdigen kleinen Hoffnungsbröckchen und wurden davon satt. Eine wundersame Brotvermehrung existierte damals. Gerade das lässt sich auch immer wieder in Lateinamerika feststellen. Und darum erscheint unsere eigene Hoffnungslosigkeit recht merkwürdig im Lichte dessen, was man aus der lateinamerikanischen Befreiungstheologie lernen kann.

Ich möchte eine kleine Geschichte erzählen, die ich in einer brasilianischen Basisgemeinde erlebt habe. Da wurde über die beiden Emmausjünger (Lk 24,13–35) gesprochen, darüber, was diese zwei Jünger erlebt haben. Sie fliehen nach der Kreuzigung Jesu aus Jerusalem. Sie befinden sich in einer tiefen depressiven Phase und wissen eigentlich nicht, wie es weitergehen soll. Ein Fremder gesellt sich zu ihnen. Sie gehen mit ihm, und er erklärt ihnen das Reich Gottes nach der Schrift. Ganz am Schluss, als sie das Brot miteinander brechen, erkennen sie diesen Fremden: es ist Jesus. Kurz darauf verschwindet er. In dieser Basisgemeinde wurde gefragt, warum Jesus eigentlich verschwand, die Jünger seien doch sicher froh gewesen, dass er nun wieder bei ihnen war. Ein sechzehnjähriger Junge gab die Antwort, die alle befriedigte: »Es ist doch ganz klar. Wenn das Volk die Sache begriffen hat, um die es geht, wird es loslegen und arbeiten. Und Jesus kann verschwinden und woanders hingehen, damit die Menschen auch dort das Reich Gottes begreifen.«

Eine sehr, sehr schöne Antwort, denn sie befreit von der Autorität eines falschen Gottes. Das ist nun eine meiner Kernthesen in diesem Zusammenhang: Wir haben deswegen hierzulande keine Befreiungstheologie, weil wir in Europa – mit Ausnahmen – eine miserable, eine sehr schlechte Theologie haben. Jesus wird darin für gewöhnlich gebraucht, um uns unsern Abstand zu Gott klarzumachen. Die dumme Redensart ist uns bekannt: »Bin ich denn Jesus? Kann ich etwas dafür, wie es um mich herum steht? Kann ich etwas daran ändern, dass Kinder verhungern und die Fische in den sterbenden Gewässern nach Luft schnappen?« Die wirkliche Antwort der Bibel darauf ist einfach und deutlich: »Jesus sagt doch: Folge mir nach! Natürlich bist du Jesus! Wer denn sonst? Du bist ein Kind Gottes, eine Tochter oder ein Sohn Gottes, der Liebe fähig!« Aber wir sind in unserer Theologie fast erstickt an einer, wie ich es scharf benennen will, pessimistischen, menschenverachtenden Anthropologie. Wir haben ein verheerendes Bild vom Menschen: Wir Menschen sind nach dieser theologischen Sicht klein, schwach und ohnmächtig. Wir können uns selber nicht trauen und haben nichts zu sagen. »Was kann ich als einzelne denn tun?« ist ein Satz, den ich tausendmal gehört habe. Nach jedem Vortrag, nach jedem Auftreten irgendwo kommt jemand und sagt mir in den unterschiedlichsten Sprachen diesen Satz: »Ja, was kann ich denn machen? Wieso könnte ich denn etwas zur Lösung beitragen?«

Dieser Satz: »Was kann ich als einzelne denn tun?« ist für mein Verständnis der krasseste Atheismus, den es gibt. Weiter kann man sich von Gott gar nicht entfernen. Mehr kann man Gott nicht leugnen, als durch diesen Standpunkt. Radikaler kann man Gott gar nicht ausschließen aus seinem Leben, ganz gleich, ob man theoretisch die Existenz eines höheren Wesens anerkennt oder nicht.

Entscheidend ist, ob ich an die Kraft Gottes glaube und Anteil an ihr habe. Wenn ich frage: »Was kann ich als einzelne denn tun?«, negiere ich die Kraft Gottes, zerstöre ich Gott in mir, um mich herum, mit andern zusammen. Und diese Zerstörung Gottes geschieht bei uns mit theologischer Beihilfe. Der Glaube wird zu einem oberflächlichen Für-wahr-halten. Am schrecklichsten habe ich es in der jüngsten SPIEGEL-Umfrage »Was glauben die Deutschen?« bemerkt. Es wurden so schwachsinnige Fragen gestellt wie: »Wie viele Menschen in Deutschland glauben denn noch an die Jungfrauengeburt?« »Wie viele glauben noch an das Leben nach dem Tode?« Die wirklichen Fragen, die Fragen Jesu: »Habt ihr mir zu essen gegeben? Habt ihr mich aufgenommen, als ich an eure Tür klopfte? Habt ihr mich besucht, als ich gefangen war?« scheinen überhaupt nicht mehr dazusein. Merkwürdige Sektenfragen werden zur Hauptsache gemacht. Es sind lediglich Für-wahr-halte-Fragen und eine Art negativer Autoritarismus, die vom SPIEGEL abgefragt werden. Für die SPIEGEL-Leute ist es hingegen ganz unwichtig, ob Christus irgend etwas für mein Leben bedeutet.

Es spielt überhaupt keine Rolle, ob seine Botschaft und sein Geist mein Verhalten bestimmen zum Militarismus und zum Krieg, zu meinen Steuern also, die die Rüstung mitfinanzieren, zum Konsumismus, zu Asylanten und Arbeitslosen, zu Vorgesetzten, aber auch zu Robben und anderen Tieren. Abgefragt wird, geht man nach den SPIEGEL-Fragen, eine religiöse Sonderwelt. Und dann meint man aufgrund der Beantwortungen zu wissen, wie es um den Glauben in Deutschland steht. Eine autoritäre Religion wurde abgefragt und das Ergebnis ist in jeder Hinsicht negativ. Denn diese falsche Religion ist immer die »Jesus-macht's und wir sind nichts«-Religion, aufgrund deren wir sagen: »Was kann ich als einzelne schon ändern?«

Besonders gotteswidrig finde ich in diesem Satz die Formel »ich als einzelner«. Wer, um Gottes willen, hat dir das denn beigebracht? Woher nimmst du denn das, dass du als einzelner auf die Welt gekommen bist? Vielleicht kann man einige Gründe dafür nennen, dass du als einzelner sterben wirst. Aber du bis nicht als einzelner auf die Welt gekommen und könntest als einzelner auch nicht auf ihr überleben. Wir sind miteinander in einer tiefen Verbundenheit, in Beziehungen miteinander geschaffen. Und gerade das wird in der bürgerlichen Auslegung des Christentums zerstört. Es wird den Menschen suggeriert, dass sie als einzelne allein sich anzusehen hätten.

Seit der Wende lässt sich ein großer, neuer Individualismusschub in Deutschland konstatieren, der einhergeht mit einer großen Desolidarisierungswelle. Man spricht über so genannte Solidarpakte, die aber nichts weiter sind als Vereinigungen zwecks Zerstörung der Gerechtigkeit. Aber hinter der Tarnung durch den schönen Begriff »Solidarpakt« wird nicht mehr erkannt, was sich da abspielt. In diesem Sinn meine ich, dass wir uns selbst fesseln und von Gott trennen lassen, indem wir uns allein als Individuen begreifen.

Das soziologische Modell der Jesusbewegung sind weder die Masse noch das Individuum, sondern es ist die Gruppe, die Gemeinschaft. Die Freundinnen und Freunde Jesu lebten in einer Nachfolgegemeinschaft mit ihm. Sie versuchten, so miteinander zu leben, wie er gelebt hat. Sie gaben seine Wahrheit weiter, indem sie miteinander in der Kraft des Geistes Jesu lebten. Nur von einem Menschenbild aus, das uns mit der Kraft Gottes verbindet und sie uns zutraut, hat Jesus seine Jüngerinnen und Jünger ausgeschickt, die Hungrigen zu sättigen, die Dämonen auszutreiben, die psychisch Kranken zu heilen und die Gefangenen zu besuchen. Er hat nie gesagt: »Du als einzelner kannst sowieso nichts ausrichten!« Das ist im Lichte Jesu purer Zynismus und Unglaube.

Denn was geht in unserm Lande vor sich mithilfe der Gewalt, die sich gegenwärtig bei uns breit macht? Einmal ist es die Gewalt, die sichtbar wird in der Aushöhlung des Grundgesetzes, nämlich in der Zerstörung des Rechtes auf Asyl. Das ist die Gewalt von oben, die eine Art Erlaubnisschein abgegeben hat für die losbrechende Gewalt von unten, nämlich die der Skins und Faschos. Man muss diesen Zusammenhang begreifen. Auch dann, wenn manche darüber anders reden werden und die offizielle Sprachregelung behauptet, die Änderung des Grundgesetzes sei ein rechtmäßiger, demokratischer Beschluss und habe nichts mit dem verbrecherischen Verbrennen unschuldiger türkischer Kinder zu tun. Aber dieses sind dann die Konsequenzen. Wenn man die Forderungen der Rechtsradikalen politisch erfüllt, darf man sich nicht wundern, wenn diese sich im Recht fühlen und ihr »Weiter so, Deutschland!« gröhlen.

*

Ich habe darüber nachgedacht, an welchen Stellen Eugen Drewermann und ich uns unterscheiden. Ich glaube, dass sehr viel Gemeinsames da ist. Das möchte ich gerne feststellen und festhalten. Wenn man sich mit Theologie der Befreiung befasst, gewinnt man folgende grundlegende Erkenntnis: Theologie der Befreiung kommt eigentlich nur im Plural vor. Es gibt eigentlich nicht die Theologie der Befreiung, sondern ganz viele Theologien der Befreiung. Weil die Unterdrückungen so verschieden sind: Rassismus, Sexismus, Herrschaft einer Klasse über alle anderen Menschen, Naturzerstörung, darum müssen auch die befreienden Antworten verschieden sein. So ist es auch bei Eugen Drewermanns Art und meiner eigenen, die Dinge christlich anzugehen. Unsere Vorgehensweise ist verschieden, darum sind auch die Antworten verschieden.

Ich möchte jetzt aber einmal festhalten, wo wir uns meiner Meinung nach unterscheiden. Die Adressaten, zu denen wir sprechen, die inneren Dialogpartner, sind verschieden. Ich kann zum Beispiel nicht davon ausgehen, dass die Repression des persönlichen Glücks, von dem Eugen Drewermann handelt, für die Mehrzahl der Menschen, mit denen ich zu tun habe, die konkrete, ursächliche Bedrückung ist, von der sie sich befreien müssen. Die Repression des persönlichen Glücks ist in meinen Augen eine Folge der sozialen Apartheid und unserer spirituellen Verarmung. Weil wir keinen Nächsten haben, zerstören wir das Glück. Aber die offiziellen Stimmen fordern uns dazu auf, das persönliche Glück individuell, im persönlichen Gärtchen, in einer aparten Idylle, im Rückzug von der konkreten Realität zu suchen.

Deshalb bin ich der Meinung, dass der Kapitalismus heute die Religion immer weniger braucht. Die Kirchenaustritte – und wir sind damit noch nicht am Ende, die Kirchen werden einen Minderheitenstatus bei uns erlangen – spiegeln für mich die Realität einer Gesellschaft wieder, die diese Art von sozialem Schmieröl nicht mehr braucht. Eugen Drewermann leidet mit Recht daran, dass das Evangelium zu einem solchen sozialen Schmieröl pervertiert wurde. Aber selbst das wird in Zukunft immer weniger gebraucht, weil ein viel besserer Stoff an seine Stelle treten kann, nämlich die individualistische Psychologie. Diese funktioniert viel effektiver als die altmodische, repressive Religion, die alles mögliche verbietet und darum in der Postmoderne unbrauchbar wird. Die herkömmliche Religion bildet sich noch ein, etwas durchsetzen zu können, aber sie ist wirkungslos geworden. Vielleicht ist sie in dem gesellschaftlichen Zustand, in dem wir uns befinden, schon so gut wie tot. Stattdessen haben wir eine andere Götzenherrschaft, und die geht mit dem Individualismus Hand in Hand.

»Du kannst dich verwirklichen!« So lautet jetzt das oberste Gebot. Wir kennen alle das Bibelwort: »Du sollst deinen Nächsten lieben wie dich selbst.« Seit etwa zwanzig Jahren wird es in der feministischen Theologie und in anderen Theologien ausgelegt allein unter dem Gesichtspunkt, das »wie dich selbst« sei wichtig. Erst müsse man lernen, sich selbst zu lieben, denn das könne man ja gar nicht. Man finde sich hässlich, dumm, ungeschickt, erfolg- und hilflos. Daher müsse man erst einmal bei sich selbst anfangen, da Abhilfe zu schaffen. Später erst könne man daran gehen, sich den anderen zuzuwenden und sie zu lieben.

Das ist die triviale Auslegung eines der fundamentalen Gebote des Christentums in unserer Welt. Die Innenarbeit erhält dabei den Vorrang vor der Außenarbeit. Aber die Bibel spricht so nicht, sondern anders. Denn sie sagt: Gerade, indem du aus dir herausgehst, triffst du auf das wieder, was du in dir zerstört hast. Du findest Gott nicht durch Selbstfindung, sondern indem du dich dem anderen zuwendest. Das Christentum hat nicht wie die Griechen als Grundprinzip proklamiert: »Erkenne dich selbst!«, sondern es hat gesagt: »Liebe Gott über alles und deinen Nächsten wie dich selbst!«

*

Ich glaube nicht, im Gegensatz zu Eugen Drewermann, dass das autoritär-repressive Modell der römischen Kirche noch das Modell der gesamten Ersten Welt ist. Es interessiert heute schon immer weniger Menschen, wie Rom in dieser oder jener Frage denkt und was es den Gläubigen vorschreibt. Und in der nächsten Generation wird es noch weniger Menschen binden. Und vor allem: Wer sich vorrangig mit der Heilung der Schäden befasst, die durch dieses autoritäre religiöse System entstanden sind, schreibt die Menschen der Zweidrittelwelt praktisch ab. Die existieren dann faktisch erst einmal nicht für ihn.

Ich habe von Erich Fromm gelernt, dass der Reichtum des Menschen in dieser Welt im Sein liegt und nicht im Haben. Was aber in unserer Welt geschieht, ist die ständige Verdrängung unserer tiefsten Seinsbedürfnisse. Ich möchte natürlich auch – wie jeder von uns – schöner, liebenswerter, sportlicher, musikalischer sein. Aber diese Sehnsüchte sind Hinweise darauf, dass unsere Seinswünsche noch tiefer gehen: »Schaffe in mir, Gott, ein neues Herz!«

Was in unserer Gesellschaft vor sich geht, ist, dass diese unsere tiefsten Seinswünsche ständig von der Werbung angekitzelt und dann umfunktioniert werden in Habenswünsche. Wer möchte nicht an einem schönen einsamen Strand sich mit seinem Freund oder seiner Freundin ergehen und nichts als glücklich leben, aber indem die Werbespots das thematisieren, zielen sie nur auf den Kauf einer bestimmten Zigarette. Unsere Seinssehnsucht, das ist letztlich die Sehnsucht nach Gott, sie wird missbraucht und zur Habenssehnsucht gemacht.

Ich möchte noch etwas sagen zur Problematik der Kirchen. Ich sehe den Protestantismus vor einer Massenauswanderung. Wir werden eine Minderheitenkirche werden. Was heißt das in der Zukunft? Für die Kirche der Zukunft gibt es zwei konkurrierende Modelle, die sich an einigen Punkten auch überschneiden. Das eine ist eine Art civil religion, also Religion als Überhöhung und Interpretation der großen Lebenserfahrungen wie Geburt, Erwachsenwerden, Sterben, aber auch als Bemühung, die Menschen einzubinden in das Staatswesen. In dieser milden Religion hat Therapie durchaus ihren Platz. Es ist jetzt schon so, dass die intelligenteren Pfarrer und Pfarrerinnen in unserer evangelischen Kirche alle im wesentlichen therapeutische Zusatzausbildungen haben und da ihren Schwerpunkt finden. Sie interpretieren Gott im Sinne ihres therapeutischen Handelns und nicht im Sinne des zweiten Modells, das ich bevorzuge. Das ist das eigentlich protestantische Modell, das sich auf den Konflikt mit der Macht einlässt. Dass solche Konflikte bestehen, verschleiert die civil religion weithin. Durch das protestantische Modell könnte aber eine Befreiungstheologie für Europa entstehen, die klare Positionen bezieht hinsichtlich der zentralen, uns bedrängenden Themen:

Der Konflikt muss erstens gewagt werden, um weltwirtschaftliche Gerechtigkeit herzustellen. Das heißt, eine andere Weltwirtschaftsordnung muss angestrebt und verwirklicht werden anstelle der Barbarei, in der wir zur Zeit leben. Wir sind hier in München. Als vor einiger Zeit hier der so genannte Weltwirtschaftsgipfel der »Großen Sieben« stattfand, sind junge Leute von der Polizei eingekesselt worden. Das geschah, weil sie einige Trillerpfeifen in der Hand hatten, die als Gewaltinstrumente interpretiert wurden. Diese jungen Menschen stehen für das, was ich Christentum nennen würde. Denn sie haben genau begriffen, worum es eigentlich geht.

Der Konflikt muss gewagt werden, das ist das zweite, für einen Frieden, der nicht auf Militärgewalt gegründet ist. Die zentrale Frage lautet: Welchen Frieden wollen wir? In einer Art verdeckter Kriegspropaganda wird der innere Militarismus in Deutschland wieder angeheizt. Die furchtbare Katastrophe in Jugoslawien wird dazu benutzt, mit der Friedensbewegung abzurechnen. »Das sehen wir doch jetzt, dass es nicht so geht, wie die Pazifisten sich das vorstellen. Das wissen wir doch jetzt alle!« Man will das, und grade auch in der evangelischen Kirche, wieder zurücknehmen, was sich als friedensethische Entschiedenheit herausgebildet hatte. Damit soll wieder Schluss sein, das habe sich jetzt als Irrtum herausgestellt.

Der dritte Punkt einer wirklichen Theologie der Befreiung bei uns ist die Sorge um die bedrohte Schöpfung. Ich bin davon überzeugt, viele Menschen erkranken am Erkranktsein der Mutter Erde. Matthew Fox, ein großer katholischer Theologe der Gegenwart, Dominikaner in den USA, in Rom schlecht gelitten, hat gefragt: »Wer hängt eigentlich heute am Kreuz?« Wer ruft eigentlich heute: Mich dürstet! Oder: Warum hast du mich verlassen? Es ist unsere Mutter, die Erde.« Sie wird vor unsern Augen und zwecks unseres Profits gekreuzigt.

*

Vielleicht habe ich mich hier etwas zu polemisch und ausschließend ausgedrückt. Ich glaube jedoch wirklich, dass eine Einheit besteht zwischen diesen beiden Positionen: Gott als die Kraft der Befreiung von dieser Form der Zerstörung unserer selbst und unserer Lebensgrundlagen, in der wir uns befinden – und der therapeutischen Funktion. Aber ich möchte wie das Judentum und, wenn ich das Christentum richtig verstehe, als Christin auf einen gewissen Vorrang der Außenarbeit bestehen. Nicht in der Selbstfindung, sondern in der Beziehung zueinander, im Freiwerden von der spirituellen Apartheid, in der wir uns von Gott trennen, gerade indem wir versuchen, uns selber der Heilung anzunähern. Ich möchte zu bedenken geben, warum jede psychotherapeutische Veranstaltung heute ein viel größeres Echo hat als eine, die sich um Bäume, Fische und andere angeblich überflüssige Dinge Sorgen macht. »Wie kommt es, dass die Ökobewegung so zurückgegangen ist? Wie kommt es, dass die Friedensbewegung so schwach geworden ist? Warum sind die Sprechstunden der Psychotherapeuten überfüllt? Warum kümmern sich immer weniger Menschen um den Zustand der Welt? Das erzürnt mich, das schmerzt mich. Da frage ich mich: Wo ist denn nun Gott eigentlich?

*

Ich möchte noch einmal auf den Punkt zurückkommen, der uns beiden, Eugen Drewermann und mir, wichtig ist, worin wir uns aber auch unterscheiden: Wie kommen wir zur Barmherzigkeit? Wie verändern wir uns, dass wir barmherzig werden? Es ist für mich tatsächlich eine Frage, ob es nicht die atomisierte Familie ist, die vor allem zur Neurotierung beiträgt. Ich frage, ob die Auflösung von gemeinschaftlichen Beziehungen, ob der Mangel an den elementarsten Formen des Teilens und Miteinanderlebens nicht krank machend wirkt. Ich frage mich,

wie wir zu einem anderen Verhalten gelangen, zu einer größeren Barmherzigkeit, wie wir Mitleid und Solidarität lernen. Wie
kommen wir aus dieser tödlichen Selbstzentrierung heraus? Ich
will nicht behaupten, dass Psychotherapie immer instrumentalisiert wird im Interesse des Kapitalismus, erst recht nicht bei
Eugen Drewermann. Aber die Gefahr besteht, daran ist nicht zu
zweifeln. Sich der Psychokultur zu bedienen, ist bereits völlig in
den Chefetagen und bei den Führungskräften der Wirtschaft
verinnerlicht. Da gehört das einfach zum Stil, dass man sich
durch therapeutische Veranstaltungen auferbauen lässt. Man
wird dadurch entspannt und seiner selbst gewiss, so wie früher
durch die Religion. Zerrformen der Psychotherapie werden
also instrumentalisiert, damit die Ausplünderung der anderen
innerpsychisch abgesegnet wird, sodass man gar nicht mehr
merkt, was eigentlich vor sich geht.

*

Wir brauchen psychische Befreiung und Befreiungsarbeit. Ich
betone aber mit einer gewissen Einseitigkeit, dass wir ohne Befreiungsarbeit nicht leben und nicht überleben können. Psychische Befreiung ja, aber auch die Befreiung unserer Mutter, der
Erde, von dem drohenden qualvollen Tod! Psychische Befreiung und Befreiungsarbeit an der Gerechtigkeit für die Asylanten, der verendenden Erde, an der weitergehenden Militarisie-
rung! Diese Arbeit müssen wir behalten. Ich sage noch einmal:
wir können nicht ohne diese Arbeit leben, wir zerstören uns
sonst selber. Wir können auch nicht warten, bis wir alle psychisch so gesund sind, dass wir uns an die Befreiungsarbeit machen können.

Ich möchte noch einmal ganz konkret sagen: In unserm
Land brennen die Häuser derer, die manchmal schon zwanzig
oder dreißig Jahre bei uns leben. Die Anzahl der Gewalttaten
gegen Ausländer nimmt ständig zu. Aber wie viele von uns bilden Telefonketten, Nachtwachen, bieten wirklichen Schutz?
Wer geht für die Bedrohten auf die Straße? Sind die Menschen
bei uns, das ist die Gefahr, auf die ich hinweisen muss, nicht so

sehr mit sich selber, den eigenen Schwierigkeiten und ihren Partnerkrisen beschäftigt, dass sie einfach gar keine Zeit mehr haben, eine andere Priorität zu setzen? Nämlich diese merkwürdige Priorität Gottes für die Asylanten, für die Armen, für die, die noch mehr leiden, als ich psychisch leide. Es gibt einen alten christlichen Ratschlag, der vielleicht trivial erscheint, aber ich finde ihn gar nicht schlecht: Guck doch mal um dich, wie schlecht es anderen geht, und frage dich, ob du nicht relativ in einer besseren Position bist. Du hast vielleicht noch einen Mantel zu teilen, du hast vielleicht noch etwas zu geben. Du bist vielleicht gar nicht so arm, wie du dir einbildest. Du solltest Ausschau halten danach, in welcher Gestalt, in welchem Leiden Gott dich ruft. Das geht aber nur gemeinsam, dafür brauchen wir Gemeinsamkeit.

Ich glaube nicht, dass die reine Individualität die Erde rettet. Natürlich haben wir heute immerfort in der Dialektik von Individualität und Sozialität diskutiert. Weder Eugen Drewermann noch ich sind so unkundig darin, dass er nur das Individuum betont und ich nur die Gesellschaft. Ich plädiere aber angesichts der Macht der falschen, ja tödlichen Individualisierung als einer Grundtendenz der Postmoderne, dass wir uns einschwören auf den politischen Widerstand. Wir brauchen ihn, damit wir überleben und damit wir unsere Geschwister überleben lassen.

Wie Fremde Heimat finden

Bibelarbeit zum Buch Rut beim 25. Deutschen Evangelischen Kirchentag in München am 12. Juni 1993

Das Buch Rut ist die Geschichte einer Freundschaft zwischen zwei Frauen, und es ist eine Geschichte, deren Titel heißen könnte: »Wie Fremde Heimat finden.« Beide Geschichten sind nicht gerade das Normale und Übliche – hier in Deutschland. An der Frauengeschichte üben wir wenigstens. Am Buch Rut könnten wir vielleicht etwas über herrschaftsfreie Beziehungen zwischen Frauen lernen. Die Fremdengeschichte haben wir, historisch gesprochen, noch kaum verstanden. Wir sind gerade erst dabei, das Verständnis der Bibel von Asylanten und Flüchtlingen kennen zu lernen und unser Verhältnis zu Nichteinheimischen auf der Grundlage des Glaubens und nicht der Staatsräson zu klären.

Wie bei jeder guten Geschichte spielt der Mitspieler des Lebens, der Tod, eine wichtige Rolle. Seine Abgesandten heißen: Hunger, Exil, Krankheit, Alter, Vereinsamung, Elend. Wie in allen Geschichten der alten Welt spielt das Land mit, ein fruchtbarer Ort, an dem Wein und Oliven wachsen, genannt Bethlehem oder Haus des Brotes, Brothausen. Männer kommen auch vor, einer mit Namen Boas, was »In ihm ist Macht« bedeutet, und einer, der ironischerweise der Herr Soundso genannt wird, dazu eine Gruppe von Männern, die die Macht des Rechtes und des Eigentums an Boden repräsentieren. Dann erscheint noch am Ende des ersten und des letzten Kapitels eine Gruppe von Frauen (1,19 und 4,14–17), die wie ein Chor auf das Elend der Ankömmlinge und den Segen der Zukunft Bezug nehmen. Habe ich noch Mitspieler vergessen? Nein, ich vergesse Gott nicht, ich weiß nur nicht genau, mit welchem Namen ich Gott nennen soll.

Es ist eine gynozentrische, auf Frauen bezogene, Geschichte in einer androzentrischen, Männer ins Zentrum rückenden, Welt. Im Mittelpunkt stehen zwei Frauen, die betagte Noomi, deren Name »Meine Wonne« oder »Liebevoll ist Gott« oder einfach »Liebliche« bedeutet, und die junge Frau Rut, in deren Namen sich hebräische Worte wie »Freundin«, »satt sein« oder »satt machen« heraushören lassen. Beide Frauen kämpfen ums Überleben in einer Welt, die von Hunger, Elend, Unsicherheit und Gefahren bestimmt ist. Sie riskieren wagemutige Entscheidungen, planen und handeln höchst unkonventionell, um sich zu retten. Und sie retten so die Hoffnung auf Befreiung, auf die messianische Zeit.

Das kleine biblische Buch gehört nicht zu den Geschichtsbüchern der hebräischen Bibel, sondern zu den so genannten »Schriften«. Es ist eine kurze Novelle, ästhetisch gesprochen ein Meisterwerk der hebräischen Poesie, kunstvoll und bewusst geformt im Aufbau und der Zuordnung der Kapitel, in knappem erzählendem Bericht und bewegten Dialogen. Schon die Anspielungen auf hebräische Wörter, die alle Namen umschreiben und deuten, weisen auf den künstlerischen Stil der Erzählerin oder des Erzählers hin.

Die Geschichte beginnt als ein Wettlauf gegen den Tod. Sein erster Name ist Hungersnot (1,1), die eine Familie aus Juda dazu zwingt, ins Ausland zu gehen, um dort Asyl und Brot zu suchen. Als Schatten bestimmt diese Drohung, Hungers zu sterben, den Fortgang der ganzen Geschichte (2,23). Die Namen der beiden Söhne der Einwandererfamilie verheißen nichts Gutes, Machlon und Kiljon (1,2) kann man mit »Krankheit« und »Schwindsucht«, oder den Reim nachahmend mit »schwächlich« und »gebrechlich« wiedergeben. Es sind Todesnamen. Im dritten Vers erscheint der Tod dann unmittelbar. Der Vater stirbt, Noomi wird Witwe mit zwei Kindern, die sich mit einheimischen Moabiterinnen verheiraten, also Mischehen, wie wir das nennen, eingehen, wie so oft in der zweiten Generation von Einwanderern. Zehn Jahre verbringen sie in Moab, kinderlos, ehe auch sie sterben. »Die Frau blieb zurück, ohne ihre Kinder und ohne ihren Mann« (1,5).

In dieser Einführung in die Geschichte erfahren wir nichts von dem, was in Noomi vorgeht. Nur ihre Situation wird benannt: sie ist rechtlos, landlos, brotlos, eine verwaiste Mutter, eine Witwe, zu alt, um in ihr Elternhaus zurückzukehren, zu alt, um eine neue Ehe einzugehen. Ihre soziale und ökonomische Absicherung müsste von anderen männlichen Mitgliedern der Sippe übernommen werden, aber sie lebt als Ausländerin in Moab.

Eine Migrationsgeschichte, wie sie sich heute tausendfach auf der Welt ereignet: Hunger, Dürrekatastrophen, ökonomisch erzwungene Landflucht, politische Vertreibung. Der Name, den wir hierzulande Noomi und ihren beiden Söhnen geben würden, heißt in der Behördensprache »Wirtschaftsasylanten«, in der Gossensprache »Ausländer raus!« Hinter beiden steht die gleiche Gesinnung: Was wollen die hier? Sich auf unsere Kosten ein schönes Leben machen? Ansprüche stellen, das Essen, das sie erhalten, zum Fenster hinauskippen, wie mir vor drei Tagen ein Hamburger Taxifahrer erklärte? Es kommt mir vor, als arbeiteten wir alle mit an der Macht des Todes, als seine kleinen Angestellten.

Die Geschichte der Frauen fängt jetzt erst an, nach der bitteren Einleitung. Noomi entschließt sich zurückzukehren. »Da stand sie auf«, heißt es, »sie mit ihren Schwiegertöchtern, und kam zurück aus dem Land Moab.« (1,6) In der sonst so knappen Erzählweise wird dies dreimal gesagt: sie »kam zurück« (6), sie »zog von dem Ort, an dem sie gelebt hatte, fort«, sie »machten sich auf den Weg« (7). Es ist in der Tat etwas Besonderes: Aktivität anstelle von passivem Ertragen. Sie, über die bisher nur gesprochen wurde, steht auf, handelt und wird gleich das Gespräch beginnen, das über ihr Leben entscheiden wird. Die Einleitung zu unserer Geschichte hatte drei verschiedene Motive, die alle jetzt umgekehrt wieder aufgenommen werden. Dem Auszug aus Juda entspricht die Rückkehr von Moab in die alte Heimat, der Hungersnot antwortet das Versprechen von Brot, und die Entscheidung eines Mannes, der die Zukunft seiner Familie plant, wird nun die der überlebenden Frau, die ihre eigene Zukunft wählt. Es gehört Wagemut zum Aufbruch, Ausdauer zur langen Wanderung, Planung und Vorbereitung. An all dem mangelt es Noomi nicht.

Sie beruft sich dabei nicht auf einen Auftrag Gottes, hat keine Stimme Gottes gehört wie Abraham, dem sie in vielem ähnlich ist. Sie hört in Moab über Gottes Erbarmen für Israel. Zweimal erscheint Gott im Buch Rut als Handelnder. Er ist der, der sich seines Volkes erbarmt und ihm Brot gibt (1,6), und er ist es, der Rut am Ende der Geschichte die Fruchtbarkeit gibt (4,13). In beiden Taten zeigt sich JHVE als der Gott des Lebens. In der jüdischen Tradition ist das Büchlein Rut die Festrolle für das Wochenfest, das alte Fest der Weizenernte, bei dem für das Brot und die Tora gedankt wird. Beides, das materielle Brot und das geistige, wird als lebensnotwendig verstanden.

Aber die Feier und der Kult sind nicht das Ganze der Gottesbeziehung. Als – ich greife hier vor auf das Ende des ersten Kapitels – Noomi und Rut in Bethlehem ankommen, spricht Noomi in Klarheit und Bitterkeit aus, wie sie Gott als lebensbedrohende Gewalt erfahren hat. Sie nennt ihn mit einem altertümlichen Namen Schaddaj und ruft – öffentlich, vor der ganzen Stadt – aus: »Nennt mich nicht Noomi, die Liebliche, nennt mich Mara, die Bittere, denn Schaddaj hat mir viel Bitteres gebracht. Voll bin ich losgezogen, und leer hat mich Gott zurückkommen lassen. Warum nennt ihr mich denn noch Noomi, da Gott doch gegen mich ist und Schaddaj mich misshandelt hat?« (1,20–22) Selten ist, was es bedeutet, verwaist, verwitwet, verlassen zu sein, der soziale und der ökonomische Tod, so Umstands los und deutlich ausgesprochen worden.

Ich denke, es ist für Frauen besonders wichtig, Sprache für den eigenen Schmerz und seine Bitterkeit zu finden. Fromm sein heißt nicht, sich selber die Menschenwürde abzusprechen, gerade, wenn sie einem genommen wird. Es bedeutet nicht, in das lobhudelnde Geschwätz der Daueranbeter einzustimmen. Ich höre in Noomis Schrei eine ernsthaftere Liebe zu Gott, eine andere Wahrhaftigkeit. Die Klage und die Anklage gegen den Gott, der Frauen misshandelt und gegen sie ist, muss laut werden, sie muss auch – endlich! – in unseren Gottesdiensten einen Ort finden. Wer nicht klagen darf, wird nie beten lernen. Diese zornige alte Frau braucht keinen Kuschelgott zum Sich-schön-finden, Sich-wohl-fühlen, sondern Gerechtigkeit, Leben, Beheimatung in ihrer Welt. Wer immer dieses Buch Rut erzählt hat, muss das gespürt haben. Die beiden Hoffnungsansätze unserer Geschichte, die Solidarität der Frauen und das Brot des Volkes, die Ernte, werden nach diesem Aufschrei vorsichtig, episch-leise genannt. Der Aufschrei wird nicht beantwortet, aber im Erzählen werden die Elemente, die ihn beantworten werden, vorausgenommen. »So kehrte Noomi zurück.« Es hätte genügt, das zu sagen. Aber es soll erzählt werden, dass die Bit-

terkeit nicht das letzte Wort behält. Darum wird das Zurückkommen in diesem Vers dreimal benannt. »Und Rut kam mit
ihr zurück vom Fruchtland Moab. Als die Gerstenernte begann,
kamen sie in Bethlehem an.« (1,22)

> Schaffe in mir, Gott, ein neues Herz.
> Das alte gehorcht der Gewohnheit.
> Schaff mir neue Augen.
> Die alten sind behext vom Erfolg.
> Schaff mir neue Ohren.
> Die alten registrieren nur Unglück.
> Und eine neue Liebe zu den Bäumen
> statt der voller Trauer.
> Eine neue Zunge gib mir
> statt der von der Angst geknebelten.
> Eine neue Sprache gib mir
> statt der gewaltverseuchten,
> die ich gut beherrsche.
> Mein Herz erstickt an der Ohnmacht
> aller, die deine Fremdlinge lieben.
> Schaffe in mir, Gott, ein neues Herz.
>
> Und gib mir einen neuen gewissen Geist,
> dass ich dich loben kann
> ohne zu lügen,
> mit Tränen in den Augen,
> wenn's denn sein muss,
> aber ohne zu lügen.

Was die Geschichte dieser alten Frau aus Juda bestimmt und
vielleicht den wichtigsten Unterschied zu Abraham ausmacht,
ist die Beziehung, die Gemeinsamkeit, die Freundschaft. Auf
der Wanderung von Moab halten die drei Frauen inne, und
Noomi bittet ihre Schwiegertöchter, doch zurückzukehren in
ihre Heimat, in das Haus ihrer Mütter. Hier spricht eine weise
und lebenserfahrene Frau, die ihre Schwiegertöchter umsorgt,
als wären es ihre eigenen Kinder. Sie redet ihnen zu, den vernünftigen Weg zu gehen und das Lebensziel, »ein Zuhause zu
finden, jede im Hause ihres Mannes« (1,9) in ihrem eigenen
Land zu erreichen. Das ist die Norm, die Bindung an das eigene
Volk und an die patriarchale Ehe. Wir bewegen uns hier in einer
vormodernen, stammesgebundenen, ethnozentrischen und

männerorientierten Welt. Frauen sind in ihr abhängig im ökonomischen und rechtlichen Sinn. Aber unsere Geschichte zeigt,
wie auch in solcher Abhängigkeit eine Art von Unabhängigkeit
gelebt werden kann. Der Erzähler unserer Geschichte hat,
schriftstellerisch geschickt, der Heldin Rut eine andere Frau aus
Moab zur Seite gestellt; sie lässt sich von Noomi zur Rückkehr
bewegen, entscheidet sich für den anderen Weg und bleibt bei
ihrem Volk und seinen Normen. Ihr Name Orpa lässt sich deuten als »die den Nacken zeigt, sich abwendet«. Unter Tränen
und Küssen folgt Orpa dem Rat, während Rut bei der älteren
Frau bleibt – in einer tiefen Anhänglichkeit, schutzbedürftig
und fürsorglich zugleich.

Die Beziehung zwischen diesen beiden Frauen, der Israelitin
Noomi und der Moabiterin Rut ist eine der schönsten Freund-
schaftsgeschichten der Bibel. Zunächst versucht Noomi Rut
umzustimmen. »Sieh doch, deine Schwägerin ist umgekehrt zu
ihrem Volk und Gott. Folge deiner Schwägerin«, sprach Noomi.
Darauf sagte Rut: »Bedränge mich nicht, dich zu verlassen,
mich von dir abzuwenden! Denn, wo du gehst, gehe ich mit,
und wo du übernachtest, übernachte ich; dein Volk ist mein
Volk, dein Gott ist mein Gott. Wo du stirbst, sterbe ich; dort
will ich begraben werden. Gott tue mir alles Mögliche. Nur der
Tod wird dich und mich trennen.« (1,15–17)

Es ist kein Zufall, dass dieser erste Höhepunkt unserer Geschichte, dieses Sichbinden einer Frau an eine andere, oft aus
dem Zusammenhang gelöst und auf die eheliche Beziehung
hin gedeutet wird, etwa als Trauspruch. Diese Worte sprechen
ja darüber, worauf es ankommt, sie drücken Liebe aus, Bezie-
hungsfähigkeit, Bindung und Freiheit, also Glück. Sie sprechen
nicht darüber, worauf es nicht ankommt, ob homo- oder he-
teroerotisch, ob legalisiert oder ohne Schein, sie sagen einfach
»was Sache ist«, wie man in Hamburg sagt. Es gibt leider nicht
nur einen Rassismus, der andere Völker nicht duldet, sondern
auch einen Rassismus der Sexualität, der genau so lebensfeindlich und krankmachend funktioniert.

Ich will versuchen, zu sagen, was mich so glücklich macht an diesen Worten der Rut und an dieser Geschichte einer Freundschaft. Sie ist gegründet auf Gegenseitigkeit. Nachdem Rut ihren Entschluss, mitzugehen und ihr eigenes Volk zu verlassen, feierlich bekräftigt hat, anerkennt die ältere Frau diese Realität und »lässt ab, ihr zuzureden.« (1,18) Sie bedrängt sie nicht länger, sie will nicht a tout prix Recht behalten. Es entsteht hier eine Beziehung wechselseitiger Abhängigkeit, die freiwillig gewählt wurde. Verhältnisse, die nicht freiwillig gewählt werden, wie z. B. die Beziehung zwischen Müttern und Töchtern, bergen in vergleichbaren Situationen oft die größten Schwierigkeiten in sich, eine andere Entscheidung zu akzeptieren; das Beste, das man sich als Tochter wie als Mutter wünschen kann, ist natürlich diese erst zu lernende Fähigkeit, Freundinnen zu werden. Vertrauen und Respekt sind dann Grundlage. Rut und Noomi binden sich aneinander in ihren Schwächen und Stärken. Die Ausländerin Rut braucht die einheimische Noomi, um Fuß im andern Land zu fassen, was in der damaligen Welt ausschließlich in Ehe und Mutterschaft verwirklicht werden konnte. Und die alternde und sich ihrer Vereinsamung sehr bewusste Noomi kann nicht mehr auf den Acker gehen zum Ährenlesen, sie braucht die tatkräftige Hilfe der jüngeren Frau. Beide Frauen brauchen den Schutz der anderen, um in der Männerwelt zu überleben. Beide sind verwitwet, was sie rechtlos und schutzlos macht. Die jüngere, Rut, fürchtet sich vor den Nachstellungen der Männer am Arbeitsplatz. Die ältere muss sich Sorgen machen um ihren Unterhalt. Es ist diese Solidarität der Frauen, die, aus unserer Geschichte langsam hervorwachsend, den unverwechselbaren Ton des Glücks und der Heiterkeit hörbar macht, den man in der Sprache des 18. Jahrhunderts »Idylle« nannte.

> Gott, du Freundin der Menschen,
> lass mich nie ohne Freundin sein.
> Lass mich geben, lehr mich, zu nehmen.
> Zeig mir, wie ich trösten kann.
> Gib mir Freiheit, Kritik zu üben.

Gott, du Freundin der Menschen,
lass mich nie ohne Freundin sein.
Gib uns Raum, uns zu wehren,
und die Kraft, es ohne Gewalt zu tun.
Gib uns den langen Atem,
auch wenn die Zeit nicht in unsern Händen ist.
Gib uns das lange Lachen
im kurzen Sommer.

Gott, du Freundin der Menschen,
lass mich nie ohne Freundin sein.
Wir gehen zu zweit los,
aber deinetwegen
sind wir immer schon mindestens drei
auf dem langen Weg zum Brot,
das essbar ist, dem Wasser,
das niemand vergiftet hat.

Gott, du Freundin der Menschen,
lass keine von uns ohne Freundin sein.

Noomi und Rut verlebten den Sommer der Ernte in Bethlehem. Rut ging Ähren lesen, das war eine Sitte, die den Armen, die kein Land besaßen, eine gewisse Unterstützung gab. Ich habe selber nach dem Krieg, im Sommer 1945, als halbes Kind Ähren gelesen und einen kleinen Sack Körner zu meiner Familie nach Hause gebracht. Ich stelle mir vor, wie stolz Rut war, als sie an die dreißig Pfund Gerstenkörner nach Hause schleppte, genug, um für eine Woche Brot zu backen. Die Moabiterin Rut ist im mehrfachen Sinn arm, als Landlose und Frau, die nicht mit einer Grund besitzenden Sippe verbunden ist, als Ausländerin und Fremde. In Israel gab es allerdings seit alters nicht nur Gebote zum Schutz der ökonomisch Schwachen, sondern auch solche, die die Fremden, die Ausländer schützten mit dem Hinweis auf die Urerfahrung des Volkes Israel. »Einen Fremden, eine Fremde sollst du nicht bedrücken, du sollst sie nicht bedrängen, denn ihr seid im Lande Ägypten Fremde gewesen.« (2 Mose 22,20)

Die jüdische Überlieferung weiß zu erzählen, dass ein Engel die ortsfremde Rut ausgerechnet auf das Feld eines Verwandten von Noomi namens Boas geführt hat. Der Text sagt nur »Es fügte sich so!« (2,3) Boas räumt der jungen Frau Privilegien ein.

Alles Weitere, das nun geschieht, geht von den beiden Frauen aus. Noomi plant, den Grundbesitzer Boas mit Rut zu verheiraten. Eine Rechtsbasis für diese Eheschließung ist gegeben. Boas als Verwandter erscheint wie gemacht für die Rolle des Lösers, der die Pflicht hat, das Erbe der Sippe zu erhalten, indem er Land zurückkauft, die Witwe – hier Noomi – bis zu ihrem Tod versorgt und die erbberechtigte Tochter, hier Rut, heiratet.

Es braucht nur eines gewissen Anstoßes, um dem Boas diese rechtlich vorgegebene Rolle klarzumachen. Warum er nicht selbst darauf kommt, nachdem er doch Gelegenheit genug hatte, die moabitische Frau einen Sommer lang zu beobachten, wird uns nicht erzählt. Er ist ein älterer Mann, die jüdische Sage berichtet, seine Frau sei gerade gestorben, als Noomi und Rut in Bethlehem ankamen. Er muss Rut wahrgenommen haben in ihrem Fleiß, ihrer Tüchtigkeit, ihrer Anhänglichkeit an Noomi. Er muss die Achtung, die ihr von den anderen Landarbeiterinnen entgegengebracht wurde, bemerkt haben. Aber der Sommer verstreicht. Gerstenernte und Weizenernte nehmen ein Ende. Wenn die Vorräte aufgebraucht sind, droht wieder Hunger. Rut bleibt bei ihrer Schwiegermutter (2,23). Noch immer ist sie die moabitische Ausländerin, ohne Bleiberecht, ohne Arbeitserlaubnis.

Hier setzt Noomi wieder ein, mit Tatkraft und List. »Meine Tochter, soll ich dir nicht ein Zuhause suchen, wo es dir gut geht?« (3,1) Wieder ist Noomi die Planende und Handelnde. Sie gibt Rut genaue Anweisungen und schickt sie, schön zurechtgemacht, gebadet und gesalbt, im Dunkel der Nacht zu Boas, der nach einem fröhlichen Ernteschmaus auf der Dreschtenne schläft. Sie soll sich zu ihm legen.

Diese Verführungsgeschichte hat eine Parallele in der hebräischen Bibel in Tamar (1 Mose 38). Auch sie ist Ausländerin, Kanaaniterin, auch sie ist kinderlose Witwe, der ihr Recht, den letzten Bruder ihres Mannes zu heiraten, verweigert wird. Auch sie findet sich nicht mit ihrer Situation ab, sondern hilft sich selber auf höchst ungewöhnliche Weise, die aber weder in der Bibel noch in der jüdischen Tradition getadelt oder moralisch verurteilt wird. Tamar verkleidet sich als Dirne und lauert ihrem Schwiegervater auf einer Reise auf. Er schläft mit ihr, ohne sie zu erkennen. Sie wird schwanger und kann durch Pfänder, die sie ihrem Freier abgeluchst hat, beweisen, wer sie geschwängert hat. Ihre List unterwandert die Macht patriarchaler Regeln, und sie gerät als Ausländerin, genau wie Rut, in die Reihe der Mütter, aus denen David entstammt und die im Neuen Testament in den Stammbaum Jesu gehören. Einen Unterschied gibt es freilich zwischen Tamar und Rut. Letztere agiert in einer anderen, späteren Stufe der Zivilisierung. Wo Juda hereingelegt wurde, bleibt Boas ein rechtlich und verantwortlich denkender Grundbesitzer. Aus der Prostitution wird die Verführung. Rut gibt sich Boas zu erkennen. Er spricht mit ihr: »Gesegnet bist du vor Gott«, und er erklärt ihr die komplizierte Rechtslage. Aus eigenem Entschluss verlässt sie ihn am frühen Morgen, offenbar, um ihn nicht in Schwierigkeiten zu bringen.

In der Nacht hat sich Rut zu erkennen gegeben. Sie bittet Boas, seinen Mantel, den Zipfel seines Gewandes, wörtlich: »seine Flügel« über ihr auszubreiten. Das Bedecken mit dem Gewand war semitischer Brauch, um einen Eigentumsanspruch auf eine Person zu erheben, der zugleich für die so Bedeckte einen Schutz darstellte. Beim Propheten Hesekiel heißt es über Gottes Verbindung mit Jerusalem: »Da ging ich bei dir vorüber und sah dich, und siehe, deine Zeit war da, die Zeit der Liebe. Da breitete ich meinen Mantel über dich und bedeckte deine Blöße. Ich schwur dir und schloss einen Bund mit dir und du wurdest mein.« (Hesekiel 16,8) Indem Rut bittet »Breite deinen Mantel über deine Magd aus« (3,9) bittet sie ihn um die Ehe, die kurze Zeit später »im Tor«, wo zivilrechtliche Angelegenheiten entschieden wurden, rechtsgültig wird. Das Patriarchat hat seine Regeln, wer wirbt und wer annimmt und jasagt, aber die Frauen kennen noch andere Wege als die offiziellen. Die Erzählweise verschleiert nichts, lässt keinen patriarchalen, normensüchtigen Fundamentalismus zu, sondern eine heitere, eine messianische Toleranz.

Hier könnte unsere Geschichte enden. Aber dann wäre sie nicht so sehr Geschichte von Frauen und Geschichte der Beziehungen, die sie untereinander haben. Als Rut dem Boas ein Kind geboren hat, taucht Noomi noch einmal auf. Auch von ihr wird der Fluch, kinderlos zu sterben, genommen. Zugleich wendet sich die Erzählung noch einmal dem Grundthema der Freundschaft zwischen zwei Frauen zu. Noomi sagt: »Deine Schwiegertochter, die dich lieb hat, hat ihn – den Sohn und künftigen Großvater des Königs David – geboren, sie, die für dich besser ist als sieben Söhne.« (4,15) Darauf nimmt sie das Kind und legt es auf ihren Schoß, was als eine Art Adoption gedeutet werden kann; sie wird es aufziehen. Die Nachbarfrauen, die nun wie ein griechischer Chor am Ende der glücklich ausgehenden Geschichte wieder auftauchen, erklären: »Ein Sohn ist der Noomi geboren!« (4,17) Sie, die Frauen, sind es, die dem Kind einen Namen geben.

Ende gut, alles gut! Eine heitere, eine glückliche Geschichte. Eine Geschichte, die neben der Macht des Patriarchats und seiner Regelungen noch andere Formen von Macht kennt, die neben Frauen, die sich beugen und verstummen, die geopfert werden, ohne dass ein Engel dazwischentritt, noch andere kennt, die weinen und lachen können, die den Gott, der ihnen überliefert ist, realistisch und radikal anklagen, die Konventionen und all die stummen Befehle der Gesellschaft brechen, statt sie ohnmächtig und unglücklich zu befolgen. Eine Frauengeschichte, eine Freiheitsgeschichte.

Ich lese sie heute gegen die Totalverzweiflung, die mich manchmal überfällt. Ich lese sie gegen die Mordbrenner von Solingen, die wieder wie in Mölln Frauen verbrannten. Ich lese sie gegen die falsche Herrschaft der Militärs, die meinen, sie könnten Hilfe bringen, wo zivile Organisationen von Frauen und Männern real und effektiver helfen. Ich lese diese Frauen- und Freiheitsgeschichte gegen die Juristen, die den Frauen unseres Landes Gewissen und Verstand absprechen. Das Patriarchat ist, wenn wir der Bibel glauben wollen, ein Fluch, der bei der Vertreibung aus dem Paradies ausgesprochen wurde. Über die Frau heißt es da: »Nach deinem Manne wirst du verlangen, er aber soll dein Herr sein.« (Gen 3,16) Diese Ordnung ist nicht die gute der Schöpfung, sondern die des Verfalls in Krieg und Hass, in Feindschaft zwischen den Menschen und der Erde, in Zwangsherrschaft von Männern über Frauen. Sie gilt nicht für ewig. Gott ist nicht für immer »gegen mich«, wie Noomi schreit. Er hat von Beginn an auf die Stärke der Schwachen, auf die List der Verlierer, auf die Macht der Ohnmächtigen gesetzt.

Gott bleibt nahe – ich bleibe fremd

Bibelarbeit über Jesaja 43,1–4a und 43,8 beim Frauenkirchentag, Erfurt, 4. Juli 1992

Liebe Schwestern, euer Titel hat mich nachdenken gemacht. Wer ist dieses »Ich«, das sich fremd bleibt, auf der Suche nach sich selber ist, sich nicht zurechtfindet? Als »Wessi-Frau« bin ich mit einigen Zweifeln hierher gekommen. Was kann ich euch mitteilen, da doch unsere Erfahrungen so grundverschieden sind? Wie kann ich mich verständlich machen, ohne als eine »Besser-Wessi« aufzutreten, wie kann ich solidarisch mit euch und kritisch mit uns allen zugleich sein und dann auch noch etwas von Gott sagen, ohne zu schönen oder zu mogeln?

Ich versuche in meiner Arbeit als feministische Befreiungstheologin, Hoffnung zu teilen. Hoffnung allein zu futtern, käme mir absurd vor und wäre für mich das Gegenteil von »christlich«, was immer dieses Wort alles bedeuten mag. Hoffnung teilen können aber nur die, die zuvor auch Ängste gemeinsam getragen und benannt haben. Hoffnung regnet nicht vom Himmel herunter und kommt auch nicht aus Bonn, obwohl manche diesen Ort für dem Himmel näher halten. Ich gehöre zu der Minderheit, die sich die Hoffnung auf einen anderen Himmel und eine andere Erde noch nicht aus dem Kopf haben schlagen oder säuseln lassen. Deswegen brauche ich bei dem Versuch, mit euch Ängste und Hoffnung zu teilen, noch eine andere Quelle als das Selbsterlebte. Das ist die Tradition, die mich trägt, die Bundesgenossin, die nicht zum Schweigen gebracht werden kann, die Bibel. So will ich mit euch zusammen ein Wort aus dieser Tradition hören und bedenken:

Jesaja 43, 8 lautet in der Übersetzung Martin Bubers:

> Man führe vor
> ein Volk blind, und hat doch Augen,
> die Tauben, und sind ihnen doch Ohren.

Israel ist in einer Identitätskrise. Die Leute fragen sich, welche Wahrheit denn nun gilt, die alte oder die neue? Die ins Exil nach Babylon verschleppten Menschen sind desorientiert. »Ich bleibe mir fremd..« so hat die Vorbereitungsgruppe den Zustand bezeichnet, in dem sich vor allem Frauen in den neuen Ländern befinden. »Fremd« verstehe ich als beraubt, nichtidentisch, nicht zu Hause mehr im eigenen Land. Kaum haben die Menschen in der alten DDR die alte Beraubung hinter sich, da tritt schon eine neue, ganz andere auf, mit der Frauen nicht gelernt haben umzugehen. Gab es früher ärmlichen Konsum, keine Reisefreiheit und eine finster drohende Gewalt hinter jeder offenen Aussage, so gibt es jetzt eine ganz andere Leben bedrohende Gewalt, die einem Arbeitsplatz und Wohnung, Kindergarten und rechtliche Sicherheit wegnimmt. Anstelle der alten politischen Gewalt ist die neue wirtschaftliche getreten. Diese »weiße« Gewalt der Behörden und Ämter, der Betriebe und westgesteuerten Unternehmen, der Paragraphen und Vorschriften ruft das Gefühl der Fremdheit hervor.

Die Wirtschaftsgewalt richtet sich vor allem gegen Frauen. Sie verlieren als erste den Anspruch auf einen Arbeitsplatz. Ihnen wird der eigene Körper enteignet, sie lassen sich sterilisieren, um sich auf dem Markt der Arbeit verkaufen zu können. Sie haben ihre Kinderzahl halbiert. Ihnen wie den Männern wird Heimat genommen und ein Stück der eigenen Geschichte zerstört. Das Prinzip von Rückgabe anstelle von Entschädigung ist ein Versuch, die Menschen aus ihrer Geschichte zu vertreiben, als sei sie nicht gewesen. Garantierte Rechte, wie das auf Arbeitsplatz und Kindergarten, werden im Interesse der Wirtschaftsgewalt aufgelöst. Die Sicherheit, die Arbeiten, Wohnen,

Kinder-aufziehen-können und Altwerden betraf, ist verlorengegangen. Der alte Götze ist zerfallen. Der neue befiehlt, ihn anzubeten und ihm Opfer zu bringen.

Lasst mich ein Wort zu eurer Situation sagen im Sinne der Bibel. Ihr wart doch vierzig Jahre im dem, was sie Ägypten nennt: Sich ducken müssen unter einem Pharao, der Opfer und Abgaben verlangt, der Flüsse und die Luft verunreinigt, Waffen anhäuft und Kinder mit Hass vergiftet. Eines Tages war es so weit, dass Gott es nicht mehr mit ansehen konnte. Ihr seid waffenlos aufgestanden und herausgezogen aus dem Land der Unfreiheit. Vergesst es nicht! Und, was immer man über die Rolle der evangelischen Kirche bei diesem Exodus sagen kann, sie hat vielleicht zum erstenmal in ihrer fast 500-jährigen Geschichte auf der richtigen Seite gestanden, bei den kleinen Leuten und nicht bei den Herrschenden.

Aber was ist dann aus diesem Exodus, diesem Herauskommen geworden? Der kurze Traum der Gewaltfreiheit ist schnell zu Ende gegangen. Ihr kamt in die Wüste zwischen die Kulturen. Viele fingen an, das Goldene Kalb anzubeten, seine glitzernde Ästhetik zu umtanzen, den Versprechungen seiner Oberpriester zu trauen. Flugs wurden die Geschichtserinnerungen umgefälscht. »Hat uns nicht das Goldene Kalb befreit und herausgeführt aus dem Land des Unglücks?« fragten sich die Leute. Es braucht eine Zeit, ehe alle merken, dass auch der Götze Markt, auch der Götze Kapital den Hunger und Durst nach wirklichem Leben nicht stillen kann, dass sein Versprechen Lüge ist ebenso wie seine Deutung der Geschichte.

Ich habe mich gewundert, dass der biblische Text für diesen Kirchentag nicht von Befreiung des Volkes und Abfall von Gott und Götzendienst handelt. Es kommt mir manchmal so vor, als sei der Zeitplan der Bibel gar nicht der unsere, als seien ihre Grunderfahrungen zwar auch unsere, aber seltsam versetzt. Auszug aus Ägypten und Tanz um das Kalb – ist es nicht Zeit darüber zu reden, dachte ich mir. Stattdessen ein Stück aus dem zweiten Jesaja, dem Propheten des Exils, aus der Zeit, als ein Teil des jüdischen Volkes aus Jerusalem verschleppt war. Ich weiß nicht, welche die Gründe für diese Wahl waren, aber mein erste Reaktion, als ich den Text sah, war: Ach, Jesaja 43, ein Text aus Babylon, sind denn schon alle in Babylon angekommen? Für mich – und ich denke für viele der wachesten Christen in USA und in Europa – ist Babylon seit vielen Jahren das Bild der Bibel für die Menschen der Ersten, der reichen, der beneideten und der nachahmenswerten Welt. Wir leben in Babylon, fremd, vereinzelt und in der Gefahr, uns zu babylonisieren, anzupassen und uns abzufinden mit den glänzenden Gegebenheiten.

Ich will kurz erklären, wie ich das verstehe, und zunächst den historischen Kontext zu Jesaja 43 schildern. Der Verfasser ist ein Prophet, dessen Namen wir nicht kennen und von dessen Leben wir wenig wissen. Er wirkte in der Zeit, als ein großer Teil des Volkes Israel nach Babylon deportiert war, etwa zwischen 550 und 540 v. Chr. Seine Worte sind im Jesajabuch, Kapitel 40 bis 55, überliefert. Man nennt ihn auch »Deuterojesaja« oder den »jüngeren Jesaja«.

Die Zeit, in der er lebte, war für das Volk Israel die bis dahin größte Krise seiner Geschichte, das Exil. Im Jahr 587 v. Chr. war Nebukadnezar, der König von Babylonien, mit einem großen Heer in Palästina eingefallen. Er umzingelte die Stadt Jerusalem, ließ alles niederbrennen und viele Menschen töten. Ein Teil des Volkes, der das Morden und das Vergewaltigen überlebt hatte, wurde in die Sklaverei, in die später so genannte babylonische Gefangenschaft geführt (vgl. 2 Könige 24 und 25). Unter ihnen befand sich auch der jüngere Jesaja. Er litt mit, was sein Volk erlitt: Jerusalem mit dem Tempelberg Zion war zerstört, die »Wohnung Gottes« war vernichtet, das Land der Verheißung in der Gewalt der babylonischen Weltmacht, und große Teile des Volkes mussten zwangsweise als Deportierte im Exil, in Babylon leben. Mit der nationalen Identität war auch die religiöse in Frage gestellt: Ist JHVE, der Gott Israels, wirklich der starke Retter, der verlässliche Gott, oder sind es nicht eher die Götter der viel weiter entwickelten und fortgeschrittenen Babylonier, die die Welt regieren?

Nebukadnezar hatte die Rechte der Völker mit Füßen getreten, die Gerechtigkeit lächerlich gemacht und ein ökonomisch-militärisches System geschaffen, das die Welt in Abhängigkeit hielt. Nebukadnezar galt als der Weise, der Starke, der Reiche. Alles sprach für ihn, außer dass er ungerecht war und ein Unterdrücker. Aber war es nicht nahe liegend, die Macht und den Reichtum des Stärksten anzuerkennen und sich der Führungsmacht auch innerlich zu unterwerfen? War es nicht an der Zeit, das überkommene Gottesbild zu »babylonisieren«, so dass Konflikte vermieden werden konnten und die Menschen sich in Babylon einrichteten und unter den Sachzwängen, kümmerlich genug, zu überleben lernten? Das war die religiöse Frage, auf die Jesaja der Jüngere antwortete.

Heute sehe ich uns gleichfalls unter dem einen, umfassenden Weltsystem »Babylon« stehen. Wir leben im zweiten Jahr der Neuen Weltordnung, die Präsident Bush in seiner Rede am Tag des Angriffs auf den Irak verkündete. »Vor uns«, so sagte er, »liegt die Chance für uns und für künftige Generationen, eine neue Weltordnung zu formen, in der die Herrschaft des Gesetzes und nicht die Herrschaft des Dschungels das Verhalten von Nationen leitet.« Ich will hier nicht auf die wirtschaftlichen und ökologischen Seiten dieser Ordnung eingehen, sondern mich auf die geistigen Folgen, die die eine Weltordnung für uns alle bedeutet, konzentrieren. Ich empfinde eine tiefer gehende Veränderung unseres gesamten Denkens, die mir Angst macht, weil sie den Sturz der alten Götzen im Osten dazu benutzt, den noch älteren Götzen im Westen zum alleinherrschenden Gott zu machen.

Der Götze Kapitalismus ist nicht nur zu kritisieren wegen der Ausbeutung, der er die Mehrheit der menschlichen Familie unterwirft, und nicht nur wegen der erbarmungslosen Zerstörung der Natur, sondern vor allem wegen der Korrumpierung der Wünsche der Menschen. Unsere weitschweifenden Lebensträume werden kanalisiert und auf den Erwerbssinn zurechtgestutzt. Der Kapitalismus macht uns dadurch kleiner, als wir sind. Er verstümmelt unser Menschsein, vergrößert aber die Möglichkeiten der Inhumanität der Gesellschaft. Es ist durchaus die Frage, ob das erleuchtete Selbstinteresse der Aufklärung, auf dem der Kapitalismus ethisch beruht, ausreicht, die wirklichen Probleme von Gerechtigkeit und Überleben zu lösen.

Wir leben in Babylon und ihr seid jetzt auch in dieses Babylon gekommen, zweitrangig, minderbemittelt und kolonialisiert. Kaum dem Pharao entronnen, schon unter Nebukadnezar verschleppt. Ich bleibe mir fremd, haben die vorbereitenden Frauen zu dem Gottestext hinzugesetzt. Ich möchte euch bitten, den Satz »Gott bleibt nahe« nicht einfach als fromme Beruhigungspille zu schlucken. Das ist er nicht. Die Leute, die das gedacht und gefühlt haben, der Prophet, der es auszusprechen versuchte, saßen ja nicht im Gelobten Land, sie waren weder sicher noch zu Hause. Sie waren im Exil und ohne Identität. Ihre religiöse Identität war an den Tempel in Jerusalem gebunden, ihre nationale an Israel, ihre wirtschaftliche Sicherheit war in der Agrarwirtschaft verwurzelt. Die babylonische Geldmacht, das babylonische Rechtswesen waren ihnen fremd. Was sollten sie in Babylon?

Auf diese Situation hin spricht der zweite Jesaja und sagt: Gott bleibt nahe. Gott geht mit ins Exil. Gott bleibt nicht in dem, was früher war, – aber Gott ist auch kein Babylonier. Nostalgie oder Anpassung sind beide falsch, sie geben uns kein Zuhause. Ägypten und Babylon liegen gleich weit entfernt von Jerusalem, dem Ort, da Gott nah ist und wir uns selber nicht mehr fremd.

Woher kommt die Identität, die jetzt neu in Frage steht. Ich denke, die kapitalistische Kultur gibt darauf – wie auf alles – ein vielfältiges Angebot. Du kannst sofort tausend Antworten kaufen auf deine Erfahrungen des Fremdseins. Sie hängen alle mit dem so groß geschriebenen Selbst zusammen: Ich bin mir fremd und brauche Selbstnähe. Ich habe Schuldgefühle und brauche Selbstbejahung. Ich soll lieben und brauche doch erst einmal Selbstliebe. Keine dieser Antworten fragt die realen babylonischen Zustände an, unter denen wir leben. Vielleicht ist schon die Frage nach der eigenen Identität eine westlich gestellte und mit westlichem Problemlösungsmanagement zu beantwortende Frage. Fühl dich erst mal gut! Glaub an dich selber! Mach dich schön!

Ich denke nicht, dass der Gott der Bibel in dieser babylonischen Manier antwortet. Jesaja jedenfalls hat Gott etwas anderes sagen hören. Das versetzt nicht das von der Gesellschaft isolierte Selbst in einen schöneren Zustand. Der Ansprechpartner Gottes in diesem Text ist das Volk. Wir alle, Gottes Volk Ost und Gottes Volk West, alle sind von Gott geschaffen und geliebt:

1 Und nun spricht der Herr, der dich geschaffen hat, Jakob, und der dich gemacht hat, Israel. Fürchte dich nicht, denn ich habe dich erlöst; ich habe dich bei deinem Namen gerufen; du bist mein.

2 Wenn du durch Wasser gehst, will ich bei dir sein, dass dich die Ströme nicht ersäufen sollen; und wenn du ins Feuer gehst, sollst du nicht brennen, und die Flamme soll dich nicht versengen.

3 Denn ich bin der Herr, dein Gott, der Heilige Israels, dein Heiland. Ich habe Ägypten für dich zum Lösegeld gegeben, Kusch und Seba an deiner Statt.

4a weil du in meinen Augen so wert geachtet und auch herrlich bist und weil ich dich lieb habe.

(Jesaja 43,1–4a Lutherübersetzung)

Gott redet nicht über die Nähe, Gott stellt sie her, so dass wir eine Gewissheit gewinnen: Auch wir sind von Gott geschaffen und gewollt. Gott sagt mir, wo ich gebraucht werde. Ihr seid befreit worden, Ägypten konnte euch nicht fesseln, das Wasser euch nicht ersäufen.

Was ist diese Nähe Gottes? Ist sie sichtbar? Kann man sie fühlen? Leuchtet sie um uns?

Es gibt Dinge, die kann man nicht erklären, ja sie gehen sogar kaputt, wenn man zuviel erklärt. Ich verstehe die Nähe so, dass der Dornbusch, vor dem Moses stand, nicht verzehrt wurde; dass das Glück, das Mirjam in der Befreiung tanzte, nicht endet; dass die Folter, an der Christus starb, Gott in ihm und Gott auch in uns nicht vernichtete. Auch wir werden von Gott gebraucht. Das Leben ruft uns Gottes Nähe zu, auch mitten in Babylon.

In der Welt habt ihr Angst, aber seid mutig

Bibelarbeit zu Johannes 16, 1–14. 32–33 beim Kirchentag in Erfurt am 5. Juli 1992

Das innere Thema unseres Bibelabschnitts aus Johannes 16 ist die Angst. Wenn Sie den Text zur Hand nehmen, während ich versuche, ihn zu deuten, dann achten Sie einmal auf die verschiedenen Formen von Angst, die die Freundinnen und Freunde Jesu »in der Welt« (Vers 33) haben, wie es dann am Ende bündig heißt.

Angst vor Ausschluss, Ausgrenzung und Verfolgung, ja vor Martyrium (Vers 1–3)

Angst vor dem Abschied Jesu und Trauer um den Verlust (Vers 4–6)

Angst, verlassen zu werden, der Jesus den Tröstergeist entgegenstellt (Vers 7–11)

Angst vor der Herrschaft der Lüge, der die Freundinnen und Freunde Jesu unterworfen sind (Vers 12–14)

Angst vor der Zerstreuung, der Auflösung der Gemeinde Christi (Vers 32)

Der Angst stellt Jesus die Verheißung entgegen: »In der Welt habt ihr Angst, aber seid mutig, meine Macht ist größer als die der Welt« (Vers 33).

Ich will kurz auf die historische Situation eingehen, aus der dieser Text entstanden ist. Jesus spricht hier vor seiner Kreuzigung zu seinen Jüngerinnen und Jüngern. Und zugleich spricht das Evangelium des Johannes zu der Gemeinde am Ende des ersten Jahrhunderts; es sind kleine christliche Gruppen, die als judenchristliche Minderheit innerhalb einer jüdischen Umgebung leben. Die politische und wirtschaftliche Lage des jüdischen Volkes ist katastrophal. Der Krieg gegen die Römer von 66 bis 70 n. Chr. war hoffnungslos verloren worden. Der Tempel in Jerusalem war zerstört. Viele junge Männer waren verschleppt und versklavt worden. Die Frauen hatte man vergewaltigt. Mühsam versuchte die religiöse Führung des jüdischen Volkes einen Neuanfang. Einerseits mussten sie sich an die Forderungen der Großmacht in Rom anpassen, andererseits wollten sie die religiöse Identität der Überlebenden retten. Auf dieser Gratwanderung musste die Gruppe von Juden, die an einen Messias, einen Befreier des Volkes glaubten, als gefährliche Störung der Balance erscheinen. Daher haben die religiösen Führer die judenchristlichen Gruppen bekämpft. Für das Imperium war es vorteilhaft, wenn die Unterdrückten einander bekämpften. Für die Geschichte des Christentums war es im weiteren Verlauf katastrophal, weil in dieser Situation der christliche Antijudaismus entstand. Christengruppen wurden aus den Synagogen vertrieben, nicht aus Hass sondern aus Angst vor der Rache Roms gegen jede Form von Befreiungsbewegungen.

Die Folgen, die diese Feindschaft am Anfang hatte, sind uns allen bekannt. Sie aufzuarbeiten, ist eine der wichtigsten Aufgaben gegenwärtiger christlicher Theologie.

Ich lese den Text in einer Übersetzung von Luise Schottroff:

1 Das habe ich euch gesagt, damit ihr keinen Anstoß nehmt.

2 Sie werden euch aus den Synagogen ausstoßen. Es wird sogar eine Stunde kommen, in der alle, die euch töten, meinen, Gott einen Opferdienst zu erweisen.

3 Und das werden sie tun, weil sie weder den Vater noch mich erkannt haben.

4 Doch ich habe es euch gesagt, damit ihr euch, wenn die Stunde kommt, an meine Worte erinnert. Das habe ich euch aber nicht von Anfang an gesagt, weil ich bei euch war.

5 Jetzt aber gehe ich zu dem, der mich gesandt hat, und keiner von euch fragt mich: wo gehst du hin?

6 Vielmehr ist euer Herz von Trauer erfüllt, weil ich es euch gesagt habe.

7 Doch ich sage euch die Wahrheit: Es ist gut für euch, wenn ich fortgehe. Wenn ich nicht fortgehe, wird der Tröstergeist nicht zu euch kommen. Wenn ich fortgehe, werde ich ihn zu euch senden.

8 Und wenn (der Tröstergeist) kommt, wird er die Welt überführen (und aufdecken), was Sünde ist und was Gerechtigkeit ist und was Gericht ist.

9 Sünde ist, dass sie nicht an mich glauben.

10 Gerechtigkeit ist, dass ich zum Vater gehe und ihr mich nicht mehr seht.

11 Gericht ist, dass der Herrscher dieser Welt gerichtet ist.

12 Und ich habe euch noch viel zu sagen, aber ihr könnt es jetzt nicht tragen.

13 Wenn jener kommt, der Geist der Wahrheit, wird er euch den Weg in die ganze Wahrheit führen. Denn er wird nicht von sich aus reden, sondern das, was er (von Gott) hört und: Er wird euch das Kommende verkünden.

14 Jener wird mich verherrlichen; denn er wird von dem nehmen, was mir gehört, und er wird es euch verkünden.

…

32 Siehe, die Stunde kommt und ist gekommen, dass ihr euch zerstreuen werdet, jede und jeder in seine Privatsphäre, und mich werdet ihr allein lassen. Aber ich bin nie allein, weil der Vater bei mir ist.

33 Das habe ich euch gesagt, damit ihr in mir Frieden habt. In der Welt habt ihr Angst. Aber seid mutig, meine Macht ist größer als die der Welt.

Ich versuche nun, die Angst in der Welt, von der die damaligen Jüngerinnen und Jünger erfasst waren, auf unsere heutige Situation zu beziehen. Ich sage bewusst »unsere«, obwohl ich aus dem Westen komme und andere Erfahrungen habe als die meisten von Ihnen. Ich glaube aber, dass unsere Ängste hinsichtlich der Zukunft vieles gemeinsam haben.

Der ganze Abschnitt aus Johannes 16 ist von einer tiefen Trauer erfüllt, weil Jesus fortgehen wird. Aber Jesus reagiert nicht mit Mitgefühl, sondern spricht aus, was mich am meisten an diesem Text stört und worüber ich vor allem nachgedacht habe: »Doch ich sage euch die Wahrheit: Es ist gut für euch, wenn ich fortgehe« (Vers 7). Was kann das bedeuten?

Vor einiger Zeit hörte ich in einer Basisgemeinde in Brasilien einem Gespräch über die Bibel zu. Die Leute unterhielten sich über die Geschichte von den beiden Jüngern, die auf dem Weg nach Emmaus einen Unbekannten treffen, mit dem sie in ein tiefes Gespräch geraten. Er versucht, ihre Trauer nach dem Tode Jesu zu deuten und zu verändern. Er sieht die Geschichte Jesu im Licht der alten biblischen Botschaft. Schließlich kehrt er bei ihnen ein. »Und es begab sich, als er mit ihnen zu Tische saß, nahm er das Brot, sprach das Dankgebet darüber, brach es und gab es ihnen. Da wurden ihnen die Augen auf getan, und sie erkannten ihn; und er entschwand ihren Blicken.« (Lk 24,30 f.) Warum verschwand Jesus, als sie ihn doch gerade wieder erkannt hatten, fragten sich die Leute in dem Elendsviertel. Da sagte ein Junge: »Ist doch klar. Wenn das Volk Jesus verstanden hat, braucht er nicht mehr da zu sein. Sie leben doch jetzt, was er lebte.« Diese Antwort hat mir weitergeholfen. Sie hat mir einen Grundsatz der Befreiungstheologie wieder einmal klargemacht, der besagt, dass die Armen unsere Lehrer sind. Sie sind es, von denen wir am meisten über Gott lernen können. Sie korrigieren unsere falschen Erwartungen. Die Antwort dieses sechzehnjährigen Burschen macht mir verständlich, was Jesus mit dem Satz meint: »Es ist gut für euch, wenn ich fortgehe.« Er korrigiert damit eine falsche Hoffnung, die sich an Jesus anhängt und ihn als den großen Heiland und Zauberer, Macher und Erlöser verehrt. Ich stelle diese Wörter zusammen, weil in der Tat in dieser falschen Religion Gutes und Schlechtes vermischt, Frömmigkeit und Angst miteinander verschmolzen sind, Verehrung und Gleichgültigkeit sich die Hand reichen.

Ich nenne diese Religion falsch, weil sie autoritär ist. Sie verehrt eine höhere Macht, die ganz anders ist als alles, was wir sind und tun können. Sie herrscht von oben und lässt uns kleine hilflose Wesen unten, eine Religion, die kindisch und geistlos ist in genau dem Sinne, von dem unser Text spricht. »Wenn ich nicht fortgehe«, sagt Jesus, »wird der Tröstergeist nicht zu euch kommen.« Ihr werdet euch an mich klammern, ohne mir nachzufolgen. Ihr werdet alles Mögliche über mich glauben und erzählen, ohne jemals den Geist des eigenen Mutes und der erkennbaren Wahrheit zu gewinnen.

Vor kurzem habe ich in einer Umfrage des SPIEGEL gelesen, dass immer weniger Menschen an die Jungfrauengeburt, die Hölle, die Allmacht Gottes oder die Wunder Jesu glauben. Der Bericht war deprimierend. Nicht so sehr wegen der Zahlen, die, wie ich denke, noch negativer werden. Wohl aber wegen der Fragen, mit denen da Christsein abgefragt wurde. Es waren ausschließlich Für-wahr-halte-Fragen: »Glaubst du dies, glaubst du das?« Ob Jesus irgendetwas für mein Leben und Verhalten bedeutet, ob seine Botschaft und sein Geist irgendeine Rolle spielen für mein Verhalten zu Militarismus und Krieg, zu Konsumismus und Hunger, zu Asylanten und Arbeitslosen, zu Vorgesetzten oder auch zu Fischen und Robben – es war ganz unwichtig. Es war die autoritäre Religion, die da abgefragt wurde, und das Ergebnis war, dass sie stirbt.

Ich denke, dass die christliche Theologie viel Schuld daran trägt, dass das Christentum so ohne den Tröster, so ohne den Wahrheitsbringer, so geistlos ist. Sie hat den Leuten eingeschärft, dass Jesus alles sei, wir dagegen nichts. Dass Jesus alles kann, wir uns aber nur ja nichts trauen sollen. Dass Jesus Hungrige speist, Kranke heilt, Dämonen austreibt, dass wir uns aber doch um Gottes willen nicht erkühnen sollen, dieses für unsere Aufgabe zu halten. Sonst würde das Evangelium ja plötzlich politisch! Dann würden die Christen begreifen, dass eine Wirtschaftsordnung nicht dem Willen Gottes entspricht, die seit über vierzig Jahren trotz größter Produktion und fantastischster Verschwendung nicht in der Lage ist, den Hunger in der Welt zu besiegen. Gott will aber das Leben in seiner Fülle für alle. Gott will uns alle zu Friedensstiftern machen und das heißt, uns aus der Angst vor den Mächtigen herauslocken.

Ich erinnere mich an den Tag, als ich, das Neue Testament

studierend, begriff, dass Jesus wirklich glaubte, wir alle könnten an der Kraft Gottes, die in ihm war, Anteil haben. So wie er Wunder tat, so nahm er an, dass wir alle Wunder tun können: Hungrige speisen, Nackte kleiden, die Toten ins Leben rufen. Wirklich an die Wunder Jesu glauben, bedeutet, Wunder zu tun. Es ist einfach eine falsche – und überaus bequeme – Lehre, zu denken, dass Jesus absolut einzigartig war. Paulus sagt über ihn: »Er war der Erstgeborene unter vielen Brüdern und Schwestern.« (Röm 8,29) Es war niemals sein Interesse, einzigartig und geschwisterlos zu sein. Es war und ist vielmehr sein ganzer Wunsch und Wille, uns zu seinen Geschwistern zu machen, die nicht in einer falschen Abhängigkeit von ihm leben, sondern am Geist Gottes Anteil haben.

Darum wehrt sich Jesus hier in Johannes 16 gegen die falsche Fixierung auf ihn selber. Darum spricht er von dem Geist des Lebens, der denen, die ihn lieben, gegeben wird. Dieser Geist schafft zweierlei in uns, den Mut und die Wahrheit. Lassen Sie mich ein paar Sätze über die Wahrheit sagen. Vielleicht denken Sie, dass Sie jetzt freien Zugang zu allen wichtigen Nachrichten haben, dass Bürgerinnen und Bürger jetzt das Recht haben, informiert zu werden, und die Medien die Pflicht, Wahrheit zu verbreiten. Im Prinzip ist das nicht falsch. Aber eine der Erfahrungen des Lebens in der Welt der Medien ist, dass uns zugleich und immer wieder aufs Neue ein tiefes Gefühl der Ohnmacht vermittelt wird. Die Wahrheit wird nur sehr portionsweise verteilt, und zugleich wird das Gefühl mitgeliefert, das wir doch keine Experten seien und uns deshalb kein Urteil zutrauen sollen. Das komplexe System hat zu einer Auslieferung der Wahrheit an die Technokratie geführt. So durften wir z. B. im Golfkrieg die Wahrheit der verbrannten Kinder, der lebendig begrabenen Soldaten, die sich hatten ergeben wollten, nicht sehen.

Jesus sagt: »Und wenn der Tröster kommt, wird er die Welt überführen und aufdecken, was Sünde ist und was Gerechtigkeit ist und was Gericht ist« (Vers 8). Wie aber sollen wir kleinen Menschen das erfahren? Wie kann das wirksam werden?

Sind wir denn überhaupt wahrheitsfähig und nicht vielmehr in Lüge gefangen? Ich will darauf eine Antwort geben, die ihren Hintergrund in langen Jahren des Engagements für Frieden, Gerechtigkeit und die Bewahrung der Schöpfung hat. Der Geist, der Wahrheit gibt und unsere Beteiligung an ihr mitbringt, ist nicht überkompliziert und undurchschaubar. Der Geist, von dem Jesus spricht, der bei uns ist nach dem Leben Jesu auf Erden, führt die Arbeit Jesu fort in uns und mit uns.

Es gibt ein einfaches Kriterium für diese Wahrheitsarbeit, an der der Geist uns beteiligt. Das ist die Frage nach den Opfern einer bestimmten Situation. Auch Jesu fragte immer nach den Letzten, die die Ersten sein sollten, den Geringsten, in denen er sichtbar ist bis auf den heutigen Tag. Diese Vorliebe Gottes für die Elenden, das ist das christliche Kriterium für die Wahrheit. Wir müssen uns also fragen: Warum ist der Kaffee bei uns so schön billig und weshalb bekommt die Kaffeepflückerin in Brasilien heute für dieselbe Arbeit nur noch ein Viertel von dem, was sie vor fünfzehn Jahren verdiente? Der Geist der Wahrheit will nicht, dass wir in Überforderung und Ohnmacht versinken. Es stimmt einfach nicht, dass niemand Lösungen hätte für die zentralen Fragen der Menschheit heute. Die Bibel sagt – und der Tröstergeist, den Jesus verspricht, ist kein anderer als der der hebräischen Bibel: »Es ist dir gesagt, Mensch, was gut ist und was der Herr von dir fordert: nichts als Recht üben und die Güte lieben und demütig wandeln vor deinem Gott.« (Micha 6,8) Das Christentum lehrt, dass die Wahrheit erkennbar ist und dass sie praktisch ist. Die Wahrheit des Glaubens hat mit dem Handeln der Menschen zu tun.

Die andere Gabe des Geistes ist der Mut. Jesus spricht in Johannes 16 von der Gefahr, die uns heute vielleicht mehr als alles andere bedroht, der Privatisierung der Menschen. »… dass ihr zerstreut werdet, ein jeder in das Seine«, das heißt für uns, dass in der radikalen Individualisierung jede Spur von menschlicher Solidarität aufgelöst wird: Zusammengehörigkeit, Mitleid und Mitfreude, Angewiesenheit aufeinander und Zusammenstehen gegen das Unrecht, das einem Einzelnen angetan wird. Diese

Tendenz sehe ich in der Neuen Weltordnung des Herrn Bush verkörpert. »Mind your own business«. Kümmere dich um deine eigenen Angelegenheiten. Alles andere darf dich nichts mehr angehen. Jesus kommentiert diesen Vorgang mit dem Satz »Mich werdet ihr allein lassen.« Vielleicht weist er voraus auf das, was in Gethsemane geschehen wird, dass sie alle einschlafen, als es darauf ankommt, wach zu bleiben. Es gehört Mut dazu, Jesus nicht allein zu lassen in einer Welt, in der Individualisierung zur Norm gemacht wird und in allen Lebensbereichen herrscht. Es gehört Mut dazu, auf die Geschwister zuzugehen und das Alleinlassen zu überwinden. Es gehört Mut dazu, in neuen Gruppen Solidarität und Wahrheitsfähigkeit einzuüben.

Was wir brauchen, ist eine christliche Kultur des Widerstands: gewaltfrei und solidarisch, mutig und vom Glauben an die Kraft der Wahrheit getragen.

Ich will damit schließen, dass ich von einer Erfahrung erzähle, als mir der Geist, von dem dieser Text handelt, einmal begegnet ist.

Im November 1983 beschloss der deutsche Bundestag in Bonn, der Stationierung der Mittelstreckenraketen zuzustimmen. Ich war mit vielen Freundinnen und Freunden in Bonn auf der Straße. Die Erfahrung war bitter. Es war ein Schlag ins Gesicht nach jahrelanger Überzeugungs- und Befreiungsarbeit, in die wir Zeit, Kraft und Geld gesteckt hatten. Es war eine Demütigung für die Demokratie, denn die große Mehrheit des Volkes lehnte die Massenvernichtungsmittel ab. Es war ein Anschlag auf die Wahrheit, denn Erstschlagwaffen sollten angeblich der Verteidigung dienen. Es war eine Niederlage der Freiheit und der nationalen Selbstbestimmung. Ich sollte eine Rede halten und wusste nicht, was. Viele von uns Demonstrierenden waren von Wasserwerfern durchnässt und von der Polizei durch die Straßen gejagt worden. »Warum hast du uns verlassen, Gott«, dachte ich. »Warum zeigst du dein Gesicht nicht, warum bereitest du uns keinen Tisch im Angesicht unserer Feinde (Psalm 23), sondern lädst die, die nicht nach dir fragen, zu einem Bankett ein«? Ich weiß nicht mehr, was ich in dieser dunklen Nacht gesagt

habe, aber ein Satz hieß »Truth will make us free«, eine Be-
schwörung Gottes, doch die Wahrheit nicht für immer in der
Lüge begraben sein zu lassen. Manche haben das, was ich sagte,
wie ein Gebet empfunden, auch wenn ich kaum religiöses Voka-
bular verwandte. Jedenfalls richtete sich dieses Gebet nicht an
eine autoritäre Macht-da-oben, die mit Blitz oder Donner, übernatürlichen Eingriffen, magischen Erscheinungen eine andere
Entscheidung erzwungen hätte. Der Gott, an den dieses Gebet
ging, war traurig wie wir, klein wie wir, ohne Bankkonten und
Bomben im Hintergrund, genau wie wir. Und doch war Gott
mit uns in dieser Nacht. In der Gottverlassenheit fehlte uns Gott,
und dieses Fehlen, dieser Hunger nach einem einzigen Stück
essbaren Brotes in Bonn, war bei uns. Der Regent, Souverän, All-
machtspotentat hatte uns nicht geholfen, ja er konnte es nicht.
Aber der Gott der Niederlage und des Schmerzes, der von Golgatha, war bei uns. Praesentia Dei – in der Fülle des In-Gott-
seins und in der Leere der Verlassenheit – das sind Grunderfahrungen, die ohne Gottessprache stumm und hilflos bleiben, die
wir dann nicht teilen können und die uns nicht verändern. Aber
der Geist, der Mut und Wahrheit als seine Gaben gibt, macht uns
auch fähig, zu hören und zu sprechen. Und vielleicht habe ich an
diesem Abend in Bonn zum erstenmal verstanden, was Jesus in
Johannes 16 sagt. »Das habe ich euch gesagt, damit ihr in mir
Frieden habt. In der Welt habt ihr Angst. Aber seid mutig, meine
Macht ist größer als die der Welt« (Vers 33).

Warum der Dornbusch nicht verbrennt

2 Mose 3,1–10

Ich habe einige Jahre in New York in der Nähe des Jüdischen
Seminars zugebracht; dort ist am Hauseingang ein Relief mit
dem brennenden Dornbusch zu sehen, darunter steht »And the
bush was not consumed.« Wirklich, fragte ich mich oft, wenn
ich dort vorbeiging, brennt er noch immer? Wer sieht ihn denn,

den brennenden Baum am Horeb? Und hört jemand die Stimme aus dem lodernden Busch?

Ein Stück religiöses Urgestein, diese Geschichte von einem Feuer, das brennt, ohne seine Beute zu verzehren und dann mit ihrer Vernichtung selber zu verlöschen. Die Geschichte einer Stimme, die den Namen des Mose ruft und diesen Mann, einen Hirten und politischen Flüchtling, der endlich Ruhe haben will, auffordert, die Sandalen abzulegen und vielleicht noch mehr an Mitgebrachtem, an Gepäck. »Heiliges Land« wird der Ort genannt, und tatsächlich verhüllt Mose, der Hebräer mit der ägyptischen Prinzenerziehung, sein Gesicht vor der »wundersamen Erscheinung«, wie er sich distanziert ausdrückt. Es ist eine der Geschichten der Bibel, die zwei Grunderfahrungen benennt und verschmilzt, die bei uns, wenn überhaupt, nur getrennt vorkommen. Die eine ist die mystische Erfahrung der Gegenwart Gottes. Und die andere bezieht sich auf die Zukunft Gottes in der Geschichte seines Volkes. Eine neuzeitliche Trennung von Mystik und Politik, von Spiritualität und Handeln, von Innenarbeit und Außenarbeit findet da nicht statt. Gottes Stimme und der Rückweg nach Ägypten – sie gehören zusammen. Der Busch wurde nicht verzehrt.

Gott sah, rief, sprach mit dem Mann Mose. Der brennende Dornbusch und der »Boden der Heiligung«, wie Buber übersetzt, sind Hinweise auf diese Erfahrung. Das Heilige selbst bleibt unberührbar, unbetretbar und unsichtbar. Der nächste Tourist wird nichts auf seinem Film finden. Und doch war das, was da geschah, ein Offenbarwerden, gewisser als alle Gewissheiten. Mose zweifelt nicht an der Gegenwart des Heiligen. Die Lehre von Gott, die Zeugnisse derer, die uns an verborgenen Stellen Gott gelehrt haben, sind nicht widerlegt oder aufgebraucht und abgenutzt. Der Dornbusch brennt und bleibt unverzehrt.

Nicht die Epiphanie ist das, was Mose zu schaffen machte, es ist nicht die mystische Tiefe des heiligen Ortes, der entrückten Zeit, es ist der Auftrag, den Mose bekommt. »Nun geh, ich schicke dich zu Pharao, führe mein Volk, die Söhne Israels, aus

Ägypten.« Dreimal taucht der Ausdruck »Gott sprach« auf, Gott spricht den Mose dreimal an. Das erste ist eine Warnung. »Tritt nicht herzu!« Denk nicht, dieses sei Land wie jedes andere, zum Weiden, Beackern, Verkaufen. Das zweite ist eine Selbstvorstellung Gottes, er ist kein Fremder, kein Midianiter, er war schon mit dem Vater des Mose. Das dritte ist dann der Auftrag. »Ich habe das Elend meines Volkes gesehen«, also gerade das, dem Mose zu entfliehen suchte. Und der Dornbusch brennt die ganze Zeit.

Wäre Gott nur der Unnahbar-Heilige, das Wesen der innersten Tiefe, es genügte, ihm die Ehrfurcht zu erweisen und »das Unerforschliche ruhig zu verehren« (Goethe). Wäre er nur der Gott der Väter, der Respekt vor der kulturellen Tradition im Sinne eines religiösen Konservatismus wäre durchaus zureichend. Aber in dieser Geschichte sind beide Bestimmungen, der Heilige und der Gott der Väter, nur Anknüpfungspunkte, Vergewisserungen im schon Bekannten. Das Neue in dieser Beziehung, die Gott am Horeb aufnimmt, ist weder das der steilen Theologie des absolut Anderen noch der kulturellen Tradition einer civil religion, sondern dass Gott den gegenwärtigen Schrei seines Volkes hört. »Ich habe ihre Leiden erkannt.« Gott »sieht« die Bedrückung, »hört« das Schreien der Gequälten und »erkennt« ihr Leiden; die Realität seiner Geschöpfe ist das, worum er Sorge trägt, sie sind der Boden der Heiligung. Ihretwegen brennt das Feuer im unverzehrten Dornbusch.

Man kann die Geschichte der Kirchen verstehen als Geschichte der Auslegung der Bibel. Luther z.B. hat den Satz aus dem Römerbrief, dass der Mensch gerecht werde allein aus Glauben ohne des Gesetzes Werke, als Zentrum der Bibel verstanden. In unserem Jahrhundert, seit etwa dreißig Jahren, gibt es eine Auslegungstradition, die an die Berufungsgeschichte des Mose am Horeb anknüpft. »Ich habe den Schrei meines Volkes gehört«, ist der Satz aus der Bibel, der zum Ausgangspunkt einer neuen Theologie geworden ist. Christen aus den Ländern der Elendswelt lesen ihn, richtiger müsste ich sagen, »beten« diesen Satz‹ Er ist das Fundament ihres Glaubens. Sie sind gewiss, halten daran fest, geben nicht auf – mit einem Wort: sie glauben, dass Gott das Elend seines Volkes in Guatemala und Somalia sieht und ihr Schreien hört. Sie glauben tatsächlich, dass Gott sie aus der Ägypter Hand errettet. Gott, so sagen diese Christen dem zwölfjährigen Mädchen aus Sao Paulo, das am Flughafen auf die Kunden von Air France und Lufthansa warten muss, Gott hat dein Wimmern gehört. Gott hat dein Leiden erkannt.

Die Geschichte von der Berufung des Mose wird in der Theologie der Befreiung nicht historisch ausgelegt, sondern gegenwärtig. Heute hört Gott das Schreien seines Volkes. Mose ist nicht ein religiöser Heros der Vorzeit, sondern lebt heute in all denen, die zu den Pharaonen gehen, damit Gott das Volk aus dem Sklavenhaus herausführe. Nur 0,6 Prozent mehr Steuern von den reichen Ländern, so sagen die Weltbankexperten, wäre genug, um den Hunger abzuschaffen. »Ich habe das Schreien des Volkes vor seinen Treibern gehört«, sagt Gott in dieser Geschichte. Ist es denn sein Interesse, allein zu hören? Er versucht ja gerade den Mose in dieses Hören und Sehen hineinzuziehen. Nur deswegen brennt der Dornbusch noch immer.

Die Kirche und der Hunger nach Gerechtigkeit

Beitrag zum Forum »Die Kirche und der Hunger nach Gerechtigkeit« am 12. Juni 1993 während des 25. Deutschen Evangelischen Kirchentags in München

Immer mehr Menschen leiden unter unserer Ökonomie. Das gilt für die vier A's in unserm Land: Arbeitslose, Alte, Ausländer, Alkohol- und andere Suchtkranke, das gilt verdreifacht für Frauen, die zu diesen Kandidaten für Verelendung gehören. Und es gilt für die Dritte und Vierte Welt mehr als je. Die Mehrheit der dortigen Bevölkerung ist, wie Franz Hinkelammert sagte, ökonomisch entbehrlich, expendable. Nicht einmal als

Konsumenten schlagen diese ökonomisch Überflüssigen zu Buch.

Zur Illustration eine Momentaufnahme aus Nicaragua im vorigen Jahr: Man sieht in Managua viel mehr Autos als früher. Die Geschäfte sind jetzt mit Waren gefüllt, in den Schaufenstern glitzern japanische Kameras, französische Parfüms, internationale Delikatessen. Die Zahl der Straßenkinder hat sich vervielfacht. Sie gab es übrigens auch in der sandinistischen Zeit. Der Unterschied war, dass sie damals morgens in die Schule gingen. Heute kostet allein die Einschreibgebühr für jedes Schuljahr zuviel für Mütter mit mehreren Kindern.

Die herrschenden Politiker sind sich mit ihren wirtschaftlichen Beratern darin einig, in der Krise der Marktwirtschaft einen Abbau der sozialen Sicherungen durchzusetzen, flächendeckend. Die so genannten Leistungsträger müssen gestärkt werden, für die nicht-produktiven Bereiche ist Rückzug angesagt. Die Subventionierung der Menschen der A-Gruppe ist volkswirtschaftlich unproduktiv. Hier muss daher gekürzt und geschnitten werden.

Wo steht die Kirche in diesen Fragen? Wie will sie mit dem Sozialabbau umgehen? Die Gruppen, die den konziliaren Prozess tragen, haben in den letzten fünfzehn Jahren zur Analyse und Kritik viel beigetragen. Denkschriften, Konvokationen, Zwischenrufe, Dokumente entstanden. Haben sie etwas verändert? Sprachlich bewegen wir uns da im Rahmen bestimmter Formeln. Wir danken …, wir sind empört/entsetzt …, wir sind schuldig geworden …, uns hat ermutigt …, wir ermutigen die politisch Verantwortlichen …, wir bitten die Kirchenleitung … Die Politiker »werden gebeten, die Forderung nach einer dringend notwendigen Verbesserung der weltwirtschaftlichen und politischen Rahmenbedingungen, die eine Entwicklung in den Ländern der Dritten Welt behindern, endlich aufzunehmen.« Die Antwort der Landeskirchen ist meist dieselbe: dafür sei nur der Rat der EKD zuständig, die Formulierungen seien zu allgemein. Werden sie aber konkreter, wie etwa der Beschluss der Nordelbischen Synode von 1979, drei Prozent vom Nettokir-

chensteueraufkommen für den Kirchlichen Entwicklungs-
dienst bereitzustellen, so werden sie nicht umgesetzt, bisher jedenfalls nicht …

Die von der Evangelischen Kirche in Deutschland herausge-
gebene Denkschrift »Gemeinwohl und Eigennutz. Wirtschaft-
liches Handeln in Verantwortung für die Zukunft«, 1991, listet
zwar die globalen Probleme als Herausforderungen an die ide-
altypisch dargestellte Marktwirtschaft auf, verschweigt aber,
wieweit diese Wirtschaft zu den Ursachen der Verelendung beigetragen hat. Parallel zu dieser Denkschrift erschien eine Studie
des Ökumenischen Rates der Kirchen in Genf mit dem Titel
»Wirtschaft als ein Anliegen des Glaubens. Ökumenische Erklärung zum Wirtschaftsleben«. Die Mitgliedskirchen waren
aufgefordert, ihre Kritik zu formulieren. Auch die Evangelische
Kirche in Deutschland tat dies, und es wäre gut für unsere innerkirchliche Diskussion, die eher verbrämende Denkschrift
zur Seite zu legen und mithilfe dieser Antwort an den Ökumenischen Rat in Genf klarer zu sehen, was in Hannover, in der
Zentrale der Evangelischen Kirche, wirklich gedacht wird. Die
schärfste Abwehr aus der deutschen Kirche richtet sich gegen
das theologische Kapitel der Genfer Studie. Es gilt schlicht »als
unzureichend und sollte neu abgefasst werden.«

Warum wohl? Weil es drei Grundsätze artikuliert:

Erstens: Alles ökonomische Denken geht von den Leidenden
aus und hat sich vor ihnen zu rechtfertigen.

Zweitens: Die Marktwirtschaft hat keinen geistigen und ökonomischen Vorrang.

Drittens: Alle theologischen Erwägungen gehen vom biblischen Verständnis von Gerechtigkeit aus.

Der Ökumenische Rat der Kirchen fordert klar, dass eine
neue Wirtschaftsordnung auf allen Ebenen notwendig ist. Das,
so die Evangelische Kirche in Deutschland, sei »nicht die zu-
treffende Beschreibung der heute anstehenden Aufgaben«.
Denn »die real existierende Marktwirtschaft jedenfalls in einer
ganzen Reihe von westeuropäischen Industriegesellschaften ist
eine tragfähige Grundlage, um durch weitere Reformen und

Korrekturen zu einer zukunftsträchtigen Wirtschaftsordnung zu gelangen«. Dieser Satz macht deutlich, worum es geht: Was hier bei uns geht, muss auch anderswo gut sein. So werden die Armen unsichtbar gemacht, die Reichen von ihnen abgeschüttet und das nationale Bewusstsein zum Horizont der Welt erhoben.

Unser Problem ist also nicht, dass die Welt unsere Fragen und Aufschreie nicht hört, sondern dass unsere Kirchen sie geflissentlich überhören. Hat also der konziliare Prozess in Sachen wirtschaftlicher Gerechtigkeit nichts erreicht? Sollen wir uns lieber mit Themen wie »Gerechtigkeit und Rechtfertigung« abgeben, also ins innertheologische Ghetto absinken? Oder, eine andere ebenso unglaubwürdige Möglichkeit, soll sich die Kirche auf civil religion zurückziehen?

Ich denke, dass die Gruppen, die an der Frage der Gerechtigkeit angefangen haben zu arbeiten, nicht am Ende sind. Wohl aber ist ihre Geduld am Ende! Sie können ihr eigenes Christsein nicht mehr definieren, ohne die Frage nach dem Brot der anderen zu stellen. Der Prozess zeigt eine sich vertiefende Kluft zwischen der Basis der Gruppen und der Macht der Entscheidungsträger. »Du sollst dich nicht der Mehrheit anschließen zum Bösen!« (2 Mose 23,2), heißt es in einer unserer Bibelarbeiten dieses Kirchentages. Die Alternative zur Mehrheit ist nicht einfach das Individuum, sondern die Gruppe, die bewusste Minderheit. Warum kann sich unsere Kirche, die längst keine Aussichten mehr auf Mehrheiten in der Bevölkerung hat, nicht endlich als Minderheit stellen, die Konflikte, die daraus entstehen, tragen und leben, statt sie zu verschweigen und zu verstecken? Wann geben wir die Illusion und die Heuchelei der Volkskirche auf? Seit Jahren wird in den verschiedensten kirchlichen Gruppen das Thema »Weltwirtschaft und Gerechtigkeit« diskutiert. Aber was folgt daraus? Nehmen das nur die kleinen Gruppen ernst? Es gibt viele weltweite Partnerbeziehungen zwischen Gemeinden. Wie wäre es, wenn diese Partner Stimm- und Rederecht in den Finanzgremien hätten? Ein Beispiel: eine Bremer Kirchengemeinde hat ein Bauvorhaben geplant. Nach Rücksprache mit den ökumenischen Partnern wurde beschlossen, zehn Prozent der Bausumme einzusparen, nur zehn Prozent weniger Luxus, Bequemlichkeit, Aufwand. Teilen kann nicht anders gelernt werden als durch Abspecken hier, durch schlichtes Hergeben, durch Abgeben und nichts sonst.

Die Gefahr, die ich sehe, ist, dass wir uns selber mit Schuldgefühlen erfüllen, aber handlungsunfähig bleiben. Das Gefühl der eigenen Ohnmacht trennt uns mehr von Gott als alles andere. Nichts ist so gottlos wie der Satz: »Daran kann man nichts machen, so ist es eben.« Und dieses Gefühl überwindet man nicht durch Werbekampagnen, church cards und die Vorstellung, dass der Markt alles regle.

Immer mehr Menschen leiden unter unserer Ökonomie. Immer mehr werden leiden unter unserer Ökologie. Diese Marktwirtschaft hat kein menschheitliches Modell, sie kann nur für einen Teil der Reichen funktionieren. Zur Zeit sind mehr als 75 Prozent aller Staaten nach unserm System organisiert. In neun von zehn dieser Staaten wird gehungert und verhungert. Hat der Markt nichts damit zu tun? Er kennt keine Bedürfnisse, sondern nur Nachfragen, nach diesem Prinzip wird gehandelt. Wer nichts anzubieten hat, wonach Nachfrage besteht, ist tot. Denn das Bedürfnis selber ist nicht marktfähig. Aber für Gott ist das Bedürfnis der Menschen das Wichtigste, es steht an erster Stelle, vor Produktivität und Leistung. »Ich habe den Schrei meines Volkes gehört!« besagt, dass Gott der ist, der unser Bedürfnis kennt und stillt, dass Gott dort lebt, wo wir mit seinen Ohren hören. Wir sollen Gott nachahmen, und die Hungrigen speisen, statt den Markt als die letzte Größe anzubeten.

Auf die Frage, was wir als Kirche tun können, möchte ich antworten, wir sollen die Wahrheit sagen. Die Kirche ist eine alte Lehrerin, sie soll uns wahrheitsfähig machen in der Theorie und in der Praxis. Es mangelt uns nicht an Erkenntnis des wirtschaftlichen, militärischen und ökologischen Elends, in das wir uns immer tiefer verstricken, wohl aber am politischen Willen zur Veränderung. Darum verdrängen wir das schon erkannte

Unrecht. In dieser Sache besteht kaum mehr ein Unterschied zwischen der Regierung und der Kirche. Können wir nicht die vielen alternativen Vorschläge zu Rüstungsboykott und Reduktion des Militärs, zu Abrüstung statt Umrüstung, zum Lebensrecht und Wohnrecht der Armen und zu einem anderen Umgang mit der Schöpfung zu einer klaren, unüberhörbaren Stimme der christlichen Minderheit machen? Müssen wir uns denn »der Mehrheit anschließen zum Bösen« und die Wahrheit in Ungerechtigkeit aufhalten?

Zum christlichen Antijudaismus

Blick in die Zeit, 7. November 1993

Eine der wichtigsten Auseinandersetzungen, die zur Zeit im Christentum geführt werden und ihm noch bevorstehen, ist die mit seinem Ursprung und Erbe. Wie verhält sich der christliche Glaube zum Judentum? Ich bemerke gegenwärtig gerade unter Intellektuellen, die das Christentum für erledigt halten, eine neue Aufmerksamkeit für das Judentum. Es ist mir, als wollten sie damit sagen: »Wenn schon Religion, dann nur diese, die mit weniger Wundern, ohne Auferstehung und Personenkult auskommt.«

Vor einigen Jahren führte ich in New York ein langes Gespräch über die Religionen mit einem jüdischen Theologen. Er hatte in einem öffentlichen Vortrag einen Satz gesagt, den ich nie vergessen habe, weil ich ihn nicht verwinden konnte. »Ich werde oft gefragt,« erklärte er, »ob das Judentum mit dem Holocaust zugrunde gegangen sei. Meine Antwort ist: Nein, aber das Christentum.«

Ich wehrte mich leidenschaftlich. Dass das Judentum durch Verfolgung und Ermordung von einem Drittel aller europäischen Juden nicht am Ende ist, dass es weder politisch noch geistig zugrunde gegangen ist, sondern in der Bearbeitung der Katastrophe lebendiger ist als je, war mir in Zirkeln der christlich-jüdischen Zusammenarbeit und in Gesprächen mit manchen Überlebenden klar geworden. Aber dass das Christentum mit dem Ereignis der Shoah zu Ende sein sollte, das wollte ich nicht glauben. »Meinen Sie auch Bonhoeffer?« fragte ich meinen jüdischen Partner, »meinen Sie auch die Bergpredigt?« Er hörte die Frage, sah, welche Schwierigkeiten ich als Christin mit diesem Wort »zugrunde gegangen« haben musste. »Meinen Sie auch Christus?« fragte ich ihn schließlich. Diese Antwort blieb er mir schuldig. Es gibt Dinge, die man nicht durch Debattieren auflöst. Aber die Frage nach der Möglichkeit eines Christentums nach seiner größten Katastrophe, seinem größten Versagen, hat mich seit diesem Gespräch nicht mehr losgelassen.

Erlöster müssten die Christen aussehen, hat Nietzsche gespottet, und erlöster müsste auch die vom Christentum geprägte und von seinen Nachfahren beherrschte Welt aussehen, wenn Christus sie wirklich erlöst hätte. Welchen Sinn soll der Name »Erlöser« haben, wenn niemand wirklich frei geworden ist und sich die Welt in zweitausend Jahren Christentum nicht verändert hat, jedenfalls nicht im Hinblick auf Ungerechtigkeit und Kriege, Folter und Hunger?

Niemand, der sich »noch«, wie man heute gern sagt, als christlich versteht, kommt um diese Frage nach der Glaubwürdigkeit der Erlösung durch Christus und der Erlöstheit seiner Nachfolger herum. Sie wird uns Christen, auch wenn wir sie selbst formulieren, vom Judentum gestellt. Das Judentum, die Mutterreligion, ist unser »Interlocutor« – wie man den fragend dazwischen Redenden in der Theologie nennt – par exellence. Wenn wir diesen lästigen Fragesteller nicht hören wollen, seine Tradition nicht ehren, ihn nur als Feind, als veraltet, als weltgeschichtlich überwunden wahrnehmen, dann stirbt die christliche Religion. An ihrem eigenen Judenhass, an ihrem Feindbild, das sich der Nationalsozialismus zunutze gemacht hat, stirbt sie. Oder ist sie vielleicht deswegen sogar schon tot? Diese Frage auszuhalten scheint mir bitterer und wirklichkeitsnäher zu sein, als mit einer rationalistischen Begründung aus dem zu eng gewordenen Haus der christlichen Religion auszuziehen.

Wie sollen denn Christen mit der religiösen Tradition, aus der sie stammen, umgehen? Es gibt eine Menge bereitliegender theologischer Schemata. Sie heißen: alt und neu, überholt und gültig, Altes und Neues Testament, menschenverachtendes Gesetz und menschenfreundliches Evangelium, Gott der Rache und Gott der Liebe – und sie sind alle unbrauchbar, weil sie vom Antijudaismus, dieser Vorbereitung des Antisemitismus, verzerrt werden.

Dabei spielt in jedem Versuch der Verständigung zwischen Juden und Christen die Frage nach der Erlösung eine entscheidende Rolle. Es ist ja das Judentum, das diese messianische Dynamik in die Welt gebracht hat, die Erkenntnis, dass der gegenwärtige Zustand nicht alles sein kann, dass er nicht für ewig währen wird, weil er nicht dem Willen Gottes entspricht. Der Messias ist dem Wortsinne nach der gesalbte König Israels, der in der letzten Periode der Geschichte auftreten wird, um den bevorstehenden Umbruch der Zeiten zu Gericht, Heil und Verwerfung anzukündigen, vorzubereiten und zu repräsentieren. Ist er mit Jesus von Nazaret identisch? Ist mit dem die ganze Hoffnung des Volkes, das im Finstern wandelt und ein großes Licht sieht, abgegolten?

Jesus war nach den Worten eines jüdischen Schriftstellers der Verkündiger des Unmöglichen, der Liebe! Die Christen haben dieses Unmögliche zerstört, indem sie es zur real existierenden Grundlage der Macht verfestigten, die das Recht anderer Menschen bricht im Namen ihres Gottes. Darum muss ich die Frage heute verschärft so stellen: Stimmt es, dass das Christentum hoffnungslos antijudaistisch ist? Mit anderen Worten – unter Aufnahme des Wortes meines jüdischen Dialogpartners in New York –: Hat es sich mit der Vernichtung des europäischen Judentums selbst und endgültig zerstört? Was bedeutet da noch eine »Theologie nach Auschwitz«, wie ich sie selbst immer wieder gesucht habe? Was wäre denn zu ändern in der Lehre von der Kirche, von Christus und von der Erlösung?

Eine völlige Revision, eine Selbstkorrektur des Glaubens und seiner Theorie, der Theologie selbst, steht mit diesem »nach

Auschwitz« an. Es gibt einige Punkte, an denen man diese tief-
gehende Veränderung aufweisen kann. Ich denke zum Beispiel
an die Abkehr mancher christlicher Kirchen von dem Versuch,
Juden zu missionieren und zu taufen, als hätten sie nicht schon
längst alles, was zum Glauben an Gott nötig ist, in ihrer eigenen
Tradition. Aber auch diese Buße und Umkehr von Christen ist
nicht unumstritten gewesen. Und noch schlimmer steht es mit
den notwendigen nächsten Schritten: der Abkehr von jeder Art
von christlichem Gottesimperialismus.

Die Frage, die ich hier herausgreifen will, ist die nach der
Rolle Christi, nach der Christologie. Lässt sich im Horizont des
christlichen Antijudaismus an der traditionellen Lehre von
Christus als dem einzigen, unüberbietbaren Herrn festhalten –
oder muss da nicht eine Art von theologischem Verzicht auf
dogmatische Besitzstände erfolgen? Ist es möglich, sich auf den
armen Mann aus Nazaret, der in und mit seinen Nachfolgerin-
nen der Christus ist, zu berufen, ohne in die Falle der falschen
Absolutheit, des skepsisfreien Imperialismus und seiner Intole-
ranz zu geraten? Oder müssen wir jeden Anspruch des christlichen Glaubens auf Lebenssinn und Wahrheit aufgeben, weil er
ja an Auschwitz beteiligt war? Die Grandfrage scheint mir zu
sein, ob wir Verbindlichkeit ohne Exklusivität, Glauben ohne
Herrschaftsanspruch, Hoffnung ohne autoritären Zwang zu artikulieren vermögen.

Jesus ist ein Sohn seines Volkes. Dieses sein Judesein ist nicht
nur eine Abstammungsfrage, sondern er ist selbstverständlich
eingebunden in seine religiöse Tradition. Sie erneuerte der Prophet aus Nazaret, in ihren Worten betete er und nahm teil an
den innerjüdischen Auseinandersetzungen seiner Zeit. Es liegt
nicht im Interesse dieser Tradition, einen einzelnen überragen-
den Heros als Kultfigur zu verehren. Die Schwächen des Mose
zum Beispiel wurden in der jüdischen Tradition nie verleugnet,
und die Bezeichnung der mosaischen Religion als »mosaisch«
entspricht eher dem christlichen Missverständnis des Judentums als dem, was für die Juden selber im Mittelpunkt steht.

Was ist das? Es ist unbezweifelbar Gott, den wir »über alle

Dinge« lieben sollen. In diesem Sinne ist Jesus Jude; er beansprucht nicht für sich selber kultische Verehrung und er will uns auch nicht ganz allein, ganz solitär, erlösen. »Nennt keinen Vater, ihr alle seid Brüder,« sagt er in Abwehr solcher Heldenverehrung. Sein ganzes Interesse war darauf gerichtet, Freundinnen und Freunde zu gewinnen und nicht etwa geschwisterlos-einzigartig zu sein. Die ausformulierte kirchliche Lehre hat das verändert und hat auf ihre Weise zum Entstehen des christlichen Antijudaismus beigetragen. Sie hat, indem sie Jesus zum einzigartigen Erlöser stilisierte, den Begriff des Messias selbst verändert, ich will noch schärfer sagen: entstellt. Sie hat aus dem Versprechen eines neuen Himmels und einer neuen Erde in der messianischen Zeit einen Istzustand des Erlösers und der schon Erlösten herausgebrochen und beide, den Christus und die Seinen, zur Stabilisierung imperialer Macht benutzt. Aus dem Messias wurde der Christkönig, der Pantokrator, aus der Theologie des Kreuzes eine theologia gloriae, die keinen Raum mehr lässt für die Sehnsucht derer, die in Christus nicht satt geworden sind.

Ich will mit einer chassidischen Geschichte schließen, die mir geholfen hat, das Christentum, das auf eine Rettung der individuellen Einzelseele aus ist, zu überwinden und uns wieder auf die jüdischen Wurzeln hinzuweisen, auf die Sehnsucht nach der messianischen Zeit: »Wenn ein unerkannter Gerechter zum Himmel steigt, dann ist er so erstarrt, dass Gott ihn tausend Jahre zwischen seinen Fingern wärmen muss, bevor seine Seele sich dem Paradies öffnen kann. Und man weiß, dass mehrere von ihnen über das Unglück der Menschen auf ewig untröstlich bleiben, so dass es selbst Gott nicht gelingt, sie zu erwärmen. Dann stellt der Schöpfer, er sei gesegnet, von Zeit zu Zeit die Uhr des letzten Gerichts um eine Minute vor.«

Anmerkungen

Leiden

Einleitung
1 *K. Marx,* Zur Kritik der Hegelschen Rechtsphilosophie, in: Frühschriften, ed. Landshut, Stuttgart 1953, S. 216
2 Rabbi Bunam, in: *M. Buber,* Die Erzählungen der Chassidim, Zürich 1949, S. 755
3 *K. Marx,* Frühschriften, a. a. O., S. 339 f.
4 Schallplatte Tell it all, brother *(Alex Harvey), Kenny Rogers* and the first Edition (RS 6412)

Zur Kritik des christlichen Masochismus
1 Nach *M. Seeman,* On the Meaning of Alienation, in: American Sociological Review, Vol. 24, 1959, S. 783 ff. (zitiert nach *H. P. Dreitzel)*
2 Vgl. *E. Jüngel,* Tod, Stuttgart 1971. Die wichtigste These dieses Buches ist die Bestimmung des Todes als Verhältnislosigkeit.
3 *H. P. Dreitzel,* Die gesellschaftlichen Leiden und das Leiden an der Gesellschaft. Vorstudien zu einer Pathologie des Rollenverhaltens, Stuttgart 1968, S. 365
4 *S. Weil,* Das Unglück und die Gottesliebe. Mit einer Einführung von *T. S. Eliot,* München 1953, S. 110–134, alle Zitate aus diesem Aufsatz.
5 Vgl. *Chr. Barth,* Die Errettung vom Tode in den individuellen Klage- und Dankliedern des Alten Testaments, Zollikon 1947
6 Vgl. *J. Brenning / R. Brocks / Chr. Gremmels / D. Preiss,* Leid und Krankheit im Spiegel religiöser Traktatliteratur. Eine Problemanzeige, in: Theologia Practica, 7. Jg. 1972, S. 302 ff. Alle hier gegebenen Zitate stammen aus dieser Untersuchung, dort auch einschlägige Literatur. Unter »Traktatliteratur« wird verstanden: »die ›Lesehilfen für kranke Menschen‹, Meditationshilfen in Taschenbuchformat und jene in hohen Auflagen von ca. 50 Verlegern verbreiteten Broschüren, Hefte und Faltblätter, die in besonderen Winkeln christlicher Buchhandlungen käuflich erworben werden oder von kirchlichen Institutionen unentgeltlich in Krankenhäusern verteilt werden«.
7 *D. Bonhoeffer,* Widerstand und Ergebung, Neuausgabe, München 1970, S. 379
8 *K. Rahner, H. Vorgrimler,* Kleines theologisches Wörterbuch, Freiburg 1961 (Herderbücherei 108/109), Stichwort »Leiden«.
9 *A. Schmidt,* Leviathan, 1949. Neuausgabe Frankfurt 1963 (Bibl. Suhrkamp 104)
10 *J. Scharbert,* Der Schmerz im Alten Testament, Bonn 1953
11 Vgl. *E. Lohse,* Märtyrer und Gottesknecht. Untersuchungen zur urchristlichen Verkündigung vom Sühnetod Jesu Christi, Göttingen 1955

12 *S. Freud,* Das Unbehagen in der Kultur, in: Das Unbewusste. Schriften zur Psychoanalyse, Frankfurt 1960, S. 360

13 *H. Quistorp,* Die letzten Dinge im Zeugnis Calvins. Calvins Eschatologie, Gütersloh 1941, S. 159 (= Corpus Reformatorum 80, 190)

14 *H. Quistorp,* a. a. O., S. 159 f. (= Corp.Ref. 77, 544), »quia Dominus eos instar pecorum saginat in diem occisionis«

15 *Quistorp,* a. a. O., S. 147 (= Corp.Ref. 70, 138), wörtlich »par leur confusion«

16 *W. Herbst,* Quellen zur Geschichte des evangelischen Gottesdienstes. Göttinger Theolog. Lehrbücher, 1968, S. 114 und S. 119. Übersetzung nach Joannis Calvini opera selecta, ed. P. Barth / W. Niesel, Vol. II, München 1952, S. 18 ff.

17 *Herbst,* a. a. O. S. 121 (nach der Vaterunserparaphrase zu sprechen!)

18 *Herbst,* a. a. O., S. 119 und S. 121

19 *U. Hedinger,* Wider die Versöhnung Gottes mit dem Elend. Eine Kritik des christlichen Theismus und Atheismus, Zürich 1972, S. 33

20 *Hedinger,* a. a. O., S. 49, 54 und 112

21 *J. Moltmann,* Der gekreuzigte Gott. Das Kreuz Christi als Grund und Kritik christlicher Theologie, München 1972, S. 263

22 *W. Popkes,* Christus Traditus. Eine Untersuchung zum Begriff der Dahingabe im Neuen Testament, 1967, S. 286 f. (zitiert nach *Moltmann, S. 228*

23 *H. Himmler,* Rede bei der SS-Gruppenführertagung in Posen, 4. 10. 1943, zitiert nach: W. *Hofer,* Der Nationalsozialismus. Dokumente 1933–1945 (Fischerbuch 172), Frankfurt 1957

24 Ich gehe nicht auf die Deutungsgeschichte ein, möchte aber auf die literaturwissenschaftliche Interpretation von *Erich Auerbach* hinweisen (in: Mimesis. Dargestellte Wirklichkeit in der abendländischen Literatur, Bern 1959[2])

25 Eine Reihe von Lesern der ersten Auflage dieses Buches hat mich dankenswerterweise darauf aufmerksam gemacht, dass es sich um Max Planck handelt, dessen Sohn Erwin am 23. 1. 1945 von den Nazis hingerichtet wurde

26 *S. Kierkegaard,* Furcht und Zittern, dt. *E. Hirsch,* Düsseldorf 1950

Zur Kritik der nachchristlichen Apathie

1 *Aus*: Frankfurter Rundschau, 13. 6. 1972

2 Publik-Forum, März 73

3 *F. Kroetz,* Heimarbeit. Hartnäckig. Männersache. Drei Stücke, Frankfurt 1971 (es 473), S. 8

4 *E. Fromm,* Das Menschliche in uns, Zürich 1968, S. 49

5 *F. Heer,* in: Hochland 50, Heft 6, 1958, S. 531

6 *H. Küng,* Menschwerdung Gottes, Freiburg 1970. Darin: Exkurs II: Kann Gott leiden?, S. 622–637

7 Vgl. *Moltmann,* a. a. O., S. 256

8 *Vgl. Küng*, a.a.O., S. 626

9 *Küng*, a.a.O., S. 628

10 *K. Kitamori*, Theologie des Schmerzes Gottes, Göttingen 1972

11 K *Kitamori*, a.a.O., S. 79 und 98

12 Vgl. D. Sölle, Politische Theologie, Stuttgart 1971, S. 76 ff.

13 *K. Kitamori*, a.a.O., S. 98

14 *J. Bobrowski*, Das Land Sarmatien. Gedichte, Stuttgart 1966 (dtv), S. 75f.

Leiden und Sprache

1 Aus: Ihr aber tragt das Risiko. Reportagen aus der Arbeitswelt, hg. vom Werkkreis Hamburg 1970 (rororo 1447), S. 35 ff.

2 Ihr aber ..., a.a.O., S. 108 und 106

3 Vgl. H. P. Dreitzel, a.a.O., S. 326

4 Ihr aber ..., a.a.O., S. 106

5 Vgl. *M. Herzog, Ak*kordarbeiterinnen bei AEG-Telefunken, in: Kursbuch 21, September 1970

6 Ihr aber ..., a.a.O., S. 7 (Vorwort)

7 *Th. Müntzer*, Das Prager Manifest, November 1521, in: Müntzer, Die Fürstenpredigt. Theologisch-politische Schriften, Stuttgart 1967 (Reclam Nr. 8772/73), S. 15

8 Ihr aber ..., a.a.O., S. 102 ff.

9 *M.Veit*, Gebet und Engagement, in: Ev. Erzieher, 24. Jg., Heft 11, November 72, S. 61 ff.

10 *S. Weil*, Schwerkraft und Gnade, München 1954, S. 213

11 *M.Veit*, a.a.O., S. 465

12 *R. M. Rilke*, Ausgewählte Werke, Wiesbaden 1948, S. 167 (Auszug)

13 Vgl. *J. Moltmann*, a.a.O., S. 55 ff.

14 Du hast mich heimgesucht bei Nacht. Abschiedsbriefe und Aufzeichnungen des Widerstandes 1933–1945, München 1957, S. 117 f.

15 Du hast mich heimgesucht, a.a.O., S. 118 f.

16 C. *Pavese*, Das Handwerk des Lebens. Tagebuch 1935–1950, München (dtv) 1963, S. 160

Die Wahrheit der Annahme

1 *J. Lusseyran*, Das wiedergefundene Licht, Hamburg 1971[2] (Siebenstern-Taschenbuch 155), S. 12 f.

2 *J. Lusseyran*, a.a.O., S. 17 und 25

3 *J. Lusseyran*, a.a.O., S. 206 f. und 200

4 *E. Bloch*, Atheismus im Christentum. Zur Religion des Exodus und des Reichs, Frankfurt 1968, S. 94 und 285

5 *Meister Eckart*, Deutsche Predigten und Traktate, München 1969, S. 308

6 *A. Auer*, Leidenstheologie des Mittelalters, Salzburg 1947

7 *E. Bloch*, a.a.O., S. 94

8 *Meister Eckart,* Deutsche Predigten, ed. Pfeiffer, sermo 104 (in der wissenschaftlichen Ausgabe noch nicht enthalten)

9 *Auer,* a.a.O., S. 56

10 *H. Seuse,* Deutsche mystische Schriften, Düsseldorf 1966, S. 192

11 Vgl. *Chr. Pleuser,* Die Benennungen und der Begriff des Leides bei Johannes Tauler, Berlin 1967, S. 61, 56

12 *Vgl Pleuser,* a.a.O., S. 73, 74, 75

13 *Auer,* a.a.O., S. 48

14 Vgl. *B. Brecht,* Maßnahmen gegen die Gewalt, in: Gesammelte Werke, Frankfurt 1967, Bd. 12, S. 375

15 *S. Freud,* Die Zukunft einer Illusion, in: Das Unbewusste. Schriften zur Psychoanalyse, Frankfurt 1960, S. 335

16 *Th. Müntzer,* a.a.O., S. 8

17 *Meister Eckart,* Deutsche Predigten, a.a.O., S. 399

18 Vgl. *H. R. Schlette,* Skeptische Religionsphilosophie. Zur Kritik der Pietät, Freiburg 1972, S. 147 und 150

19 *P. Tillich,* Systematische Theologie, Stuttgart 1958, Bd.II, S. 80

20 *S. Weil,* Schwerkraft und Gnade, München 1954, S. 247

21 *B. Brecht,* Ges. Werke, Frankfurt 1967, Bd. 8, S. 205

22 *S. Weil,* Das Unglück und die Gottesliebe, München 1953, S. 116

23 *S. Weil,* a.a.O., S. 116 und 115

24 *E. Bloch,* a.a.O., S. 156

25 *Vgl. Bloch,* a.a.O., S. 159 und 161

Leiden und Lernen

1 Text aus »Santa Maria de Iquique«, Regie und Buch: *Claudio Sapiain* (Dicap, Chile Films Santiago, 1971). Vgl. auch den Text einer Kantate, die im heutigen Chile entstanden ist, in: M. de los Milagros Verde / P. Landau, Mit der Gitarre kämpfen. Chilenische Chansons, in: Dokumente, März 1973, S. 53 ff.

2 Vgl. Aischylos, Agamemnon, Vers 176 ff. »Zeus zeigt uns der Weisheit Weg / Und er lehrt als ewigen Satz / Dass der Mensch erst lernt durch Leid. / Atmet dir im Herzen statt des Schlafs / Bittre Qual, die weiß um Arges … Strenge Götter fügtens, voller Huld.«

3 *J. B. Metz,* Erinnerung des Leidens als Kritik eines teleologisch-technologischen Zukunftsbegriffs, in: Ev. Theologie, Juli/August 1972, 4, S. 343

4 *Th. Müntzer,* Die Fürstenpredigt, Stuttgart 1967, S. 38 und 35

5 *Müntzer,* a.a.O., S. 22 und 23

6 *Müntzer,* a.a.O., S. 21

7 *M. Luther,* Werke, Berlin 1950, Bd. 7, Predigten, vgl. S. 102: »et non menge ineinander tuam passionem et Christi«, S. 103: »ne misceas tuam passionem passioni Christi« u. a.

8 *Th. Müntzer,* Manifest an die Allstedter Bergknappen, 15, zitiert nach: *H. J. Schultz* (Hg.), Die Wahrheit der Ketzer, Stuttgart 1968, S. 116 und 117

9 Letzte Briefe zum Tode Verurteilter aus dem europäischen Widerstand, dtv, 1962, S. 276, 306, 134, 278, 132, 100, 291 f., 260, 283, 254, 284

10 *A. Schopenhauer,* Sämtl. Werke, hg. v. W. von Löhneysen, Bd. I, S. 447 (Die Welt als Wille und Vorstellung, 4. Buch, § 59)

11 *B. Brecht,* Karins Erzählungen. Ges. Werke, Frankfurt 1967, Bd. 11, S. 230

12 *B. Brecht,* Meti. Ges. Werke, Frankfurt 1967, Bd. 12., S. 514

13 *A. Schopenhauer,* Die Welt …, a. a. O., Bd. II, S. 744 (4. Buch, Kap. 46).

14 *Vgl.* J. *Mohmann,* a. a. O., S. 262. Ich übernehme den Text aus Moltmann, ohne seiner Interpretation folgen zu können

15 *M. Buber,* Werke, München 1963, Bd. 3, S. 749 und 752

16 *P. Ricoeur,* Die Interpretation. Ein Versuch über Freud, Frankfurt 1969, S. 561

Die Religion der Sklaven

1 *S. Weil,* Das Unglück …, a. a. O., S. 60

2 *S. Weil,* La Condition ouvrière, Paris 1951, zitiert nach: *A. Krogmann, Simone Weil,* Hamburg 1970, roro mono, 67

3 Sophokles, Antigone, Vers 522 ff. (Übersetzung von Hölderlin)

4 *S. Weil,* Schwerkraft und Gnade, München 1954, S. 170

5 *S. Weil,* Vorchristliche Schau, München 1959, S. 149

6 *S. Weil,* Das Unglück, a. a. O., S. 114

7 *S. Weil,* Das Unglück, a. a. O., S. 114 und 115

8 *S. Weil,* Vorchristliche Schau, S. 149 f.

9 *S. Weil,* Schwerkraft und Gnade, S. 212

10 *S. Weil,* Das Unglück, a. a. O., S. 47ff.

11 *F. Nietzsche,* Der Antichrist. Umwertung aller Werte, in: Werke, Leipzig 1930, Bd. 2, S. 215, 223, 238, 234

12 *F. Nietzsche,* a. a. O., S. 241 und 216

13 F. Nietzsche, a. a. O., S. 228

14 *U. Hedinger,* Wider die Versöhnung Gottes mit dem Elend, a. a. O., S. 154 und 149

15 *J. Franck,* Jesu meine Freude, 1653

16 Angstüberwindung und Selbstbefreiung, Mannheimer Papier des SDS, 1969

17 *Jeffersone Airplane,* When the earth moves again (Kantner), Grunt (FTR 1001)

18 *K. Simonow,* Es gibt kein fremdes Leid. Filmkommentar (dt. von Stephan Hermlin)

19 *F. M. Dostojewski,* Die Brüder Karamasow, 5. Buch, 4. Kapitel

20 *H. R. Schlette,* Skeptische Religionsphilosophie. Zur Kritik der Pietät, Freiburg 1972, S. 145

21 Aus der russischen Liturgie, zitiert nach G. *Benn,* St. Petersburg, Mitte des Jahrhunderts. Ges. Werke, Wiesbaden 1960, Bd. 1, S. 219

Den Himmel erden

1 Deutsche Gesellschaft für Umwelt und Humantoxologie, Januar 1995
2 Eckard von Nordheim, Die Selbstbehauptung Israels in der Welt des alten Orients, Freiburg/Schweiz und Göttingen 1992, S. 181
3 Studie des Umweltbeirats der EKD, 15.3.1995
4 Rosemary Radford Ruether, Gaia und God. Eine ökufeministische Theologie der Heilung der Erde, Luzern 1994, S. 150
5 Ebd., S. 58
6 Ebd., S. 64
7 Martin Buber, Moses, Heidelberg 1952[2]
8 Zitiert nach R.M. Brown, Elie Wiesel. Zeuge für die Menschheit, Freiburg/Breisgau 1990, S. 153
9 Martin Buber, a.a.O.
10 Ebd., S. 154 f.
11 Jakob Petuchowski, Die Stimme vom Sinai. Ein raffinisches Lesebuch zu den Zehn Geboten, Freiburg/Breisgau, Basel, Wien 1981, S. 37 ff.
12 Abraham J. Heschel, God in Search of Man. A Philosophy of Judaism, New York 1978
13 Rede vor der Deutschen Gesellschaft für Auswärtige Politik, Bonn, in: FR, 14.3.1995
14 In: Publik-Forum, 24.6.1994
15 Vgl. Marlene Crüsemann / Willy Schottroff (Hg.), Schuld und Schulden. Biblische Traditionen in gegenwärtigen Konflikten, München 1992
16 In: DIE ZEIT, 10.3.1995
17 Chung Hyun Kyung, Komm heiliger Geist – erneuere die ganze Schöpfung, Canberra 1991, in: E. Moltmann-Wendel, Die Weiblichkeit des Heiligen Geistes. Studien zur feministischen Theologie, Gütersloh 1995, S. 176
18 Lucia Scherzberg, Was nützt die Rede vom Heiligen Geist der Feministischen Theologie? Systematisch-theologische Überlegungen, in: E. Moltmann-Wendel, a.a.O., S. 176
19 Helen Schüngel-Straumann, Zur Dynamik der biblischen Ruach-Vorstellung, in: E. Moltmann-Wendel, a.a.O., S. 20

Quellenverzeichnis Band 4

Leiden
Stuttgart 1973

Gewalt.
Ich soll mich nicht gewöhnen,
Düsseldorf 1994
Die abgedruckten Texte sind eine Auswahl aus diesem Band.

Den Himmel erden.
Eine ökofeministische Annäherung an die Bibel,
zus. mit Luise Schottroff, München 1996
Die abgedruckten Texte sind eine Auswahl aus diesem Band.

Träume mich Gott.
Geistliche Texte mit lästigen politischen Fragen,
Die abgedruckten Texte sind eine Auswahl aus diesem Band.